JN028380

2024年改訂版

中小企業診断士2次試験

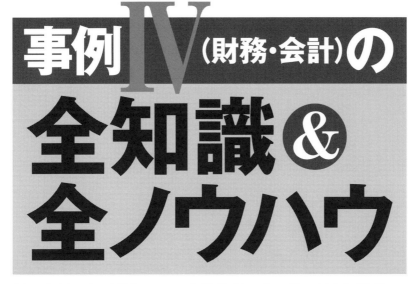

事例 **IV** （財務・会計）の
全知識&
全ノウハウ

関山春紀・川口紀裕［監修］　岩間隆寿・霜田亮・香川大輔 他［著］

同友館

はじめに

　このたびは本書をご購入いただき，まことにありがとうございます。本書は，中小企業診断士2次試験の対策書としてご好評をいただいている『中小企業診断士2次試験合格者の頭の中にあった全知識』と『中小企業診断士2次試験合格者の頭の中にあった全ノウハウ』をもとに，誕生した参考書です。

　本書『中小企業診断士2次試験 事例Ⅳ（財務・会計）の全知識＆全ノウハウ』は，「2次試験を受験されるみなさまが，限られた準備期間内で，事例Ⅳの対応力を合格レベルに高めること」を目標としています。事例Ⅳは事例Ⅰ～事例Ⅲとは出題形式が異なり，合格点を取るためには事例Ⅳ特有の能力を要求されます。また，事例Ⅳは試験の最後の時間帯に行われるため，集中力が途切れやすいという側面もあります。一方で，事例Ⅳは，他の事例と比べて出題されるテーマが限定されており，対策しやすいという特徴もあります。

　これらを踏まえると，事例Ⅳの必勝法は，「出題されるテーマの知識と要点をいち早く理解し，自身のレベルに合った過去問を繰り返し解き，解き方を身につけること」だといえます。

　そこで，その必勝法を実践できるよう，次の方針で本参考書を執筆しました。

---

(1) 2次試験に必要な知識や要点を集約

(2) テーマごとに解き方を共通化

(3) テーマ別に過去問を分割・整理

　本書をお使いいただくことで，効率的に事例Ⅳの準備を進めることができ，最速で対応力を身につけていただけると考えています。本書が，読者のみなさまの合格の一助となれば幸いです。

2024年3月

著者一同

目　　次

序　章　本書の使い方 ……………………………………………………… 7

　【コラム1】6テーマの学習順序 ………………………………………… 18

第1章　経営分析 ……………………………………………………………… 19

　Ⅰ　経営分析の知識・ノウハウ ………………………………………… 19

　Ⅱ　経営分析の過去問

　　(1)　令和 元 年度　第1問 …………………………………………… 35

　　(2)　平成 30 年度　第1問 …………………………………………… 45

　　(3)　平成 29 年度　第1問 …………………………………………… 53

　　(4)　平成 27 年度　第1問 …………………………………………… 62

　　(5)　平成 28 年度　第1問 …………………………………………… 70

　　(6)　令和 4 年度　第1問 …………………………………………… 78

　　(7)　令和 3 年度　第1問 …………………………………………… 91

　　(8)　令和 2 年度　第1問 …………………………………………… 103

　　(9)　平成 24 年度　第1問（設問2）……………………………… 113

　　(10)　平成 25 年度　第1問 ………………………………………… 119

　【コラム2】電卓活用ノウハウ ……………………………………… 125

第2章　損益分岐点分析（CVP）………………………………………… 128

　Ⅰ　損益分岐点分析（CVP）の知識・ノウハウ ……………………… 128

　Ⅱ　損益分岐点分析（CVP）の過去問

　　(1)　令和 3 年度　第3問 …………………………………………… 138

　　(2)　令和 2 年度　第2問（設問1）………………………………… 143

　　(3)　令和 元 年度　第2問 …………………………………………… 146

　　(4)　平成 28 年度　第4問（設問2）……………………………… 152

　　(5)　平成 27 年度　第2問（設問3）……………………………… 157

　　(6)　平成 24 年度　第2問 …………………………………………… 160

　　(7)　平成 22 年度　第2問 …………………………………………… 166

　　(8)　平成 30 年度　第 3 問 ……………………………………………… 170

　　(9)　平成 19 年度　第 2 問 ……………………………………………… 179

　　(10)　平成 21 年度　第 3 問 ……………………………………………… 183

　　【コラム 3】計算過程の書き方 ………………………………………… 189

第 3 章　意思決定会計 ……………………………………………………… 192

　Ⅰ　意思決定会計の知識・ノウハウ …………………………………… 192

　Ⅱ　意思決定会計の過去問

　　(1)　平成 29 年度　第 3 問 ……………………………………………… 204

　　(2)　平成 27 年度　第 3 問 ……………………………………………… 213

　　(3)　平成 26 年度　第 2 問 ……………………………………………… 222

　　(4)　令和 4 年度　第 3 問（設問 2）（設問 3） ……………………… 233

　　(5)　令和 3 年度　第 2 問 ……………………………………………… 245

　　(6)　令和 2 年度　第 2 問（設問 2） …………………………………… 261

　　(7)　令和 元 年度　第 3 問 ……………………………………………… 271

　　(8)　平成 28 年度　第 2 問（設問 2） …………………………………… 277

　　(9)　平成 30 年度　第 2 問 ……………………………………………… 282

　　(10)　平成 24 年度　第 3 問（設問 1） ………………………………… 287

　　【コラム 4】本試験で解く順序 ………………………………………… 291

第 4 章　セグメント別会計 ………………………………………………… 292

　Ⅰ　セグメント別会計の知識・ノウハウ ……………………………… 292

　Ⅱ　セグメント別会計の過去問

　　(1)　令和 4 年度　第 2 問 ……………………………………………… 299

　　(2)　平成 28 年度　第 3 問 ……………………………………………… 308

　　(3)　平成 23 年度　第 3 問 ……………………………………………… 310

　　(4)　平成 26 年度　第 3 問 ……………………………………………… 314

　　【コラム 5】未知数（x）を使う問題の解き方のポイント ………… 325

第 5 章　キャッシュフロー分析································ 328

Ⅰ　キャッシュフロー分析の知識・ノウハウ······················ 328

Ⅱ　キャッシュフロー分析の過去問

(1)　平成 13 年度　第 2 問 ··························· 341

(2)　平成 14 年度　第 2 問 ··························· 346

(3)　平成 23 年度　第 1 問（設問 2） ··················· 352

(4)　平成 18 年度　第 2 問 ··························· 358

(5)　平成 16 年度　第 3 問（設問 1） ··················· 364

(6)　平成 28 年度　第 2 問（設問 1） ··················· 369

第 6 章　その他計算問題································ 377

Ⅰ　その他計算問題の知識・ノウハウ························ 377

Ⅱ　その他計算問題の過去問

(1)　令和 4 年度　第 3 問（設問 1） ··················· 378

(2)　令和 2 年度　第 4 問 ··························· 381

(3)　平成 29 年度　第 2 問 ··························· 387

(4)　平成 27 年度　第 2 問（設問 1）（設問 2） ············· 392

(5)　平成 24 年度　第 1 問（設問 1） ··················· 399

(6)　平成 23 年度　第 2 問 ··························· 406

(7)　平成 21 年度　第 4 問 ··························· 408

【コラム 6】知識系設問の出題例 ························ 411

なお，最新年度（令和 5 年度）の設問については，80 分通した演習に使うべき（本書のように反復練習する対象とするべきでない）という考えに基づいて，本書には掲載しておりませんので，ご注意ください。

6

序章

本 書 の 使 い 方

I　本書の特長

　本書は，「2次試験を受験されるみなさまが，限られた準備期間内で，事例Ⅳの対応力を合格レベルに高められる書籍」です。本書の最大の特長は，次の3点です。

〈特長1：2次試験に必要な知識や要点を集約　→　スムーズに過去問に取り掛かれる〉

　試験対策において，「過去問を解く」のは必須であることはいうまでもありません。しかし，学習初期段階から過去問を解くのは得策ではありません。なぜなら，学習初期は，解き方や押さえるべきポイントがわからない状況であり，解く時間がレベルアップにつながりにくいからです。例えるなら，サッカーが苦手な人が，いきなりグラウンドに放り込まれ，他の選手と同じ条件でプレーするようなものです。

　そのため，試験対策においては，いきなり過去問にあたるのではなくまず基本的な解き方をマスターし，ある程度練習をするのが得策といえます。サッカーでいえば，プレーをする前に，ルールを理解し，基礎練習をするような形です。

　本書は，事例Ⅳで出題されるテーマ（経営分析，損益分岐点分析，意思決定会計など）それぞれについて，**2次試験に必要な知識や要点を集約**しています（→各章の「I　○○の知識・ノウハウ」にて）。ここでは，2次試験を解くために必要な基礎知識に加えて，事例Ⅳの出題傾向に沿った**設問の解き方**や，事例Ⅳの特色を踏まえた**対応テクニック**も載せています。さらに，過去問より**易しめの例題**も掲載しています。これらにより，知識や要点を迅速に押さえ，スムーズに過去問に取り掛かることができます。

〈特長2：テーマごとに解き方を共通化　→　最速で習得できる〉

　2次試験は，1次試験と比べて設問の抽象度が高いため，解き方（着目点，計算の仕方，記述の書き方など）のバリエーションが多いといえます。

　そのため，自身の解答の答え合わせをする際に，次のステップを踏む必要があります。

　　①　解説を熟読し理解する

　→②　解説の解き方と自身の解き方とを比較し，相違点を明らかにする

→③　相違の理由を検証する

　　　（単に着眼点が異なるだけなのか本質的に問題なのかを考える）

→④　自身の解き方の改善点を明確化する

　しかもこれらの作業を，解き終えて疲れている状態で行わなければなりません。さらに，類似するテーマの解き方が年度間で異なっている解説書も多く，年度間で解き方を比較し，「自分の解き方」を一から確立していく必要も出てきます。

　しかし，本試験までの限られた期間にこれらの作業を行うのは，効率がよいとはいえません。

　本書では，あらかじめ**解き方を共通化**し，各章の「Ⅰ　○○の知識・ノウハウ」に掲載し，**共通化した解き方に沿って過去問を解説**しています。

　そのため，**解説を理解するための苦労が軽減**し，本来注力すべき**自身の解法の検証に注力しやすくなる**と考えられます。

　また，手順を共通化しているゆえ，そもそも「自分の解き方」を一から確立していく必要性がありません。本書の解き方を理解したうえで，必要に応じて自分なりにカスタマイズすればよいといえます。したがって，**最速で過去問レベルの問題を解ける**ようになります。

〈特長3：テーマ別に過去問を分割・整理　→　テーマ別に集中的に取り組める〉

　2次試験は，1次試験のような個別問題の寄せ集めではなく，すべての設問が一つの事例企業に関連する形式であり，設問を解くために必要な情報が試験問題の随所（設問文，与件文・財務諸表，前問の設定など）に散らばっています。そのため，そのままでは一つの設問のみを切り出して解くことができません。必然的に，単年度すべての設問に取り組む必要が出てきてしまいます。その結果として，複数のテーマを同時に演習する必要があり，特定のテーマを強化するといった学習はしづらいです。また，まとまった時間（解くための80分＋解答分析の時間）を要するため，学習が進みづらくなります。

　本書では，**テーマ別に過去問を分割して掲載**し，さらに**設問のランク分け**（「重要度」として表記）を行っています。過去問を分割して掲載するにあたり，単独の設問だけで解けるよう，必要に応じて改題し，解答を導くために必要な情報（与件文，財務諸表など）をすべて掲載しています。

　これにより，次のような学習が可能になります。

①　**特定のテーマを集中的に学習できる**

②　テーマの習熟度に応じて，**適切なレベルの設問で学習できる**

　　（苦手なテーマは易しめの設問，得意なテーマは難しい設問などと使い分けできる）

③　**まとまった時間をとれなくても学習を進めやすい**

〈その他の特長〉

4. 解答用紙を提供（PDF 形式）

本書に掲載している設問に対応した解答用紙を，ウェブにて公開しています（PDF 形式）。そのため，本書の問題を何度も繰り返して解くことができます。以下の URL より解答用紙をダウンロードし，プリントアウトし，活用ください。

同友館ウェブサイト：https://www.doyukan.co.jp

本書では，繰り返し解くという使い方を想定しているため，書籍での解答欄掲載は割愛させていただきました。ご了承ください。

5. 主要テーマ以外の設問も掲載

本書では，「経営分析」，「損益分岐点分析」，「意思決定会計」（投資判断），「セグメント別会計」，「キャッシュフロー分析」の主要な 5 つのテーマに焦点を当てていますが，これ以外の計算中心の問題について，その他計算問題（第 6 章）にまとめて掲載しています。

6. 個別テーマだけでなく，事例Ⅳ全体のノウハウも掲載

本書は，過去問を分割し，テーマ毎にまとめています。分割したことによりカバーできない事例Ⅳ横断的なノウハウについては，随所に「コラム」という形で掲載しています。

Ⅱ　本書の構成

〈序章「本書の使い方」〉

事例Ⅳの学習を進めるにあたっての本書の活用法を説明します。

〈第 1 章～第 6 章〉

事例Ⅳのテーマごとに，知識・ノウハウと過去問を載せています。

［Ⅰ　○○の知識・ノウハウ］

過去問を解く際に必要な知識・ノウハウをまとめて掲載しています。次の項目により構成されています。（章によっては記載のない項目もあります。）

項目名	内容
(1) ○○の基礎知識	1 次試験の「財務・会計」で学習した内容のうち，2 次試験を解くために必要となる基本的な知識や公式などを整理しています。
(2) ○○の設問の解き方	2 次試験の設問の解き方を，手順に分解して示しています。手順に沿って検討することで解答を導くことができます。
(3) ○○への対応テクニック	事例Ⅳの特徴を踏まえ，テーマごとに注意しておきたいポイントをまとめています。設問の解き方に記載した手順と併せて理解をすることで，設問への対応力を強化することができます。

(4) 例題	各テーマに関する基礎的な問題を，例題として掲載しています。ここで手順の適用方法を確認することができます。
(5) 記述問題への対応	分析結果の論述や計算根拠の記述などの記述問題に対して，どのように取り組むべきかをまとめています。
(6) その他	テーマへの理解を深めるために参考となるポイントをまとめています。

[Ⅱ　○○の過去問]

　そのテーマの過去問とその解説，および模範解答を載せています。解説は「Ⅰ　○○の知識・ノウハウ」で記載した手順に沿っています。

〈補足1：重要度について〉

　各設問は，「『(2) ○○の設問の解き方』で示した解答手順で解けるかどうか」に応じて，3段階（A～C）の重要度でランク分けしています。各ランクの定義は次のとおりです。

> 重要度A：**解答手順どおりに難なく解ける**問題
> 重要度B：解答手順どおりに解けるが，**条件抽出等が複雑である**問題
> 重要度C：**解答手順を変形して解く必要がある**問題

　なお，重要度BおよびCの設問については，解説末尾に，そのような重要度となる理由を明記しています。また，重要度はあくまで「解答手順どおりに解けるか」ということを基準にしているため，必ずしも「本試験で得点につながりやすいか」とは連動しませんのでご注意ください。

〈補足2：各設問の冒頭部分の表記について〉

　各設問の冒頭部分は，次のように，テーマ・重要度を明記しています。また，解いた日付や解答の正誤を記入できるような欄も設けています。（※1）

（※1）　この冒頭部分の表記は，中小企業診断士1次試験対策にてご好評をいただいている『過去問完全マスター』シリーズ（過去問完全マスター製作委員会編，同友館）を参考にしています。

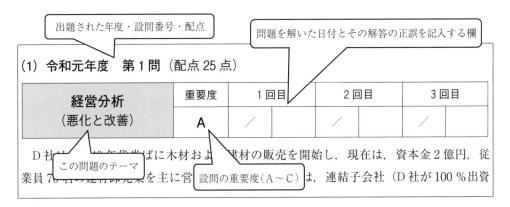

なお，最新年度（令和5年度）の設問については，本書のように繰り返し練習する対象とすべきではなく，80分通して演習する対象とすべき，という考えに基づいて，本書には掲載しておりませんので，ご注意ください。

Ⅲ　使い方（基本編）

　資格試験勉強においては一般的に，知識を取り込む**インプット型の学習**と，取り込んだ知識を活用する**アウトプット型の学習**とを繰り返すことが鉄則といわれています。このうち特に重要なのはアウトプット型の学習で，覚えたつもりになっている不完全な知識を定着化する効果や，さまざまな角度から多面的に理解する効果があるとされています。

　本書において，インプット型学習は（「Ⅰ　○○の知識・ノウハウ」）に，アウトプット型学習は（「Ⅱ　○○の過去問」）に対応しています。特に，「過去問」においては，知識にて説明した手順どおりに解説しているため，インプットとアウトプットとを有機的に連携でき，学習効果を高められるようになっています。

　また，習熟効率を高めるためには，適切なレベルの題材でアウトプットを行うことが必要です。本書では，すべての問題についている3段階の重要度（A～C）が参考になります。

　これらを踏まえて，本書の基本的な使い方は次のようになります。

〈本書の基本的な使い方〉

1. 各章パートⅠ（**知識・ノウハウ**）で，基礎知識・要点を理解（インプット型学習）
2. 各章パートⅡ（**過去問**）で，過去問を解き，基礎知識・要点を定着化（アウトプット型学習）
3. **習熟度に合ったレベルの過去問を解く**
   ・基礎固めをしたいテーマ→重要度Aの問題をじっくり解く
   ・応用力をつけたいテーマ→重要度Aの問題に加えて，重要度BやCも解く

Ⅳ 使い方（応用編 〜学習状況別〜）

前項Ⅲにて説明した基本的な使い方を踏まえ，受験経験と時期に応じて，読者を4つのタイプ（①〜④）に分けて説明します（下図参照）。ご自身が現在①〜④のいずれに当てはまるかを確認して，本書を使ううえでの参考にしてください。

なお，「初学者」は「初めて2次試験を受験する方」，「受験経験者」は「過去に2次試験を受験したことがある方」，そして「準備期」は「1次試験以前の期間」，「直前期」は「1次試験直後から2次試験直前までの期間」と定義します。

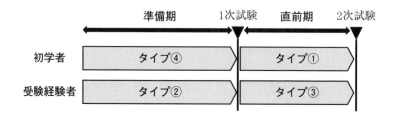

1. タイプ① 初学者／直前期

初学者の大半は，本格的に2次試験の学習を始めるのは1次試験終了後ではないかと思われます。このような方にとっては，1次試験終了後の直前期に，<u>いかに早く2次合格レベルの力をつけられるか</u>が勝負です。

この直前期に取り組むべきことは，次のとおりです。

(1) 2次試験の出題形式を理解する。

(2) 1次試験対策で得た知識を，2次試験向けに整理し直す。（※2）

(3) 2次試験と同形式の問題演習を行い，基本的な解き方を身につける。まずは，設問文に基づいて，最終的な解答にたどり着くまでの道筋を思い浮かべられることを目標にする。

(4) (3) がある程度できるようになってきたら，解答の精度向上と時間短縮を図る。

(5) 試験時間の80分を有効利用するためのタイムマネジメント方法（設問の難易度見極めや取捨選択など）を身につける。

(6) (2)〜(5) に並行して，知識系の設問（財務・会計，経営法務，経済学・経済政策，経営情報システムなどの分野の知識を直接的に聞く設問）への対策を行う。

(※2) 1次試験と2次試験とでは，必要とされる知識領域は重なるものの，問われ方が異なるため，知識の引き出し方が異なります。たとえば，1次試験では「売上高総利益率を計算せよ」と聞かれていたところを，2次試験では「経営分析をせよ」と聞かれる形になります。したがって，試験対策上，<u>1次試験対策で得た知識を2次試験向けに再整理する必要がある</u>といえます。

前記の各過程において，本書を用いて次のように学習するとよいでしょう。

（(1)〜(6)は，上掲の「取り組むべきこと」(1)〜(6)に対応します。また「*印」は必要に応じて他の教材を併用することを想定しています。）

〈本書の使い方（初学者の直前期）〉

(1) 過去問1年分を時間制限なしで解く。（標準的な形式の平成30年度事例Ⅳを推奨）

(2) 知識・ノウハウ（各章パートⅠ）を熟読し，基礎知識と解き方（それぞれパートⅠ内の (1) と (2)）を習得する。併せて例題も解く（パートⅠ内の (4)）。

(3) 過去問（各章パートⅡ）のうち，重要度Aの問題を1〜2問ずつ解く。

(4) 重要度がAである残りの問題を解く。

(5) *本試験と同様に，1年分の過去問を通して80分で解く。なお，過去問は（一社）中小企業診断協会のウェブサイト等から入手する。

(6) *1次試験の「経営法務」「経済学・経済政策」「経営情報システム」等のテキストを読み返す。

2.　タイプ②　受験経験者／準備期

受験経験者にとって，1次試験頃までは比較的余裕を持って学習に取り組める時期ではないかと思います。この時期は，細かなテクニックを習得するよりもより深い学習を行い，本質的な理解を高めるほうがよいでしょう。本書を用いて次のように学習することをお勧めします。

〈本書の使い方（受験経験者の準備期）〉

(1) テーマ毎に過去問（各章パートⅡ）の設問を解く。解説を読んで答え合わせをするだけでなく，次のような発展的な演習をする。

　　・複数年度で横断的に解答手順を比較する。

　　・設問指示を読み替えて解く。

　　　　例1：記述の指定字数を8割に減らしたり，1.5倍に増やしたりする

　　　　例2：計算過程を問われていない設問について，計算過程を書く

　　・別解がないかや，異なる設問解釈ができないかを考える。

(2) (1) と並行して，知識・ノウハウ（各章パートⅠ）を読み，知識の再確認を行い，不足している知識を身につける。併せてテクニック（パートⅠの (3)）を習得する。

(3) *1次試験の「経営法務」「経済学・経済政策」「経営情報システム」等のテキストを読み返し，知識系の設問への対策を行う。

---

3. タイプ③ 受験経験者／直前期

受験経験者にとって，直前期は，基礎固めがおおむねできている状態であり，苦手分野の克服，解答時間の短縮，解答精度の向上などが課題でしょう。これらの課題に対して，本書を用いて次のように学習するとよいでしょう。

〈本書の使い方（受験経験者の直前期）〉

(1) テーマ毎に過去問（各章パートⅡ）の設問を繰り返し解く。苦手意識のあるテーマは重要度Aの問題を中心に解き，強化する。それ以外の分野は，重要度BやCを中心に解き，解答時間の短縮や解答精度の向上を図る。

(2) (1)と並行して，知識・ノウハウ（各章パートⅠ）を読み，知識の再確認を行い，不足している知識を身につける。併せてテクニック（パートⅠの(3)）を習得する。

(3) ＊本試験と同様に，1年分の過去問を通して80分で解く。なお，過去問は（一社）中小企業診断協会のウェブサイト等から入手する。

(4) ＊1次試験の「経営法務」「経済学・経済政策」「経営情報システム」等のテキストを読み返し，知識系の設問への対策を行う。

---

4. タイプ④ 初学者／準備期

初学者の大半は，本格的に2次試験の学習を始めるのは1次試験終了後ではないかと思われます。しかし，1次試験の学習を行う時点から2次試験を視野に入れて学習をすることをお勧めします。その理由は次のとおりです。

・事前準備をすることで，1次試験直後にスムーズに2次試験対策に移行できる

・学習初期から2次試験に活かしやすい形で知識を得られるようになり，1次試験直後に知識を再整理する手間を省ける

・基礎知識を，具体的な企業の事例と関連づけながら習得することができ，多面的な理解につながる

そこで，本書を用いて次のように学習することをお勧めします。

〈本書の使い方（初学者の準備期）〉

(1) 1次試験対策で学習したテーマについて，知識・ノウハウの基礎知識と解き方（各章パートⅠの(1)と(2)）を読む。

(2) 1次試験対策で学習したテーマについて，知識・ノウハウ（各章パートⅠ）や1次試験対策のテキストを参照しながら，過去問（各章パートⅡ）の重要度Aの問題を1〜2問解く。

V　使用上の注意事項

　本書は，過去問を「テーマ別・重要度別」に分類することによって，効率よく学習できるようにしたものです。これ自体は事例Ⅳの対策として有効ですが，一方で，本書ではカバーできない事項もあります（下表参照）。これらの点を個別に対策するよう注意しながら本書をお使いください。

項	本書でカバーできない事項	想定される問題点	対　策
①	80分の時間管理方法の習得	本試験において，時間切れになる。	・1年分の過去問を通して80分で解く。なお，（一社）中小企業診断協会のウェブサイト等から過去問を入手する。（※3） ・模擬試験を受験する。
②	解くべき設問／捨てるべき設問を見極める方法の習得	本試験において，難問など得点効率の悪い設問に時間を費やしてしまう。	
③	知識系の設問への対策	本試験において知識を直接問われる設問に解答できない。	・1次試験の「財務・会計」「経営法務」「経済学・経済政策」「経営情報システム」等のテキストを読み返す。

（※3）　本書の姉妹編である『2024年版　中小企業診断士2次試験合格者の頭の中にあった全ノウハウ』には，令和5年度，令和4年度の過去問についてそれをどのように解くかが掲載されます。（2024年版は7月刊行予定）。本書と併せてご活用ください。なお，この書籍は，その年の合格者が試験会場でどのように知識を解答作成プロセスに落とし込んだかという思考経路を明示するものであり，必ずしも本書で示す解き方には沿っていませんので，ご注意ください。

　なお，①と②の対応は本試験に向けて必要ですが，早くから取り入れると知識・ノウハウを習得する妨げになってしまいます。ある程度，理解が進んでから取り組むようにしましょう。

VI　掲載問題一覧

　第1章～第6章では，平成19年度（2007年度）から令和4年度（2022年度）の過去問を中心に掲載しています。次のページの表は，本書のテーマの分類に従って，過去問の配点と重要度を示したものです（本書で掲載している設問を網かけとして記載）。どのテーマが頻出かを把握する際に活用してください。なお，表中の記号 A, B, C は，設問の「重要度」を表します。重要度の基準は，序章「Ⅱ　本書の構成」の補足1（重要度について）に掲載しています。

章・テーマ	平成19(2007)年	平成20(2008)年	平成21(2009)年	平成22(2010)年	平成23(2011)年	平成24(2012)年	平成25(2013)年	平成26(2014)年
第1章 経営分析	第1問 25点	第1問 30点	第1問 40点	第1問 40点	第1問① 18点 (※2)	第1問② 13点 C (※2) P.113	第1問 25点 C P.119	第1問 24点
第2章 損益分岐点分析(CVP)	第2問 25点 B P.179		第3問 20点 C P.183	第2問 25点 A P.166		第2問 30点 A P.160		
第3章 意思決定会計	第3問 25点	第2問 25点		第3問 20点	第4問 25点	第3問① 15点 (※2) C P.287 / 第1問③ 13点 (※2)	第2問 45点	第2問 30点 A P.222
第4章 セグメント別会計					第3問 25点 A P.310			第3問 30点 A P.314
第5章 キャッシュフロー分析 (※1)					第1問② 17点 (※2) A P.352			
第6章 その他計算問題	第4問 25点	第3問 25点 / 第4問 20点	第2問 20点 / 第4問 20点 B P.408	第4問 15点	第2問 15点 A P.406	第1問① 14点 (※2) A P.399	第3問 30点	

（※1）　表記載の3問のほか，平成13年度（A），14年度（A），16年度（A），18年度（A）の問題も掲載。

（※2）　配点は推定。設問全体の得点を，筆者が解答難易度に基づき各設問（丸付き数字で表記）に配分。

平成27 (2015)年	平成28 (2016)年	平成29 (2017)年	平成30 (2018)年	令和元 (2019)年	令和2 (2020)年	令和3 (2021)年	令和4 (2022)年	令和5 (2023)年
第1問 28点 A P.62	第1問 25点 B P.70	第1問 25点 A P.53	第1問 24点 A P.45	第1問 25点 A P.35	第1問 25点 B P.103	第1問 30点 B P.91	第1問 25点 B P.78	第1問 20点
第2問③ 11点 (※2) A P.157	第4問② 12点 (※2) A P.152		第3問 30点 B P.170	第2問 25点 A P.146	第2問① 15点 (※2) A P.143	第3問 20点 A P.138		第2問① 10点 (※2)
第3問 26点 A P.213	第2問② 25点 (※2) B P.277	第3問 29点 A P.204	第2問 31点 C P.282	第3問 30点 ①②A ③B P.271	第2問② 15点 (※2) B P.261	第2問 30点 ①②A ③B P.245	第3問 ②③ 25点 (※2) ②A ③B P.233	第3問 30点
	第3問 15点 A P.308						第2問 20点 ①A ②B P.299	第2問 ②③ 20点
	第2問① 10点 (※2) B P.369							
第2問 ①② 23点 (※2) A P.392	第4問① 13点 (※2)	第2問 18点 A P.387	第4問 15点	第4問 20点	第4問 25点 C P.381	第4問 20点	第3問① 10点 (※2) A P.378	第4問 20点
第4問 12点		第4問 28点			第3問 20点		第4問 20点	

【コラム1】 ６テーマの学習順序

　本書では，２次試験で問われる事項を６つのテーマ（本書の「章」に対応）に分けています。６つのテーマは，大きく３つのグループ（以下）に分けられます。

・【[a] 主要３テーマ】：経営分析，損益分岐点分析，意思決定会計（第１～３章）
・【[b] 準２テーマ】：セグメント別会計，キャッシュフロー分析（第４，５章）
・【[c] その他計算問題】：その他計算問題（第６章）

　学習にあたっては，**まず主要３テーマ [a] を固め，次に準２テーマ [b] を固め，最後にその他計算問題 [c] に着手する**とよいでしょう。具体的には次のとおりです。

(1)【[a] 主要３テーマ】
　　<u>知識・ノウハウ</u>を読み，<u>例題</u>を解き，<u>重要度Ａの過去問を１～２問</u>解く。進みが遅れることがないよう，概要を把握することに努め，細かい点は読み飛ばすようにする。

(2)【[a] 主要３テーマ】
　　<u>重要度Ａの過去問</u>（(1) で解かなかった設問）を解く。

(3)【[b] 準２テーマ】
　　<u>知識・ノウハウ</u>を読み，<u>例題</u>を解き，<u>重要度Ａの過去問を１～２問</u>解く。

(4)【[a] 主要３テーマ，[b] 準２テーマ】
　　苦手な分野は重要度Ａの過去問を繰り返し，得意な分野は重要度Ｂ・Ｃの過去問に取り組む（主要３テーマの比重を重めにする）。

(5)【[c] その他計算問題】
　　主要３テーマ＋準２テーマがある程度固まったら（重要度Ａがある程度解けるようになったら），その他計算問題に取り組む。

経 営 分 析

I 経営分析の知識・ノウハウ

傾向と対策

　経営分析とは，企業の財務情報およびその他種々の情報に基づいて，企業の状態を明らかにする分析のことです。事例Ⅳの中で最も肝となるテーマで，これまでに学習した財務指標等の財務諸表関連の知識に基づいて，事例企業を具体的に分析する力が問われます。

◆傾向
【出題頻度】平成13年度から令和5年度のすべての年度において出題
【主な要求事項】企業の特徴を表す財務指標を複数挙げ，その具体的内容を記述
【難易度】高くない。合格者の多くが得点すると思われるため，失点すべきではない

◆マスターすべきこと

初級	□財務諸表から，主要な財務指標を正確に計算できる □与件文に記載の企業の定性情報から，財務面の特徴を把握できる
中級	□特徴を表す財務指標を，指定の数だけ選択できる □企業の財務面の特徴を，指定字数内で論述できる
上級	□短時間で効率よく解ける（特に財務指標の絞込み）

◆初学者向けのポイント
・財務指標を絞り切れない事例も多くあります。そのため，「1つに絞る」のではなく「合理的ならばどれを選んでもよい」というスタンスで学習しましょう。

---

(1) 経営分析の基礎知識

　企業はさまざまな活動を行いますが，それらの成果は数値として財務諸表に現れます。経営分析とは，この財務諸表に基づいて経営の状態を明らかにする分析のことです。経営分析の目的は，経営上の特徴を明確化し，強みを活かす策を講じたり，問題への対策を施したりすることです。

　経営分析は一般に，企業の内部・外部環境等の情報（定性情報）と，財務諸表から計算される財務指標（経営指標）の情報（定量情報）に基づいて行います。はじめに，企業の内部・外部環境のうち財務面に影響を及ぼすものを整理します。次に，財務諸表から計算される財務指標値を，同業他社の値や前年度の値と比較します。そして，これらの定性情報と定量情報とを突き合わせることにより，経営上の特徴を明確化します。またこれらの分析は，主に収益性・効率性・安全性の３つの観点で行います（表１参照）。

●表１　経営分析の３つの観点と分析例

観点	説明	分析例	
		企業の内部・外部環境等に基づく分析（定性分析）	財務指標に基づく分析（定量分析）
収益性（※１）	売上から利益を出せているか	長年培った技術力により高品質の製品を生産している。	売上高総利益率が25.0％であり，同業他社の20.0％と比べて，良い。
効率性	資産を売上につなげているか	製品に合った主力設備を備えている。	有形固定資産回転率が5.00回であり，同業他社の3.00回と比べて，良い。
安全性	支払能力があるか，資金調達は安全か	内部留保した利益で設備投資を行い，借入を抑えている。	自己資本比率が80.0％であり，同業他社の50.0％と比べて，良い。

（※１）収益性には，売上高利益率（売上に対する利益率）と資本利益率（資本に対する利益率）
　　　があります。本項での説明は，売上高利益率を指します。

〈参考〉財務指標値の評価方法（1）

　財務指標値は，基本的に，基準値と比較して初めて意味があるものです。身近な例でいえば，「りんごが１個98円だった」という事実だけでは高いとも安いともいえず，「他店の88円と比べて高い」や「昨日の118円より安い」のように，他と比べることによって評価できます。財務指標においても同様で，同業他社値や前年値との比較により評価します。

　なお，例外的に，比較せずに評価できる場合があります。たとえば「売上高営業利益率がマイナスである」場合や，「当座比率が100％未満である」場合などです。

---

(2) 経営分析の設問の解き方

　２次試験では，平成13年度以降すべての年度において，第１問にて経営分析に関する設問が出題されました。問われた事項は，おおむね次のとおりです。

・D社の特徴（長所・短所・問題点など）を表す財務指標名と財務指標値（2〜4個）

・その特徴の内容，その原因および改善策

　2次試験における経営分析の設問では，基本的には「(1) 経営分析の基礎知識」で述べたとおり，与件に記されている企業の内部・外部環境等の情報（定性情報）と，財務諸表から算出される財務指標の情報（定量情報）とを関連づけて解いていきます。定性情報・定量情報ともに，基本的には収益性・効率性・安全性の3つの観点で行います（※2）。設問の解き方はおおむね次のとおりです。

設問の解き方（経営分析）

手順1．設問要求を確認する。

　　　（例：「(1) 問題点3つを探す，(2) 財務指標名・財務指標値・問題点の内容（問題点ごとに50字）を解答する，(3) 同業他社との比較を行う」）

手順2．収益性について，次の手順で特徴を最も的確に表す財務指標を決定する。

　　　(1) 与件文から収益性に影響がある特徴を抜き出し，その特徴を的確に表す財務指標の候補を選定する。

　　　（例：「高い技術力がある」→売上高総利益率）

　　　(2) 財務諸表から，収益性に関する特徴的な勘定科目を探し，その特徴を的確に表す財務指標の候補を選定する。

　　　（例：売上原価が同業他社比で低い→売上高総利益率）

　　　(3) (1) と (2) の結果を照らし合わせて，特徴を最も的確に表す財務指標を決定する。

手順3．効率性について，手順2同様，特徴を最も的確に表す財務指標を決定する。

手順4．安全性について，手順2同様，特徴を最も的確に表す財務指標を決定する。

手順5．手順2〜4で決定した財務指標の指標値を計算し，D社の特徴（内容・問題点・改善策等）をまとめる。

（※2）提示される資料や設問指示によっては，収益性・効率性・安全性の3つの観点で分析を行えない場合があります。たとえば，売上高の情報が与えられていない場合には収益性および効率性の分析を行うことができませんし，要求されている財務指標の数が3つでない場合もあります。このような場合には，題意に沿うような分類基準を考えたうえで，指標を選択します。

(3) 経営分析への対応テクニック

　試験である以上は制限時間内に合格レベルの解答を書ききることが必須です。もしも経営分析の設問に時間をかけすぎてしまった場合には，事例Ⅳ全体のタイムスケジュールに影響が及び，合格レベルの答案を書けなくなる可能性が出てきます。そのため，経営分析の設問では，時間をかけて完璧な答案を書くよりも「最短時間で合格ライン程度の答案を書くこと」が望ましいと考えられます。

これを踏まえて，効率よく解くテクニックを３つ紹介します。

■テクニック１　検討する財務指標をできるだけ少なく（手順２〜４各々の（2）に関連）

　１次試験ではさまざまな財務指標を学習しましたが，２次試験においては，これらの指標のすべてを検討するのは得策ではありません。その理由は，財務指標の中には，２次試験で問われる「企業の特徴３つを的確に表す」という条件に合致しないものが数多くあることと，実質的に同一である（改善・悪化が連動している）財務指標があることです。そこで，２次試験においては，解答に適さない財務指標を検討候補から除外し，原則的に<u>主要な財務指標12個のみを検討する</u>ことにより，解答時間を短縮するとよいでしょう。

　主要な財務指標とその算出式を表２に記載します。

●表２　主要な12個の財務指標とその算出式

分類	財務指標	算出式				単位
収益性	売上高総利益率	売上総利益	÷	売上高	×100 %	%
	売上高営業利益率	営業利益	÷	売上高	×100 %	%
	売上高経常利益率	経常利益	÷	売上高	×100 %	%
効率性（※3）	売上債権回転率	売上高	÷	売上債権		回
	棚卸資産回転率（※4）	売上高	÷	棚卸資産		回
	有形固定資産回転率	売上高	÷	有形固定資産		回
安全性	流動比率	流動資産	÷	流動負債	×100 %	%
	当座比率	当座資産	÷	流動負債	×100 %	%
	固定比率（※5）	固定資産	÷	自己資本	×100 %	%
	固定長期適合率（※5）	固定資産	÷（自己資本＋固定負債）		×100 %	%
	自己資本比率（※5，※6）	自己資本	÷	総資本	×100 %	%
	負債比率（※5，※6）	負債	÷	自己資本	×100 %	%

（※3）効率性においては，一般に，算出式の分母（売上債権，棚卸資産，有形固定資産）には<u>期中平均値</u>（前期末の値と当期末の値の平均値）を用います。しかし，比較対象（同業他社や同社過去）において前期末の値が不明の場合には，比較条件を揃えるため，両方とも当期末の値を用いて指標値を算出します。

（※4）財務諸表に「商品」と記載があるときは，「商品回転率」と記します。

（※5）「自己資本」には非支配株主持分を含めない（純資産−非支配株主持分として計算する）ことが一般的です。

（※6）自己資本比率と負債比率は，計算に用いる勘定科目が本質的に同一です。そのため，試験対策上は，いずれか一方の財務指標を考慮すれば十分です（片方のみが正解となることは考えにくいです）。

　また，財務指標の中には，次のように複数の算出方法があるものがありますが，特に指示がない限り，最も簡単な方法を選ぶとよいでしょう。

・売上債権回転率：貸倒引当金を控除しないか，控除するか

・棚卸資産回転率：売上高を基準にするか，売上原価を基準にするか

・当座比率：当座資産を「現金及び預金＋受取手形＋売掛金＋有価証券」として計算す

るか，「流動資産－棚卸資産」として計算するか

〈参考〉[発展]　その他の財務指標

　主要な12個の財務指標以外にも1次試験ではさまざまな財務指標を学習しました。2次試験で出題される可能性は高いとはいえませんが，整理して理解しておきましょう。（太字・下線は主要な12個の財務指標を表す）。

分類		財務指標
収益性（資本利益率）		総資本経常利益率，総資本事業利益率（ROA），自己資本利益率（ROE）
収益性（売上高利益率）	売上総利益	**売上高総利益率**，売上原価率（＊）
	営業利益	**売上高営業利益率**，売上高対販売費・一般管理費比率，売上高対人件費比率
	経常利益	**売上高経常利益率**，売上高対金融費用比率
効率性	総資本	総資本回転率，総資本回転期間
	売上債権	**売上債権回転率**，売上債権回転期間（＊）
	棚卸資産	**棚卸資産回転率**，棚卸資産回転期間（＊）
	固定資産	**有形固定資産回転率**，有形固定資産回転期間（＊），固定資産回転率，固定資産回転期間
	仕入債務	仕入債務回転率，仕入債務回転期間
安全性	短期	**流動比率**，**当座比率**
	長期	**固定比率**，**固定長期適合率**
	資本構成	**自己資本比率**，**負債比率**，財務レバレッジ（＊）
	他	手元流動性，インタレスト・カバレッジ・レシオ
生産性		1人当たり付加価値額，付加価値率，1人当たり売上高，設備投資効率（資本生産性，設備生産性），労働装備率（資本設備率），労働分配率など
成長性		売上高成長率，総資産成長率など
キャッシュフロー関連		営業CF対有利子負債比率，売上高対営業CF比率（CFマージン）など

（＊）主要な12個の財務指標と実質的に同一である（改善・悪化が連動している）ため，主要な12個の財務指標の代わりに解答しても差し支えないと思われます。

■**テクニック2　迷ったら機械的に処理する（手順2〜4各々の（3）に関連）**

　与件文から得られる情報と，財務諸表から得られる情報とが食い違っていることにより，解答とすべき財務指標を選択しにくい場合があります。このような場合には，次のルールに従って機械的に処理していくとよいでしょう。

ルール1. 財務諸表から計算される財務指標値が，同業他社比や対前年比で「良い」場合には，長所として記述する。反対に，財務指標値が悪い場合には，短所として記述する。

ルール2. 与件文に基づいて選定した財務指標と，財務諸表に基づいて選定した財務指標とで，優先順位とが一致しない場合には，与件文を優先する。
（例：与件文からは「売上高総利益率」を指摘するのが最適だと考えられる場合は，財務諸表からは（「売上高総利益率」よりも）「売上高営業利益率」がより適すると判断できるとしても，与件文を優先して「売上高総利益率」を選択する。）

ルール3. 与件文に財務面の特徴を直接的に示す記述がない場合には，与件文から読み取れる情報から類推して解答を記述する。さらに，与件文から読み取れる情報がなく類推することが難しい場合には，財務指標の算出式に現れる勘定科目についての事実を述べる。
（例：「自己資本が少なく借入が多いため，借入依存の構造であり，安全性が低い。」）

〈参考〉 発展 財務指標値の評価方法（2）

テクニック2では，「財務指標値が，同業他社比や対前年比で「良い」場合には，長所として記述する」（逆も同様）というルールを示しました。そして，「Ⅱ 経営分析の過去問」においてもこのルールに従って解答しています。

しかし実務においては，これが当てはまるとは限りません。たとえば，同業他社より売上高営業利益率が良い場合であっても，中期経営計画にて設定した目標予算を下回っていれば問題と判断されますし，前年より有形固定資産回転率が悪化している場合であっても，それが前年に実施した設備投資の影響として通常考えられる範囲のものであれば問題ないと判断されます。

試験対策上は，特別な指示がない限りは，前述のルールどおりに対応して問題ないと考えられますが，あくまでも上記の事項を意識しておくと理解が深まるでしょう。

■**テクニック3 財務指標値の計算をできるだけ避ける（手順2〜4 各々の（2）に関連）**

財務諸表から財務指標の候補を選定するにあたり，すべての指標値を計算すると，それなりの時間を消費してしまいます（※7）。ここの処理では同業他社と比べて良いか悪いかを判断できればよいだけであり，指標の値そのものは必要ありません。これを踏まえて，処理を簡略化する工夫を行うとよいでしょう。

（※7）財務指標1つにつき，「指標値の計算」および「計算用紙への転記」を行う作業に15秒かかるとします。そうすると，D社と同業他社のそれぞれについて，表2に記した主要な指標12個すべてに対応するためには，15秒/個×指標数12個×2（D社・同業他社）＝360秒（6分）だけ必要となります。

処理を簡略化する方法の一例として，**「D 社と同業他社との売上高比」を活用して判断する方法**があります。この方法は，次のように，同業他社値を D 社規模に補正した値を利用する方法です。

---

(1) D 社と同業他社の売上高比を求める

(2) (1) で求めた売上高比を用いて，財務諸表の主な項目に対して，同業他社値を D 社規模に補正する

(3) 財務諸表の主な項目に対して，D 社値と，(2) で求めた補正同業他社値とを比較する

(4) (3) の比較結果に基づいて，解答候補となる財務指標を選定する

ここから具体的な例に沿って説明します。

以下の D 社および同業他社の財務諸表に基づいて，D 社の問題点として考えられる財務指標を，収益性および効率性のそれぞれの観点で確認してみます。

（単位：百万円）

		D 社	同業他社
損益計算書（一部）	売上高	800	1,000
	売上総利益	250	300
	営業利益	75	100
	経常利益	40	50
貸借対照表（一部）	売上債権	150	200
	棚卸資産	100	150
	有形固定資産	450	500

前述の 4 つのステップに従って進めます。

(1) D 社と同業他社の売上高比を求める

　　→ D 社の売上高は 800，同業他社の売上高は 1,000 ですので，売上高比（D 社÷同業他社）は 800÷1,000＝0.8 です。これは，「D 社の売上高が同業他社の 0.8 倍の規模であること」を意味します。

(2) <u>(1) で求めた売上高比を用いて，財務諸表の主な項目に対して，同業他社値を D 社規模に補正する</u>

　　・財務諸表上の主な項目とは，損益計算書における売上総利益・営業利益・経常利益と，貸借対照表における売上債権・棚卸資産・有形固定資産を指します。

　　・ここで求めた補正値を，以後，「補正同業他社値」と呼ぶことにします。

　　→売上総利益について，補正同業他社値を求めると，同業他社値 300×売上高比 0.8 ＝240 となります。

　　→他の指標も同様に計算すると，次表の「補正同業他社値」欄のとおりになります。

(3) <u>財務諸表の主な項目に対して，D 社値と，(2) で求めた補正同業他社値とを比較する</u>

→売上総利益について，D社値250が補正同業他社値240より大きいことから，「D社は売上総利益が優れている」と判断できます。

→他の指標も同様に判断すると，下表の「D社値と補正同業他社値との比較」欄のとおりになります。

・なお，利益（売上総利益・営業利益・経常利益）は値が大きければ優れていますが，売上債権・棚卸資産・有形固定資産は値が小さければ優れていることに注意します。

		D社	同業他社	補正同業他社値（同業他社×0.8)	D社値と補正同業他社値との比較
損益計算書（一部）	売上高	800	1,000	800	—
	売上総利益	250	300	240	同業他社より優れる（値が大：250＞240）
	営業利益	75	100	80	同業他社に劣る（値が小：75＜80）
	経常利益	40	50	40	同業他社と同等（40＝40）
貸借対照表（一部）	売上債権	150	200	160	同業他社より優れる（値が小：150＜160）
	棚卸資産	100	150	120	同業他社より優れる（値が小：100＜120）
	有形固定資産	450	500	400	同業他社に劣る（値が大：450＞400）

(4) (3)の比較結果に基づいて，解答候補となる財務指標を選定する

→ (3)の比較結果より，同業他社に劣る項目は「営業利益」と「有形固定資産」であることがわかります。そのため，同業他社に劣る財務指標は，売上高営業利益率と有形固定資産回転率となります。

・念のためにこれらの指標値を計算してみると，確かに上記の2つの指標について，D社が同業他社に劣っていることがわかります。

売上高営業利益率：

（D社）$75 \div 800 \times 100 \% = 9.38 \%$，（同業他社）$100 \div 1,000 \times 100 \% = 10.00 \%$

有形固定資産回転率：

（D社）$800 \div 450 = 1.78$ 回，（同業他社）$1,000 \div 500 = 2.00$ 回

（D社の問題点として考えられる財務指標：売上高営業利益率，有形固定資産回転率）

　実際の設問では，売上高比がきれいな値になることはまれです。その後の計算を簡単かつ迅速に行うために，売上高比を「約0.8倍」や「約1.2倍」のような概算値として扱うとよいでしょう。

　また，類似の方法として，「D社値÷同業他社値を売上高比と比較する」という方法もあります。たとえば，上の例題において「営業利益について，D社値(75)÷同業他社値(100)＝0.75が売上高比0.8より小さいため，同業他社より劣る」と判断する方法です。

　この方法は難しく感じるかもしれません。しかしひとたび習得すれば，財務指標をすばやく絞り込むことができますし，実務においても，電卓を使わずに財務状況を俯瞰できるなどのメリットがあります。本章後半の「Ⅱ　経営分析の過去問」に掲載している解説では，極力この方法で計算していますので，参考にしてください。

(4) 例題

〈与件文〉

　D社は小売業である。D社には従来多くの固定客がいたが，近年は顧客が競合に流出しつつあり，売上が伸び悩んでいる。これにより管理費や販売費などの固定費が利益を圧迫している。状況を打開すべく，固定費圧縮を目的として当期に新しい設備を導入した。この資金は借入により賄った。しかし少額ながらも支払利息が増えたため，さらなる売上拡大が必要な状況である。

〈設問〉

　D社の前期および当期の財務諸表を用いて経営分析を行い，前期と比較した場合のD社の問題点を示す財務指標のうち重要と思われるものを3つ取り上げ，それぞれについて，名称および当期の財務諸表をもとに計算した財務指標の値を解答せよ。なお，財務指標値については，小数点第3位を四捨五入し，単位も明記すること。

損 益 計 算 書

（単位：百万円）

	前期	当期
売上高	400	360
売上原価	280	250
売上総利益	120	110
販売費・一般管理費	106	104
営業利益	14	6
営業外収益	6	6
営業外費用	6	8
経常利益	14	4
税引前当期純利益	14	4
法人税等	4	1
税引後当期純利益	10	3

貸 借 対 照 表

(単位：百万円)

	前期	当期		前期	当期
〈資産の部〉			〈負債の部〉		
流動資産	122	125	流動負債	86	86
現金及び預金	50	53	仕入債務	60	60
売上債権	2	2	短期借入金	26	26
棚卸資産	70	70	固定負債	70	80
固定資産	110	120	長期借入金	70	80
有形固定資産	110	120	負債合計	156	166
土地	40	40	〈純資産の部〉		
建物・機械設備	70	80	資本金	20	20
投資その他の資産	1	1	資本剰余金	8	8
			利益剰余金	49	52
			純資産合計	77	80
資産合計	233	246	負債・純資産合計	233	246

《解説》

　本章Iの「(2) 経営分析の設問の解き方」にて触れた手順に従って進めていきます。

手順1. 設問要求を確認する

　設問要求の要点は次のとおりです。
・経営分析（前年比較）を行い，D社の問題点を示す財務指標のうち重要と思われるものを3つ取り上げる。
・財務指標の名称と値（小数点第3位を四捨五入）を解答する。

　与件文と財務諸表のそれぞれから，収益性・効率性・安全性の3つの観点で問題点を探します。

手順2. 収益性について，与件文と財務諸表から特徴を最も的確に表す財務指標を決定する

　与件文には，収益性に関する以下の記述があります。
・「D社には従来多くの固定客がいたが，近年は顧客が競合に流出しつつあり，売上が伸び悩んでいる。」
・「これにより管理費や販売費などの固定費が利益を圧迫している。」
・「しかし少額ながらも支払利息が増えたため，さらなる売上拡大が必要な状況である。」
　これより，問題点は「売上の伸び悩み」，「管理費や販売費など固定費の負担増」，「支払利息の負担増」であるとわかります。

　財務諸表からは，まず，次の点を確認できます。（数値の単位は百万円）

・売上高について，当期（360）は，前期（400）の 9 割となっている。

　この「9 割」を基準にすると，各利益について次のことがいえます。

　〇〇利益において，

　　　「当期値＞前期値×9 割」⇒「売上高〇〇利益率が改善」

　　　「当期値＜前期値×9 割」⇒「売上高〇〇利益率が悪化」

　そこで，各利益について順に「9 割を超えているかどうか」を確認します。

・売上総利益について，当期（110）は，前期（120）の 9 割（120×9 割＝108）より大きい

・営業利益について，当期（6）は，前期（14）の半分弱である（9 割より小さい）

・経常利益について，当期（4）は，前期（14）の半分弱である（9 割より小さい）

　したがって，「売上高総利益率」は改善し，「売上高営業利益率」は悪化し，「売上高経常利益率」は悪化していることがわかります。

〈参考〉

　上記の方法は，財務諸表を俯瞰して解答となる指標を絞り込む方法です。この方法に不安があれば，いったんすべての財務指標の値を計算してから，その値をみて，指標を絞り込むとよいでしょう。具体的には次のとおりです。

(1) 主要な財務指標について，前期・当期の値を計算し，前期値と当期値を比較します。

	財務指標	前期	当期	前期比
収益性	売上高総利益率	30.00 %	30.56 %	〇
	売上高営業利益率	3.50 %	1.67 %	×
	売上高経常利益率	3.50 %	1.11 %	×

(2) これらの比較結果より，「売上高営業利益率」および「売上高経常利益率」が悪化していることがわかります。

　なお，この方法は簡潔に見えますが，計算に一定時間を要することから，あまり勧められません。できるだけ財務諸表を俯瞰する方法を身につけるとよいでしょう。

　与件文と財務諸表から読み取れる情報を照らし合わせることにより，問題点を示す財務指標として，販売費・一般管理費および営業外費用を指摘できる「売上高経常利益率」を選びます。「売上高営業利益率」については，悪化していることから解答の候補ではありますが，営業外費用を指摘できないことにより，優先度は下がります。「売上高総利益率」については改善しているため，解答すべき指標としては不適切です。

手順 3．効率性について，与件文と財務諸表から特徴を最も的確に表す財務指標を決定する

　与件文には，効率性に関する以下の記述があります。

・「状況を打開すべく，当期に新しい設備を導入した。」

　これより，新しい設備の導入に伴って有形固定資産の効率性が低下していることを推測

できます。

　続いて財務諸表を確認します。先ほど収益性の箇所において「売上高について，当期（360）は，前期（400）の9割となっている。」という点を確認しました。この「9割」を基準にすると，資産の各科目（売上債権，棚卸資産，有形固定資産）について次のことがいえます。

> 「当期値＜前期値×9割」⇒「○○回転率が改善」
> 「当期値＞前期値×9割」⇒「○○回転率が悪化」

　なお，先ほど確認した収益性と比べて，改善・悪化が逆になっている点に注意しましょう（財務指標の算出式の分母と分子が逆になるため）。
　そこで，各科目について順に「9割を超えているかどうか」を確認します。
・売上債権について，当期（2）は前期（2）と同水準である（9割より大きい）
・棚卸資産について，当期（70）は前期（70）と同水準である（9割より大きい）
・有形固定資産について，当期（120）は前期（110）から増えている（9割より大きい）
　これらより，まずは「有形固定資産回転率」が悪化し，次に「棚卸資産回転率」および「売上債権回転率」も若干悪化していることを判断できます。

〈参考〉
　効率性についても，収益性の〈参考〉と同様に，いったんすべての財務指標の値を計算してから指標を絞り込むこともできます。具体的には次のとおりです。
(1) 主要な財務指標について，前期・当期の値を計算し，前期値と当期値を比較します。

	財務指標	前期	当期	前期比
効率性	売上債権回転率	200.00 回	180.00 回	×
	棚卸資産回転率	5.71 回	5.14 回	×
	有形固定資産回転率	3.64 回	3.00 回	×

(2) これらの比較結果より，各指標とも悪化していることがわかります。

　与件文と財務諸表から読み取れる情報を照らし合わせることにより，問題点を示す財務指標として，「有形固定資産回転率」を選びます。なお「棚卸資産回転率」および「売上債権回転率」は，与件に根拠がないため，解答の優先度は低くなります。

<u>手順4. 安全性について，与件文と財務諸表から特徴を最も的確に表す財務指標を決定する</u>
　与件文には，安全性に関する以下の記述があります。
・「状況を打開すべく，当期に新しい設備を導入した。この資金は借入により賄った。」
　これより，借入に伴い，資本構造の安全性（自己資本比率または負債比率）が低下して

いることを推測できます。またこの借入を原資にして新しい設備を導入したことから，固定比率が上昇（悪化）したことも推測できます。

　財務諸表からは，次の点を確認できます。（カッコ内の数値の単位は百万円）
・（資本構造の安全性の観点）
　　負債が前期から当期にかけて増加（156 → 166）したが，純資産はほぼ変動なし（77 → 80）であるため，「負債÷自己資本」と計算される負債比率に問題がある。（本質的に同じ指標である自己資本比率も同じ。）
・（短期安全性の観点）
　　流動資産が前期から当期にかけて増加（122 → 125）であるものの，流動負債は変動がないため，「流動資産÷流動負債」と計算される流動比率には問題がない。（同様に当座比率にも問題がない。）
・（長期安全性の観点）
　　固定資産が前期から当期にかけて増加（110 → 120）増加したが，自己資本はほぼ変動なし（77 → 80）のため，「固定資産÷自己資本」と計算される固定比率に問題がある。
　　自己資本＋固定負債は同程度の増加（77 ＋ 70 ＝ 147 → 80 ＋ 80 ＝ 160）であるため指標値を計算すると 74.83 ％ → 75.00 ％となり，わずかに上昇しており，「固定資産÷（自己資本＋固定負債）」と計算される固定長期適合率には若干の問題がある。
　　これらより，負債比率（自己資本比率）および固定比率に問題があることがわかります。

〈参考〉
　安全性についても，収益性や効率性の〈参考〉と同様に，いったんすべての財務指標の値を計算してから指標を絞り込むこともできます。具体的には次のとおりです。
(1) 主要な財務指標について，前期・当期の値を計算し，前期値と当期値を比較します。
　　なお，固定比率・固定長期適合率・負債比率は，他の指標と異なり，「値が大きいほど悪くなる」という点に注意します。

	財務指標	前期	当期	前期比
	流動比率	141.86 ％	145.35 ％	○
	当座比率（※）	60.47 ％	63.95 ％	○
安全性	固定比率	142.86 ％	150.00 ％	×
	固定長期適合率	74.83 ％	75.00 ％	×
	自己資本比率	33.05 ％	32.52 ％	×
	負債比率	202.60 ％	207.50 ％	×

※　当座資産＝現金及び預金＋売上債権として計算。

(2) これらの比較結果より，固定比率，固定長期適合率，自己資本比率，負債比率が悪化していることがわかります。

与件文と財務諸表から読み取れる情報を照らし合わせることにより，問題点を示す財務指標として，「負債比率」，「自己資本比率」，「固定比率」を選びます。これらの優劣をつける根拠はないため，どれを選んでも構いません。なお，固定長期適合率は変化が軽微であるため，解答の優先度は下がります。また，流動比率および当座比率は指標が改善しているため，解答の候補にはなりません。

手順5．財務指標値を計算し，D社の特徴（内容・問題点・改善策等）をまとめる

ここまでで，問題点を示す財務指標を選定できました。あとは財務指標値を計算し，解答とします。

《解答》

財務指標名	財務指標値
売上高経常利益率	1.11 %
有形固定資産回転率	3.00 回
負債比率	207.50 %

※順不同

〈その他加点が期待できる財務指標〉

(収益性) 売上高営業利益率

(効率性) なし

(安全性) 自己資本比率，固定比率，固定長期適合率

(5) 記述問題への対応

経営分析のテーマでは，過去ほとんどの年度で記述が求められています。問われている事項は「財政状態および経営成績」，「課題」，「原因」，「改善策」などさまざまですが（→詳細は「〈参考〉過去に問われた記述内容」），まとめると「D社の財務上の特徴」といえます。

解答構築にあたってのポイントは次の2点です。

・与件文の定性情報と結びつける（D社の状況が与件に記されているため）

・財務指標と結びつける（直前で財務指標を計算しているため）

これを踏まえ，解答するにあたっての基本的な構文は次のとおりです。

[与件文の記述] により，[収益性・効率性・安全性] が [高い・低い]

解答の書き方の例は次のとおりです。

・「D社は，高品質な製品による安定的な受注確保と全社的な原価低減の実施により，収益性が高い。」

・「短所は，機械設備の過剰投資および遊休化した土地の保有により，効率性が低いこと

である。」

　また，「与件文の記述」の箇所をまとめるポイントは次のとおりです。
・〈収益性〉「**売上高の状況**」と「**費用の状況**」の**両面に触れる**
　（指標の計算式に照らすと，「利益」について説明したくなりますが，利益は結果指標で
　あることから，その直接的原因となる「費用」に触れるほうが説明しやすいです）
・〈効率性〉「**資産の状況**」**に触れる**
　（財務指標の計算式には売上高が含まれますが，すでに収益性で説明されることが多い
　ため，省くとよいでしょう）
・〈安全性〉**分母・分子のいずれか特徴的なほうに触れる**

　慣れるまでは考えを端的にまとめるのが難しいかもしれません。そこでよく使うフレー
ズをまとめましたので，活用してください。

〈全般〉 ・財務指標が正常範囲にあり問題ない	〈収益性〉 ・［強み］により収益性が高い ・［費用］がかさむ
〈効率性〉 ・過大な在庫が売上に貢献しない ・［資産］の稼働率が低く売上に貢献しない ・［資産］の収益貢献度が低い ・［資産］が簿価に見合う売上を生まない	〈安全性〉 ・短期的な支払能力が低い ・長期的な資本安定性が低下 ・借入金依存体質である ・借入依存度が高く資本構成が悪化 ・赤字により自己資本が減少

〈参考〉過去に問われた記述内容

年度	記述内容	字数
R5	D社が前年度と比較して悪化したと考えられる2つの財務指標のうちの1つについて，悪化した原因	80
R4	D社が同業他社と比べて明らかに劣っている点，その要因について財務指標から読み取れる問題	80
R3	D社の財務的特徴と課題について，同業他社と比較しながら財務諸表から読み取れる点	80
R2	D社の財政状態および経営成績について，同業他社と比較した場合の特徴	60
R1	D社の当期の財政状態および経営成績について，前期と比較した場合の特徴	50
H30	D社の財政状態および経営成績について，同業他社と比較してD社が優れている点とD社の課題	50
H29	D社の財政状態および経営成績について，同業他社と比較した場合の特徴	40
H28	D社の課題	70
H27	D社の財政状態および経営成績について，同業他社と比較した場合の特徴	60
H26	読み取れるD社の財政状態および経営成績	30×3（計90）
H25	出資によるD社への影響	80
H24	なし	―
H23	D社の財務上の問題点の原因，改善策	60+60（計120）
H22	同業他社と比べたD社の財務上の長所または短所	60×3（計180）
H21	D社の財務上の長所・短所が生じた原因	60×3（計180）
H20	D社の問題点の内容	60×3（計180）
H19	これまでの経営政策を続けた場合に生じると考えられる問題点の原因	60×3（計180）
H18	特に重要と思われる問題点とその原因	60×3（計180）
H17	経営上の問題点（※2つ）	60×2（計120）
H16	特に重要と思われる問題点の内容	60×3（計180）
H16	総合的な改善案を2つ	60×2（計120）
H15	D社が事業を継続する上で解決すべきと思われる問題点，その問題点の解決策（※問題点2つ）	(30+40)×2（計140）
H14	特に重要と思われる問題点，その問題点の解決策	(40+40)×3（計240）
H13	D社の経営状況の総合的な分析結果	100

Ⅱ　経営分析の過去問

(1) 令和元年度　第1問（配点25点）

経営分析 （悪化と改善）	重要度	1回目		2回目		3回目	
	A	／		／		／	

　D社は，1940年代半ばに木材および建材の販売を開始し，現在は，資本金2億円，従業員70名の建材卸売業を主に営む企業である。同社は，連結子会社（D社が100％出資している）を有しているため，連結財務諸表を作成している。

　同社は3つの事業部から構成されている。建材事業部では得意先である工務店等に木材製品，合板，新建材などを販売しており，前述の連結子会社は建材事業部のための配送を専門に担当している。マーケット事業部では，自社開発の建売住宅の分譲およびリフォーム事業を行っている。そして，同社ではこれらの事業部のほかに，自社所有の不動産の賃貸を行う不動産事業部を有している。近年における各事業部の業績等の状況は以下のとおりである。

　建材事業部においては，地域における住宅着工戸数が順調に推移しているため受注が増加しているものの，一方で円安や自然災害による建材の価格高騰などによって業績は低迷している。今後は着工戸数の減少が見込まれており，地域の中小工務店等ではすでに厳しい状況が見られている。また，建材市場においてはメーカーと顧客のダイレクトな取引（いわゆる中抜き）も増加してきており，これも将来において業績を圧迫する要因となると推測される。このような状況において，同事業部では，さらなる売上の増加のために，地域の工務店等の取引先と連携を深めるとともに質の高い住宅建築の知識習得および技術の向上に努めている。また，建材配送の小口化による配送コストの増大や非効率な建材調達・在庫保有が恒常的な収益性の低下を招いていると認識している。現在，よりタイムリーな建材配送を実現するため，取引先の了解を得て，受発注のみならず在庫情報についてもEDI（Electronic Data Interchange，電子データ交換）を導入することによって情報を共有することを検討中である。

　マーケット事業部では，本社が所在する都市の隣接地域において建売分譲住宅の企画・設計・施工・販売を主に行い，そのほかにリフォームの受注も行っている。近年，同事業部の業績は低下傾向であり，とくに，当期は一部の分譲住宅の販売が滞ったことから事業部の損益は赤字となった。経営者は，この事業部について，多様な広告媒体を利用した販売促進の必要性を感じているだけでなく，新規事業開発によってテコ入れを図ることを検討中である。

　不動産事業部では所有物件の賃貸を行っている。同事業部は本社所在地域においてマンション等の複数の物件を所有し賃貸しており，それによって得られる収入はかなり安定的

で，全社的な利益の確保に貢献している。

D社の前期および当期の連結財務諸表は以下のとおりである。

連結貸借対照表

(単位：百万円)

	前期	当期		前期	当期
＜資産の部＞			＜負債の部＞		
流動資産	2,429	3,093	流動負債	2,517	3,489
現金預金	541	524	仕入債務	899	1,362
売上債権	876	916	短期借入金	750	1,308
棚卸資産	966	1,596	その他の流動負債	868	819
その他の流動資産	46	57	固定負債	1,665	1,421
固定資産	3,673	3,785	長期借入金	891	605
有形固定資産	3,063	3,052	その他の固定負債	774	816
建物及び構築物	363	324	負債合計	4,182	4,910
機械設備	9	7	＜純資産の部＞		
その他の有形固定資産	2,691	2,721	資本金	200	200
無形固定資産	10	12	利益剰余金	1,664	1,659
投資その他の資産	600	721	その他の純資産	56	109
			純資産合計	1,920	1,968
資産合計	6,102	6,878	負債・純資産合計	6,102	6,878

連結損益計算書

(単位：百万円)

	前期	当期
売上高	4,576	4,994
売上原価	3,702	4,157
売上総利益	874	837
販売費及び一般管理費	718	788
営業利益	156	49
営業外収益	43	55
営業外費用	37	33
経常利益	162	71
特別利益	2	7
特別損失	7	45
税金等調整前当期純利益	157	33
法人税等	74	8
親会社に帰属する当期純利益	83	25

（設問1）

　D社の前期および当期の連結財務諸表を用いて比率分析を行い，前期と比較した場合のD社の財務指標のうち，①悪化していると思われるものを2つ，②改善していると思われるものを1つ取り上げ，それぞれについて，名称を(a)欄に，当期の連結財務諸表をもとに計算した財務指標の値を(b)欄に記入せよ。なお，(b)欄の値については，小数点第3位を四捨五入し，カッコ内に単位を明記すること。

（設問2）

　D社の当期の財政状態および経営成績について，前期と比較した場合の特徴を50字以内で述べよ。

●【解説】

　本章Ⅰの「(2) 経営分析の設問の解き方」で示した手順に従って進めていきます。

　なお，解説では，本章Ⅰの「(3) 経営分析への対応テクニック」の「テクニック3 財務指標値の計算をできるだけ避ける」に従い，個別の財務指標値の計算を極力行わずに財務指標を絞り込みます。もしこの方法に不安があれば，主要な財務指標についてあらかじめ指標値を計算した後，与件の記述と照らし合わせながら，財務指標を絞り込むとよいでしょう。主な財務指標の指標値は【解説】，【模範解答】の後の【補足】に示します。

手順1．設問要求を確認する

　設問要求の要点は次のとおりです。

- ・連結財務諸表を用いた比率分析（前年比較）を行い，前期と比較して悪化していると思われる財務指標を2つ，改善していると思われる財務指標を1つ取り上げる。（設問1）
- ・財務指標の名称と値（小数点第3位を四捨五入）を解答する。（設問1）
- ・当期の財政状態および経営成績について，前期と比較した場合の特徴（50字以内）を解答する。（設問2）

　これらより本問はオーソドックスな経営分析の設問であると判断できます。そこで，与件文と財務諸表のそれぞれから，収益性・効率性・安全性の3つの要素について，「悪化しているもの」（2つ）および「改善しているもの」（1つ）を探します。なお，「悪化」とも「改善」とも解釈できる場合もありうるため，3要素すべてを見た後に指標を確定します。具体的には，各要素を確認する段階では指標を仮確定し，その後全体で，「悪化」が2つ，「改善」が1つとなっているかを確認し，そのようになっていなければ，「悪化」とも「改

善」とも解釈できる要素の位置づけを調整します。

手順 2. 収益性について，与件文と財務諸表から特徴を最も的確に表す財務指標を決定する

与件文には，収益性に関する以下の記述があります。

1. （建材事業部）「地域における住宅着工戸数が順調に推移しているため受注が増加している」

2. （建材事業部）「円安や自然災害による建材の価格高騰などによって業績は低迷している」

3. （建材事業部）「今後は着工戸数の減少が見込まれており，地域の中小工務店等ではすでに厳しい状況が見られている」

4. （建材事業部）「建材市場においてはメーカーと顧客のダイレクトな取引（いわゆる中抜き）も増加してきており，これも将来において業績を圧迫する要因となると推測される」

5. （建材事業部）「建材配送の小口化による配送コストの増大や非効率な建材調達・在庫保有が恒常的な収益性の低下を招いている」

6. （マーケット事業部）「近年，同事業部の業績は低下傾向であり，とくに，当期は一部の分譲住宅の販売が滞ったことから事業部の損益は赤字となった」

7. （不動産事業部）「本社所在地域においてマンション等の複数の物件を所有し賃貸しており，それによって得られる収入はかなり安定的で，全社的な利益の確保に貢献している」

これらより，以下のことがわかります。（カッコ内は前記の項目 1～7 に対応）

・建材事業部においては，受注が増加している（1）ものの，円安や自然災害による建材の価格高騰，配送コストの増大や非効率な建材調達・在庫保有により，業績は低迷している（2，5）。また，将来において業績を圧迫する懸念がある（3，4）。

・マーケット事業部においては，近年の業績は低下傾向であり，とくに，当期は一部の分譲住宅の販売の滞りによる影響が大きかった（6）。

・不動産事業部においては，賃貸事業による安定的な収入があり，全社的な利益の確保に貢献している（7）。

財務諸表からは，次の点を確認できます。（数値の単位は百万円）

・売上高について，当期（4,994）は前期（4,576）の 1.1 倍程度（※ 1）である。

・売上総利益について，当期（837）は前期（874）を下回っている（したがって，売上高比である 1.1 倍程度より小さい）。

・営業利益について，当期（49）は前期（156）を下回っている（したがって，売上高比である 1.1 倍程度より小さい）。

・経常利益について，当期（71）は前期（162）を下回っている（したがって，売上高比

である 1.1 倍程度より小さい)。

・費用の各構成要素について（※2）

>　販売費及び一般管理費：当期（788）は前期（718）の 1.1 倍程度（※3）である（売上高比と同程度である）。

>　営業外収益：当期（55）は前期（43）の 1.3 倍程度（※4）である（収益が売上高比より大きいため，改善している）。

>　営業外費用：当期（33）は前期（37）を下回っている（したがって，費用が売上高比より小さいため，改善している）。

（※1）4,994 ÷ 4,576 ≒ 5,000 ÷ 4,500 = 10/9 ≒ 1.11 と概算（正確には 4,994 ÷ 4,576 = 1.09）

（※2）売上原価は，すでに確認済みである売上総利益と同じ動きをする（売上高総利益率＋売上原価率 = 100 ％である）ため，確認を省略している。

（※3）788 ÷ 718 ≒ 780 ÷ 720 = 13/12 ≒ 1.1 と概算（正確には 788 ÷ 718 = 1.10）

（※4）55 ÷ 43 ≒ 55 ÷ 44 = 5/4 ≒ 1.25 と概算（正確には 55 ÷ 43 = 1.28）

　これらより，財務諸表からは，次の点を読み取れます。

・売上総利益，営業利益，経常利益はすべて悪化している

・売上原価が大きく悪化している

・販売費及び一般管理費に大きな変化はない

・営業外損益（営業外収益，営業外費用）は，改善している

　次に，与件文と財務諸表から読み取れる情報を照らし合わせます。財務諸表からは「悪化」を読み取れ，また与件文からは不動産事業部を除いて「悪化」している状況を読み取れることから，収益性は「悪化」であると考えます。そして，それを示す財務指標の候補として，費用のうち売上原価のみが大きく悪化していることを踏まえ，「売上高総利益率」を選びます。なお，「売上高営業利益率」については，財務諸表において販売費及び一般管理費に大きな変化がないことから，解答の優先度は下がります。さらに，「売上高経常利益率」は，改善している営業外損益の要素も含まれることから，「悪化しているものを示す」という題意への的確さが薄れるため，解答の優先度は下がります。

手順 3. 効率性について，与件文と財務諸表から特徴を最も的確に表す財務指標を決定する

　与件文には，効率性に関する以下の記述があります。

1.　（建材事業部）「建材配送の小口化による配送コストの増大や非効率な建材調達・在庫保有が恒常的な収益性の低下を招いている」

2.　（マーケット事業部）「近年，同事業部の業績は低下傾向であり，とくに，当期は一部の分譲住宅の販売が滞ったことから事業部の損益は赤字となった」

3. （不動産事業部）「本社所在地域においてマンション等の複数の物件を所有し賃貸しており，それによって得られる収入はかなり安定的で，全社的な利益の確保に貢献している」

これらより，以下のことがわかります。（カッコ内は前記の項目1〜3に対応）

・建材事業部およびマーケット事業部において，在庫保有や販売の滞りにより，棚卸資産の効率性が低い（1，2）。

・不動産事業部において，所有し賃貸している物件による安定的な収入があり，有形固定資産の効率性が高い（3）。

財務諸表からは次の点を確認できます。（カッコ内の数値の単位は百万円）

・（手順2〈収益性〉で確認したとおり）

売上高について，当期（4,994）は前期（4,576）の1.1倍程度である。

・売上債権について，当期（916）は，前期（876）の1.1倍程度と比べて，小さい（※5）。

・棚卸資産について，当期（1,596）は，前期（966）の1.5倍超あり（※6），したがって売上高比である1.1倍程度より大きい。

・有形固定資産について，当期（3,052）は前期（3,063）と同程度であり，したがって売上高比である1.1倍程度より小さい。

これらより，主として，棚卸資産は悪化し，有形固定資産は改善していることを読み取れます。

（※5）前期 $876 \times 1.1 = 876 \times (1 + 0.1) = 876 + 87.6 \fallingdotseq 960$ と比較して判断。

（※6）$1,596 \div 966 > 1,500 \div 1,000 = 1.5$ と概算。

次に，与件文と財務諸表から読み取れる情報を照らし合わせます。まず，与件文からは，棚卸資産において「悪化」し，有形固定資産において「改善」していることを読み取れました。その各々について，財務諸表から読み取れる内容と一致しています。これらより<u>効率性は「悪化」とも「改善」とも考えられる</u>ことから，どちらに位置づけるかは収益性・安全性を分析した後に確定します。（財務指標は，「悪化」と位置づける場合には「棚卸資産回転率」，「改善」と位置づける場合は「有形固定資産回転率」となります）。なお，「売上債権回転率」については，与件文に根拠がないことから，解答の優先度は下がります。

<u>手順4．安全性について，与件文と財務諸表から特徴を最も的確に表す財務指標を決定する</u>

与件文には，安全性に関する特徴を示す記述はありません。また安全性に関する「現金」，「借入」，「資産」，「負債」などのキーワードもありません。

財務諸表からは，次の点を確認できます。（数値の単位は百万円）

・（資本構造の安全性の観点）

当期は，自己資本1,968に対して負債が4,910であり，負債比率が2.5倍程度（※7）と
なっています。一方で，前期は自己資本1,920に対して負債が4,182であり，負債比率
が2倍強（※8）となっています。そのため，負債比率が悪化していることがわかります。
なお，負債比率と実質的に同一と考えられる指標である自己資本比率も同様です。

そして，この要因としては，負債の増加，特に流動負債の増加（前期2,517→当期
3,489）であることが推測できます。

・（短期安全性の観点）

当期は，流動負債3,489に対して流動資産が3,093であり，流動比率が90％弱（※9）
です。一方で，前期は，流動負債2,517に対して流動資産が2,429であり，流動比率が
100％弱（※10）です。これより，流動比率が悪化していることがわかります。

また，当座比率については，当期は，流動負債3,489に対して当座資産が1,440（＝現
金預金524＋売上債権916）であり，当座比率が50％未満（※11）である一方で，前
期は，流動負債2,517に対して当座資産が1,417（＝現金預金541＋売上債権876）であり，
当座比率が50％超（※12）です。これより，当座比率が悪化していることがわかります。
そして，これらの要因として，流動負債の増加（前期2,517→当期3,489）があること
がわかります。そして流動負債の中で短期借入金（前期750→当期1,308）と仕入債務
（前期899→当期1,362）の影響が大きいことがわかります。なお，棚卸資産が増加して
いること（前期966→当期1,596）から，当座比率のほうが流動比率よりも悪化の程度
が大きいこともわかります。

・（長期安全性の観点）

当期は，自己資本1,968に対して固定資産が3,785あり，固定比率が200％弱（※13）
です。一方で，前期は，自己資本1,920に対して固定資産が3,673あり，固定比率が
200％弱（※14）です。これらより，固定比率は前年から大きな変化はないことがわか
ります。（正確に計算すると，当期の固定比率は192.33％（＝3,785÷1,968），前期の固
定比率は191.30％（＝3,673÷1,920）であり，固定比率はわずかに悪化していることが
わかります。）

また，固定長期適合率について，当期は自己資本＋固定負債3,389（＝1,968＋1,421）に
対して固定資産が3,785であり，固定長期適合率が110％程度（※15）である一方で，
前期は自己資本＋固定負債3,585（＝1,920＋1,665）に対して固定資産が3,673であり，
固定長期適合率が100％強（※16）です。これより，固定長期適合率は悪化している
ことがわかります。

（※7）$4,910 \div 1,968 \div 5,000 \div 2,000 = 5/2 = 2.5$ と概算。

（※8）$4,182 \div 1,920 > 4,000 \div 2,000 = 4/2 = 2.0$ と概算。

（※9）$3,093 \div 3,489 = (3,489 - 396) \div 3,489 = 1 - 396 \div 3489 < 1 - 0.1 = 0.9$ と概算。

（※10）$2,429 \div 2,517 = (2,517 - 88) \div 2,517 \div 1 - 88 \div 2,517 \div 1 - 数\% < 100\%$ と概算。

（※11）$1,440 \times 2 = 2,880 < 3,489$ と計算することで，50% 未満であることを確認。

（※12）$1,417 \times 2 = 2,834 > 2,517$ と計算することで，50% 超であることを確認。

（※13）$1,968 \times 200\% = 3,936 > 3,785$ と概算。

（※14）$1,920 \times 200\% = 3,840 > 3,673$ と概算。

（※15）$3,785 \div 3,389 \div 3,800 \div 3,400 \div 1.1$（$110\%$）と概算。

（※16）$3,673 \div 3,585 \div (3,585 + 88) \div 3,585 = 1 + 88 \div 3,585 \div 1 + 数\% > 100\%$ と概算。

　これらより，固定比率がほぼ同程度であることを除いて，すべての指標が悪化していることがわかります。そして，この直接的な原因は，流動負債の増加（仕入債務，短期借入金の増加）であることもわかります。この点をより的確に示せる指標として「当座比率」を解答します。なお，負債比率と自己資本比率は，固定負債の減少（前期 1,665 → 当期 1,421）の要素も含まれることから，「悪化しているものを示す」という題意への的確さが薄れるため，解答の優先度は下がります。また，固定比率と固定長期適合率は，指標値としては悪化しているものの，特徴的である流動負債の増加の影響を受ける指標ではないため，解答の優先度はさらに下がります。

手順5．財務指標値を計算し，D社の特徴（内容・問題点・改善策等）をまとめる

　ここまでで確認した結果は，収益性は「悪化」，効率性は「悪化」または「改善」，安全性は「悪化」という点でした。ここで，設問には「悪化していると思われるものを2つ，改善していると思われるものを1つ取り上げ」と指示があることを踏まえ，効率性は「改善」として位置づけます。

　次に，当期の財政状態および経営成績に関する特徴を記述します。解答に含めるべき論点は次のとおりです。

・〈収益性〉建材の価格高騰，配送コストの増大や非効率な建材調達・在庫保有，一部の分譲住宅の販売の滞りにより収益性が悪化した。

・〈効率性〉賃貸の事業が安定的であり効率性が改善した。

・〈安全性〉仕入債務と短期借入金の増加により，短期安全性が悪化した。

　これらを指定字数（50字）にまとめます。字数が非常に少ないことを踏まえて，収益性・効率性・安全性の3要素をできるだけ簡潔にまとめます。

　最後に，財務指標値を計算し解答とします。

【模範解答】

(設問1)

	(a)	(b)
①	売上高総利益率	16.76（%）
	当座比率	41.27（%）
②	有形固定資産回転率	1.64（回）

※①内の2項目は順不同，①の当座比率の財務指標の値（(b)欄）は 42.91（%）も可

(設問2)

建	材	価	格	高	騰	や	配	送	コ	ス	ト	増	で	収	益	性	が	悪	化
し	,	借	入	で	安	全	性	が	悪	化	し	,	安	定	的	な	賃	貸	事
業	で	効	率	性	が	改	善	し	た	。									

〈その他加点が期待できる財務指標〉

悪化していると思われる指標（①）：

　（収益性）売上高営業利益率

　（効率性）棚卸資産回転率（※17）

　（安全性）流動比率，自己資本比率，負債比率

改善していると思われる指標（②）：

　（収益性）なし　（効率性）なし　（安全性）なし

（※17）解説内の手順3（効率性）にて確認したとおり「棚卸資産回転率」は悪化していますが，手順5で確認したとおり，効率性を「悪化」として位置づけてしまうと「改善」として位置づけられる指標がなくなってしまうため，（設問1）全体としては好ましい解答ではありません。

【補足】

・主な財務指標の指標値は次のとおりです。

	財務指標	前期 （比較対象）	当期	前期比
収益性	売上高総利益率	19.10 %	16.76 %	×
	売上高営業利益率	3.41 %	0.98 %	×
	売上高経常利益率	3.54 %	1.42 %	×
効率性	売上債権回転率	5.22 回	5.45 回	○
	棚卸資産回転率	4.74 回	3.13 回	×
	有形固定資産回転率	1.49 回	1.64 回	○
安全性	流動比率	96.50 %	88.65 %	×
	当座比率 （※ 18）	56.30 %	41.27 %	×
	固定比率	191.30 %	192.33 %	×
	固定長期適合率	102.45 %	111.68 %	×
	自己資本比率	31.47 %	28.61 %	×
	負債比率	217.81 %	249.49 %	×

（※ 18）当座資産＝現金預金＋売上債権として計算。（流動資産の「その他の流動資産」を
　　　　含めて，当座資産＝流動資産－棚卸資産と計算しても構わない。）

(2) 平成30年度　第1問（配点24点）

経営分析 （優れている点・課題）	重要度	1回目	2回目	3回目
	A	／	／	／

　D社は資本金5,000万円，従業員55名，売上高約15億円の倉庫・輸送および不動産関連のサービス業を営んでおり，ハウスメーカーおよび不動産流通会社，ならびに不動産管理会社およびマンスリーマンション運営会社のサポートを事業内容としている。同社は，顧客企業から受けた要望に応えるための現場における工夫をブラッシュアップし，全社的に共有して一つ一つ事業化を図ってきた。

　D社は，主に陸上貨物輸送業を営むE社の引越業務の地域拠点として1990年代半ばに設立されたが，新たなビジネスモデルで採算の改善を図るために，2年前に家具・インテリア商材・オフィス什器等の大型品を二人一組で配送し，開梱・組み立て・設置までを全国で行う配送ネットワークを構築した。

　同社は，ハウスメーカーが新築物件と併せて販売するそれらの大型品を一度一カ所に集め，このネットワークにより一括配送するインテリアのトータルサポート事業を開始し，サービスを全国から受注している。その後，E社の子会社F社を吸収合併することにより，インテリアコーディネート，カーテンやブラインドのメンテナンス，インテリア素材調達のサービス業務が事業に加わった。

　さらに，同社は，E社から事業を譲り受けることにより不動産管理会社等のサポート事業を承継し，マンスリーマンションのサポート，建物の定期巡回やレンタルコンテナ点検のサービスを提供している。定期巡回や点検サービスは，不動産巡回点検用の報告システムを活用することで同社の拠点がない地域でも受託可能であり，全国の建物を対象とすることができる。

　D社は受注した業務について，協力個人事業主等に業務委託を行うとともに，配送ネットワークに加盟した物流業者に梱包，発送等の業務や顧客への受け渡し，代金回収業務等を委託しており，協力個人事業主等の確保・育成および加盟物流業者との緊密な連携とサービス水準の把握・向上がビジネスを展開するうえで重要な要素になっている。

　また，D社は顧客企業からの要望に十分対応するために配送ネットワークの強化とともに，協力個人事業主等ならびに自社の支店・営業所の拡大が必要と考えている。同社の事業は労働集約的であることから，昨今の人手不足の状況下で，同社は事業計画に合わせて優秀な人材の採用および社員の教育にも注力する方針である。

　D社と同業他社の今年度の財務諸表は以下のとおりである。

貸借対照表

(単位：百万円)

	D社	同業 他社		D社	同業 他社
〈資産の部〉			〈負債の部〉		
流動資産	388	552	流動負債	290	507
現金及び預金	116	250	仕入債務	10	39
売上債権	237	279	短期借入金	35	234
たな卸資産	10	1	未払金	―	43
前払費用	6	16	未払費用	211	87
その他の流動資産	19	6	未払消費税等	19	50
固定資産	115	64	その他の流動負債	15	54
有形固定資産	88	43	固定負債	34	35
建物	19	2	負債合計	324	542
リース資産	―	41	〈純資産の部〉		
土地	66	―	資本金	50	53
その他の有形固定資産	3	―	資本剰余金	114	3
無形固定資産	18	6	利益剰余金	15	18
投資その他の資産	9	15	純資産合計	179	74
資産合計	503	616	負債・純資産合計	503	616

損益計算書

(単位：百万円)

	D社	同業他社
売上高	1,503	1,815
売上原価	1,140	1,635
売上総利益	363	180
販売費及び一般管理費	345	121
営業利益	18	59
営業外収益	2	1
営業外費用	2	5
経常利益	18	55
特別損失	―	1
税引前当期純利益	18	54
法人税等	5	30
当期純利益	13	24

（設問1）

　D社と同業他社の財務諸表を用いて経営分析を行い，同業他社と比較してD社が優れていると考えられる財務指標を1つ，D社の課題を示すと考えられる財務指標を2つ取り上げ，それぞれについて，名称を(a)欄に，その値を(b)欄に記入せよ。なお，優れていると考えられる指標を①の欄に，課題を示すと考えられる指標を②，③の欄に記入し，(b)欄の値については，小数点第3位を四捨五入し，単位をカッコ内に明記すること。

（設問2）

　D社の財政状態および経営成績について，同業他社と比較してD社が優れている点とD社の課題を50字以内で述べよ。

●【解説】

本章 I の「(2) 経営分析の設問の解き方」で示した手順に従って進めていきます。

手順1.　設問要求を確認する

　設問要求の要点は次のとおりです。

・経営分析（同業他社比較）を行い，D 社が優れていると考えられる財務指標を1つ，D 社の課題を示すと考えられる財務指標を2つ取り上げる。（設問1）
・財務指標の名称と値（小数点第3位を四捨五入，単位を明記）を解答する。（設問1）
・財政状態および経営成績について，同業他社と比較して D 社が優れている点と D 社の課題（50字以内）を解答する。（設問2）

　これらより本問はオーソドックスな経営分析の設問であると判断できます。そこで，与件文と財務諸表のそれぞれから，収益性・効率性・安全性の3つの要素について，「優れている点」（1つ）および「課題」（2つ）を探します。なお，個々の要素だけで見れば「優れている」とも「課題」とも解釈できる場合がありうるため，3要素すべてを見た後に指標を確定します。具体的には，各要素を見る段階では指標を仮確定し，その後全体で優れている点が1つ，課題が2つとなっているかを確認し，そのようになっていなければ，優れている点とも課題とも解釈できる要素の位置づけを調整します。

手順2.　収益性について，与件文と財務諸表から特徴を最も的確に表す財務指標を決定する

　与件文には，収益性に関する以下の記述があります。

1.　「新たなビジネスモデルで採算の改善を図るために，2年前に家具・インテリア商材・オフィス什器等の大型品を二人一組で配送し，開梱・組み立て・設置までを全国で行う配送ネットワークを構築した」
2.　「協力個人事業主等の確保・育成および加盟物流業者との緊密な連携とサービス水準の把握・向上がビジネスを展開するうえで重要な要素になっている」
3.　「顧客企業からの要望に十分対応するために配送ネットワークの強化とともに，協力個人事業主等ならびに自社の支店・営業所の拡大が必要と考えている」
4.　「同社の事業は労働集約的であることから，昨今の人手不足の状況下で，同社は事業計画に合わせて優秀な人材の採用および社員の教育にも注力する方針である」

　これらより，以下のことがわかります。（カッコ内の番号は上掲の項目1〜4に対応）

・かつて採算性が悪く，その改善を図るために配送ネットワークを構築した（1）
　（現在についての言及がないことから，採算性が現在も悪い可能性が考えられる）
・協力個人事業主等および加盟物流業者が関係する業務において課題があることから，売上に対して原価や費用が高くなっている可能性がある（2）

・顧客企業からの要望に十分に対応できておらず，売上が十分でない（3）

・人件費が高い可能性がある（4）

　財務諸表からは，次の点を確認できます。（数値の単位は百万円）

・売上高について，D社（1,503）は同業他社（1,815）の 5/6 弱（※1）である。

・売上総利益について，D社（363）は同業他社（180）より大きい。

・営業利益について，D社（18）は同業他社（59）と比べ，売上高比概算の 5/6 弱（同業他社 59×売上高比 5/6 ≒ 60×5/6 = 50）より小さい。

・経常利益について，D社（18）は同業他社（55）と比べ，売上高比概算の 5/6 弱（同業他社 55×売上高比 5/6 ≒ 54×5/6 = 45）より小さい。

・費用の各構成要素について（※2）

　➤　販売費及び一般管理費：同業他社より大きい（D社 345，同業他社 121）

　➤　営業外収益，営業外費用：販売費及び一般管理費と比べて値が小さく（D社 2-2 = 0，同業他社 1-5 = △4），全体としての影響は軽微である

（※1）1,503÷1,815 ≒ 1,500÷1,800 = 15/18 = 5/6 と概算。

（※2）売上原価は，すでに確認済みである売上総利益と同じ動きをする（売上高総利益率＋売上原価率 = 100％である）ため，確認を省略している。

　これらより，財務諸表からは，次の2点の可能性を読み取れます。

・売上原価が小さく，売上総利益が優れていること

・販売費及び一般管理費が大きく，営業利益に課題があること

　次に，与件文と財務諸表から読み取れる情報を照らし合わせます。財務諸表からは「優れている点」と「課題」の両方を読み取れましたが，与件文からは「課題」のみを読み取れたため，収益性は課題であると考えます（※3）。そして，課題を示す財務指標の候補として「売上高営業利益率」を選びます。なお，「売上高経常利益率」は，課題とはいえない営業外収益や営業外費用の要素も含まれ，「課題を示す」という題意への的確さが薄れるため，解答の優先度は下がります。

（※3）収益性の財務指標である「売上高総利益率」は同業他社より優れているため，収益性を「優れている点」として位置づけることもできる。しかし，後の手順4で確認する安全性が「優れている点」としてしか位置づけられないため，収益性は「課題」と位置づけるのが適切と考えられる。

手順3．効率性について，与件文と財務諸表から特徴を最も的確に表す財務指標を決定する

与件文には，効率性に関する以下の記述があります。

・「2年前に…配送ネットワークを構築した」

・「顧客企業からの要望に十分対応するために配送ネットワークの強化とともに，協力個
人事業主等ならびに自社の支店・営業所の拡大が必要と考えている」

これらより，構築した配送ネットワークおよび自社の支店・営業所が売上に十分につな
がっておらず，有形固定資産の回転が悪いことを推測できます。

財務諸表からは次の点を確認できます。（カッコ内の数値の単位は百万円）

・（手順2〈収益性〉で確認したとおり）
売上高について，D社（1,503）は同業他社（1,815）の5/6弱である。

・売上債権について，D社（237）は同業他社（279）と比べ，売上高比概算の5/6弱（同
業他社279×売上高比5/6≒270×5/6＝225）と同程度である（※4）。

・たな卸資産について，D社（10）は同業他社（1）より大きい。

・有形固定資産について，D社（88）は同業他社（43）より大きい。

（※4）正確に計算すると「売上債権」は同業他社より劣っているが，直後に確認する「たな卸資
産」や「有形固定資産」がより特徴的であることから，「売上債権」は概算値の確認で済
ませている。

これらより，たな卸資産，有形固定資産に課題がある可能性を読み取れます。「たな卸
資産」は，有形固定資産よりも額が大幅に小さく，大きな課題とは考えられない（※5）
ため，「有形固定資産」（有形固定資産回転率）が課題であると考えます。

（※5）D社の業態が「サービス業」であることからも，たな卸資産は課題とすべきではないこと
がわかる。

次に，与件文と財務諸表から読み取れる情報を照らし合わせます。与件文，財務諸表と
もに，「課題」のみを読み取れたため，効率性は課題であると考えます。そして，課題と
思われる財務指標の候補として「有形固定資産回転率」を選びます。「棚卸資産回転率」
については，D社の業態がサービス業であり「たな卸資産」の数値が相対的に小さいため，
解答の優先度は下がります。また「売上債権回転率」については，財務指標が同業他社と
同程度であるうえ，与件文に根拠がないことから，解答の優先度は下がります。

手順4．安全性について，与件文と財務諸表から特徴を最も的確に表す財務指標を決定する

与件文には，安全性に関する特徴を示す記述はありません。また安全性に関する「現金」，

「借入」,「資産」,「負債」などのキーワードもありません。

　　財務諸表からは，次の点を確認できます。（数値の単位は百万円）

・（資本構造の安全性の観点）

　　D社は，自己資本179に対して負債が324であり，負債比率が2倍弱（※6）となって
います。一方で，同業他社は，自己資本74に対して負債が542であり，負債比率が8
倍弱（※7）となっています。そのため，<u>負債比率が優れている</u>ことがわかります。
また，実質的に同一と考えられる指標である<u>自己資本比率も同様</u>です。

・（短期安全性の観点）

　　D社は，流動負債290に対して流動資産が388であり，流動比率が130％程度（※8）
です。同業他社は，流動負債507に対して流動資産が552であり，流動比率が110％程
度（※9）です。このため，D社の流動比率は同業他社に比べて良く，また一般に安全
といわれている範囲内（120％以上）でもあることから，<u>流動比率が優れている</u>ことが
わかります。

　　また，当座比率については，D社は，流動負債290に対して当座資産が353（＝現金及
び預金116＋売上債権237）であり，当座比率が120％程度（※10）です。同業他社は，
流動負債507に対して当座資産が529（＝現金及び預金250＋売上債権279）であり，
当座比率が104％程度（※11）です。このため，D社の当座比率は同業他社に比べて
良く，また一般に安全といわれている範囲内（100％以上）でもあることから，<u>当座比
率が優れている</u>ことがわかります。

・（長期安全性の観点）

　　D社は，自己資本179に対して固定資産が115であり，固定比率が60〜70％程度（※
12）です。一方で，同業他社は，自己資本74に対して固定資産が64であり，固定比率
が90％程度（※13）です。これらより，<u>固定比率が優れている</u>ことがわかります。

　　一方で，固定長期適合率について，固定比率との相違の原因となる「固定負債」がD
社と同業他社で同程度（D社34，同業他社35）であることから，<u>固定長期適合率も優
れている</u>ことがわかります。

（※6）　$324 \div 179 \div 320 \div 180 < 360 \div 180 = 2$ と概算。

（※7）　$542 \div 74 \div 540 \div 75 < 600 \div 75 = 8$ と概算。

（※8）　$388 \div 290 \div 390 \div 300 = 39/30 = 1.3 = 130\%$ と概算。

（※9）　$552 \div 507 \div 550 \div 500 = 55/50 = 1.1 = 110\%$ と概算。

（※10）　$353 \div 290 \div 360 \div 300 = 36/30 = 1.2 = 120\%$ と概算。

（※11）　$529 \div 507 \div 520 \div 500 = 52/50 = 1.04 = 104\%$ と概算。

（※12）　$115 \div 179 \div 120 \div 180 = 2/3 \div 0.67 = 67\%$ と概算。

（※13）　$64 \div 74 \div 64 \div 72 = 8/9 \div 0.9 \div 90\%$ と概算。

　これらより，資本構造の安全性（負債比率，自己資本比率）および長期安全性（固定比率）はいずれも優れていることがわかります。そして，その中でも「資本構造の安全性」の同業他社との差が顕著であるため，「負債比率」，「自己資本比率」を優先的に解答します。

手順5. 財務指標値を計算し，D社の特徴（内容・問題点・改善策等）をまとめる

　ここまでの確認により，収益性は「課題」，効率性は「課題」，安全性は「優れている点」と判断できました。なお，これは「優れている点1つ，課題2つ」という設問の指示に合っています。

　次に，ここまでで把握したD社の特徴を踏まえて，財政状態および経営成績に関する特徴を記述します。解答に含めるべき論点は次の3つです。

・〈収益性〉売上に対して費用が高い。さらに，顧客企業の要望に十分に対応できないため売上が十分でない。

・〈効率性〉構築した配送ネットワークおよび自社の支店・営業所などの有形固定資産に対して，売上が十分でない。

・〈安全性〉資本構造の安全性に優れている。

　これらを指定字数（50字以内）にまとめます。字数が非常に限られていることを踏まえて，収益性・効率性・安全性の3要素をできるだけ簡潔にまとめます。なお，設問指示に「D社が優れている点とD社の課題を」とあるため，「優れている点」と「課題」とを区別して記述します。

　最後に，財務指標値を計算し解答とします。

【模範解答】

（設問1）

	(a)	(b)
①	自己資本比率	35.59（％）
②	売上高営業利益率	1.20（％）
③	有形固定資産回転率	17.08（回）

※②と③は順不同

（設問2）

資	本	構	造	の	安	全	性	に	優	れ	て	い	る	。	費	用	抑	制	，
有	形	固	定	資	産	の	活	用	，	顧	客	要	望	対	応	に	よ	る	売
上	向	上	が	課	題	で	あ	る	。										

〈その他加点が期待できる財務指標〉

優れていると思われる指標（①）：

　（安全性）負債比率

課題を示す指標（②，③）：

　（収益性）売上高経常利益率

　（効率性）なし

【補足】

・上記の解説では，財務諸表の特徴を捉えるにあたり，個別の財務指標値の計算を極力控え，財務諸表の俯瞰のみにより行いました。もしこの方法に不安があれば，主要な財務指標についてあらかじめ指標値を計算した後，与件の記述と照らし合わせながら，財務指標を絞り込むとよいでしょう。

・主な財務指標の指標値は次のとおりです。

	財務指標	D社	同業他社	同業他社比
収益性	売上高総利益率	24.15 %	9.92 %	○
	売上高営業利益率	1.20 %	3.25 %	×
	売上高経常利益率	1.20 %	3.03 %	×
効率性	売上債権回転率	6.34 回	6.51 回	×
	棚卸資産回転率	150.30 回	1,815.00 回	×
	有形固定資産回転率	17.08 回	42.21 回	×
安全性	流動比率	133.79 %	108.88 %	○
	当座比率（※ 14）	121.72 %	104.34 %	○
	固定比率	64.25 %	86.49 %	○
	固定長期適合率	53.99 %	58.72 %	○
	自己資本比率	35.59 %	12.01 %	○
	負債比率	181.01 %	732.43 %	○

（※ 14）当座資産＝現金及び預金＋売上債権　として計算。（流動資産の「前払費用」および「その他の流動資産」を含め，当座資産＝流動資産－たな卸資産　と計算しても構わない。）

(3) 平成 29 年度　第 1 問（配点 25 点）

経営分析 （課題・優れている点）	重要度	1 回目		2 回目		3 回目	
	A	／		／		／	

　D 社は，所在地域における 10 社の染色業者の合併によって 70 年前に設立され，それ以来，染色関連事業を主力事業としている。現在，同社は，80 ％の株式を保有する子会社である D-a 社とともに，同事業を展開している。D 社の資本金は 2 億円で，従業員は D 社単体（親会社）が 150 名，子会社である D-a 社が 30 名である。

　親会社である D 社は織物の染色加工を主たる業務とし，子会社である D-a 社がその仕立て，包装荷造業務，保管業務を行っている。先端技術を有する D 社の主力工場においてはポリエステル複合織物を中心に加工作業を行っているが，他方で，人工皮革分野やマイクロファイバーにおいても国内のみならず海外でも一定の評価を得ている。またコーティング加工，起毛加工などの多様な染色加工に対応した仕上げ，後処理技術を保有し，高品質の製品を提供している。

　現状における D 社の課題をあげると，営業面において，得意先，素材の変化に対応した製品のタイムリーな開発と提案を行い，量・質・効率を加味した安定受注を確保すること，得意先との交渉による適正料金の設定によって採算を改善すること，生産面においては，生産プロセスの見直し，省エネルギー診断にもとづく設備更新，原材料の VA および物流の合理化による加工コスト削減があげられている。

　D 社は新規事業として発電事業に着手している。D 社の所在地域は森林が多く，間伐等で伐採されながら利用されずに森林内に放置されてきた小径木や根元材などの未利用木材が存在しており，D 社はこれを燃料にして発電を行う木質バイオマス発電事業を来年度より開始する予定である。同社所在の地方自治体は国の基金を活用するなどして木質バイオマス発電プラントの整備等を支援しており，同社もこれを利用することにしている（会計上，補助金はプラントを対象に直接減額方式の圧縮記帳を行う予定である）。この事業については，来年度に D 社の関連会社として D-b 社を設立し，D 社からの出資 2 千万円および他主体からの出資 4 千万円，銀行からの融資 12 億円を事業資金として，木質バイオマス燃料の製造とこれを利用した発電事業，さらに電力販売業務を行う。なお，来年度上半期にはプラント建設，試運転が終了し，下半期において商業運転を開始する予定である。

　以下は，当年度の D 社と同業他社の実績財務諸表である。D 社は連結財務諸表である一方，同業他社は子会社を有していないため個別財務諸表であるが，同社の事業内容は D 社と類似している。

貸借対照表

（単位：百万円）

	D 社	同業他社		D 社	同業他社
〈資産の部〉			〈負債の部〉		
流動資産	954	798	流動負債	636	505
現金及び預金	395	250	仕入債務	226	180
売上債権	383	350	短期借入金	199	200
棚卸資産	166	190	その他	211	125
その他	10	8	固定負債	1,807	602
固定資産	2,095	1,510	長期借入金	1,231	420
有形固定資産	1,969	1,470	社債	374	―
建物	282	150	リース債務	38	42
機械設備	271	260	退職給付引当金	164	140
リース資産	46	55	負債合計	2,443	1,107
土地	1,350	1,000	〈純資産の部〉		
その他	20	5	資本金	200	250
投資その他の資産	126	40	資本剰余金	100	250
投資有価証券	111	28	利益剰余金	126	701
その他	15	12	非支配株主持分	180	―
			純資産合計	606	1,201
資産合計	3,049	2,308	負債・純資産合計	3,049	2,308

損益計算書

（単位：百万円）

	D 社	同業他社
売上高	3,810	2,670
売上原価	3,326	2,130
売上総利益	484	540
販売費及び一般管理費	270	340
営業利益	214	200
営業外収益	32	33
営業外費用	70	27
経常利益	176	206
特別損失	120	―
税金等調整前当期純利益	56	206
法人税等	13	75
非支配株主損益	16	―
当期純利益	27	131

注　営業外収益は受取利息・配当金，営業外費用は支払利息，
　　特別損失は減損損失および工場閉鎖関連損失である。
　　また，法人税等には法人税等調整額が含まれている。

（設問1）

　D社と同業他社のそれぞれの当年度の財務諸表を用いて経営分析を行い比較した場合，
D社の課題を示すと考えられる財務指標を2つ，D社が優れていると思われる財務指標を
1つ取り上げ，それぞれについて，名称を(a)欄に，財務指標の値を (b)欄に記入せよ。
なお，解答にあたっては，①，②の欄にD社の課題を示す指標を記入し，③の欄にD社

が優れていると思われる指標を記入すること。また，(b)欄の値については，小数点第 3 位を四捨五入し，カッコ内に単位を明記すること。

(設問 2)

　D 社の財政状態および経営成績について，同業他社と比較した場合の特徴を 40 字以内で述べよ。

● 【解説】

　本章 I の「(2) 経営分析の設問の解き方」で示した手順に従って進めていきます。

手順 1.　設問要求を確認する

　設問要求の要点は次のとおりです。

・経営分析（同業他社比較）を行い，D 社の課題を示すと考えられる財務指標を 2 つ，D 社が優れていると思われる財務指標を 1 つ取り上げる。（設問 1）

・財務指標の名称と値（小数点第 3 位を四捨五入，単位を明記）を解答する。（設問 1）

・財政状態および経営成績について，同業他社と比較した場合の特徴（40 字以内）を解答する。（設問 2）

　これらより本問はオーソドックスな経営分析の設問であると判断できます。そこで，与件文と財務諸表のそれぞれから，収益性・効率性・安全性の 3 つの要素について，「課題」(2 つ) および「優れている点」(1 つ) を探します。なお，個々の要素だけで見れば「課題」とも「優れている」とも解釈できる場合がありうるため，3 要素すべてを見た後に，指標を確定します。具体的には，各要素を見る段階では指標を仮確定し，その後全体で課題が 2 つ，優れている点が 1 つとなっているかを確認し，そのようになっていなければ，課題とも優れている点とも解釈できる要素の位置づけを調整します。

手順 2.　収益性について，与件文と財務諸表から特徴を最も的確に表す財務指標を決定する

　与件文には，収益性に関する以下の記述があります。

1.　「先端技術を有する D 社の主力工場においてはポリエステル複合織物を中心に加工作業を行っているが，他方で，人工皮革分野やマイクロファイバーにおいても国内のみならず海外でも一定の評価を得ている」

2.　「コーティング加工，起毛加工などの多様な染色加工に対応した仕上げ，後処理技術を保有し，高品質の製品を提供している」

3.　(D 社の営業面の課題 1)「得意先，素材の変化に対応した製品のタイムリーな開発と

提案を行い，量・質・効率を加味した安定受注を確保すること」

4. （D社の営業面の課題2）「得意先との交渉による適正料金の設定によって採算を改善すること」

5. （D社の生産面の課題）「生産プロセスの見直し，省エネルギー診断にもとづく設備更新，原材料のVAおよび物流の合理化による加工コスト削減」

　これらのうち，優れている点は1および2です。これらからは，D社の優れている点として「高品質な製品で評価を得ていること」がわかります。

　一方で，課題につながる点は3～5です。これらからは，D社の課題の原因として「受注が安定していないこと」，「料金設定が適正でないこと」，「加工コストが高いこと」がわかります。

　財務諸表からは，次の点を確認できます。（数値の単位は百万円）
・売上高について，D社（3,810）は同業他社（2,670）の1.5倍弱（※1）である。
・売上総利益について，D社（484）は同業他社（540）より小さい。
・営業利益について，D社（214）は同業他社（200）と比べ，売上高比である1.5倍弱（300＝同業他社200×売上高比1.5）よりは小さい。
・経常利益について，D社（176）は同業他社（206）より小さい。
・費用の各構成要素について（※2）
　➢ 販売費及び一般管理費：同業他社より小さい（D社270，同業他社340）
　➢ 営業外費用：同業他社の2倍超（※3）（D社70，同業他社27）

（※1）3,810÷2,670≒3,900÷2,600＝39/26＝3/2＝1.5と概算。
（※2）売上原価は，すでに確認済みである売上総利益と同じ動きをする（売上高総利益率＋売上原価率＝100％である）ため，確認を省略している。
（※3）70÷27＞54÷27＝2と計算することで，2倍より大きいことを確認。

　これらより，財務諸表からは，収益性に課題があること（売上高総利益率，売上高営業利益率，売上高経常利益率のいずれも悪いこと）を読み取れます。そしてその原因は「売上原価と営業外費用が過大であること」と読み取れます。なお，販売費及び一般管理費が同業他社より良いため，販売活動・一般管理活動は同業他社より良い状況と考えられます。

　次に，与件文と財務諸表から読み取れる情報を照らし合わせます。与件文からは「課題」と「優れている点」の両方を読み取れましたが，財務諸表からは「課題」のみを読み取れたため，収益性は課題であると考えます（※4）。そして，課題を示す財務指標の候補として「売上高総利益率」を選びます。他の財務指標である「売上高営業利益率」や「売上高経常利益率」は，良い状況である販売活動・一般管理活動の要素も含まれるため，

「課題」という題意への的確さが薄れ，解答の優先度は下がります。なお，「売上高経常利益率」は，「営業外費用の悪化」も指摘できる点では題意に適すると考えられますが，与件文に「営業外費用の悪化」を示唆する記述がないことから，解答の優先度は下がります。

（※4）収益性の財務指標である「売上高販管費比率」は同業他社より優れているため，収益性を「優れている点」と位置づけられなくもありません。しかし，与件文に「販売費及び一般管理費」が良いことを示唆する記述がないことと，「優れている点」としては効率性（直後の手順3で確認）のほうが適切である（効率性を課題として位置づけられない）ことから，収益性を「課題」と位置づけるのが適切と考えられます。

手順3．効率性について，与件文と財務諸表から特徴を最も的確に表す財務指標を決定する
　　与件文には，効率性に関する以下の記述があります。
・「先端技術を有するD社の主力工場においてはポリエステル複合織物を中心に加工作業を行っているが，他方で，人工皮革分野やマイクロファイバーにおいても国内のみならず海外でも一定の評価を得ている」
・「コーティング加工，起毛加工などの多様な染色加工に対応した仕上げ，後処理技術を保有し，高品質の製品を提供している」
　　これらより，高品質な製品で評価を得ていることがわかります。

　　財務諸表からは次の点を確認できます。（数値の単位は百万円）
・（手順2〈収益性〉で確認したとおり）
　　売上高について，D社（3,810）は同業他社（2,670）の1.5倍弱である。
・売上債権について，D社（383）は同業他社（350）と比べ，概算の売上高比である1.5倍弱（425＝同業他社350×売上高比1.5）より小さい。
・棚卸資産について，D社（166）は同業他社（190）より小さい。
・有形固定資産について，D社（1,969）は同業他社（1,470）と比べ，概算の売上高比である1.5倍弱（同業他社1,470×売上高比1.5≒1,400×1.5＝2,100）より小さい。
　　これらより，売上債権，棚卸資産，有形固定資産のいずれも優れており，特にその中でも「棚卸資産回転率」が優れていると考えられます。

　　次に，与件文と財務諸表から読み取れる情報を照らし合わせます。与件文，財務諸表ともに，「優れている点」のみを読み取れたため，効率性は優れている点であると考えます。そして，優れていると思われる財務指標の候補として「棚卸資産回転率」を選びます。他の指標である「有形固定資産回転率」および「売上債権回転率」については，「棚卸資産回転率」よりも財務指標の値が顕著でないことから，解答の優先度は若干下がります。

<u>手順 4. 安全性について，与件文と財務諸表から特徴を最も的確に表す財務指標を決定する</u>

　与件文には，安全性に関する特徴を示す記述はありません。また安全性に関する「現金」，「借入」，「資産」，「負債」などのキーワードもありません。

　財務諸表からは，次の点を確認できます。（数値の単位は百万円）

・（資本構造の安全性の観点）

　D 社は，自己資本 426（＝純資産 606 － 非支配株主持分 180）に対して負債が 2,443 であり，負債比率が数百％（※ 5）となっています。一方で，同業他社は，自己資本 1,201 に対して負債が 1,107 であり，負債のほうが小さいため，負債比率が 100 ％を切っています。そのため，<u>負債比率に課題がある</u>ことがわかります。

　また，実質的に同一と考えられる指標である自己資本比率も同様です。

・（短期安全性の観点）

　D 社は，流動負債 636 に対して流動資産が 954 であり，流動比率が 150 ％程度（※ 6）です。一方で，同業他社は，流動負債 505 に対して流動資産が 798 であり，流動比率が 160 ％程度（※ 7）です。このため，同業他社とほぼ同程度であり，また一般に安全といわれている範囲内（120 ％以上）でもあることから，<u>流動比率に大きな課題はない</u>ことがわかります。

　また，当座比率については，流動資産と当座資産の相違点を示す勘定科目である「棚卸資産」と「その他」に特徴的な傾向が見られないことから，<u>当座比率にも大きな課題はない</u>と考えられます。

・（長期安全性の観点）

　D 社は，自己資本 426（＝純資産 606 － 非支配株主持分 180）に対して固定資産が 2,095 であり，固定比率が数百％（※ 8）です。一方で，同業他社は，自己資本 1,201 に対して固定資産が 1,510 あり，固定比率が 125 ％程度（※ 9）です。これらより，<u>固定比率に課題がある</u>ことがわかります。

　一方で，固定長期適合率について，D 社は，自己資本＋固定負債 2,233（＝前述の自己資本 426 ＋固定負債 1,807）に対して固定資産が 2,095 であり，固定長期適合率は 90 ％〜100 ％程度（※ 10）です。一方で，同業他社は，自己資本＋固定負債 1,803（＝1,201 ＋602）に対して固定資産が 1,510 であり，固定長期適合率が 80 ％程度（※ 11）です。これらより，D 社と同業他社でほぼ同程度であることがわかり，<u>固定長期適合率に大きな課題はない</u>ことがわかります。

　なお，固定比率には課題があるが，固定長期適合率には課題がないということから，D 社と同業他社の特徴的な違いは「固定負債」であることもわかります。

（※ 5） $2,443 \div 426 \div 2,400 \div 400 = 6 = 600$ ％と概算。

（※ 6） $954 \div 636 \div 900 \div 600 = 1.5 = 150$ ％と概算。

（※7）798÷505÷800÷500＝1.6＝160％と概算。

（※8）2,095÷426÷2,000÷400＝5＝500％と概算。

（※9）1,510÷1,201÷1,500÷1,200＝5/4＝1.25＝125％と概算。

（※10）2,095÷2,233÷2,000÷2,200＝20/22＝10/11＝1－1/11＞1－1/10＝1－0.1＝90％と概算。

（※11）1,510÷1,803÷1,500÷1,800＝15/18＝5/6÷0.83＝83％と概算。

　これらより，資本構造の安全性（負債比率，自己資本比率）および長期安全性（固定比率）に課題があることがわかります。その直接的な原因は，負債（特に固定負債）の多さです。そこで，解答の候補としては，「負債」による影響を顕著に示せることを鑑みて，「負債比率」，「自己資本比率」を優先的に選びます。「固定比率」も解答候補にはなりますが，この指標は固定資産と自己資本のバランスを示す指標であり，負債について直接的に言及している指標ではないため，解答の優先度は下がります。

手順5. 財務指標値を計算し，D社の特徴（内容・問題点・改善策等）をまとめる

　ここまでの確認により，収益性は「課題」，効率性は「優れている点」，安全性は「課題」と判断できました。なお，これは「課題2つ，優れている点1つ」という設問の指示に合っています。

　次に，ここまでで把握したD社の特徴を踏まえて，財政状態および経営成績に関する特徴を記述します。解答に含めるべき論点は次の3つです。

・〈収益性〉料金設定の不適切さや高い加工コストの影響で，収益性が低い

・〈効率性〉高品質な製品で評価を得ており，在庫の回転が良く，効率性が高い

・〈安全性〉負債（固定負債）が多く，安全性が低い

　これらを指定字数（40字）にまとめます。字数が非常に少ないことを踏まえて，収益性・効率性・安全性の3要素をできるだけ簡潔にまとめます。後述の模範解答では，解答例を2パターン記しています。解答例1は，「収益性」，「効率性」，「安全性」というキーワードを含め，その他の要素をできるだけ省略したものです。解答例2では，「収益性」，「効率性」，「安全性」というキーワードを省き，特徴により多くの字数を割り当てたものです。なお，方向性として「収益性」，「効率性」，「安全性」のいずれかを省略する（その分，他の2つを具体的に記述する）ということも考えられますが，（設問1）にて具体的に「課題2つ，優れている点1つ」と個数が指示されていることを踏まえると，避けたほうがよいと考えられます。

　最後に，財務指標値を計算し解答とします。

【模範解答】

（設問1）

	(a)	(b)
①	売上高総利益率	12.70 （％）
②	負債比率	573.47 （％）
③	棚卸資産回転率	22.95 （回）

※①と②は順不同

（設問2：解答例1）

高	品	質	製	品	で	効	率	性	が	高	い	が	,		不	適	正	な	価	格
・	コ	ス	ト	と	負	債	過	多	で	収	益	性	と	安	全	性	が	低	い	。

（設問2：解答例2）

高	品	質	な	製	品	で	在	庫	投	資	効	率	が	高	い	が	,		不	適
正	価	格	や	高	い	加	工	コ	ス	ト	に	加	え	,		負	債	が	多	い	。

〈その他加点が期待できる財務指標〉

課題を示す指標（①，②）：

　（収益性）売上高経常利益率，売上高営業利益率　（安全性）自己資本比率，固定比率

優れていると思われる指標（③）：

　（効率性）なし

【補足】

・上記の解説では，財務諸表の特徴を捉えるにあたり，個別の財務指標値の計算を極力控え，財務諸表の俯瞰のみにより行いました。もしこの方法に不安があれば，主要な財務指標についてあらかじめ指標値を計算した後，与件の記述と照らし合わせながら，財務指標を絞り込むとよいでしょう。

・主な財務指標の指標値は次のとおりです。

	財務指標	D社	同業他社	同業他社比
収益性	売上高総利益率	12.70 %	20.22 %	×
	売上高営業利益率	5.62 %	7.49 %	×
	売上高経常利益率	4.62 %	7.72 %	×
効率性	売上債権回転率	9.95 回	7.63 回	○
	棚卸資産回転率	22.95 回	14.05 回	○
	有形固定資産回転率	1.93 回	1.82 回	○
安全性	流動比率	150.00 %	158.02 %	×
	当座比率（※ 12）	122.33 %	118.81 %	○
	固定比率（※ 13）	491.78 %	125.73 %	×
	固定長期適合率（※ 13）	93.82 %	83.75 %	×
	自己資本比率（※ 13）	13.97 %	52.04 %	×
	負債比率（※ 13）	573.47 %	92.17 %	×

（※ 12）当座資産＝現金及び預金＋売上債権として計算（流動資産の「その他」を含めても構わない）。

（※ 13）「自己資本」を，純資産－非支配株主持分として計算。具体的には次のとおり。

D 社の固定比率＝固定資産÷自己資本＝2,095÷（606－180）＝491.78 %

D 社の固定長期適合率＝固定資産÷（自己資本＋固定負債）

＝2,095÷（606－180＋1,807）＝93.82 %

D 社の自己資本比率＝自己資本÷総資本＝（606－180）÷3,049＝13.97 %

D 社の負債比率＝負債÷自己資本＝2,443÷（606－180）＝573.47 %

経営分析 （優れている点・課題）	重要度	1 回目	2 回目	3 回目
	A	／	／	／

　D 社は，地方主要都市の郊外に本社および工場を有する 1950 年創業の金属加工業を営む企業（現在の資本金は 1 億円，従業員 60 名）である。同社は，創業時には農業用器具を製造・販売していたが，需要低迷のため一時期は事業を停止していた。しかし，しばらくして，自動車部品等の製造・販売を主な事業とする X 社への供給を目的とした，カーエアコン取り付け部品セットやカーエアコン用コンプレッサ関連の精密部品の製造・販売を開始した。

　その後，D 社は X 社以外への精密部品の製造・販売にも事業拡大を図ってきた。その過程で多様な金属加工技術（板金・切削）を蓄積したことにより，D 社の技術力は市場から一定の評価を受けている。

　現時点における D 社は，X 社向けの部品製造を事業の中核としており，同社からの受注が D 社の売上高全体の 7 割程度を占めている。しかし，最近では，自社開発の z 鋼板を使用した精密部品が主力製品の 1 つになりつつあり，その効果によって X 社向け以外の精密部品の受注が増加傾向にある。さらに，同社が有する金属加工技術を活かした新規事業として，これまでの取扱製品とは異なる需要動向を示す環境関連製品の製造・販売を計画しており，すでに一部の製品開発を終了している。なお，当該新規事業分野への進出にあたって慎重な市場調査を行った結果，一定の需要が存在することが分かっている。

　D 社を取り巻く経済環境は回復傾向にあるが，なお先行きの不透明感があることも事実であり，同社の受注状況を見ると，ここ数年間における製品ごとの需要変動や月次ベースでの生産数量の変動が大きくなっている。また，来期において，主要取引先の X 社は部品調達の一部を海外企業に求めることを決定しており，そのため，来期の受注数量が減少すると予想している。このように，同社は環境の不透明性だけでなく，目先の受注減少という状況に直面しており，その経営が不安定になってきている。

　このような環境下で，経営陣は D 社の安定的な成長・発展をどのようにして達成していくかを日頃より議論している。

　以下は，今期（第 ×2 期）の D 社の実績財務諸表と同期における同業他社の実績財務諸表である。

貸 借 対 照 表

（単位：百万円）

	D社	同業他社		D社	同業他社
＜資産の部＞			＜負債の部＞		
流動資産	600	620	流動負債	520	250
現金及び預金	40	20	仕入債務	260	110
売上債権	440	450	短期借入金	240	130
棚卸資産	110	140	その他の流動負債	20	10
その他の流動資産	10	10	固定負債	360	380
固定資産	530	650	長期借入金	300	310
有形固定資産	430	600	その他の固定負債	60	70
機械設備	230	340	負債合計	880	630
その他の有形固定資産	200	260	＜純資産の部＞		
投資その他の資産	100	50	資本金	100	400
			利益剰余金	150	240
			純資産合計	250	640
資産合計	1,130	1,270	負債・純資産合計	1,130	1,270

損 益 計 算 書

（単位：百万円）

	D社	同業他社
売上高	2,150	2,800
売上原価	1,770	2,320
売上総利益	380	480
販売費及び一般管理費	320	410
営業利益	60	70
営業外収益	13	7
営業外費用	24	13
経常利益	49	64
特別損失	7	8
税引前当期純利益	42	56
法人税等	12	13
当期純利益	30	43

（注）営業外収益はその全額が受取利息であり，営業
　　　外費用はその全額が支払利息である。

（設問1）

　D社および同業他社の財務諸表を用いて経営分析を行い，同業他社と比較した場合にお
いて，D社が優れていると判断できる財務指標を1つ，課題となる財務指標を2つあげ，
(a)欄に名称，(b)欄に算定した数値を，それぞれ記入せよ。なお，優れている指標につい

ては①の欄に，課題となる指標については②，③の欄に，それぞれ記入すること。また，数値については，(b)欄のカッコ内に単位を明記し，小数点第3位を四捨五入すること。

（設問2）

　D社の財政状態および経営成績について，同業他社と比較した場合の特徴を60字以内で述べよ。

● 【解説】

　本章Ⅰの「(2) 経営分析の設問の解き方」で示した手順に従って進めていきます。

手順1．設問要求を確認する
　設問要求の要点は次のとおりです。
・経営分析を行い，D社が優れていると判断できる財務指標1つと，課題となる財務指標2つをあげる。（設問1）
・財務指標の名称，財務指標の数値（小数点第3位を四捨五入）を解答する。（設問1）
・D社の財政状態と経営成績について，同業他社と比較した場合の特徴（60字）を解答する。（設問2）

　これらより本問はオーソドックスな経営分析の設問であると判断できます。そこで，与件文と財務諸表のそれぞれから，収益性・効率性・安全性の3つの観点で，優れている点（1つ）と課題となる点（2つ）を探します。

手順2．収益性について，与件文と財務諸表から特徴を最も的確に表す財務指標を決定する
　与件文には，収益性に関する以下の記述があります。
・「多様な金属加工技術（板金・切削）を蓄積したことにより，D社の技術力は市場から一定の評価を受けている」
・「同社が有する金属加工技術」
　これらより，技術力があり収益性が高いということを推測できます。

　なお，将来の方向性に関する以下の記述がありますが，本設問ではあくまでも現在のことを聞かれているため，参考として捉えます。
1.　「X社向け以外の精密部品の受注が増加傾向」
2.　「同社が有する金属加工技術を活かした新規事業として，これまでの取扱製品とは異なる需要動向を示す環境関連製品の製造・販売を計画しており，すでに一部の製品開

発を終了している」および「当該新規事業分野への進出にあたって慎重な市場調査を行った結果，一定の需要が存在することが分かっている」

3. 「来期において，主要取引先のX社は部品調達の一部を海外企業に求めることを決定しており，そのため，来期の受注数量が減少すると予想している」

財務諸表からは，次の点を確認できます。（カッコ内の数値の単位は百万円）
・売上高について，D社値（2,150）が同業他社値（2,800）の3/4（※1）程度
・売上総利益について，D社値（380）が同業他社値の3/4程度（480×3/4＝360）より大きいため，売上総利益率が良い
・営業利益について，D社値（60）が，同業他社値の3/4程度（70×3/4＝53）より大きいため，売上高営業利益率が良い
・経常利益について，D社値（49）が，同業他社値の3/4程度（64×3/4＝48）と同程度である
（僅差であるため，売上高経常利益率を正確に計算すると，D社は2.28 %，同業他社は2.29 %であり，売上高経常利益率が若干悪いことがわかります。）

　これらより，収益性は若干良い（売上総利益および営業利益は良いが，経常利益は若干悪い）ということを判断できます。なお，売上高営業利益率が良いにもかかわらず売上高経常利益率が悪いことの原因は，営業外費用（支払利息）と考えられます。実際に営業外費用を見てみると，D社値（24）は，同業他社値の3/4程度（13×3/4＝9.75）よりはるかに大きいです。

（※1）2,150÷2,800≒2,100÷2,800＝3÷4＝3/4と概算。

　与件文と財務諸表から読み取れる情報を照らし合わせることにより，「優れている財務指標」として「売上高総利益率」を選択します。なお，「売上高営業利益率」については，販売費及び一般管理費に関して優れているといえる記述が与件文に見当たらないことから，解答の優先度は下がります。また，「売上高経常利益率」については，財務指標値が同業他社より若干劣るため「課題となる財務指標」の候補になり得ますが，与件文には「金属加工技術の保有」という収益性が良い要因が記載されていることから，解答の優先度は低くなります。（※2）

（※2）収益性改善が課題であるという方向で解答するならば，後述の安全性の議論とセットにして，「負債が大きく支払利息の負担が大きい」という形でまとめるとよいでしょう。

手順3. 効率性について，与件文と財務諸表から特徴を最も的確に表す財務指標を決定する
　与件文には，効率性に関する次の記述があります。

・「ここ数年間における製品ごとの需要変動や月次ベースでの生産数量の変動が大きくなっている」

これより，需要変動が大きいことに伴って棚卸資産が過大となっていること，および生産数量の変動が大きいことに伴って設備効率が悪くなっていることを推測できます。一方で，
・「X社向けの部品製造を事業の中核としており，同社からの受注がD社の売上高全体の7割程度を占めている」
という記述から，「X社向けの部品製造を中核としており設備投資の効率が良いこと」，および「X社への売上依存度が高いことによりX社に対する交渉力が弱く，売上債権の回収サイトが長いこと」を推測できます。

財務諸表からは，次の点を確認できます。（カッコ内の数値の単位は百万円）
・売上高について，D社値（2,150）が同業他社（2,800）の3/4程度
・売上債権について，D社値（440）が，同業他社値（450）とほぼ同数（3/4より大きい）のため，売上債権回転率は悪い
・棚卸資産について，D社値（110）が，同業他社値の3/4程度（140×3/4＝105）と同程度である
（僅差であるため，棚卸資産回転率を正確に計算すると，D社は19.55回，同業他社は20.00回であり，棚卸資産回転率は若干悪いことがわかります。）
・有形固定資産について，D社値（430）が，同業他社値の3/4程度（600×3/4＝450）と同程度である
（僅差であるため，有形固定資産回転率を正確に計算すると，D社は5.00回，同業他社は4.67回であり，有形固定資産回転率は若干良いことがわかります。）

これらより，「売上債権回転率」が悪く，「棚卸資産回転率」が若干悪く，「有形固定資産回転率」が若干良いことを判断できます。

与件文と財務諸表から読み取れる情報を照らし合わせることにより，「課題となる財務指標」として「棚卸資産回転率」を選びます。なお，「売上債権回転率」についても候補にはなりますが，指標面では棚卸資産回転率よりも顕著であるものの，与件文からの根拠が若干弱い（与件文に記載されている「売上依存度が高い」という点は，売上債権の回収サイトが長い根拠として強くはない）ため，「棚卸資産回転率」よりも解答の優先度は低くなります。

また，「優れている財務指標」として「有形固定資産回転率」を選ぶことも考えられます。設問指示の「優れている財務指標が1つである」という点を踏まえると，「売上高総利益率（優）と棚卸資産回転率（課題）」の組み合わせと，「売上高経常利益率（課題）と有形固定資産回転率（優）」の組み合わせのうちより適切なほうを選択することになります。収益性については，前掲のとおり「売上高総利益率」がより適切であり，効率性について

は与件文に根拠のある「棚卸資産回転率」がより適切であると考えると，解答としては前者の組み合わせのほうが適切と判断できます。

<u>手順4. 安全性について，与件文と財務諸表から特徴を最も的確に表す財務指標を決定する</u>

　与件文には，安全性に関する特徴を示す記述はありません。なお，効率性にて確認したとおり，与件文には棚卸資産や売上債権に関連する記述がありますが，流動負債（仕入債務，短期借入金など）への言及がないため，解答根拠にするには不十分と考えられます。

　財務諸表からは，次の点を確認できます。（カッコ内の数値の単位は百万円）
- 流動資産は同業他社と同程度（600：620）にもかかわらず，流動負債は同業他社の2倍以上（520：250（※3））であるため，<u>流動比率が同業他社より低い</u>
- 固定資産は同業他社の5/6程度（530：650）であるものの，自己資本は5/6よりも小さい1/3～1/2程度（250：640（※4））であるため，<u>固定比率が同業他社より高い</u>
- 負債が同業他社より大きい（880＞630）が，自己資本は小さい（250＜640）ため，<u>負債比率が同業他社より高い</u>

　これらより，短期安全性，長期安全性，資本構造の安全性のいずれも悪いことがわかります。さらにその原因は，流動負債が大きいこと，負債が大きいこと，自己資本が小さいことであると考えられます。

　そこで，解答の候補としては，「流動比率」「当座比率」「負債比率」「自己資本比率」が挙げられます。そして，これらを絞り込むための情報がないため，どれを選んでも得点に大きな影響はないでしょう。なお，「固定比率」または「固定長期適合率」も解答候補にはなりますが，これらの指標の悪化が負債の多さに起因することから，「負債比率」または「自己資本比率」を挙げるほうがストレートに指摘できると考えられるため，解答の優先度は下がります。

（※3）520÷250＞500÷250＝2（倍）と計算。

（※4）250÷640＞250÷750＝1/3 および 250÷640＜250÷500＝1/2 より，1/3～1/2の範囲にある，と考える。

<u>手順5. 財務指標値を計算し，D社の特徴（内容・問題点・改善策等）をまとめる</u>

　ここまでで，優れていると考えられる財務指標と課題となる財務指標およびその原因の概要をつかめました。あとは財務指標値を計算し，原因を記述し，解答とします。

【模範解答】

（設問 1）

	(a)	(b)
①	売上高総利益率	17.67 （％）
②	棚卸資産回転率	19.55 （回）
③	自己資本比率	22.12 （％）

※②と③は順不同

（設問 2）

多	様	な	金	属	加	工	技	術	が	市	場	か	ら	評	価	を	受	け	収
益	性	が	高	い	が	,		需	要	変	動	に	よ	り	在	庫	過	多	で	効
率	性	が	低	く	,		借	入	依	存	体	質	で	安	全	性	が	低	い	。

〈その他加点が期待できる財務指標〉

　収益性 （①）：売上高営業利益率

　効率性 （②）：売上債権回転率

　安全性 （③）：負債比率，流動比率，当座比率，固定比率，固定長期適合率

　なお，「課題となる財務指標」として収益性を選び，その代わりに「優れている財務指標」として効率性を選ぶ解答も考えられます。その場合の解答は，効率性（①）：有形固定資産回転率，収益性（②）：売上高経常利益率，安全性（③）：自己資本比率（あるいは負債比率，流動比率，当座比率，固定比率，固定長期適合率）となります。

【補足】

・上記の解説では，財務諸表の特徴を捉えるにあたり，個別の財務指標値を計算せずに財務諸表を俯瞰することのみにより行いました。もしこの方法に不安があれば，主要な財務指標についてあらかじめ指標値を計算してから，指標を絞り込むとよいでしょう。

・主な財務指標の指標値は次のとおりです。

財務指標		D社	同業他社	同業他社比
収益性	売上高総利益率	17.67 %	17.14 %	○
	売上高営業利益率	2.79 %	2.50 %	○
	売上高経常利益率	2.28 %	2.29 %	×
効率性	売上債権回転率	4.89 回	6.22 回	×
	棚卸資産回転率	19.55 回	20.00 回	×
	有形固定資産回転率	5.00 回	4.67 回	○
安全性	流動比率	115.38 %	248.00 %	×
	当座比率（※1）	92.31 %	188.00 %	×
	固定比率	212.00 %	101.56 %	×
	固定長期適合率	86.89 %	63.73 %	×
	自己資本比率	22.12 %	50.39 %	×
	負債比率	352.00 %	98.44 %	×

（※1）当座資産＝現金及び預金＋売上債権　として計算（「その他の流動資産」を含めても構わない）。

経営分析 （課題が生じた原因）	重要度	1 回目	2 回目	3 回目
	B	／	／	／

　D 社は，創業 20 年ほどの資本金 5,000 万円，正規従業員 81 名の，県内産の高級食材を活かして県内外に店舗を展開するレストランである。

　同社は，カジュアルで開放感ある明るい店内で，目の前で調理されるステーキや野菜などの鉄板焼きを楽しむレストランの 1 号店を開店した。その後，このタイプの鉄板焼きレストランを県内にさらに 3 店舗開店した。

　一方，別のタイプの店舗として，落ち着いた雰囲気の店内で，新鮮な食肉や旬の野菜を使って熟練した料理人が腕をふるう創作料理店 1 店舗を開店した。鉄板焼きレストランは，1 店舗を閉店する一方で，数年前に県外初となる店舗を大都市の都心部に開店した。前期の第 3 四半期には同じ大都市の都心部に創作料理店を 1 店舗，別の大都市の都心部に鉄板焼きレストランを 1 店舗開店し，現在の店舗数は合計 7 店舗である。

　全般的には依然として顧客の節約志向が強く，業界環境は厳しいなか，主要顧客である県外からの観光客数が堅調に推移しており，D 社の県内店舗の来店客数は増加傾向を維持し，客単価も維持できている。

　同社は，顧客満足の提供を追求して，食材にこだわり，きめ細やかな心配りによるホスピタリティあふれるサービスのために社員教育の徹底に努めている。県外の鉄板焼きレストランも，県内店舗と同様に店舗運営を徹底したこと，それにより固定客を獲得できたこと等から，業績は順調に推移している。

　大都市に前期に出店した 2 店舗も新規固定客の獲得に努めている。しかし，開店から 1 年以上が経過しても，創作料理店は業績不振が続いており，当期は通年で全社業績に影響が出ているため，その打開が懸案となっている。

　県外進出の一方で，D 社は，本社機能の充実に加え，人材育成の拠点となる研修施設の拡充，新規出店の目的で，用地代を含め約 8 億円を投じて新しい本社社屋を建設する計画である。投資資金は，自己資金と借入れによって調達する。調達額とその内訳は，投資総額が確定した段階で最終的に決定する。

　同社は，当期に新社屋の用地として市内の好適地を取得し，建設計画を進めている。本社社屋には店舗と研修施設とが併設される。新規店舗は鉄板焼きレストランと，新しいタイプの店舗として同じ価格帯のメニュー，同格の店舗の雰囲気・意匠をもって顧客に満足感を提供するしゃぶしゃぶ専門店とを開店する予定である。

　D 社の前期および当期の財務諸表は以下のとおりである。

貸借対照表

（単位：百万円）

	前期	当期		前期	当期
〈資産の部〉			〈負債の部〉		
流動資産	225	259	流動負債	138	465
現金及び預金	164	195	仕入債務	17	20
売上債権	13	14	短期借入金	—	318
たな卸資産	7	10	一年内返済予定の長期借入金	43	47
その他の流動資産	41	40	一年内償還予定の社債	10	—
固定資産	371	641	その他の流動負債	68	80
有形固定資産	287	531	固定負債	112	66
建物	267	191	長期借入金	67	20
土地	—	320	その他の固定負債	45	46
その他の有形固定資産	20	20	負債合計	250	531
無形固定資産	1	2	〈純資産の部〉		
投資その他の資産	83	108	資本金	50	50
			資本剰余金	23	23
			利益剰余金	273	296
			純資産合計	346	369
資産合計	596	900	負債・純資産合計	596	900

損益計算書

（単位：百万円）

	前期	当期
売上高	831	940
売上原価	410	483
売上総利益	421	457
販売費及び一般管理費	322	350
営業利益	99	107
営業外収益	3	8
営業外費用	8	20
経常利益	94	95
特別損失	—	56
税引前当期純利益	94	39
法人税等	27	12
当期純利益	67	27

損益計算書に関する付記事項

（単位：百万円）

	前期	当期
減価償却費	28	36
受取利息・配当金	—	—
支払利息	1	4

（設問1）

　D社の前期および当期の財務諸表を用いて経営分析を行い，前期と比較した場合のD社の課題を示す財務指標のうち重要と思われるものを3つ取り上げ，それぞれについて，名称を（a）欄に，当期の財務諸表をもとに計算した財務指標の値を（b）欄に記入せよ。なお，（b）欄の値については，小数点第3位を四捨五入し，カッコ内に単位を明記すること。

（設問2）

　設問1で取り上げた課題が生じた原因を70字以内で述べよ。

● 【解説】

　本章Iの「（2）経営分析の設問の解き方」で示した手順に従って進めていきます。

手順1．設問要求を確認する

　設問要求の要点は次のとおりです。

・経営分析（前年比較）を行い，D社の課題を示す財務指標のうち重要と思われるものを3つ取り上げる。（設問1）

・財務指標の名称と値（小数点第3位を四捨五入）を解答する。（設問1）

・課題が生じた原因（70字以内）を解答する。（設問2）

　これらより本問はオーソドックスな経営分析の設問であると考えられます。そこで，与件文と財務諸表のそれぞれから，収益性・効率性・安全性の3つの観点で課題を探します。

手順2．収益性について，与件文と財務諸表から特徴を最も的確に表す財務指標を決定する

　与件文には，収益性に関する以下の記述があります。

1. 「依然として顧客の節約志向が強く，業界環境は厳しい」

2. 「主要顧客である県外からの観光客数が堅調に推移しており，D社の県内店舗の来店客数は増加傾向を維持し，客単価も維持できている」

3. 「同社は，顧客満足の提供を追求して，食材にこだわり，きめ細やかな心配りによるホスピタリティあふれるサービスのために社員教育の徹底に努めている」

4. 「県外の鉄板焼きレストランも，県内店舗と同様に店舗運営を徹底したこと，それにより固定客を獲得できたこと等から，業績は順調に推移している」
　（県外の鉄板焼きレストランの状況）

5. 「大都市に前期に出店した2店舗も新規固定客の獲得に努めている。しかし，開店

から 1 年以上が経過しても，創作料理店は業績不振が続いており，当期は通年で全

社業績に影響が出ているため，その打開が懸案となっている」

（県外の創作料理店の状況）

　これらのうち，課題に関するものは 1 と 5 であり，原因は「顧客の節約志向が強く業界環境が厳しく，（県外の）創作料理店の業績不振が続くこと」であるとわかります。

　財務諸表からは，次の点を確認できます。（カッコ内の数値の単位は百万円）

・売上高について，当期（940）は，前期（831）の 1 割強だけ伸びている。

・売上総利益，営業利益，経常利益のいずれも，伸びは 1 割未満である。

　　（売上総利益は前期値 421 に対してその 1 割である 42.1 ほどは伸びておらず，営業利

　　益は前期値 99 に対してその 1 割である 9.9 ほどは伸びておらず，経常利益は前期値

　　94 に対してその 1 割である 9.4 ほどは伸びていない）

・費用の各構成要素について

　➤　売上原価は 1 割超である

　　（前期値 410 に対してその 1 割である 41 を大きく超えて増加している）

　➤　販売費及び一般管理費は，1 割弱の増加に留まっている

　　（前期値 322 に対してその 1 割である 32.2 程度増加している）

　➤　営業外費用が 2 倍以上となっている（前期値 8 に対して当期値 20）

　ここで，営業外費用が増える原因として一般に「負債の増加」が想起されることから，貸借対照表の「負債」を見てみると，そのとおりに，250 → 531 と大幅に増加していることがわかります。さらに負債が増える原因として一般に「固定資産の増加」が想起されることから，貸借対照表の「資産」を確認すると，そのとおりに，有形固定資産（特に土地）が大きく増えていることがわかります。

　これらより，財務諸表からは，収益性に課題があり（売上高総利益率，売上高営業利益率，売上高経常利益率ともに課題がある），その最大の原因は「営業外費用の増加（有形固定資産の取得のための借入れによるもの）」であり，次の原因は「売上原価の増加」であることがわかります。

　与件文と財務諸表から読み取れる情報を照らし合わせることにより，財務指標の候補として，原因として最も顕著である営業外費用を指摘できる「売上高経常利益率」を選びます。「売上高営業利益率」および「売上高総利益率」については営業外費用の影響を受けない指標であるため，解答の優先度は下がります。

　また，ここまでの議論ですでに，「有形固定資産（特に土地）の取得のために，借入れを行い負債が増え，営業外費用が増加し収益性が低下した」ということが推測できていますので，これを念頭に置きながら，効率性・安全性を見ていきます。

<u>手順 3. 効率性について，与件文と財務諸表から特徴を最も的確に表す財務指標を決定する</u>
与件文には，効率性に関する以下の記述があります。
・「同社は，当期に新社屋の用地として市内の好適地を取得し，建設計画を進めている」
これより，新社屋の用地取得に伴って有形固定資産の効率性が低下していることを推測
できます。

財務諸表からは次の点を確認できます。（カッコ内の数値の単位は百万円）
・売上高について，当期（940）は，前期（831）の1割強だけ伸びている。
・売上債権について，当期（14）は，前期（13）の1割（1.3）ほどは増えていない。
・棚卸資産について，当期（10）は，前期（7）の1割（0.7）を超えて増えている。
・有形固定資産について，当期（531）は，前期（287）から大幅に増えている。
これらより，まずは「有形固定資産回転率」に課題があり，次に「棚卸資産回転率」に
課題があることを判断できます。

与件文と財務諸表から読み取れる情報を照らし合わせることにより，「課題となる財務
指標」として，「有形固定資産回転率」を選びます。なお「棚卸資産回転率」については，
与件文に根拠がないことと，有形固定資産回転率と比べて数値の変化が軽微であることに
より，解答の優先度は低くなります。

<u>手順 4. 安全性について，与件文と財務諸表から特徴を最も的確に表す財務指標を決定する</u>
与件文には，安全性に関する以下の記述があります。
・「県外進出の一方で，D社は，本社機能の充実に加え，人材育成の拠点となる研修施
設の拡充，新規出店の目的で，用地代を含め約8億円を投じて新しい本社社屋を建設
する計画である。投資資金は，自己資金と借入れによって調達する」
この記述には「計画」という表現で記されていますが，直後に「当期に新社屋の用地と
して市内の好適地を取得」という記載があることから，新社屋に関する計画において<u>用地
取得は実行済であること</u>がわかります。
これより，新社屋の用地取得に伴う借入れにより，資本構造の安全性（自己資本比率ま
たは負債比率）や長期安全性（固定比率）が低下していることを推測できます。さらに，
仮にこの借入れが短期借入中心に行われているならば，短期安全性（流動比率または当座
比率）や長期安全性（固定長期適合率）も低下していることが考えられます。

財務諸表からは，次の点を確認できます。（カッコ内の数値の単位は百万円）
・（資本構造の安全性の観点）
負債が前期から当期にかけて2倍以上増加（250 → 531）したが，純資産は1割弱の
増加（346 → 369）であるため，<u>負債比率に課題がある</u>。（本質的に同じ指標である自

己資本比率も同じ）

・（短期安全性の観点）

　流動資産が前期から当期にかけて1割程度の増加（225→259）であるものの，流動負債は3倍以上増加（138→465）したため，流動比率に課題がある。（同様に当座比率にも課題がある）

・（長期安全性の観点）

　固定資産が前期から当期にかけて2倍弱（371→641）増加したが，純資産は前述のとおり1割弱の増加であるため，固定比率に課題がある。また，純資産＋固定負債は減少している（純資産が346→369となり23増えた一方で，固定負債は112→66となり46減っている）ため，固定長期適合率にも課題がある。

・前述の「資本構造の安全性」，「短期安全性」，「長期安全性」の課題に共通する原因は，短期借入金の増加である。

　これらより，短期安全性，長期安全性，資本構造の安全性のいずれにも課題があることがわかり，その直接的な原因が短期借入金の増加であることがわかります。そこで，解答の候補として，「短期借入金」による影響を顕著に示せることを重視し，「流動比率」，「当座比率」を優先的に選びます。

　「負債比率」または「自己資本比率」も解答候補にはなりますが，借入れの大部分を短期借入金が占めるという点を示せない（借入れが短期借入金か長期借入金かは負債比率や自己資本比率の指標には影響しない）ため，解答の優先度は下がります。「固定長期適合率」は短期借入金による影響を示せるため解答候補ではありますが，長期に着目している指標であるため，より緊急な短期支払能力を示せる「流動比率」や「当座比率」よりも解答の優先度は下がります。また，「固定比率」は，固定資産と自己資本のバランスを示すものであり，負債について直接的に言及しない指標であるため，解答の優先度は下がります。

手順5．財務指標値を計算し，D社の特徴（内容・問題点・改善策等）をまとめる

　ここまでで，課題を示す財務指標とその原因の概要をつかめました。あとは財務指標値を計算し，原因を記述し，解答とします。

【模範解答】

（設問1）

	(a)	(b)
①	売上高経常利益率	10.11（％）
②	有形固定資産回転率	1.77（回）
③	流動比率	55.70（％）

※①～③は順不同

（設問2）

原	因	は	①	新	社	屋	用	地	取	得	に	よ	る	効	率	性	低	下	，
②	投	資	資	金	借	入	れ	に	よ	る	安	全	性	低	下	，	③	借	入
れ	の	利	息	負	担	増	と	創	作	料	理	店	の	業	績	不	振	に	よ
る	収	益	性	低	下	で	あ	る	。										

〈その他加点が期待できる財務指標〉

収益性（①）：売上高総利益率，売上高営業利益率

効率性（②）：なし

安全性（③）：当座比率，負債比率，自己資本比率

【補足】

・上記の解説では，財務諸表の特徴を捉えるにあたり，個別の財務指標値の計算を極力控え，財務諸表の俯瞰のみにより行いました。もしこの方法に不安があれば，主要な財務指標についてあらかじめ指標値を計算した後，与件の記述と照らし合わせながら，財務指標を絞り込むとよいでしょう。

・本問の重要度をＢとしている理由は，収益性・効率性・安全性それぞれが関連づいて因果が生じていること（土地取得→借入れ→利息の負担）を見抜く必要があるからです。

・主な財務指標の指標値は次のとおりです。

	財務指標	前期 （比較対象）	当期	前期比
収益性	売上高総利益率	50.66 %	48.62 %	×
	売上高営業利益率	11.91 %	11.38 %	×
	売上高経常利益率	11.31 %	10.11 %	×
効率性	売上債権回転率	63.92 回	67.14 回	○
	棚卸資産回転率	118.71 回	94.00 回	×
	有形固定資産回転率	2.90 回	1.77 回	×
安全性	流動比率	163.04 %	55.70 %	×
	当座比率（※ 1）	128.26 %	44.95 %	×
	固定比率	107.23 %	173.71 %	×
	固定長期適合率	81.00 %	147.36 %	×
	自己資本比率	58.05 %	41.00 %	×
	負債比率	72.25 %	143.90 %	×

（※ 1）当座資産＝現金及び預金＋売上債権として計算（「その他の流動資産」を含めて
　　　も構わない）。

経営分析 （劣っている点・問題／生産性指標）	重要度	1回目	2回目	3回目
	B	／	／	／

　D社は，1990年代半ばに中古タイヤ・アルミホイールの販売によって創業した会社であり，現在は廃車・事故車の引取り・買取りのほか中古自動車パーツの販売や再生資源の回収など総合自動車リサイクル業者として幅広く事業活動を行っている。D社の資本金は1,500万円で直近の売上高は約10億3,000万円である。

　創業当初D社は本社を置く地方都市を中心に事業を行っていたが，近年の環境問題や循環型社会に対する関心の高まりに伴って順調にビジネスを拡大し，今では海外販売網の展開やさらなる事業多角化を目指している。

　D社の事業はこれまで廃車・事故車から回収される中古パーツのリユース・リサイクルによる販売が中心であった。しかし，ここ数年海外における日本車の中古車市場が拡大し，それらに対する中古パーツの需要も急増していることから，現在D社では積層造形3Dプリンターを使用した自動車パーツの製造・販売に着手しようとしている。また上記事業と並行してD社は，これまで行ってきた廃車・事故車からのパーツ回収のほかに，より良質な中古車の買取りと再整備を通じた中古車販売事業も新たな事業として検討している。

　中古車販売事業については，日本車の需要が高い海外中古車市場だけでなく，わが国でも中古車に対する抵抗感の低下によって国内市場も拡大してきており，中古車販売に事業のウエイトを置く同業他社も近年大きく業績を伸ばしているといった状況である。D社は中古車市場が今後も堅調に成長するものと予測しており，中古車販売事業に進出することによって新たな収益源を確保するだけでなく，現在の中古パーツ販売事業にもプラスの相乗効果をもたらすと考えている。従って，D社では中古車販売事業に関して，当面は海外市場をメインターゲットにしつつも，将来的には国内市場への進出も見据えた当該事業の展開を目指している。

　しかしD社は，中古車販売事業が当面，海外市場を中心とすることや当該事業のノウハウが不足していることなどからリスクマネジメントが重要であると判断しており，この点について外部コンサルタントを加えて検討を重ねている。

　D社と同業他社の要約財務諸表は以下のとおりである。なお，従業員数はD社53名，同業他社23名である。

貸借対照表
（令和 4 年 3 月 31 日現在）

（単位：万円）

	D 社	同業他社		D 社	同業他社
〈資産の部〉			〈負債の部〉		
流動資産	33,441	29,701	流動負債	9,067	13,209
現金預金	25,657	18,212	固定負債	21,506	11,285
売掛金	4,365	5,297			
たな卸資産	3,097	5,215	負債合計	30,573	24,494
その他流動資産	322	977	〈純資産の部〉		
固定資産	27,600	20,999	資本金	1,500	4,500
有形固定資産	16,896	8,395	利益剰余金	28,968	21,706
無形固定資産	208	959			
投資その他の資産	10,496	11,645	純資産合計	30,468	26,206
資産合計	61,041	50,700	負債・純資産合計	61,041	50,700

損益計算書
自 令和 3 年 4 月 1 日
至 令和 4 年 3 月 31 日

（単位：万円）

	D 社	同業他社
売上高	103,465	115,138
売上原価	41,813	78,543
売上総利益	61,652	36,595
販売費及び一般管理費		
人件費	22,307	10,799
広告宣伝費	5,305	3,685
減価償却費	2,367	425
地代家賃	3,114	4,428
租税公課	679	559
外注費	3,095	1,124
その他	9,783	4,248
販売費及び一般管理費合計	46,650	25,268
営業利益	15,002	11,327
営業外収益	1,810	247
営業外費用	302	170
経常利益	16,510	11,404
特別損失	—	54
税引前当期純利益	16,510	11,350
法人税等	4,953	3,405
当期純利益	11,557	7,945

(設問1)

　D社と同業他社の財務諸表を用いて経営分析を行い，同業他社と比較してD社が優れていると考えられる財務指標を2つ，D社の課題を示すと考えられる財務指標を1つ取り上げ，それぞれについて，名称を(a)欄に，その値を(b)欄に記入せよ。なお，優れていると考えられる指標を①，②の欄に，課題を示すと考えられる指標を③の欄に記入し，(b)欄の値については，小数点第3位を四捨五入し，単位をカッコ内に明記すること。また，解答においては生産性に関する指標を少なくとも1つ入れ，当該指標の計算においては「販売費及び一般管理費」の「その他」は含めない。

(設問2)

　D社が同業他社と比べて明らかに劣っている点を指摘し，その要因について財務指標から読み取れる問題を80字以内で述べよ。

● 【解説】

　本章Ⅰの「(2) 経営分析の設問の解き方」で示した手順に従って進めていきます。

　なお，解説では，本章Ⅰの「(3) 経営分析への対応テクニック」の「テクニック3　財務指標値の計算をできるだけ避ける」に従い，個別の財務指標値の計算を極力行わずに財務指標を絞り込んでいます。もしこの方法に不安があれば，主要な財務指標についてあらかじめ指標値を計算した後，与件の記述と照らし合わせながら，財務指標を絞り込むとよいでしょう。各種財務指標は【解説】，【模範解答】の後の【補足】に示します。

手順1．設問要求を確認する

　設問要求の要点は次のとおりです。

　・経営分析（同業他社比較）を行い，同業他社と比較して優れていると考えられる財務
　　指標を2つ，課題を示すと考えられる財務指標を1つ取り上げる。（設問1）
　・財務指標の名称と値（小数点第3位を四捨五入）を解答する。（設問1）
　・生産性に関する指標を少なくとも1つ入れ，当該指標の計算においては「販売費及び
　　一般管理費」の「その他」は含めない。（設問1）
　・D社が同業他社と比べて明らかに劣っている点を指摘し，その要因について財務指標
　　から読み取れる問題（80字以内）を解答する。（設問2）

　これらより，本問は基本的にはオーソドックスな経営分析の設問であると判断できます。そこで，与件文と財務諸表に基づいて，「優れていると考えられるもの」（2つ）および「課題を示すと考えられるもの」（1つ）を探します。なお，生産性に関する指標を少なくと

も1つ入れる旨の指示があるため，収益性・効率性・安全性（手順2〜4）を検討した後に，生産性について検討し（手順5），これらから総合的に計3つの財務指標を挙げることとします。

<u>手順2.　収益性について，与件文と財務諸表から特徴を最も的確に表す経営指標を決定する</u>

　与件文には，収益性に関する以下の記述があります。
1. （既存事業：中古パーツのリユース・リサイクルによる販売事業）
　「近年の環境問題や循環型社会に対する関心の高まりに伴って順調にビジネスを拡大」
2. （新規事業：自動車パーツの製造・販売事業）
　「ここ数年海外における日本車の中古車市場が拡大し，それらに対する中古パーツの需要も急増している」
3. （新規事業：中古車販売事業）
　「日本車の需要が高い海外中古車市場だけでなく，わが国でも中古車に対する抵抗感の低下によって国内市場も拡大してきており，中古車販売に事業のウエイトを置く同業他社も近年大きく業績を伸ばしているといった状況である」

　これらより，以下のことがわかります。（カッコ内は前記の項目1〜3に対応）
・環境問題や循環型社会への関心の高まりに伴って順調にビジネスを拡大してきた（1）
・（参考）検討中の新規事業についても市場が成長している（2，3）（※1）

（※1）新規事業については，当年度の損益計算書に特徴が顕著に現れるとは考えにくいため，参考として扱います。

　財務諸表からは，次の点を確認できます。（数値の単位は万円）
・売上高について，D社（103,465）は同業他社（115,138）と同程度（正確には89.9％）
・売上総利益について，D社（61,652）は同業他社（36,595）より大きい
　（→同業他社より優れている）
・営業利益について，D社（15,002）は同業他社（11,327）より大きい
　（→同業他社より優れている）
・経常利益について，D社（16,510）は同業他社（11,404）より大きい
　（→同業他社より優れている）
・費用の各構成要素について（※2）
　➤ 販売費及び一般管理費：D社（46,650）は同業他社（25,268）の2倍弱
　　（→同業他社より劣っている）
　➤ 営業外収益と営業外費用：

営業外収益についてD社（1,810）は同業他社（247）の数倍であり（同業他社より優れている），営業外費用についてD社（302）は同業他社（170）より大きい（同業他社より多少劣っている）

（※2）売上原価は，すでに確認済みである売上総利益と同じ動きをする（売上高総利益率＋売上原価率＝100％である）ため，確認を省略している。

　これらより，財務諸表からは次の点を読み取れます。
・売上総利益が大きく優れている
・販売費及び一般管理費が大きいが，依然として営業利益・経常利益は優れている

　次に，与件文と財務諸表から読み取れる情報を照らし合わせます。与件文からは，既存事業を順調に拡大してきたことなどを読み取れました。財務諸表からは，売上総利益が大きく優れていること，販売費及び一般管理費が劣っていることなどを読み取れました。そしてこれらを踏まえて，
　　優れていると考えられる財務指標：売上高総利益率
　（課題を示すと考えられる財務指標：売上高販売費・一般管理費比率）
を選びます。「売上高営業利益率」と「売上高経常利益率」については，同業他社比では優れているものの，販売費及び一般管理費が劣っていることから，「売上高総利益率」より優先度が下がります。

手順3．効率性について，与件文と財務諸表から特徴を最も的確に表す経営指標を決定する
　与件文には，手順2（収益性）で挙げたものを除き，効率性に関する特徴を示す記述はありません。

　財務諸表からは次の点を確認できます。（カッコ内の数値の単位は万円）
・（手順2〈収益性〉で確認したとおり）
　売上高について，D社（103,465）は同業他社（115,138）と同程度（正確には89.9％）である
・売上債権（売掛金）について，D社（4,365）は，同業他社（5,297）よりやや小さい
　（→同業他社より優れている）
・棚卸資産（たな卸資産）について，D社（3,097）は，同業他社（5,215）より小さい
　（→同業他社より優れている）
・有形固定資産について，D社（16,896）は同業他社（8,395）の2倍程度（※3）
　（→同業他社より劣っている）
これらより，売上債権と棚卸資産が優れており，有形固定資産が劣っていることを読み

取れます。

（※ 3）D 社の 16,896 と，同業他社の 2 倍である 8,395×2＝16,790 とを比較。

　以上を踏まえて，
　　優れていると考えられる財務指標：棚卸資産回転率（売上債権回転率）
　　課題を示すと考えられる財務指標：有形固定資産回転率
を選びます。なお，「棚卸資産回転率」と「売上債権回転率」とでは，より優れているほうを選びます。

<u>手順 4．安全性について，与件文と財務諸表から特徴を最も的確に表す経営指標を決定する</u>
　与件文には，安全性に関する特徴を示す記述はありません。また安全性に関する「現金」「借入」「資産」「負債」などのキーワードもありません。

　財務諸表からは，次の点を確認できます。（カッコ内の数値の単位は万円）
・（資本構造の安全性の観点）
　　D 社は，自己資本 30,468 に対して負債が 30,573 であり，負債比率が 100 ％程度（※ 4）となっています。一方で，同業他社は自己資本 26,206 に対して負債が 24,494 であり，負債比率が 100 ％未満（※ 5）となっています。そのため，<u>負債比率が若干劣っている</u>ことがわかります。なお，負債比率と実質的に同一と考えられる指標である<u>自己資本比率</u>も同様であることがわかります。
・（短期安全性の観点）
　　D 社は，流動資産 33,441 に対して流動負債が 9,067 であり，流動比率が 300 ％超（※ 6）です。一方で，同業他社は，流動資産 29,701 に対して流動負債が 13,209 であり，流動比率が 200 ％超（※ 7）です。これより<u>流動比率が優れている</u>ことがわかります。また，当座比率については，D 社は，当座資産が約 30,000（＝現金預金 25,657＋売掛金 4,365）に対して流動負債が 9,067 であり，当座比率が 300 ％程度（※ 8）である一方で，同業他社は，当座資産約 24,000（＝現金預金 18,212＋売掛金 5,297）に対して流動負債が 13,209 であり，当座比率が 200 ％未満（※ 9）です。これより<u>当座比率が優れている</u>ことがわかります。
・（長期安全性の観点）
　　D 社は，固定資産 27,600 に対して自己資本が 30,468 あり，固定比率が 90 ％程度（※ 10）です。一方で，同業他社は，固定資産 20,999 に対して自己資本が 26,206 あり，固定比率が 80 ％程度です（※ 11）。これらより，<u>固定比率が若干劣っている</u>ことがわかります。
　　また，固定長期適合率について，D 社は固定資産 27,600 に対して自己資本＋固定負

債が約 52,000（自己資本 30,468 ＋ 固定負債 21,506）であり，固定長期適合率が 50 ％超（※ 12）であり，同業他社は固定資産 20,999 に対して自己資本＋固定負債が約 37,000（自己資本 26,206 ＋ 固定負債 11,285）であり，固定長期適合率が 50 ％超（※ 13）です。これより，<u>固定長期適合率には目立った優劣はない</u>ことがわかります（なお，正確に計算すると，D 社は 53.10 ％，同業他社は 56.01 ％であり，D 社が若干優れていることがわかります）。

（※ 4）30,573 と 30,468 がほぼ等しいことから，負債比率が 100 ％程度であることを確認。

（※ 5）24,494＜26,206 より，負債比率が 100 ％未満であることを確認。

（※ 6）33,441÷9,067＞30,000÷10,000＝300 ％と計算することで，流動比率が 300 ％超であることを確認。

（※ 7）29,701÷13,209＞28,000÷14,000＝200 ％と計算することで，流動比率が 200 ％超であることを確認。

（※ 8）約 30,000÷9,067≒30,000÷10,000＝300 ％と計算することで，当座比率が 300 ％程度であることを確認。

（※ 9）約 24,000÷13,209＜26,000÷13,000＝200 ％と計算することで，当座比率が 200 ％未満であることを確認。

（※ 10）27,600÷30,468≒27,000÷30,000＝90 ％と計算することで，固定比率が 90 ％程度であることを確認。

（※ 11）固定資産 20,999 と，自己資本 26,206 の 8 割である 26,206×0.8≒26,000×0.8＝20,800 とを比較し，固定比率が 80 ％程度であることを確認。

（※ 12）固定資産 27,600 と，自己資本＋固定負債 約 52,000 の 1/2 である 26,000 とを比較し，固定長期適合率が 50 ％超であることを確認。

（※ 13）固定資産 20,999 と，自己資本＋固定負債 約 37,000 の 1/2 である 18,500 とを比較し，固定長期適合率が 50 ％超であることを確認。

　　これらより，短期安全性（流動比率，当座比率）は優れており，長期安全性（固定比率，固定長期適合率）は同程度，負債比率・自己資本比率が若干劣っている特徴が見られます。そして，短期安全性が優れている直接的な原因には，流動資産の多さ，棚卸資産の少なさ，流動負債の少なさがあることが読み取れます。これらの点をより的確に示せる指標として，
　　　　優れていると考えられる財務指標：当座比率（流動比率）
を選びます。ただし，当座比率・流動比率ともに，同業他社も問題ない水準であるため，優れている指標としての解答優先度は高くはありません。

<u>手順 5．生産性について，与件文と財務諸表から特徴を最も的確に表す経営指標を決定する</u>
　　与件文には，生産性に関係する従業員数について記述されています（「従業員数は D 社

53名，同業他社23名である」）。これより，D社は同業他社の2倍超（※14）の従業員数であることがわかります。なお，このほかには生産性に関する特徴的な記述はありません。

　　次に，財務諸表に関して

　　　労働生産性（1人当たり付加価値額）＝付加価値額÷従業員数

の指標を確認します。「付加価値額」とは「企業活動により新たに加えられた価値」のことで，目的・用途によりさまざまな算出式がありますが，本解説では「売上高－外部購入価額」（控除法）を用います。この外部購入価額には，「売上原価」，販売費及び一般管理費の「外注費」と「広告宣伝費」を含め，さらに設問文指示に従って「販売費及び一般管理費」の「その他」を除外します。

　　以上を整理すると下記式のようになります。

　　　　　　付加価値額＝売上高－外部購入価額－その他

　　　　　　　　　　＝売上高－（売上原価＋広告宣伝費＋外注費）－その他

　　　　　　　　　　＝売上総利益－（広告宣伝費＋外注費＋その他）

これに基づいて，「売上総利益」と「広告宣伝費＋外注費＋その他」それぞれについて，労働生産性の同業他社比較を行います。（なお，労働生産性＝付加価値額÷従業員数ですので，実額の大小ではなく，従業員数比（2倍超）を基準とした額の大小を確認することに注意します）

　　・売上総利益について，D社（61,652万円）は同業他社（36,595万円）の1.7倍程度（※15）である

　　（従業員数比の2倍超より小さいため，同業他社より劣っている）

　　・広告宣伝費＋外注費＋その他について，

　　　D社（5,305＋3,095＋9,783＝18,183万円）は同業他社（3,685＋1,124＋4,248＝9,057万円）の2倍程度（※16）（従業員数比の2倍超と同程度）

　　以上から，D社は同業他社と比べて，従業員数が2倍超のところ，売上総利益が1.7倍程度（「外注費＋広告宣伝費＋その他」は従業員数比並み）のため，付加価値額の水準が低く，生産性が劣っていることが推察されます。したがって，「労働生産性」（1人当たり付加価値額）を課題を示すと考えられる指標として位置づけます。

（※14）D社53名と，同業他社の2倍である23×2＝46とを比較し，比率が2倍超であることを確認。

（※15）61,652÷36,595≒60,000÷36,000＝5/3≒1.7と計算することで，比率が1.7倍程度であることを確認。

（※16）D社18,183と，同業他社の2倍である9,057×2＝18,114とを比較し，比率が2倍程度であることを確認。

手順6. 経営指標値を計算し，D社の特徴（内容・問題点・改善策等）をまとめる

ここまでで確認した結果は下表のとおりです（カッコ内は優先度が低い財務指標）。

	収益性（手順2）	効率性（手順3）	安全性（手順4）	生産性（手順5）
優れていると考えられる財務指標	売上高総利益率	棚卸資産回転率（売上債権回転率）	当座比率（流動比率）	なし
課題を示すと考えられる財務指標	（売上高販売費・一般管理費比率）	有形固定資産回転率	なし	労働生産性

まず，生産性の指標を1つ以上含める必要があることから，「労働生産性」を「課題を示すと考えられる財務指標」として位置づけます。そして，残っている「優れていると考えられる財務指標」（2つ）には，「売上高総利益率」と「棚卸資産回転率」を選びます。なお，選ばなかった指標については，次のように扱います。

・「有形固定資産回転率」：解答する指標数の制約により，現時点では落とす
・「当座比率」，「流動比率」：同業他社も良い水準であること（手順4で触れたとおり）から，解答する指標としての優先度は低い
・「売上高販売費・一般管理費率」：解答する指標数の制約により，現時点では落とす

次に（設問2）の記述に移ります。問われていることが「同業他社と比べて明らかに劣っている点の指摘」と「その要因について財務指標から読み取れる問題」であることから，基本的には（設問1）にて課題として解答した「労働生産性」を軸に記述します。加えて，課題の候補であった「有形固定資産回転率」や「売上高販売費・一般管理費率」の論点も想起します。

「労働生産性」を複数の要素に分解します。売上高，設備（有形固定資産）の観点を加味すると，次のように分解することができます。

① 売上高による分解

$$労働生産性 = \frac{付加価値額}{売上高} \times \frac{売上高}{従業員数} = 付加価値率 \times 1人当たり売上高$$

② 設備による分解

$$労働生産性 = \frac{付加価値額}{有形固定資産} \times \frac{有形固定資産}{従業員数} = 設備投資効率 \times 労働装備率$$

③ 売上高・設備の両方による分解

$$労働生産性 = \frac{付加価値額}{売上高} \times \frac{売上高}{有形固定資産} \times \frac{有形固定資産}{従業員数}$$

$$= 付加価値率 \times 有形固定資産回転率 \times 労働装備率$$

そして，これらの要素別に，D社と同業他社を簡易的に比較すると次のとおりとなります。

分解の観点	指標		指標の同業他社比較		説明
① 売上高	付加価値率	付加価値額	○	○（1.5倍程度）	売上高が付加価値につながっているが，1人当たり売上高が低いため，労働生産性が低い
		売上高		－（同程度）	
	1人当たり 売上高	売上高	×	－（同程度）	
		従業員数		×（2倍以上）	
② 設備	設備投資効率	付加価値額	×	○（1.5倍程度）	設備投資効率と労働装備率が低く，労働生産性が低い
		有形固定資産		×（2倍程度）	
	労働装備率	有形固定資産	×	×（2倍程度）	
		従業員数		×（2倍以上）	
③ 売上高 ・設備	付加価値率	付加価値額	○	○（1.5倍程度）	売上高が付加価値につながっているが，有形固定資産が売上につながっておらず，そのうえ労働装備率が低いため，労働生産性が低い
		売上高		－（同程度）	
	有形固定資産 回転率	売上高	×	－（同程度）	
		有形固定資産		×（2倍程度）	
	労働装備率	有形固定資産	×	×（2倍程度）	
		従業員数		×（2倍以上）	

（記号の凡例，○：D社が優れている，×：D社が劣っている，－：同程度）

　3種類の観点での分解を比較し，それぞれの構成要素の特徴が顕著に現れている③を選びます（課題の指標の候補であった「有形固定資産回転率」が含まれていることからも的確です）。そして，これらの原因について，与件文に明確な記述はありませんが，「今では海外販売網の展開やさらなる事業多角化を目指している」との記述から，人的資本が販売網の展開や事業多角化に割かれている状況を推測することができます。

　以上をまとめて（設問2）の解答とします。

　最後に，財務指標値を計算し解答とします（設問1）。なお，労働生産性の指標値の計算過程は次のとおりです（※17）。

指標	算出式		D社	同業他社
付加価値額 （万円）	控除法 （※18）	＋売上高 －売上原価 －広告宣伝費 －外注費 －その他（設問指示により）	＋103,465 － 41,813 － 5,305 － 3,095 － 9,783 ＝ 43,469	＋115,138 － 78,543 － 3,685 － 1,124 － 4,248 ＝ 27,538
	加算法	＋経常利益 ＋人件費 ＋営業外費用（支払利息・割引料） －営業外収益（受取利息・配当金） ＋地代家賃　（賃借料） ＋租税公課 ＋減価償却費（減価償却実施額）	＋ 16,510 ＋ 22,307 ＋ 302 － 1,810 ＋ 3,114 ＋ 679 ＋ 2,367 ＝ 43,469	＋ 11,404 ＋ 10,799 ＋ 170 － 247 ＋ 4,428 ＋ 559 ＋ 425 ＝ 27,538
従業員数（人）	（与件より）		53	23
労働生産性 （万円／人）	付加価値額÷従業員数		820.17	1,197.30

(※17) 付加価値額の算出方法には各種方式があり，設問での指定がないため，記載の値以外にも正解があり得る。たとえば，中小企業等事業再構築促進事業においては，「付加価値額＝営業利益＋人件費＋減価償却費」が用いられており，この算出式を採用すると，付加価値額＝15,002＋22,307＋2,367＝39,676万円，労働生産性＝39,676万円÷53人＝748.60万円／人となる。

(※18) 控除法においては，外部購入価値を売上原価，広告宣伝費，外注費とし，さらに設問指示により「その他」を除外して計算。なお，加算法においては，算出式に「その他」が含まれていないため，特段の除外処理は不要。

【模範解答】

（設問1）

	(a)	(b)
①	売上高総利益率	59.59（％）
②	棚卸資産回転率	33.41（回）
③	労働生産性	820.17（万円／人）

（③ (a) は「1人当たり付加価値額」等の表記も可。② (a) は「たな卸資産回転率」の表記も可。①と②は順不同。③ (b) は付加価値額の算出方法の多様さゆえ別解もあり得る）

（設問2）

1	人	当	た	り	付	加	価	値	額	が	低	い	。		要	因	は	，		高	い
付	加	価	値	率	に	も	関	わ	ら	ず	，		販	売	網	展	開	・	事	業	
多	角	化	等	で	，		有	形	固	定	資	産	の	売	上	効	率	が	低	く	，
従	業	員	が	多	く	労	働	装	備	率	も	低	い	こ	と	で	あ	る	。		

〈その他加点が期待できる財務指標〉

優れていると考えられる指標（①・②）：

　（生産性）付加価値率（※19）

　（収益性）売上高営業利益率，売上高経常利益率

　（効率性）売上債権回転率

　（安全性）当座比率，流動比率

課題を示すと考えられる指標（③）：

　（生産性）有形固定資産回転率，労働装備率，1人当たり売上高，設備投資効率

　（収益性）売上高販売費・一般管理費比率

　（効率性）有形固定資産回転率

　（安全性）自己資本比率，負債比率

（※19）付加価値率を挙げる場合，③では労働生産性の下位指標（1人当たり売上高，有形固定
　　　　資産回転率，労働装備率）を挙げることが望ましい。

【補足】

　・本文の重要度をＢとしている理由は，生産性を考慮する必要があることと，収益性・
　　効率性・安全性も含めて総合的に指標を選定する必要があるためです。

　・主な財務指標の指標値は次のとおりです。

	財務指標	D 社	同業他社 (比較対象)	同業他社比
収益性	売上高総利益率	59.59 %	31.78 %	○
	売上高営業利益率	14.50 %	9.84 %	○
	売上高経常利益率	15.96 %	9.90 %	○
効率性	売上債権回転率	23.70 回	21.74 回	○
	棚卸資産回転率	33.41 回	22.08 回	○
	有形固定資産回転率	6.12 回	13.72 回	×
安全性	流動比率	368.82 %	224.85 %	○
	当座比率（※ 20）	331.11 %	177.98 %	○
	固定比率	90.59 %	80.13 %	×
	固定長期適合率	53.10 %	56.01 %	○
	自己資本比率	49.91 %	51.69 %	×
	負債比率	100.34 %	93.47 %	×

（※ 20）当座資産＝現金預金＋売掛金として計算。（流動資産の「その他の流動資産」を含めて，当座資産＝流動資産－たな卸資産と計算しても構わない。）

(7)　令和 3 年度　第 1 問 （配点 30 点）

経営分析 （特徴と課題／4 指標）	重要度	1 回目		2 回目		3 回目	
	B	╱		╱		╱	

　D 社は地方都市に本社を置き，食品スーパーマーケット事業を中核として展開する企業である。D 社の資本金は 4,500 万円，従業員数 1,200 名（パート，アルバイト含む）で，本社のある地方都市を中心に 15 店舗のチェーン展開を行っている。D 社は創業 90 年以上の歴史の中で，常に地元産の商品にこだわり，地元密着をセールスポイントとして経営を行ってきた。またこうした経営スタイルによって，D 社は本社を置く地方都市の住民を中心に一定数の固定客を取り込み，経営状況も安定していた。ところが 2000 年代に入ってからは地元住民の高齢化や人口減少に加え，コンビニエンスストアの増加，郊外型ショッピングセンターの進出のほか，大手資本と提携した同業他社による低価格・大量販売の影響によって顧客獲得競争に苦戦を強いられ，徐々に収益性も圧迫されてきている。

　こうした中で D 社は，レジ待ち時間の解消による顧客サービスの向上と業務効率化による人件費削減のため，さらには昨今の新型コロナウイルス感染症の影響による非接触型レジに対する要望の高まりから，代金支払いのみを顧客が行うセミセルフレジについて，2022 年度期首にフルセルフレジへ更新することを検討している。しかし，セミセルフレジの耐用年数が残っていることもあり，更新のタイミングについて慎重に判断したいと考えている。なお，D 社は現在，全店舗合計で 150 台のレジを保有しており，その内訳は有人レジが 30 台，セミセルフレジが 100 台，フルセルフレジが 20 台である。

　さらに D 社は，地元への地域貢献と自社ブランドによる商品開発を兼ねた新事業に着手している。この事業は D 社が本社を置く自治体との共同事業として，廃校となった旧小学校の校舎をリノベーションして魚種 X の陸上養殖を行うものである。D 社では，この新規事業の収益性について検討を重ねている。

　また，D 社は現在，主な事業であるスーパーマーケット事業のほか，外食事業，ネット通販事業，移動販売事業という 3 つの事業を行っている。これらの事業は，主な事業との親和性やシナジー効果などを勘案して展開されてきたものであるが，移動販売事業は期待された成果が出せず現状として不採算事業となっている。当該事業は，D 社が事業活動を行っている地方都市において高齢化が進行していることから，自身で買い物に出かけることができない高齢者に対する小型トラックによる移動販売を行うものである。販売される商品は日常生活に必要な食品および日用品で，トラックのキャパシティから品目を絞っており，また販売用のトラックはすべて D 社が保有する車両である。さらに，移動販売事業は高齢化が進んでいるエリアを担当する店舗の従業員が運転および販売業務を担っている。こうした状況から，D 社では当該事業への対処も重要な経営課題となっている。

　D 社と同業他社の 2020 年度の財務諸表は以下のとおりである。

貸借対照表
（2021年2月28日現在）

（単位：万円）

	D社	同業他社		D社	同業他社
〈資産の部〉			〈負債の部〉		
流動資産	221,600	424,720	流動負債	172,500	258,210
現金預金	46,900	43,250	仕入債務	86,300	108,450
売掛金	61,600	34,080	短期借入金	10,000	0
有価証券	4,400	0	その他の流動負債	76,200	149,760
商品	64,200	112,120	固定負債	376,700	109,990
その他の流動資産	44,500	235,270	長期借入金	353,500	0
固定資産	463,600	1,002,950	その他の固定負債	23,200	109,990
有形固定資産	363,200	646,770	負債合計	549,200	368,200
無形固定資産	17,700	8,780	〈純資産の部〉		
投資その他の資産	82,700	347,400	資本金	4,500	74,150
			利益剰余金	131,000	625,100
			その他の純資産	500	360,220
			純資産合計	136,000	1,059,470
資産合計	685,200	1,427,670	負債・純資産合計	685,200	1,427,670

損益計算書
自 2020 年 3 月 1 日
至 2021 年 2 月 28 日

（単位：万円）

	D社	同業他社
売上高	1,655,500	2,358,740
売上原価	1,195,600	1,751,140
売上総利益	459,900	607,600
販売費及び一般管理費	454,600	560,100
営業利益	5,300	47,500
営業外収益	4,900	1,610
営業外費用	2,000	1,420
経常利益	8,200	47,690
特別損失	1,700	7,820
税引前当期純利益	6,500	39,870
法人税等	1,900	11,960
当期純利益	4,600	27,910

（設問1）

　D社と同業他社の財務諸表を用いて経営分析を行い，同業他社と比較してD社が優れていると考えられる財務指標とD社の課題を示すと考えられる財務指標を2つずつ取り上げ，それぞれについて，名称を(a)欄に，その値を(b)欄に記入せよ。なお，優れていると考えられる指標を①，②の欄に，課題を示すと考えられる指標を③，④の欄に記入し，(b)欄の値については，小数点第3位を四捨五入し，単位をカッコ内に明記すること。

（設問2）

　D社の財務的特徴と課題について，同業他社と比較しながら財務指標から読み取れる点を80字以内で述べよ。

●【解説】

　本章Ⅰの「(2) 経営分析の設問の解き方」で示した手順に従って進めていきます。

　なお，解説では，本章Ⅰの「(3) 経営分析への対応テクニック」の「テクニック3　財務指標値の計算をできるだけ避ける」に従い，個別の財務指標値の計算を極力行わずに財務指標を絞り込んでいます。もしこの方法に不安があれば，主要な財務指標についてあらかじめ指標値を計算した後，与件の記述と照らし合わせながら，財務指標を絞り込むとよいでしょう。財務指標の一覧は【解説】，【模範解答】の後の【補足】に示します。

手順1.　設問要求を確認する

　設問要求の要点は次のとおりです。

・経営分析（同業他社比較）を行い，同業他社と比較して優れていると考えられる財務指標を2つ，課題を示すと考えられる財務指標を2つ取り上げる。（設問1）
・財務指標の名称と値（小数点第3位を四捨五入）を解答する。（設問1）
・D社の財務的特徴と課題について，同業他社と比較しながら財務指標から読み取れる点（80字以内）を解答する。（設問2）

　これらより，本問は基本的にはオーソドックスな経営分析の設問であると判断できます。そこで，与件文と財務諸表に基づいて，「優れていると考えられるもの」（2つ）および「課題を示すと考えられるもの」（2つ）を探します。なお，解答すべき財務指標が4つあるため，収益性・効率性・安全性それぞれから1つまたは2つの財務指標を挙げることとします。

<u>手順2. 収益性について, 与件文と財務諸表から特徴を最も的確に表す経営指標を決定する</u>

与件文には, 収益性に関する以下の記述があります。

1. 「D社は創業90年以上の歴史の中で, 常に地元産の商品にこだわり, 地元密着をセールスポイントとして経営を行ってきた。またこうした経営スタイルによって, D社は本社を置く地方都市の住民を中心に一定数の固定客を取り込み, 経営状況も安定していた。」

2. 「2000年代に入ってからは地元住民の高齢化や人口減少に加え, コンビニエンスストアの増加, 郊外型ショッピングセンターの進出のほか, 大手資本と提携した同業他社による低価格・大量販売の影響によって顧客獲得競争に苦戦を強いられ, 徐々に収益性も圧迫されてきている。」

3. 「D社は, (中略), 業務効率化による人件費削減のため, (中略), 代金支払いのみを顧客が行うセミセルフレジについて, 2022年度期首にフルセルフレジへ更新することを検討している。」

4. 「移動販売事業は期待された成果が出せず現状として不採算事業となっている。」

5. 「移動販売事業は高齢化が進んでいるエリアを担当する店舗の従業員が運転および販売業務を担っている。」

これらより, 以下のことがわかります。(カッコ内は前記の項目1〜5に対応)

・地元密着の経営により, かつては固定客を取り込んで経営状況が安定していた (1) が, 2000年代からは顧客獲得競争により収益性が圧迫されている (2)。また移動販売事業は不採算である (4)。

・人件費負担が大きく (3, 5), 業務効率化による人件費削減が検討されている (3)。

財務諸表からは, 次の点を確認できます。(数値の単位は万円)

・売上高について, D社 (1,655,500) は同業他社 (2,358,740) の7/10程度 (※1) である。

・売上総利益について, D社 (459,900) は同業他社 (607,600) の7/10を上回る (※2)。(→同業他社より優れている)

・営業利益について, D社 (5,300) は同業他社 (47,500) の7/10を大きく下回る。(→同業他社より劣っている)

・経常利益について, D社 (8,200) は同業他社 (47,690) の7/10を大きく下回る。(→同業他社より劣っている)

・費用の各構成要素について (※3)

　➤ 販売費及び一般管理費:D社 (454,600) は同業他社 (560,100) の7/10を上回る (※4)。(→同業他社より劣っている)

　➤ 営業外収益と営業外費用:販売費及び一般管理費よりも金額規模が小さいが, 営

業外収益について D 社（4,900）は同業他社（1,610）の 3 倍以上（※ 5）であり，営業外費用について D 社（2,000）は同業他社（1,420）より大きい。

（※ 1）2,400×7/10＝1,680 と概算（正確には 1,655,500÷2,358,740≒0.7019）。

（※ 2）D 社の 459,900 と，同業他社の 7/10 である 607,600×7/10≒600,000×7/10＝420,000 とを比較。

（※ 3）売上原価は，すでに確認済みである売上総利益と同じ動きをする（売上高総利益率＋売上原価率＝100 ％である）ため，確認を省略している。

（※ 4）560,100×7/10≒560,000×7/10＝392,000＜454,600 と概算。

（※ 5）1,610×3＝4,830＜4,900 と概算。

これらより，財務諸表からは次の点を読み取れます。
・売上総利益が優れている
・販売費及び一般管理費が大きく，その結果として営業利益，経常利益が劣っている（改善課題があると考えられる）

次に，与件文と財務諸表から読み取れる情報を照らし合わせます。与件文からは，顧客獲得競争により収益性が圧迫され，業務効率化による人件費削減が検討されていることなどを読み取れました。そして財務諸表からは，売上総利益が優れているものの営業利益と経常利益が劣っている（改善課題があると考えられる）ことを読み取れました。これらを踏まえて，

　　優れていると考えられる財務指標：売上高総利益率

　　課題を示すと考えられる財務指標：売上高営業利益率（または売上高経常利益率）

を選びます。「売上高経常利益率」については，収益性が圧迫されている要因が人件費（販売費及び一般管理費）であることを踏まえ，「売上高営業利益率」よりも若干優先度が下がります。

<u>手順 3. 効率性について，与件文と財務諸表から特徴を最も的確に表す経営指標を決定する</u>
　与件文には，効率性に関する以下の記述があります。

1. 「D 社は創業 90 年以上の歴史の中で，常に地元産の商品にこだわり，地元密着をセールスポイントとして経営を行ってきた。またこうした経営スタイルによって，D 社は本社を置く地方都市の住民を中心に一定数の固定客を取り込み，経営状況も安定していた。」

2. 「D 社は，レジ待ち時間の解消による顧客サービスの向上と業務効率化による人件費削減のため，さらには昨今の新型コロナウイルス感染症の影響による非接触型レジに対する要望の高まりから，代金支払いのみを顧客が行うセミセルフレジについて，

2022 年度期首にフルセルフレジへ更新することを検討している。」

3. （D 社が行っている 3 つの事業は）「主な事業との親和性やシナジー効果などを勘案して展開されてきた」

4. （移動販売事業について）「販売される商品は日常生活に必要な食品および日用品で，トラックのキャパシティから品目を絞っており，また販売用のトラックはすべて D 社が保有する車両である」

これらより，以下のことがわかります。（カッコ内は前記の項目 1〜4 に対応）

・地元産の商品を取り扱っており（1），商品の仕入を早くかつ安価に行えている可能性がある

・レジの更新が検討されており（2），有形固定資産（レジ）の効率性が低いと考えられる

・事業間の親和性・シナジー効果を勘案して事業を展開しており（3），資産の効率性が高い可能性がある

・移動販売事業について自社保有のトラックの制約により品目が絞られており（4），有形固定資産（トラック）の効率性が低いと考えられる

財務諸表からは次の点を確認できます。（カッコ内の数値の単位は万円）

・（手順 2〈収益性〉で確認したとおり）
売上高について，D 社（1,655,500）は同業他社（2,358,740）の 7/10 程度である。

・売上債権（売掛金）について，D 社（61,600）は，同業他社（34,080）より大きく，売上高比である 7/10 程度より大きい。（→同業他社より劣っている）

・棚卸資産（商品）について，D 社（64,200）は，同業他社（112,120）の 7/10 より小さい（※ 6）。（→同業他社より優れている）

・有形固定資産について，D 社（363,200）は同業他社（646,770）の 7/10 より小さい（※ 7）。（→同業他社より優れている）

これらより，棚卸資産と有形固定資産は優れており，売上債権は劣っている（改善課題があると考えられる）ことを読み取れます。

（※ 6）D 社の 64,200 と，同業他社の 7/10 である 112,120×7/10＞110,000×7/10＝77,000 とを比較。

（※ 7）D 社の 363,200 と，同業他社の 7/10 である 646,770×7/10＞600,000×7/10＝420,000 とを比較。

次に，与件文と財務諸表から読み取れる情報を照らし合わせます。与件文からは，地元密着の経営により商品の効率性が高い可能性，レジやトラックの有形固定資産の効率性が

低い可能性，一方で複数事業を効率よく展開しており資産の効率性が高い可能性を読み取れました。財務諸表からは，棚卸資産と有形固定資産について優れており，売上債権について劣っている（改善課題があると考えられる）ことを読み取れました。これらを踏まえて，

　　　　優れていると考えられる財務指標：棚卸資産回転率（有形固定資産回転率）

　　　（課題を示すと考えられる財務指標：売上債権回転率）

を選びます。なお，「有形固定資産回転率」については，財務諸表上では優れていると考えられますが，与件文には劣っていることを示す記述もあるため，解答の優先度は下がります（課題を示す点と位置づけると，「D 社と同業他社の財務諸表を用いて」という設問指示に反し，優れている点とすると与件文と整合しません）。また「売上債権回転率」については，財務諸表から劣っていることはわかるものの，課題まで明確とはいえないため，解答の優先度は下がります。

<u>手順 4．安全性について，与件文と財務諸表から特徴を最も的確に表す経営指標を決定する</u>

　与件文には，安全性に関する特徴を示す記述はありません。また安全性に関する「現金」「借入」「資産」「負債」などのキーワードもありません。

　財務諸表からは，次の点を確認できます。（数値の単位は万円）

・（資本構造の安全性の観点）

　D 社は，自己資本 136,000 に対して負債が 549,200 であり，負債比率が 400 ％程度（※8）となっています。一方で，同業他社は自己資本 1,059,470 に対して負債が 368,200 であり，負債比率が 50 ％未満（※9）となっています。そのため，<u>負債比率が劣っている</u>ことがわかります。なお，負債比率と実質的に同一と考えられる指標である<u>自己資本比率</u>も同様であることがわかります。

・（短期安全性の観点）

　D 社は，流動負債 172,500 に対して流動資産が 221,600 であり，流動比率が 150 ％未満（※10）です。一方で，同業他社は，流動負債 258,210 に対して流動資産が 424,720 であり，流動比率が 150 ％超（※11）です。これより<u>流動比率が若干劣っている</u>ことがわかります。

　また，当座比率については，D 社は，流動負債 172,500 に対して当座資産が約 112,900（＝現金預金 46,900＋売掛金 61,600＋有価証券 4,400）であり，当座比率が 2/3（67 ％）程度（※12）である一方で，同業他社は，流動負債 258,210 に対して当座資産が 77,330（＝現金預金 43,250＋売掛金 34,080＋有価証券 0）であり，当座比率が 1/3（33 ％）未満（※13）です。これより<u>当座比率が優れている</u>ことがわかります。

・（長期安全性の観点）

　D 社は，自己資本 136,000 に対して固定資産が 463,600 あり，固定比率が 300 ％超（※

14）です。一方で同業他社は，自己資本 1,059,470 に対して固定資産が 1,002,950 あり，固定比率が 100 ％未満です。これらより，<u>固定比率が劣っている</u>ことがわかります。また，固定長期適合率について，D 社は自己資本＋固定負債 512,700（自己資本 136,000 ＋固定負債 376,700）に対して固定資産が 463,600 であり，固定長期適合率が 90 ％程度（※ 15）であり，同業他社は自己資本＋固定負債 1,169,460（自己資本 1,059,470 ＋固定負債 109,990）に対して固定資産が 1,002,950 であり，固定長期適合率が 90 ％程度（※ 16）です。これより，<u>固定長期適合率には目立った優劣はないこと</u>がわかります（なお，正確に計算すると，D 社は 90.42 ％，同業他社は 85.76 ％であり，D 社が若干劣っていることがわかります）。

（※ 8）136,000×4≒130,000×4＝520,000＜549,200 と計算することで，400 ％程度であることを確認。

（※ 9）368,200×2≒370,000×2＝740,000＜1,059,470 と計算することで，50 ％（1/2）未満であることを確認。

（※ 10）流動資産 221,600 と，流動負債の 150 ％である 172,500×1.5＞170,000×1.5＝170,000×（1＋0.5）＝170,000＋85,000＝255,000 とを比較し，流動比率が 150 ％未満であることを確認。

（※ 11）流動資産 424,720 と，流動負債の 150 ％である 258,210×1.5＜260,000×1.5＝260,000×（1＋0.5）＝260,000＋130,000＝390,000 とを比較し，流動比率が 150 ％超であることを確認。

（※ 12）当座資産 112,900 と，流動負債の 2/3 である 172,500×2/3≒180,000×2/3＝120,000 とを比較することで，当座比率が 2/3（67 ％）程度であることを確認。

（※ 13）当座資産 77,330 の 3 倍である 77,330×3＜80,000×3＝240,000 と，流動負債 258,210 とを比較することで，固定比率が 1/3（33 ％）未満であることを確認。

（※ 14）自己資本の 3 倍である 136,000×3＜140,000×3＝420,000 と，固定資産 463,600 とを比較することで，固定比率が 300 ％超であることを確認。

（※ 15）固定資産 463,600 と，自己資本＋固定負債の 90 ％である 512,700×0.9≒500,000×0.9＝450,000 とを比較し，90 ％程度であることを確認。

（※ 16）固定資産 1,002,950 と，自己資本＋固定負債の 90 ％である 1,169,460×0.9≒1,200,000×0.9＝1,080,000 とを比較し，90 ％程度であることを確認。

これらより，当座比率は優れており，負債比率・自己資本比率および固定比率が劣っている（改善課題があると考えられる）特徴が見られます。そして，この直接的な原因として，当座資産の多さ，負債の多さ（特に長期借入金が D 社 353,500，同業他社 0 であること）と，純資産の少なさ（D 社 136,000，同業他社 1,059,470）であることが読み取れます。この点をより的確に示せる指標として，

　　課題を示すと考えられる財務指標：負債比率または自己資本比率

　　（優れていると考えられる財務指標：当座比率）

を選びます。なお「当座比率」は，同業他社よりは優れているものの，一般的に適正水準といわれている下限（90％）を下回っていることから，解答の優先度は下がります。また「固定比率」は，負債の多さを直接指摘する指標ではないため，解答の優先度は下がります。また，「負債比率」と「自己資本比率」は，いずれも実質的には同じ動きをする指標ですので，どちらを選んでも問題ないと考えられます（以降の解説では「負債比率」を用います）。

手順5．経営指標値を計算し，D社の特徴（内容・問題点・改善策等）をまとめる

　ここまでで確認した結果は下表のとおりです（カッコ内は優先度が低い財務指標）。

	収益性（手順2）	効率性（手順3）	安全性（手順4）
優れていると考えられる財務指標	売上高総利益率	棚卸資産回転率（有形固定資産回転率）	（当座比率）
課題を示すと考えられる財務指標	売上高営業利益率（売上高経常利益率）	（売上債権回転率）	負債比率・自己資本比率

　これらから，優れていると考えられる財務指標（2つ）として「売上高総利益率」と「棚卸資産回転率」を選び，課題を示すと考えられる財務指標（2つ）として「売上高営業利益率」と「負債比率」を選びます。なお，この組み合わせには，収益性・効率性・安全性のすべての観点が含まれておりバランスは悪くなく，また収益性については優・劣の両方に該当しますが，総利益段階・営業利益段階以降として切り分けられているため，矛盾はないと考えられます。なお，優れている：「売上原価率」，課題を示す：「売上高販管費比率」のように切り分けてもよいでしょう。

　次に，（設問2）の記述に移ります。まず，設問要求が財務的特徴と課題であることに注目します。これを字義どおりに捉えれば「財務的特徴として優れている点と劣っている点を述べ，これらを踏まえた課題を指摘する」となりますが，少ない指定字数に収めるために，次のように整理して記述することを考えます。

　　財務的特徴：優れている点を記述

　　課題　　　：劣っている点に対応する課題を記述

　これを踏まえたうえで，解答に含める候補となる論点は次のとおりです（カッコ内は優先度が低い財務指標に対応する記述）。

	収益性	効率性	安全性
優れている点	地元密着の経営により総利益段階の収益性が高い	地元密着の経営により商品の効率性が高い（事業間の親和性・シナジー効果を勘案した事業展開により資産の効率性が高い）	（当座資産が多く短期安全性が高い）
劣っている点（解答では課題として表現）	顧客獲得競争，人件費負担，不採算事業の存在により営業利益段階以降の収益性が低い	（売上債権の効率性が低い）	負債が多く，自己資本が少なく，資本構造安全性が低い
課題	業務効率化による人件費削減や不採算事業への対処による，営業利益段階以降の収益性の改善	（売上債権回転率の改善について具体的な課題はない）	借入の返済・内部留保の確保による資本構造安全性の改善

　指定字数（80字）が少ないことを踏まえ，これらの内容を取捨選択しながらまとめます。財務的特徴（優れている点）と課題のそれぞれについて，収益性（総利益段階・営業利益段階以降）・効率性・安全性の切り口を明示するとよいでしょう（参考までに読みにくい解答例を【補足】欄に示します）。また，事例I～Ⅲでも当てはまりますが，課題は「取り組むこと」であって「問題点」ではないことにも注意します（×課題は「高い人件費」→○課題は「業務効率化」）。

　最後に，財務指標値を計算し解答とします（設問1）。

【模範解答】

（設問1）

	(a)	(b)
①	売上高総利益率	27.78（％）
②	棚卸資産回転率	25.79（回）
③	売上高営業利益率	0.32（％）
④	負債比率	403.82（％）

（②は「商品回転率」も可。①と②は順不同，③と④は順不同）

（設問2）

特	徴	は	，	地	元	密	着	の	経	営	に	よ	る	高	い	効	率	性	と
総	利	益	段	階	の	高	い	収	益	性	で	あ	る	。	課	題	は	，	業
務	効	率	化	で	の	人	件	費	の	削	減	と	借	入	返	済	・	内	部
留	保	確	保	で	の	資	本	構	造	安	全	性	の	改	善	で	あ	る	。

〈その他加点が期待できる財務指標〉

優れていると考えられる指標（①・②）：

　　（収益性）売上原価率

　　（効率性）当座比率，有形固定資産回転率（※ 17），総資本回転率

　　（安全性）なし

課題を示すと考えられる指標（③・④）：

　　（収益性）売上高経常利益率，売上高販管費比率

　　（効率性）売上債権回転率

　　（安全性）自己資本比率，固定比率，流動比率

（※ 17）有形固定資産回転率は，与件文からは課題を示す記述があるものの，財務諸表のみを用いて同業他社と比較する限りにおいては「優れている」と考えられるため，加点が期待できる財務指標として挙げています。

〈当座比率を解答した場合の設問 2 の解答例〉

　　次の解答は，①欄にて売上高総利益率の代わりに当座比率を選択した場合の例です。

特	徴	は	，	地	元	密	着	の	経	営	に	よ	る	高	い	効	率	性	と，
当	座	資	産	に	よ	る	高	い	短	期	安	全	性	で	あ	る	。	課	題
は	，	業	務	効	率	化	で	の	収	益	性	改	善	と	借	入	返	済	・
内	部	留	保	確	保	で	の	資	本	構	造	安	全	性	改	善	で	あ	る。

【補足】

・本文の重要度を B としている理由は，収益性・効率性・安全性の 3 つの観点から 4 つの財務指標を解答する必要があり，指標の選定が悩ましいことです（模範解答では収益性から 2 つの財務指標を指摘）。

・主な財務指標の指標値は次のとおりです。

	財務指標	D社	同業他社 （比較対象）	同業他社比
収益性	売上高総利益率	27.78 %	25.76 %	○
	売上高営業利益率	0.32 %	2.01 %	×
	売上高経常利益率	0.50 %	2.02 %	×
効率性	売上債権回転率	26.88 回	69.21 回	×
	棚卸資産回転率（※18）	25.79 回	21.04 回	○
	有形固定資産回転率	4.56 回	3.65 回	○
安全性	流動比率	128.46 %	164.49 %	×
	当座比率（※19）	65.45 %	29.95 %	○
	固定比率	340.88 %	94.67 %	×
	固定長期適合率	90.42 %	85.76 %	×
	自己資本比率	19.85 %	74.21 %	×
	負債比率	403.82 %	34.75 %	×

（※18）棚卸資産＝商品として計算。

（※19）当座資産＝現金預金＋売掛金＋有価証券として計算。（流動資産の「その他の流動資産」を含めて，当座資産＝流動資産－商品と計算しても構わない。）

・次の解答例には，模範解答とほぼ同様のキーワードが含まれていますが，「財務的特徴」や「課題」というキーワードが明記されておらず，設問要求との対応がわかりにくい印象を与える可能性があります。なお，必要な事項は書かれているため十分に加点されると思われます。

地	元	密	着	の	経	営	に	よ	り	,		効	率	性	が	高	く	,		総	利
益	段	階	の	収	益	性	が	高	い	。	業	務	効	率	化	で	の	人	件		
費	の	削	減	と	借	入	返	済	・	内	部	留	保	確	保	で	の	資	本		
構	造	安	全	性	の	改	善	が	必	要	で	あ	る	。							

・次の解答例には，模範解答と同様のキーワードが含まれていますが，設問要求の1つである「課題」が示されていないため，失点する可能性があります。

地	元	密	着	の	経	営	に	よ	り	,		効	率	性	が	高	く	,		総	利
益	段	階	の	収	益	性	が	高	い	が	,		人	件	費	負	担	に	よ		り
営	業	利	益	以	降	の	収	益	性	が	低	く	,		負	債	が	多	い		上
に	自	己	資	本	が	少	な	く	資	本	構	造	安	全	性	が	低	い	。		

(8) 令和2年度　第1問（配点25点）

経営分析 （優れている点と劣っている点）	重要度	1回目	2回目	3回目
	B	／	／	／

　D社は，約40年前に個人事業として創業され，現在は資本金3,000万円，従業員数106名の企業である。連結対象となる子会社はない。

　同社の主な事業は戸建住宅事業であり，注文住宅の企画，設計，販売を手掛けている。顧客志向を徹底しており，他社の一般的な条件よりも，多頻度，長期間にわたって引き渡し後のアフターケアを提供している。さらに，販売した物件において引き渡し後に問題が生じた際，迅速に駆け付けたいという経営者の思いから，商圏を本社のある県とその周辺の3県に限定している。このような経営方針を持つ同社は，顧客を大切にする，地域に根差した企業として評判が高く，これまでに約2,000棟の販売実績がある。一方，丁寧な顧客対応のための費用負担が重いことも事実であり，顧客対応の適正水準について模索を続けている。

　地元に恩義を感じる経営者は，「住」だけではなく「食」の面からも地域を支えたいと考え，約6年前から飲食事業を営んでいる。地元の食材を扱うことを基本として，懐石料理店2店舗と，魚介を中心に提供する和食店1店舗を運営している。さらに，今後1年の間に，2店舗目の和食店を新規開店させる計画をしている。このほか，ステーキ店1店舗と，ファミリー向けのレストラン1店舗を運営している。これら2店舗については，いずれも当期の営業利益がマイナスである。特に，ステーキ店については，前期から2期連続で営業利益がマイナスとなったことから，業態転換や即時閉店も含めて対応策を検討している。

　以上の戸建住宅事業および飲食事業のほか，将来の飲食店出店のために購入した土地のうち現時点では具体的な出店計画のない土地を駐車場として賃貸している。また，同社が販売した戸建住宅の購入者を対象にしたリフォーム事業も手掛けている。リフォーム事業については，高齢化の進行とともに，バリアフリー化を主とするリフォームの依頼が増えている。同社は，これを事業の拡大を図る機会ととらえ，これまで構築してきた顧客との優良な関係を背景に，リフォーム事業の拡充を検討している。

　D社および同業他社の当期の財務諸表ならびにD社の報告セグメントに関する当期の情報（一部）は以下のとおりである。

貸借対照表
（20X2 年 3 月 31 日現在）

（単位：百万円）

	D 社	同業他社		D 社	同業他社
＜資産の部＞			＜負債の部＞		
流動資産	2,860	3,104	流動負債	2,585	1,069
現金及び預金	707	1,243	仕入債務	382	284
売上債権	36	121	短期借入金	1,249	557
販売用不動産	1,165	1,159	その他の流動負債	954	228
その他の流動資産	952	581	固定負債	651	115
固定資産	984	391	社債・長期借入金	561	18
有形固定資産	860	255	その他の固定負債	90	97
建物・構築物	622	129	負債合計	3,236	1,184
機械及び装置	19	—	＜純資産の部＞		
土地	87	110	資本金	30	373
その他の有形固定資産	132	16	資本剰余金	480	298
無形固定資産	11	17	利益剰余金	98	1,640
投資その他の資産	113	119	純資産合計	608	2,311
資産合計	3,844	3,495	負債・純資産合計	3,844	3,495

損益計算書
（20X1 年 4 月 1 日～20X2 年 3 月 31 日）

（単位：百万円）

	D 社	同業他社
売上高	4,555	3,468
売上原価	3,353	2,902
売上総利益	1,202	566
販売費及び一般管理費	1,104	429
営業利益	98	137
営業外収益	30	26
営業外費用	53	6
経常利益	75	157
特別利益	—	—
特別損失	67	4
税金等調整前当期純利益	8	153
法人税等	△27	67
当期純利益	35	86

D社の報告セグメントに関する当期の情報（一部）

（単位：百万円）

	戸建住宅事業	飲食事業	その他事業	合計
売上高	4,330	182	43	4,555
セグメント利益	146	△23	△25	98
セグメント資産	3,385	394	65	3,844

※内部売上高および振替高はない。
※セグメント利益は営業利益ベースで計算されている。

（設問1）

　D社および同業他社の当期の財務諸表を用いて比率分析を行い，同業他社と比較した場合のD社の財務指標のうち，①優れていると思われるものを1つ，②劣っていると思われるものを2つ取り上げ，それぞれについて，名称を(a)欄に，計算した値を(b)欄に記入せよ。(b)欄については，最も適切と思われる単位をカッコ内に明記するとともに，小数点第3位を四捨五入した数値を示すこと。

（設問2）

　D社の当期の財政状態および経営成績について，同業他社と比較した場合の特徴を60字以内で述べよ。

●【解説】

　本章Ⅰの「(2) 経営分析の設問の解き方」で示した手順に従って進めていきます。

　なお，解説では，本章Ⅰの「(3) 経営分析への対応テクニック」の「テクニック3　財務指標値の計算をできるだけ避ける」に従い，個別の財務指標値の計算を極力行わずに財務指標を絞り込みます。もしこの方法に不安があれば，主要な財務指標についてあらかじめ指標値を計算した後，与件の記述と照らし合わせながら，財務指標を絞り込むとよいでしょう。財務指標の一覧は【解説】，【模範解答】の後の【補足】に示します。

手順1.　設問要求を確認する

　設問要求の要点は次のとおりです。

・比率分析（同業他社比較）を行い，同業他社と比較して優れていると思われる財務指標を1つ，劣っていると思われる財務指標を2つ取り上げる。（設問1）
・財務指標の名称と計算値（小数点第3位を四捨五入）を解答する。（設問1）
・当期の財政状態および経営成績について，同業他社と比較した場合の特徴（60字以内）

を解答する。（設問2）

　これらより本問はオーソドックスな経営分析の設問であると判断できます。そこで，与件文と財務諸表のそれぞれから，収益性・効率性・安全性の3つの要素について，「優れていると思われるもの」（1つ）および「劣っていると思われるもの」（2つ）を探します。なお，それぞれの要素が「優れている」とも「劣っている」とも解釈できる場合がありうるため，3要素すべてを見た後に指標を確定します。具体的には，各要素を確認する段階では指標を仮確定し，その後全体で，「優れているもの」が1つ，「劣っているもの」が2つとなっているかを確認し，そのようになっていなければ，どちらとも解釈できる要素の位置づけを調整します。

手順2. 収益性について，与件文と財務諸表から特徴を最も的確に表す財務指標を決定する
　与件文には，収益性に関する以下の記述があります。
1.　（戸建住宅事業）「顧客志向を徹底しており，他社の一般的な条件よりも，多頻度，長期間にわたって引き渡し後のアフターケアを提供している」
2.　（戸建住宅事業）「顧客を大切にする，地域に根差した企業として評判が高く，これまでに約2,000棟の販売実績がある」
3.　（戸建住宅事業）「丁寧な顧客対応のための費用負担が重い」
4.　（飲食事業）「これら2店舗については，いずれも当期の営業利益がマイナスである。特に，ステーキ店については，前期から2期連続で営業利益がマイナスとなった…」

　これらより，以下のことがわかります。（カッコ内は前記の項目1～4に対応）
・戸建住宅事業においては，顧客志向の徹底により，評判が高く販売実績もある（1，2）ものの，費用負担が重い（3）。
・飲食事業においては，一部店舗の営業利益がマイナスである（4）。

　財務諸表からは，次の点を確認できます。（カッコ内の数値の単位は百万円）
・売上高について，D社（4,555）は同業他社（3,468）の1.3倍程度（※1）である。
・売上総利益について，D社（1,202）は同業他社（566）の2倍以上である（したがって，売上高比である1.3倍程度より大きい）。
・営業利益について，D社（98）は同業他社（137）を下回っている（したがって，売上高比である1.3倍程度より小さい）。
・経常利益について，D社（75）は同業他社（157）を下回っている（したがって，売上高比である1.3倍程度より小さい）。
・費用の各構成要素について（※2）
　➤　販売費及び一般管理費：D社（1,104）は同業他社（429）の2倍以上（※3）であ

る（売上高比より大きい）。

➤ 営業外収益：D 社（30）は同業他社（26）の 1.2 倍程度（※ 4）である（売上高比
と同程度である）。

➤ 営業外費用：D 社（53）は同業他社（6）を大きく上回っている（売上高比より大
きい）。なお，手順 4 の安全性の箇所で確認しますが，同業他社より負債が多いこ
とが原因と考えられます。

（※ 1）4,555÷3,468≒4,400÷3,300＝4/3≒1.3 と概算（正確には 4,555÷3,468＝1.31）

（※ 2）売上原価は，すでに確認済みである売上総利益と同じ動きをする（売上高総利益率＋売上
原価率＝100 ％である）ため，確認を省略している。

（※ 3）1,104÷429＞858÷429＝2 と概算（正確には 1,104÷429＝2.57）

（※ 4）30÷26≒30÷25＝6/5≒1.2 と概算（正確には 30÷26＝1.15）

これらより，財務諸表からは，次の点を読み取れます。

・売上総利益が優れている

・販売費及び一般管理費が大きく，その結果として営業利益，経常利益が劣っている

・販売費及び一般管理費よりも金額規模は小さいが，営業外損益（営業外収益，営業外費
用）が劣っている

次に，与件文と財務諸表から読み取れる情報を照らし合わせます。与件文からは「顧客
志向の徹底により評判が高いが，費用負担が大きく，また一部事業が赤字であること」を
読み取れ，財務諸表からは，「売上総利益が優れているものの営業利益と経常利益が劣っ
ていること」を読み取れました。このとおり「優れている要素」と「劣っている要素」の
両方がありますが，最終的な利益が劣っていることを考慮し，収益性は「劣っている」と
考えます。そしてそれを示す財務指標の候補として，「売上高経常利益率」を選びます。
「売上高営業利益率」については，営業外損益についての指摘ができないことから，解答
の優先度は下がります。

手順 3．効率性について，与件文と財務諸表から特徴を最も的確に表す財務指標を決定する

与件文には，効率性に関する以下の記述があります。

1. （戸建住宅事業）「顧客を大切にする，地域に根差した企業として評判が高く，これま
でに約 2,000 棟の販売実績がある」

2. （その他事業）「将来の飲食店出店のために購入した土地のうち現時点では具体的な出
店計画のない土地を駐車場として賃貸」

これらより，以下のことがわかります。（カッコ内は前記の項目 1～2 に対応）

・戸建住宅事業において，顧客志向の徹底により，販売実績が大きい（1）。

・飲食事業において，具体的な出店計画のない土地を保有しているため，有形固定資産の効率性が低い（2）。

　財務諸表からは次の点を確認できます。（カッコ内の数値の単位は百万円）
・（手順2〈収益性〉で確認したとおり）
　売上高について，D社（4,555）は同業他社（3,468）の1.3倍程度である。
・売上債権について，D社（36）は，同業他社（121）より小さく，したがって売上高比である1.3倍程度より小さい。
・棚卸資産（※5）について，D社（1,165）は，同業他社（1,159）と同程度であり，したがって売上高比である1.3倍程度より小さい。
・有形固定資産について，D社（860）は同業他社（255）の3倍以上であり，したがって売上高比である1.3倍程度より大きい。
　これらより，売上債権と棚卸資産は優れており，有形固定資産は劣っていることを読み取れます。

（※5）財務諸表には販売用不動産として計上

　次に，与件文と財務諸表から読み取れる情報を照らし合わせます。与件文からは，戸建販売事業において販売実績が大きいことと，飲食事業において有形固定資産が劣っていることを読み取れました。財務諸表からは，売上債権と棚卸資産において優れており，有形固定資産において劣っていることを読み取れました。これらより，戸建住宅事業においては棚卸資産が優れ，飲食事業においては有形固定資産が劣っていると考えられます。ここで，与件文に「同社の主な事業は戸建住宅事業であり」という記述があり，さらに「D社の報告セグメントに関する当期の情報（一部）」からは，売上高，セグメント資産ともに戸建住宅事業が大多数を占めること（※6）がわかりますので，効率性は「優れている」と考えます。そしてそれを示す財務指標の候補として，「棚卸資産回転率」を選びます。なお，「売上債権回転率」については，与件文に根拠がないことから，解答の優先度は下がります。

（※6）D社全体に占める戸建住宅事業の比率は，売上高に関しては95.1％（＝4,330÷4,555），
　　　資産に関しては88.1％（＝3,385÷3,844）。

手順4. 安全性について，与件文と財務諸表から特徴を最も的確に表す財務指標を決定する
　与件文には，安全性に関する以下の記述があります。
1.（賃貸事業）「将来の飲食店出店のために購入した土地のうち現時点では具体的な出店計画のない土地を駐車場として賃貸」

　しかし，手順3（効率性）で確認したとおり，D社の事業の大半が戸建住宅事業であることから，上記はD社全体の安全性を特徴づける記述としては適切ではありません。その他，安全性に関する「現金」「借入」「資産」「負債」などのキーワードはありません。

　財務諸表からは，次の点を確認できます。（数値の単位は百万円）
・（資本構造の安全性の観点）
　D社は，自己資本608に対して負債が3,236であり，負債比率が5倍超（※7）となっています。一方で，同業他社は自己資本2,311に対して負債が1,184であり，負債比率が0.5倍程度（※8）となっています。そのため，負債比率が劣っていることがわかります。なお，負債比率と実質的に同一と考えられる指標である自己資本比率も同様に劣っていることがわかります。
・（短期安全性の観点）
　D社は，流動負債2,585に対して流動資産が2,860であり，流動比率が100％超（※9）です。一方で，同業他社は，流動負債1,069に対して流動資産が3,104であり，流動比率が300％程度（※10）です。これより，流動比率が劣っていることがわかります。
　また，当座比率については，D社は，流動負債2,585に対して当座資産が743（＝現金及び預金707＋売上債権36）であり，当座比率が1/3未満（※11）である一方で，同業他社は，流動負債1,069に対して当座資産が1,364（＝現金及び預金1,243＋売上債権121）であり，当座比率が100％超（※12）です。これより，当座比率が劣っていることがわかります。
・（長期安全性の観点）
　D社は，自己資本608に対して固定資産が984あり，固定比率が150％超（※13）です。一方で，同業他社は，自己資本2,311に対して固定資産が391あり，固定比率が20％未満（※14）です。これらより，固定比率が劣っていることがわかります。
　また，固定長期適合率について，D社は自己資本＋固定負債1,259（自己資本608＋固定負債651）に対して固定資産が984であり，固定長期適合率が80％程度（※15）である一方で，同業他社は自己資本＋固定負債2,426（自己資本2,311＋固定負債115）に対して固定資産が391であり，固定長期適合率が1/6弱（※16）です。これより，固定長期適合率も劣っていることがわかります。

（※7）608×5＝3,040＜3,236と計算することで，5倍超であることを確認。
（※8）1,184×2＝2,368≒2,311と計算することで，1/2程度であることを確認。
（※9）2,860＞2,585より，100％超であることを確認。
（※10）1,069×3＝3,207≒3,104と計算することで，300％程度であることを確認。
（※11）743×3＝2,229＜2,585と計算することで，1/3未満であることを確認。
（※12）1,364＞1,069より，100％超であることを確認。

（※13）608×1.5＝912＜984 より，150％超であることを確認。

（※14）391×5＜400×5＝2,000＜2,311 より，20％未満であることを確認。

（※15）984÷1,259÷1,000÷1,250＝4÷5＝80％ より，80％程度であることを確認。

（※16）391×6＜400×6＝2,400＜2,426 より，1/6弱であることを確認。

　これらより，安全性はすべての指標が劣っていることがわかります。そして，この直接的な原因は，負債の多さ（D社3,236，同業他社1,184），特に短期借入金（D社1,249，同業他社557），その他の流動負債（D社954，同業他社228），社債・長期借入金（D社561，同業他社18）であることがわかります。この点をより的確に示せる指標として「負債比率」または「自己資本比率」を解答します。なお，「当座比率」は，数値が低いものの，販売実績が好調であり現金化の課題は大きくないと考えられるため，解答の優先度は下がります。

　また，手順2（収益性）で確認した営業外費用の多さについて，負債に起因すると考えられるため，「負債比率」を指摘することによって収益性と関連させて指摘することができます。

手順5. 財務指標値を計算し，D社の特徴（内容・問題点・改善策等）をまとめる

　ここまでで確認した結果は，収益性は「劣っている」，効率性は「優れている」，安全性は「劣っている」という点でした。これは，設問指示である「優れていると思われる財務指標を1つ，劣っていると思われる財務指標を2つ」という点と合致します。なお，収益性では「売上高総利益率」が優れており，効率性では「有形固定資産回転率」が劣っていることから，収益性と効率性の優劣を変更することも考えられますが，最終的な利益が劣っていることを指摘できず，またD社において事業規模が小さい飲食事業に関する指摘を優先することになるため，現実的な解答ではないと考えられます。

　次に，財政状態および経営成績に関する特徴を記述します。解答に含めるべき論点は次のとおりです。

・〈収益性〉丁寧な顧客対応により費用負担が重く，また借入に伴う利息負担も影響し，収益性が低い。

・〈効率性〉評判が高く，販売実績が大きく，効率性が高い。

・〈安全性〉負債が多く，安全性が低い。

　これらを指定字数（60字）にまとめます。字数が少ないことを踏まえて，収益性・効率性・安全性の3要素をできるだけ簡潔にまとめます。

　なお，負債の影響で利息負担が生じているという流れを示すため，安全性については「自己資本比率」ではなく「負債比率」を選択しています。

　最後に，財務指標値を計算し解答とします。

【模範解答】

（設問 1）

	(a)	(b)
①	棚卸資産回転率	3.91（回）
②	売上高経常利益率	1.65（％）
	負債比率	532.24（％）

※① (a)は「販売用不動産回転率」も可。②内の2項目は順不同。

（設問 2）

高	評	判	で	販	売	実	績	が	あ	り	効	率	性	が	高	い	が	，		負
債	に	よ	り	安	全	性	が	低	く	，		丁	寧	な	顧	客	対	応	に	よ
る	費	用	負	担	や	利	息	負	担	に	よ	り	収	益	性	が	低	い	。	

〈その他加点が期待できる財務指標〉

優れていると思われる指標（①）：

　（収益性）売上高総利益率

　（効率性）売上債権回転率

　（安全性）なし

劣っていると思われる指標（②）：

　（収益性）売上高営業利益率

　（効率性）有形固定資産回転率

　（安全性）自己資本比率，当座比率

【補足】

・本問の重要度をBとしている理由は，収益性および効率性について，優れている指標と劣っている指標が混在し，全体としての適切さを考慮して解答する必要があるためです。

・主な財務指標の指標値は次のとおりです。

	財務指標	D 社	同業他社 (比較対象)	同業他社比
収益性	売上高総利益率	26.39 %	16.32 %	◯
	売上高営業利益率	2.15 %	3.95 %	×
	売上高経常利益率	1.65 %	4.53 %	×
効率性	売上債権回転率	126.53 回	28.66 回	◯
	棚卸資産回転率（※ 17）	3.91 回	2.99 回	◯
	有形固定資産回転率	5.30 回	13.60 回	×
安全性	流動比率	110.64 %	290.36 %	×
	当座比率（※ 18）	28.74 %	127.60 %	×
	固定比率	161.84 %	16.92 %	×
	固定長期適合率	78.16 %	16.12 %	×
	自己資本比率	15.82 %	66.12 %	×
	負債比率	532.24 %	51.23 %	×

（※ 17）棚卸資産＝販売用不動産 として計算。

（※ 18）当座資産＝現金及び預金＋売上債権 として計算。（流動資産の「その他の流動資産」を含めて，当座資産＝流動資産－販売用不動産と計算しても構わない。）

(9) 平成 24 年度　第 1 問（設問 2）（設問 1, 設問 3 と合わせて配点 40 点）

経営分析 （工事の評価）	重要度	1回目	2回目	3回目
	C	／	／	／

　D 旅館は大都市圏からのお客も多い温泉地に立つ, 創業 85 年の小〜中規模旅館である。この地は, 秋の紅葉シーズンが人気で, 毎年この時期, 多くの観光客が訪れることで知られている。D 旅館は木造の旧館と 20 年前に新築した新館の 2 棟からなり, 客室数は 25 室（旧館 8 室, 新館 17 室）, 収容人数 125 名（旧館 30 名, 新館 95 名）である。客室のほか, 大広間 2, 内湯 2, 露天風呂 1, 貸し切り可能な家族風呂などを有している。スタッフは 3 代目であるオーナー夫妻, 正社員 19 名, 常勤のパート 13 名の計 34 名で構成されている。D 旅館の人気の 1 つは各室に担当が 1 名付き, 細やかなサービスを提供することにある。また, 部屋出しの食事は, 地元の食材を用いた創作料理が評判を集めている。

　宿泊客の大半が旅行代理店またはインターネットからの予約である。年間宿泊者数は毎年 18,000 名を超える水準で推移してきたが, 近年, 周辺旅館では施設のリニューアルがみられ, その影響もあり, 稼働率は低下し, 昨年度は年間宿泊者数が 17,000 名, 今年度は 16,500 名と減少し, 2 年連続で赤字を記録した。

　宿泊者数減少の原因については様々な理由が考えられるが, 最大の理由としては, 老朽化した旧館に問題がある, とオーナー夫妻は分析している。旧館は収容人数も少なく, 設備も古いため, 新館に比べて稼働率が低い。そこで, 旧館での営業を取りやめ, 新館のみでの営業に切り替えるか, 旧館を改修することが検討されている。

　この問題と並行して, オーナー夫妻には子供がなく, 後継者並びに事業承継問題が悩みの種である。これらの課題に関しても, オーナー夫妻から中小企業診断士に対しアドバイスが求められている。D 旅館の今年度の財務諸表は次のとおりである。

損益計算書

（単位：千円）

売上高	330,000
売上原価	92,400
売上総利益	237,600
販売費・一般管理費	251,090
営業損失	△ 13,490
営業外収益	500
（うち受取利息）	(500)
営業外費用	19,160
（うち支払利息）	(17,960)
経常損失	△ 32,150
当期純損失	△ 32,150

固定費・変動費の内訳

（単位：千円）

変動売上原価	92,400
食材費他	92,400
変動販売費・一般管理費	43,890
販売手数料	34,815
リネン・消耗品費	9,075
固定費	207,200
水道光熱費	40,000
事務通信費	6,000
広告宣伝費	6,500
設備保守点検・修繕費	10,000
人件費	119,300
減価償却費（定額法）	25,400

その他補足情報

平均客単価	20,000 円
借入金の金利	平均 4 %

貸借対照表

（単位：千円）

資産の部		負債の部	
流 動 資 産	67,175	流 動 負 債	18,300
現 金	8,500	仕 入 債 務	6,500
預 金	50,000	短 期 借 入 金	9,000
売 上 債 権	8,000	未 払 金	1,600
未 収 金	675	預 り 金	1,200
固 定 資 産	505,700	固 定 負 債	440,000
有形固定資産	504,700	長 期 借 入 金	440,000
建 物 他	426,000	負 債 合 計	458,300
構 築 物	47,200	純資産の部	
土 地	31,500	資 本 金	50,000
投 資 その 他	1,000	剰 余 金	64,575
		純 資 産 合 計	114,575
資 産 合 計	572,875	負債・純資産合計	572,875

　オーナー夫妻から，旧館の改修後の財務内容の変化について意見を求められた。老朽化した旧館の改修は，大浴場の改修，客室専用の露天風呂を新たに設置することを含めた客室の改修などが中心であり，これにより，周辺旅館との競争力が回復できると考えられている。この改修には 180,000 千円の支出が見積もられている。このうち，50,000 千円は手持ちの預金でまかない，残額は金融機関から現在と同じ金利で借り入れることとする。減

価償却については定額法により10年（10年後の残存価額はゼロとする）で償却する予定である。

　改修工事の結果として，客単価は23,000円となり，年間宿泊者数が初年度は17,000名，2年目以降は18,000名まで回復するとオーナー夫妻は予想している。ただし，上記の改修に伴い，年間の設備保守点検・修繕費は今年度より20％増加，水道光熱費，広告宣伝費はそれぞれ今年度より10％増加することが見込まれている。

　改修工事の結果として年間宿泊者数が18,000名に回復した場合に，今年度よりも収益性が改善したか否かを判定するのに最もふさわしいと考えられる財務指標の名称を（a）欄に3つあげ，その数値を計算（小数点第3位を四捨五入すること）して（b）欄に示せ。なお，改修工事の結果として初年度，2年目の年間宿泊者数がオーナー夫妻の予想通りに回復した場合の予想損益計算書および予想貸借対照表は次に示されたものを使用すること。

改修2年目の予想貸借対照表

（単位：千円）

資産の部			負債の部		
流　動　資　産		107,455	流　動　負　債		21,944
	現　　　　金	85,380		仕　入　債　務	6,500
	売　上　債　権	21,400		短　期　借　入　金	9,000
	未　　収　　金	675		未　　払　　金	5,244
				預　　り　　金	1,200
固　定　資　産		598,900	固　定　負　債		570,000
	有　形　固　定　資　産	597,900		長　期　借　入　金	570,000
	建　物　他	519,200	負　債　合　計		591,944
	構　築　物	47,200	純資産の部		
	土　　地	31,500	資　　本　　金		50,000
	投　資　そ　の　他	1,000	剰　　余　　金		64,411
			純　資　産　合　計		114,411
資　産　合　計		706,355	負債・純資産合計		706,355

予想損益計算書

（単位：千円）

	（a）初年度	（b）2年目
売上高	391,000	414,000
売上原価	95,200	100,800
売上総利益	295,800	313,200
販売費・一般管理費	277,070	279,730
営業利益（損失）	18,730	33,470
営業外費用	24,360	24,360
経常利益（損失）	△5,630	9,110

● 【解説】

本章Ⅰの「(2) 経営分析の設問の解き方」で示した手順に従って進めていきます。

手順1. 設問要求を確認する

設問要求の要点は次のとおりです。

・改修工事の結果として今年度よりも収益性が改善したか否かを判定するのに最もふさわしいと考えられる財務指標を3つ取り上げる。

・財務指標の名称，財務指標値（小数点第3位を四捨五入）を解答する。

「今年度よりも収益性が改善したか否かを判定したい」という条件および「改修工事の結果として」という条件から，<u>改修工事の結果として，財務諸表にどのような変化があるかを考えて財務指標を挙げる必要がある</u>ことがわかります。一般に「収益性」の定義には，「売上高に対する利益率」（狭義）と「資本に対する利益率」（広義）があります。本問では，「改修工事」の是非を判断するものと考えられるため，求められているのは広義の「資本に対する利益率」であると理解します。

なお，本問では，原因や課題等の説明は求められていませんが，原因や課題を想定し，根拠を明確にしたうえで財務指標を選択する必要があります。

これらを踏まえて，これ以降は，手順2〜5の代わりに次の手順で解いていきます。

1. 改修工事により変動する勘定科目の整理
2. 変動する財務指標の整理
3. 解答すべき財務指標の選択

1. 改修工事により変動する勘定科目の整理

はじめに，改修工事後に変動する収益・費用や資産・負債の勘定科目を整理します。これは，問題文中の条件を整理することにより行います。結果は次のとおりです。

〈収益・費用面〉

① 「客単価は 23,000 円となり，年間宿泊者数が初年度は 17,000 名，2年目以降は 18,000 名まで回復」

　　→ 「売上高」が増加

② 「年間の設備保守点検・修繕費は今年度より 20 ％増加，水道光熱費，広告宣伝費はそれぞれ今年度より 10 ％増加」

　　→ 「販売費・一般管理費」が増加

③ 「金融機関から現在と同じ金利で借り入れる」

　　→ 「支払利息」が増加

〈資産・負債面〉

④　「有形固定資産」が増加（財務諸表より）

⑤　「負債」が増加（財務諸表より）

2.　変動する財務指標の整理

　次に，1で整理した情報に基づいて，改修工事によって変化する財務指標を整理します。主要な12個の財務指標に加え，広義の収益性（資本利益率）を表す「総資本経常利益率」も確認します。結果は次のとおりです。

<table>
<tr><td rowspan="2" colspan="2">財務指標</td><td colspan="2">指標値</td><td rowspan="2">比較</td><td colspan="5">関連する条件
①売上高
②販管費
③支払利息
④有形固定資産
⑤負債</td></tr>
<tr><td>今年度</td><td>改修
工事後</td></tr>
<tr><td rowspan="4">収益性</td><td>総資本経常利益率</td><td>△5.61 %</td><td>1.29 %</td><td>○</td><td>①</td><td></td><td></td><td>④</td><td></td></tr>
<tr><td>売上高総利益率</td><td>72.00 %</td><td>75.65 %</td><td>○</td><td>①</td><td></td><td></td><td></td><td></td></tr>
<tr><td>売上高営業利益率</td><td>△4.09 %</td><td>8.08 %</td><td>○</td><td>①</td><td>②</td><td></td><td></td><td></td></tr>
<tr><td>売上高経常利益率</td><td>△9.74 %</td><td>2.20 %</td><td>○</td><td>①</td><td>②</td><td>③</td><td></td><td></td></tr>
<tr><td rowspan="3">効率性</td><td>売上債権回転率</td><td>41.25 %</td><td>19.35 %</td><td>×</td><td>①</td><td></td><td></td><td></td><td></td></tr>
<tr><td>棚卸資産回転率（※1）</td><td>—</td><td>—</td><td>—</td><td></td><td></td><td></td><td></td><td></td></tr>
<tr><td>有形固定資産回転率</td><td>0.65 回</td><td>0.69 回</td><td>○</td><td>①</td><td></td><td></td><td>④</td><td></td></tr>
<tr><td rowspan="6">安全性</td><td>流動比率</td><td>367.08 %</td><td>489.68 %</td><td>○</td><td></td><td></td><td></td><td></td><td></td></tr>
<tr><td>当座比率（※2）</td><td>363.39 %</td><td>486.60 %</td><td>○</td><td></td><td></td><td></td><td></td><td></td></tr>
<tr><td>固定比率</td><td>441.37 %</td><td>523.46 %</td><td>×</td><td></td><td></td><td></td><td>④</td><td></td></tr>
<tr><td>固定長期適合率</td><td>91.19 %</td><td>87.51 %</td><td>○</td><td></td><td></td><td></td><td>④</td><td></td></tr>
<tr><td>自己資本比率</td><td>20.00 %</td><td>16.20 %</td><td>×</td><td></td><td></td><td></td><td></td><td>⑤</td></tr>
<tr><td>負債比率</td><td>400.00 %</td><td>517.38 %</td><td>×</td><td></td><td></td><td></td><td></td><td>⑤</td></tr>
</table>

（※1）　棚卸資産がないため計算対象外。

（※2）　当座資産＝現金＋預金＋売上債権　として計算。

3.　解答する財務指標の選定

　これまでに整理した情報から，解答する財務指標を選択します。まずは，総合的な収益性を見る「総資本経常利益率」を選択します。この財務指標は，「投下した資本」と「総合的な利益」の両要素の比を表すものであるため，改修工事の妥当性を判定するには最適であるといえます。そして指標値が，改修工事後にマイナスからプラスに転じているため，改修工事により改善したといえます。

　次に，残りの2つの財務指標を選びます。ここで，資本効率性が次のように（狭義の）収益性（売上高利益率）と効率性（資本回転率）に分解できることを考え，「前述の資本効率性をより具体的に表現することはできないか」と着想します。

$$総資本経常利益率 = \frac{経常利益}{総資本} = \frac{経常利益}{売上高} \times \frac{売上高}{総資本}$$

$$= 売上高経常利益率 \times 総資本回転率$$

収益性（売上高利益率）の観点では，①～③のすべての要素を含む「売上高経常利益率」を選択します。指標値は，改修工事後に改善しています。

次に効率性（資本回転率）の観点では，①および④の要素を含む「有形固定資産回転率」を選びます。指標値は，改修工事後に改善しています。なお，総資本経常利益率を単純に分解して得られる「総資本回転率」（売上高÷総資本）を挙げることも可能ですが，本問では設備投資の結果をより直接的に指摘できる有形固定資産回転率を挙げています。

なお，安全性の財務指標については，算出式に売上高や利益などが現れないことから，「収益性」と関連づけて評価することが難しいと考え，解答の候補からは外れます。また，改修工事の結果は資金調達方法と切り離して考えられることからも，安全性の指標を挙げることは適切ではないと考えられます。

【模範解答】

（a）財務指標	（b）数値
総資本経常利益率	1.29 ％
売上高経常利益率	2.20 ％
有形固定資産回転率	0.69 回

〈その他加点が期待できる財務指標〉

・資本利益率：総資本営業利益率
・売上高利益率：売上高総利益率，売上高営業利益率，売上原価率
・効率性：総資本回転率，固定資産回転率，有形固定資産回転期間，総資本回転期間，固定資産回転期間

【補足】

・本問の重要度をCとしている理由は，「今年度よりも収益性が改善したか否かを判定するのに最もふさわしいと考えられる財務指標」という設問指示に従うにあたり，収益性，効率性，安全性の3つの観点で解き進めることができないためです。
・本問では，資本効率性を（狭義の）収益性（売上高利益率）と効率性（資本回転率）に分解しました。さらに一般的には，次のように，（狭義の）収益性・効率性のほかに安全性に分解することができます。

$$自己資本利益率（ROE）= \frac{利益}{売上高} \times \frac{売上高}{総資本} \times \frac{総資産}{自己資本}$$

$$= 売上高利益率 \times 総資本回転率 \times 財務レバレッジ$$

(10) 平成 25 年度　第 1 問 (配点 25 点)

経営分析 (出資による影響)	重要度	1 回目	2 回目	3 回目
	C	／	／	／

　D 社は創業 70 年ほどの資本金 100 百万円, 売上高 630 百万円, 従業員数 40 名の医薬品製剤製造会社である。配置薬の販売を行っていた創業者が考案した内服薬が市場で高い評価を得たことから, 同社が設立された。当初は自社製品群が主力であったが, 市場が大きく変化し, 現在はジェネリック医薬品や栄養ドリンクなど大手医薬品メーカー製品の OEM 生産が主体となっている。

　D 社は大手医薬品メーカーの要請に積極的に対応し, 生産工程の技術管理, 衛生管理や納期の徹底を図るなどして, 厚い信頼を得てきた。その過程で, 生産ラインの見直しと自動化が進んだ結果, 工場スペースが有効に活用できるようになり, 現在は新工場のみで生産が行われ, 旧工場は休眠中である。

　経営状態は比較的安定しているものの, 近年の大手医薬品メーカーによる品質管理のさらなる徹底および価格低減の要請が粗利益の圧迫要因となり, 事業の見通しは決して明るいものではない。このような状況から脱却するために, 受け身ではなく「攻め」の経営を志向する必要性を現在の経営者は感じている。その一環として, 現在休眠中の旧工場の建屋を活用したアグリビジネス, 具体的には新規事業として植物工場の設立を検討している。

　ここで, 植物工場とは, 「施設内で植物の生育環境 (光, 温度, 湿度, 二酸化炭素濃度, 養分, 水分等) を制御して栽培を行う施設園芸のうち, 環境および生育のモニタリングを基礎として, 高度な環境制御と生育予測を行うことにより, 野菜等の植物の周年・計画生産が可能な栽培施設」と定義される (『植物工場の事例集』農林水産省・経済産業省)。

　D 社では, 植物工場の形式を太陽光・人工光併用型とし, 水耕栽培でハーブ類や薬草を栽培, 出荷することを検討している。また, 栽培においては水温, 水質の管理, 温度・湿度の管理, といった工程管理, 品質管理が重要となるが, これらの面では, D 社が長年培ってきた生産管理上のノウハウを生かすことが期待されている。工場で栽培される植物は十分な需要が存在し, 一定の品質が保証される限り, すべて生産した期に販売されると見込まれている。

　なお, D 社の現在の貸借対照表は次のとおりである。

貸借対照表

（単位：百万円）

資産の部		負債の部	
流動資産	570	流動負債	200
現金及び預金	300	仕入債務	60
売上債権	160	短期借入金	30
棚卸資産	90	未払金	50
その他	20	その他	60
固定資産	385	固定負債	230
有形固定資産	290	長期借入金	70
建物・構築物	100	その他	160
機械及び装置	30	負債合計	430
車両・工具	10	純資産の部	
土地	145	資本金	100
その他	5	資本剰余金	50
無形固定資産	5	利益剰余金	375
その他固定資産	90	純資産合計	525
資産合計	955	負債・純資産合計	955

　D社では，植物工場設立にあたり，開業資金150百万円のうち，100百万円の出資を予定している。内訳は，D社の余剰資金から70百万円，金融機関からの長期借入30百万円である。

　出資によるD社への影響を評価するために，現在のD社の貸借対照表と，出資直後の予想貸借対照表から財務状況を比較することにした。

　財務状況を表す主要な財務比率を3つあげ，その財務比率の名称を（a）欄に，出資直前の数値（小数点第3位を四捨五入すること）を（b）欄に，出資直後の数値（小数点第3位を四捨五入すること）を（c）欄に示せ。

　また，出資によるD社への影響を（d）欄に80字以内で述べよ。

● 【解説】

　本章Ⅰの「(2) 経営分析の設問の解き方」で示した手順に従って進めていきます。

手順1．設問要求を確認する

　設問要求の要点は次のとおりです。

・現在のD社の貸借対照表と出資直後の予想貸借対照表に基づいて，財務状況を表す主要な財務比率を3つ取り上げる。

・財務指標の名称，出資直前の財務指標値・出資直後の財務指標値（小数点第3位を四捨五入），出資によるD社への影響（80字）を解答する。

　本問では，貸借対照表のみの比較により財務比率を決定することから，例年の経営分析の設問とは異なると考え，手順2〜5の代わりに，次の手順で解いていきます。

1. 設問文および与件文の情報の整理
2. 出資直後の予想貸借対照表の作成
3. 財務比率の選定
4. 出資における影響の分析

1.　設問文および与件文の情報の整理

　まずは，設問文および与件文から，設問を解くために必要な情報を探し，整理します。

解答にあたって必要な情報		その情報を何に使うか
財務諸表 （貸借対照表）	全体	出資の影響分析
設問文	「植物工場設立にあたり，開業資金150百万円のうち，100百万円の出資を予定している。内訳は，D社の余剰資金から70百万円，金融機関からの長期借入30百万円である」	出資直後の予想貸借対照表の作成，出資の影響分析
設問文	・「出資直前の数値（小数点第3位を四捨五入すること）を（b）欄に」 ・「出資直後の数値（小数点第3位を四捨五入すること）を（c）欄に」	計算結果の端数処理

2.　出資直後の予想貸借対照表の作成

　次に，整理した情報に基づいて，出資直後の予想貸借対照表を作成します。「金融機関からの借入」と「植物工場への出資」に関して，仕訳は次のとおりです。

・金融機関からの借入の仕訳

　（借）現金及び預金　　　　30　　　　　（貸）長期借入金　　　　30

・植物工場への出資の仕訳

　（借）その他固定資産　　100　　　　　（貸）現金及び預金　　　100

これに基づいて，出資直後の予想貸借対照表は，表1（右側）のようになります。

3.　財務比率の選定

　続いて，現在の貸借対照表と，作成した出資直後の貸借対照表から，財務比率を選定します。参照する財務諸表の種類が貸借対照表のみであることに留意し，例年の経営分析の設問とは異なると考えて解き進めます。

選定できる財務比率は安全性に関するものに限られます。そこで，安全性分析の基軸となる，長期安全性，短期安全性，資本構成の安全性の観点で，財務比率を選定します。財務比率は表2のとおりです。

それぞれについて考察すると，次のとおりになります。

●表1 出資前後の貸借対照表

（単位：百万円）

	出資直前	出資直後		出資直前	出資直後
資産の部			負債の部		
流動資産	570	500	流動負債	200	200
現金及び預金	300	230	仕入債務	60	60
売上債権	160	160	短期借入金	30	30
棚卸資産	90	90	未払金	50	50
その他	20	20	その他	60	60
固定資産	385	485	固定負債	230	260
有形固定資産	290	290	長期借入金	70	100
建物・構築物	100	100	その他	160	160
機械及び装置	30	30	負債合計	430	460
車両・工具	10	10	純資産の部		
土地	145	145	資本金	100	100
その他	5	5	資本剰余金	50	50
無形固定資産	5	5	利益剰余金	375	375
その他固定資産	90	190	純資産合計	525	525
資産合計	955	985	負債・純資産合計	955	985

（網掛け箇所：出資前後で変化があった勘定科目）

●表2 出資による財務比率の変化

	財務比率の名称	財務比率		出資前後での財務比率の変化（※）	出資直後の財務比率の評価
		出資直前	出資直後		
短期安全性	流動比率	285.00 %	250.00 %	悪化	良好（100 %以上のため）
	当座比率	230.00 %	195.00 %	悪化	良好（100 %以上のため）
長期安全性	固定比率	73.33 %	92.38 %	悪化	良好（100 %以下のため）
	固定長期適合率	50.99 %	61.78 %	悪化	良好（100 %以下のため）
資本構成の安全性	自己資本比率	54.97 %	53.30 %	悪化	良好（50 %超のため）
	負債比率	81.90 %	87.62 %	悪化	良好（100 %未満のため）

（※）「出資前後での財務比率の変化」には，出資直前に対する出資直後の状態を示している。

・［短期安全性に関する財務比率］

流動比率と当座比率のいずれも，出資直後の比率の評価は良好です。本問では，より

安全性を厳しく評価する当座比率を選びます。

・［長期安全性に関する財務比率］

固定比率と固定長期適合率のいずれも，出資直後の比率の評価は良好です。本問では，より安全性を厳しく評価する固定比率を選びます。

・［資本構成の安全性に関する財務比率］

自己資本比率と負債比率が考えられます。本問の場合は，借入による影響が少ないことを主張することが望ましいため，負債比率を選びます。

4.　出資における影響の分析

出資前後の財務比率の比較結果から，次の点がわかります。これをまとめて解答とします。

・出資により財務比率の値は悪化する。

- ➢　固定資産の増加により，長期安全性が低下する
- ➢　現金及び預金の減少により，短期安全性が低下する
- ➢　長期借入金の増加により，資本構成が悪化する

・しかし，財務比率の値は適正の範囲内であるため，各財務比率は良好と評価できる。

・したがって，出資による D 社への影響は軽微である。

【模範解答】

	(a)	(b)	(c)
①	当座比率	230.00 %	195.00 %
②	固定比率	73.33 %	92.38 %
③	負債比率	81.90 %	87.62 %

※①〜③は順不同

(d)	出資に伴い，借入の増加，固定資産の増加，現預金の減少が生じるため短期・長期・資本構成の安全性の財務比率が悪化するが，値は適正範囲内にあるため，影響は軽微である。

〈その他加点が期待できる財務比率〉

① （短期安全性）：流動比率

② （長期安全性）：固定長期適合率

③ （資本構成の安全性）：自己資本比率

【補足】

・本問で重要度をＣとしている理由は，貸借対照表のみの比較により財務比率を決定する必要があり，他収益性・効率性・安全性の３つの観点で解き進めることができないからです。

・「金融機関からの借入」や「植物工場の出資」に関する仕訳を知らない場合であっても，次のように考えていくことで，正答にたどり着くことができます。

> ➢ 金融機関からの借入を行うと，貸借対照表では，固定負債が増加し，流動資産が増加する。

> ➢ 植物工場への出資を行うと，貸借対照表では，固定資産が増加し，流動資産が減少する。

・本問では，「変化する勘定科目に着目して解答する財務比率を選定する」という方法でも解答を導けます。変化する勘定科目と，変化する財務比率との対応は，表３のようになります。

●表3　変化する勘定科目と変化する財務比率の対応

変化する勘定科目	変化する財務比率		
	長期安全性	短期安全性	資本構成の安全性
現金及び預金	なし	流動比率 当座比率	なし
長期借入金	固定長期適合率	なし	負債比率 自己資本比率
その他固定資産	固定比率 固定長期適合率	なし	なし

・模範解答としては，短期安全性・長期安全性・資本構造安全性のそれぞれの観点として，「当座比率」，「固定比率」，「負債比率」を選択しました。しかし，各観点において上記の指標を選択しなければならない理由はないため，それぞれ「流動比率」，「固定長期適合率」，「自己資本比率」を選択しても加点されると考えられます。

・自己資本比率と負債比率は，「自己資本」に着目するか「負債」に着目するかの違いがあります。そのため，記述と整合するような財務比率を選ぶとよいでしょう。なお，計算の根拠となる勘定科目はどちらも変わりませんので，試験ではどちらを解答しても問題はありません。

・設問文中に知らないことがあっても，できるだけ得点につなげていくことが重要です。たとえば本問では次のように考えることができます。

> ➢ 出資直前の財務比率の値については，与件文に記載されている貸借対照表だけから計算できるため，確実に解答できます。

> ➢ 出資直後の財務比率の値について，「金融機関から30百万円を借り入れる」という

　　情報だけから，資本構成の安全性に関する財務比率（自己資本比率，負債比率）を
　　求めることができます。

➤　計算がより簡単になる財務比率を選ぶことで，失点するリスクを抑えられます。た
　　とえば，固定長期適合率より固定比率を選ぶことで，固定負債の値が誤っていても
　　失点することを防げます。同様に，当座比率より流動比率を選ぶことで，棚卸資産
　　やその他流動資産の値が誤っていても失点することを防げます。

・本試験では，第2問以降の設問構成に基づいて，本問での「出資による影響は軽微であ
　る」という判断結果を推測することもできます。なぜなら，仮に出資が財務上で悪い影
　響をもたらすのであれば，それを解消することが企業の課題となるため，その課題を解
　決する設問が後にあると考えられるからです。

【コラム2】　電卓活用ノウハウ

　電卓には，四則演算の他に，メモリー機能や，グランド・トータル機能などの機能
があります。これらをうまく活用して時間短縮を図りましょう。活用例として，（1）
固定長期適合率の計算，（2）損益分岐点売上高の計算，（3）収益性・効率性の財務
指標値の計算，（4）正味現在価値の計算を示します。

　以下，枠囲みの文字は電卓のキーを表します。特に，M+ はメモリープラス（表
示の値をメモリーに足す機能）のキーを，M− はメモリーマイナス（表示の値をメ
モリーから引く機能）のキーを，RM はメモリーリコール（メモリー内容を呼び出
す機能）のキーを，GT はグランド・トータル（イコールを押した各時点の結果の
合計を計算する機能）のキーを表します。

（1）固定長期適合率の計算（メモリー機能の活用）

　固定長期適合率の算出式「固定資産÷（固定負債＋自己資本）」において，分母が
「固定負債＋自己資本」のように加算を含むため，そのままでは計算できません。次
のようにメモリー機能を用いるとよいでしょう。

項番	操作の内容	操作例 （H27年度第1問のD社値）
1	固定負債をメモリーに足す	360 → M+
2	自己資本をメモリーに足す	250 → M+
3	固定資産を，メモリーにある固定負債＋自己資本で割る	530 → ÷ → RM（610と表示） → ＝（0.8688…と表示）

（2）損益分岐点売上高の計算（メモリー機能の活用）

　損益分岐点売上高の算出式「固定費÷（1−変動費÷売上高）」は，分母が（1）よ

りさらに複雑です。次のようにメモリー機能を用いることで計算できます。

項番	操作の内容	操作例（第2章の例題）
1	「変動費÷売上高」を計算し，メモリーに負数として足す	1000→÷ →1600 →M−（0.625と表示）
2	1を打ち込む（この時点でメモリーには限界利益率が記憶される）	1→M+
3	固定費を，メモリーにある限界利益率で割る	500→÷ →RM（0.375と表示） →＝（1333.33と表示）

(3) 収益性・効率性の財務指標値の計算（メモリー機能の活用）

売上高は，収益性・効率性の主要な財務指標（第1章に記載）すべて（計6個）に現れます。多くの方は，財務指標を計算するたびに売上高の値を電卓に打ち込むと思いますが，この方法では，入力の手間がかかるうえに打ち間違えのリスクも潜みます。そこで，次のようにメモリー機能を使い，作業を省力化するとよいでしょう。

なお，本書では，試験時間を有効活用するという観点から，すべての財務指標を計算することはお勧めしていません（第1章に記載）。しかし，すべての値を揃えたうえで分析を行いたい方もいると思い，この方法を紹介しています。

項番	操作の内容		操作例 （H27年度第1問のD社値）
1	準備	売上高をメモリーに足す	2150→M+
2	売上高総利益率の計算	売上総利益を，メモリーにある売上高で割る	380→÷ →RM（2150と表示） →＝（0.1767…と表示）
3	売上高営業利益率の計算	営業利益を，メモリーにある売上高で割る	60→÷ →RM（2150と表示） →＝（0.0279…と表示）
4	売上高経常利益率の計算	経常利益を，メモリーにある売上高で割る	49→÷ →RM（2150と表示） →＝（0.0227…と表示）
5	売上債権回転率の計算	メモリーにある売上高を，売上債権で割る	RM（2150と表示） →÷→440 →＝（4.886…と表示）
6	棚卸資産回転率の計算	メモリーにある売上高を，棚卸資産で割る	RM（2150と表示） →÷→110 →＝（19.545…と表示）
7	有形固定資産回転率の計算	メモリーにある売上高を，有形固定資産で割る	RM（2150と表示） →÷→430 →＝（5と表示）

(4) 正味現在価値の計算（グランド・トータル機能の活用）

　正味現在価値の計算では，「各年度について CF を現在価値に割り引き，それらを足し合わせ，そこから投資額を減ずる」という計算を行います。この中で，割り引いた結果を足し合わせる部分にグランド・トータル機能を使うことができます。グランド・トータル機能とは，イコールを押した各時点の結果の合計を計算する機能です。イコールを押すたびに内部のメモリーにその値が加算され，[GT] キーを押すことでその加算結果が表示されるものです。

　以下では，「投資額が 300，1 期～3 期の CF がそれぞれ 100，120，150 である投資について，正味現在価値を求める（1 年～3 年の複利現価係数がそれぞれ 0.93，0.86，0.79 とする）」という設例での，活用例を示します。

項番	操作の内容	操作例 （割引率 8 ％，3 年の場合）
1	1 期の CF に複利現価係数（0.93）を乗じ，1 期の CF の現在価値を求める	1⃞0⃞0⃞ →×⃞→0⃞.⃞9⃞3⃞ →=⃞（93 と表示）
2	2 期の CF に複利現価係数（0.86）を乗じ，2 期の CF の現在価値を求める	1⃞2⃞0⃞ →×⃞→0⃞.⃞8⃞6⃞ →=⃞（103.2 と表示）
3	3 期の CF に複利現価係数（0.79）を乗じ，3 期の CF の現在価値を求める	1⃞5⃞0⃞ →×⃞→0⃞.⃞7⃞9⃞ →=⃞（118.5 と表示）
4	CF の現在価値の総和を求める	[GT]（314.7 と表示）
5	投資額を引き，正味現在価値を求める	−⃞→3⃞0⃞0⃞ →=⃞（14.7 と表示）

　なお，メモリー機能を使って同様のことをすることもできます。具体的には，項番 1～3 の「=⃞」を「=⃞→M+⃞」（=⃞ の後に M+⃞ を押す）に読み替え，項番 4 の「[GT]」を「[MR]」に読み替えます。

第 2 章

損益分岐点分析（CVP）

Ⅰ　損益分岐点分析（CVP）の知識・ノウハウ

傾向と対策

　損益分岐点分析（CVP）では，総費用を変動費と固定費とに分け，売上高と総費用とが等しくなる（すなわち，利益がゼロとなる）売上高を把握し，企業の収益力や費用構造を分析します。2次試験では，損益分岐点売上高や損益分岐点比率のように基本の式の理解を問われる問題から，目標利益をあげるために必要な売上高や固定費の削減額など少し深い理解を問われる問題までさまざまに出題されます。

◆傾向
【出題頻度】2年に1度程度の頻度で出題
【主な要求事項】損益分岐点売上高の計算や，これに基づき分析を行う
【難易度】高くないが，短時間で正答を導くことが求められる点で注意が必要

◆マスターすべきこと

初級	□与件文の条件を拾い出して，変動費・固定費を計算できる □損益分岐点売上高や目標利益売上高を計算できる
中級	□削減額や変動額など設問の要求に応じて適切な解答手順をとれる □損益分岐点分析に基づく収益構造の分析や改善提案ができる
上級	□営業レバレッジなど関連する論点にも対応できる

◆初学者向けのポイント
・損益分岐点売上高などの計算自体は難しくありません。変動費や固定費の変動に関係する条件を問題文から素早く正確に読み取れるように，変動費と固定費を意識した学習を心がけましょう。

（1）損益分岐点分析（CVP）の基礎知識

① 損益分岐点分析（CVP）とは

　損益分岐点分析（CVP）は，企業の収益力や費用構造を分析するものです。総費用を変動費と固定費とに分け，売上高と総費用とが等しくなる（すなわち，利益がゼロとなる）売上高を把握します。このときの売上高を損益分岐点売上高といいます。利益を出すためには損益分岐点売上高を超える売上をあげなければなりません。

　以下の図は損益分岐点分析（CVP）の考え方を図示したものです（「損益分岐点図表」といいます）。損益分岐点売上高より右側の領域では，売上高＞総費用となり利益が出ています。一方，損益分岐点売上高より左側の領域では，売上高＜総費用となり損失が出ていることがわかります。

　損益分岐点分析（CVP）では，利益を出すために，売上の増加や総費用（変動費，固定費）の削減をどの程度まで行えばよいのかを定量的に分析することができます。

●損益分岐点分析のイメージ図

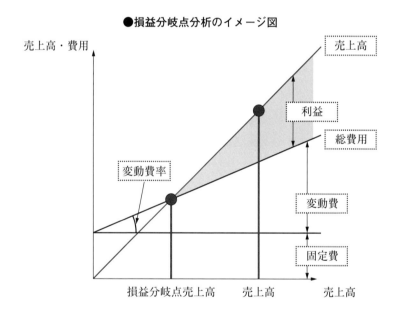

② 基本式

　損益分岐点分析（CVP）では，基本となるいくつかの式を理解しておく必要があります。以下に損益分岐点分析（CVP）の問題で用いる式を挙げます。

ⅰ）変動費率

$$変動費率 = \frac{変動費}{売上高}$$

ⅱ）損益分岐点売上高

$$損益分岐点売上高 = \frac{固定費}{1 - 変動費率}$$

ⅲ）損益分岐点比率

$$損益分岐点比率 = \frac{損益分岐点売上高}{売上高}$$

損益分岐点比率は 100 ％未満であれば利益が出ており，100 ％を上回ると赤字です。100 ％未満でも数字が 100 ％に近ければ近いほど，売上高の変動に経営が左右されやすい（少しでも売上高が減少すると損益分岐点比率が 100 ％を超えかねない）体質であることがわかります。

ⅳ）安全余裕率

$$安全余裕率 = \frac{売上高 - 損益分岐点売上高}{売上高}$$

安全余裕率の定義からわかるように，売上高が損益分岐点売上高を上回っているときにプラスとなり，下回っているときにマイナスとなります。分母は「損益分岐点売上高」ではなく「売上高」であることに注意しましょう。

ⅴ）目標利益売上高

$$目標利益売上高 = \frac{固定費 + 目標利益}{1 - 変動費率}$$

損益分岐点売上高は利益がゼロとなるときの売上高です。これを応用すると，ある額の利益（目標利益）を得るために必要な売上高（目標利益売上高）がいくらになるかを求めることができます。

(2) 損益分岐点分析（CVP）の設問の解き方

損益分岐点分析（CVP）の設問の解き方の手順は以下のようになります。

設問の解き方（損益分岐点分析）

手順 1．前提条件を確認する

　損益分岐点分析における「利益」は，問題により「営業利益」であることも「経常利益」であることもあります。まずは，どちらの利益を用いて計算をするのかを確認しましょう。また，端数処理の条件も最初に確認しておきます。

手順 2．何が問われているのかを確認する

　損益分岐点分析では，基本式に挙げた損益分岐点売上高や損益分岐点比率，または安全余裕率が問われることがほとんどです。環境変化や改善策の実施により

収益構造が変化する場合には，その変化後の目標売上高や目標販売数量，目標利益，目標変動費率や目標固定費なども問われます。

手順3. 現在の条件を把握する

現在の売上高，変動費（率），固定費を問題文から把握します。

手順4. 変化する条件を把握する（費用構造が変化する場合）

基本式の要素（売上高（単価，数量），変動費（率），固定費）のうち何が変化するのかを問題文から把握します。

手順5. 損益分岐点売上高，損益分岐点比率等を求める

手順4までで把握した条件を基本式に当てはめて計算をします。

(3) 損益分岐点分析（CVP）への対応テクニック

損益分岐点分析（CVP）の設問を解く際には，以下の点に気をつけることでミスを減らすことができます。

① 分数のままで計算を続ける

損益分岐点比率や変動費率は割り切れない場合も多く出題されます。この場合は特に指定がなければ途中で四捨五入をせずに，分数のままで計算を進めます。変動費率は割り切れなくても，分数のままで計算を進めると損益分岐点売上高は割り切れるケースもあります。

② 固変分解は慎重に

損益分岐点分析（CVP）では，総費用を変動費と固定費とに分解します。一般的には変動費と固定費の両方の性質を有する費目があり，分解は容易ではありません。試験対策上は，必ずいずれか一方に分解しますので，変動費と固定費のいずれであるかは設問文の指示に従ってください。すべての費目を固定費と変動費に分解できているかどうかは，売上高から変動費と固定費を差し引いたものが利益と等しくなるかでチェックします。等しくならないのであれば漏れている費目があると考えられます。

③ 基本式を正しく理解する

損益分岐点分析（CVP）では，途中の計算式を解答させる設問も出題されます。計算式を解答する場合は計算結果が間違っていても部分点をとれる可能性があります。基本式を正しく理解して，記述できるように準備しておきましょう。

(4) 例題

D社は，販売単価 2,000 円の商品を，月 1,000 個売り上げている。この製品 1 個当たりの変動費は 1,000 円であり，その他に月に固定費が 500 千円発生する。このとき，以下の①〜③の条件のもとでの損益分岐点売上高（金額単位を千円とし，千円未満を四捨五入）と損益分岐点比率（単位を％とし，小数点第 3 位を四捨五入）を求めよ。
　① 現状
　② 販売単価が 20 ％下落した場合
　③ 販売数量が 20 ％減少した場合

《解答》

① 現状

手順 1.　前提条件を確認する

・損益分岐点売上高は，金額単位を千円とし，千円未満を四捨五入

・損益分岐点比率は単位を％とし，小数点第 3 位を四捨五入

・利益については，営業利益と経常利益との区別をつけていません。単純に売上高から変動費と固定費を引いたものを利益とします。

手順 2.　何が問われているのかを確認する

　①では現状での損益分岐点売上高と損益分岐点比率が問われています。

手順 3.　現在の条件を把握する

　現在の売上高，変動費，固定費は以下のとおりです。

　・売上高：2,000 千円（販売単価 2,000 円×販売数量 1,000 個）

　・変動費：1,000 千円（製品 1 個当たりの変動費 1,000 円×販売数量 1,000 個）

　・固定費：500 千円

手順 4.　変化する条件を把握する（費用構造が変化する場合）

　①では変化する条件はありませんので，本手順は不要です。

手順 5.　損益分岐点売上高，損益分岐点比率等を求める

　手順 3 で把握した条件をもとに，基本式に当てはめて計算をします。

$$\text{損益分岐点売上高} = \frac{\text{固定費}}{1-\text{変動費率}} = \frac{500\,\text{千円}}{1-\dfrac{1,000\,\text{千円}}{2,000\,\text{千円}}} = 1,000\,\text{千円}$$

$$\text{損益分岐点比率} = \frac{\text{損益分岐点売上高}}{\text{売上高}} = \frac{1,000\,\text{千円}}{2,000\,\text{千円}} = 0.5 \rightarrow 50\,\% \ (50.00\,\%)$$

② **販売単価が 20 ％下落した場合**

手順 1.　前提条件を確認する

　前提条件は①と同様です。

手順 2.　何が問われているのかを確認する

　②では販売単価が 20 ％下落した場合の損益分岐点売上高と損益分岐点比率が問われています。費用構造が変化する場合の損益分岐点分析の問題です。

手順 3.　現在の条件を把握する

　現在の条件は①で把握済みです。売上高，変動費，固定費は以下のとおりです。

・売上高：2,000 千円

・変動費：1,000 千円

・固定費：500 千円

手順 4.　変化する条件を把握する（費用構造が変化する場合）

　②では販売単価が 20 ％下落するため，売上高が変化します。

・売上高：1,600 千円（販売単価 2,000 円×80 ％×販売数量 1,000 個）

・変動費：1,000 千円（変化なし）

・固定費：500 千円（変化なし）

手順 5.　損益分岐点売上高，損益分岐点比率等を求める

　手順 4 までで把握した条件をもとに，基本式に当てはめて計算をします。

$$損益分岐点売上高 = \frac{固定費}{1-変動費率} = \frac{500\ 千円}{1 - \dfrac{1,000\ 千円}{1,600\ 千円}}$$

$$= \frac{4,000}{3}\ 千円 \fallingdotseq 1,333.3\ 千円 \rightarrow 1,333\ 千円$$

$$損益分岐点比率 = \frac{損益分岐点売上高}{売上高} = \frac{\dfrac{4,000}{3}\ 千円}{1,600\ 千円} \fallingdotseq 0.83333 \rightarrow 83.33\ \%$$

③ **販売数量が 20 ％減少した場合**

手順 1.　前提条件を確認する

　前提条件は①と同様です。

手順2. 何が問われているのかを確認する

③では販売数量が20％減少した場合の損益分岐点売上高と損益分岐点比率が問われています。費用構造が変化する場合の損益分岐点分析の問題です。

手順3. 現在の条件を把握する

現在の条件は①で把握済みです。売上高，変動費，固定費は以下のとおりです。

・売上高：2,000千円

・変動費：1,000千円

・固定費：500千円

手順4. 変化する条件を把握する（費用構造が変化する場合）

③では販売数量が20％減少するため，売上高と変動費が変化します。

・売上高：1,600千円（販売単価2,000円×販売数量1,000個×80％）

・変動費：800千円（製品1個当たりの変動費1,000円×販売数量1,000個×80％）

・固定費：500千円（変化なし）

手順5. 損益分岐点売上高，損益分岐点比率等を求める

手順4までで把握した条件をもとに，基本式に当てはめて計算をします。

$$損益分岐点売上高 = \frac{固定費}{1-変動費率} = \frac{500\,千円}{1 - \dfrac{800\,千円}{1,600\,千円}} = 1,000\,千円$$

$$損益分岐点比率 = \frac{損益分岐点売上高}{売上高} = \frac{1,000\,千円}{1,600\,千円} = 0.625 \rightarrow 62.5\,％（62.50\,％）$$

《解説》

売上高は販売単価×販売数量として表せるため，売上高減少の原因は，①販売単価の下落，②販売数量の減少の2つの要因に分解できます。これらの原因が損益分岐点分析においてどのような影響を及ぼすかをまとめると，以下の表のようになります。

	①販売単価の下落	②販売数量の減少
売上高	減少	減少
変動費	変化なし	減少
変動費率	上昇	変化なし
固定費	変化なし	変化なし
損益分岐点売上高	増加	変化なし
損益分岐点比率	上昇	上昇

　このように，売上高減少の原因が販売単価の下落によるものか，販売数量の減少によるものかによって，損益分岐点売上高や損益分岐点比率への影響が異なります。

　損益分岐点分析は条件設定の把握さえできれば，あとは各数値を公式に当てはめるだけで正解を導き出すことができます。計算を正確にできるよう練習を繰り返すとともに，各数値の変化が損益分岐点比率にどのような影響を及ぼし，その結果どういった利益構造に変化するのかをイメージできるようにしておきましょう。

(5) 記述式問題への対応

　損益分岐点分析（CVP）では記述式の問題も出題されています。出題されるパターンはおおむね以下のように分類できます。

①　現状分析

　損益分岐点売上高や損益分岐点比率を中心に企業の収益力や費用構造，環境変化への耐性について分析を行います。損益分岐点売上高や損益分岐点比率を評価（高い・低い，改善・悪化，など）し，そこから導かれる結論（売上高の減少に強い，赤字に陥りやすい，など）を記述します。さらに，字数に余裕があれば，損益分岐点売上高や損益分岐点比率の原因として，課題となる変動費や固定費の要因（変動費率が高い，固定費が大きい，など）を指摘します。

②　改善策の提案

　現状分析に基づいて，損益分岐点売上高や損益分岐点比率を改善するための方策を提案します。損益分岐点売上高や損益分岐点比率の改善には，ⅰ）売上高を増やす，ⅱ）変動費率（変動費）を下げる，ⅲ）固定費を下げる，のいずれかが必要です。問題文の根拠に応じて，提案すべき内容を検討します。

ⅰ）売上高を増やす

　売上高を増やす方法は，販売単価と販売数量に分けて考えます。販売単価を増やす場合には新商品の開発，販売数量を増やす場合には新市場の開拓によることが考えられます。実際の企業体質を変えるには最も重要な切り口といえますが，長期的な取り組みが必要であり，短期的には実現が難しい方法といえます。また，事例によっては販売単価を下げる（値引き）ことにより販売数量を増やし売上高を上げたり，逆に販売単価を上げる（値上げ）ことにより販売数量を減らしても売上高を上げる手法をとることができる場合もあります。

ⅱ）変動費率（変動費）を下げる

　変動費率を下げることは利益の出やすい企業体質にする重要な方法の1つです。たとえば，現在の売上高が122万円で2.4万円の赤字である企業の費用構造が，変動費率20％，固定費100万円であった場合，変動費率を2％下げるだけで黒字の企業になります。

　変動費率を下げるためには，具体的には材料費や加工費，運送費などを削減することを検討します。

ⅲ）固定費を下げる

　固定費を下げることも，利益の出やすい企業体質に変革できる方法です。社内の努力だけでできることが多いため，企業体質改善では最初に固定費の削減に取り組むことが多いです。固定費を削減するためには，具体的にはパート活用など正社員の給与削減（固定費の変動費化），設備使用料の見直し，借り換えなど支払利息の削減，使用設備の見直し，遊休資産の売却などを検討します。

③　改善策実行後の評価

　記述すべきポイントは，①現状分析と同様です。改善策の実行により損益分岐点売上高や損益分岐点比率がどのように変化したかを評価し，その結果どのような体質の企業になったのかを記述します。さらに，字数に余裕があれば，損益分岐点売上高や損益分岐点比率の改善につながった変動費や固定費の要因を指摘します。

(6)　その他の論点

①　営業レバレッジ（経営レバレッジ）

　営業レバレッジとは，売上高の変動に対する営業利益の変動の度合いを表す指標です。営業レバレッジは，

　　営業レバレッジ＝営業利益の増加率÷売上高の増加率

で定義されます。さらに，これは，

　　営業レバレッジ＝限界利益÷営業利益

と表すこともできます（※）。

　営業レバレッジが大きいと，売上高の増減に対して営業利益が大きく増減します。限界利益は営業利益＋固定費に分解できることから，固定費が大きいと営業レバレッジも大きくなることがわかります。このため，営業レバレッジは固定費をテコとした利益の増減度合いを示す指標ということができます。固定費が大きいと，固定費の回収に必要な売上高も大きくなります。一方で，固定費を回収したあとの売上高の増加分については，変動費を除いた部分がそのまま利益となります。いわば，ハイリスク・ハイリターンの利益構造です。

（※）営業レバレッジ＝限界利益÷営業利益の導出

　営業レバレッジの定義式を変形します。

　　　　営業レバレッジ＝営業利益の増加率÷売上高の増加率

$$=\frac{営業利益の増加額}{営業利益}÷\frac{売上高の増加額}{売上高}$$

$$=\frac{営業利益の増加額}{売上高の増加額}×\frac{売上高}{営業利益} \quad \cdots ①$$

ここで式①の「営業利益の増加額」に着目します。営業利益は，次式で書き表されます。

営業利益＝売上高－（変動費＋固定費）

$\qquad\quad$＝（売上高－変動費）－固定費

$\qquad\quad$＝限界利益－固定費

この式を「増加額」の式に書き直してみましょう。

$\quad$営業利益の増加額＝限界利益の増加額－固定費の増加額　　…②

固定費は一定ですので，「固定費の増加額」はゼロです。したがって，式②から次の等式が成り立ちます。

$\quad$営業利益の増加額＝限界利益の増加額　　…③

ここで限界利益率が一定とすると，式③はさらに次のように変形できます。

$\quad$営業利益の増加額＝売上高の増加額×限界利益率　　…④

式④を式①に代入して整理すると，「営業レバレッジ＝限界利益÷営業利益」を導くことができます。

$$営業レバレッジ＝\frac{営業利益の増加額}{売上高の増加額}×\frac{売上高}{営業利益}$$

$$＝\frac{売上高の増加額×限界利益率}{売上高の増加額}×\frac{売上高}{営業利益}$$

$$＝\frac{売上高×限界利益率}{営業利益}$$

$$＝\frac{限界利益}{営業利益}$$

② 損益分岐点売上高の基本式の導出方法（参考）

損益分岐点売上高の基本式は，「利益＝売上高－費用」および「費用＝変動費＋固定費」の関係から導くことができます。まず，利益を表す式を次のように変形します。

利益＝売上高－費用＝売上高－（変動費＋固定費）

$\qquad\qquad\qquad$＝売上高－（売上高×変動費率＋固定費）

$\qquad\qquad\qquad$＝売上高－売上高×変動費率－固定費

$\qquad\qquad\qquad$＝売上高×（1－変動費率）－固定費

利益がゼロのときの売上高が損益分岐点売上高なので，

$\quad$0＝損益分岐点売上高×（1－変動費率）－固定費

$\quad$（1－変動費率）×損益分岐点売上高＝固定費

この式を変換することで，上述した損益分岐点売上高の公式を導くことができます。

Ⅱ　損益分岐点分析（CVP）の過去問

(1) 令和3年度　第3問（配点20点）

短期利益計画	重要度	1回目		2回目		3回目	
	A	／		／		／	

　　D社は地方都市に本社を置き，食品スーパーマーケット事業を中核として展開する企業である。D社の資本金は4,500万円，従業員数1,200名（パート，アルバイト含む）で，本社のある地方都市を中心に15店舗のチェーン展開を行っている。D社は創業90年以上の歴史の中で，常に地元産の商品にこだわり，地元密着をセールスポイントとして経営を行ってきた。またこうした経営スタイルによって，D社は本社を置く地方都市の住民を中心に一定数の固定客を取り込み，経営状況も安定していた。ところが2000年代に入ってからは地元住民の高齢化や人口減少に加え，コンビニエンスストアの増加，郊外型ショッピングセンターの進出のほか，大手資本と提携した同業他社による低価格・大量販売の影響によって顧客獲得競争に苦戦を強いられ，徐々に収益性も圧迫されてきている。

　（略）

　　D社は，地元への地域貢献と自社ブランドによる商品開発を兼ねた新事業に着手している。この事業はD社が本社を置く自治体との共同事業として，廃校となった旧小学校の校舎をリノベーションして魚種Xの陸上養殖を行うものである。D社では，この新規事業の収益性について検討を重ねている。

　（略）

　　D社は現在，新規事業として検討している魚種Xの養殖事業について短期の利益計画を策定している。

　　当該事業では，自治体からの補助金が活用されるため，事業を実施することによるD社の費用は，水槽等の設備や水道光熱費，人件費のほか，稚魚の購入および餌代，薬剤などに限定される。D社は当面スタートアップ期間として最大年間養殖量が50,000kgである水槽を設置することを計画しており，当該水槽で魚種Xを50,000kg生産した場合の総経費は3,000万円である。また，この総経費に占める変動費の割合は60%，固定費の割合は40%と見積もられている。D社がわが国における魚種Xの販売実績を調査したところ，1kg当たり平均1,200円で販売されていることが分かった。

（設問1）

　D社は，当該事業をスタートするに当たり，年間1,500万円の利益を達成したいと考えている。この目標利益を達成するための年間販売数量を求めよ（単位：kg）。なお，魚種Xの1kg当たり販売単価は1,200円とし，小数点以下を切り上げて解答すること。

（設問2）

　D社は最適な養殖量を検討するため，D社の顧客層に対して魚種Xの購買行動に関するマーケティングリサーチを行った。その結果，魚種Xの味については好評を得たものの魚種Xがわが国においてあまりなじみのないことから，それが必ずしも購買行動につながらないことが分かった。そこでD社は魚種Xの販売に当たり，D社の商圏においては販売数量に応じた適切な価格設定が重要であると判断し，下表のように目標販売数量に応じた魚種Xの1kg当たり販売単価を設定することにした。

　この販売計画のもとで，年間1,500万円の利益を達成するための年間販売数量を計算し，(a)欄に答えよ（単位：kg）。また，(b)欄には計算過程を示すこと。なお，最終的な解答では小数点以下を切り上げすること。

表　魚種Xの販売計画

目標販売数量	販売単価
0kg～20,000kg 以下	販売数量すべてを1kg当たり1,400円で販売
20,000kg 超～30,000kg 以下	販売数量すべてを1kg当たり1,240円で販売
30,000kg 超～40,000kg 以下	販売数量すべてを1kg当たり1,060円で販売
40,000kg 超～50,000kg 以下	販売数量すべてを1kg当たり860円で販売

注）　たとえば目標販売数量が25,000kgである場合，25,000kgすべてが1kg当たり1,240円で販売される。

●【解説（設問1）】

　本章Ⅰの「(2) 損益分岐点分析（CVP）の設問の解き方」にて触れた手順に従って進めていきます。

手順1. 前提条件を確認する

　「小数点以下を切り上げて解答すること」とあるとおり，端数処理は例年とは異なり，四捨五入ではなく切り上げが指定されています。解答に影響が出る可能性があるため，あらかじめ解答欄近くにメモするなどして，絶対に間違えないよう気をつけましょう。

手順2. 何が問われているのかを確認する

　目標利益を達成するための年間販売数量（単位：kg）を問われています。

手順3．現在の条件を把握する

問題文に記載されている条件を売上高，費用，利益の3つに分けて整理します。

①売上高に関する条件

・1kg当たり販売単価は1,200円

②費用に関する条件

・魚種Xを50,000kg生産した場合の総経費は3,000万円である

・総経費に占める変動費の割合は60％，固定費の割合は40％と見積もられている

③利益に関する条件

・年間1,500万円の利益を達成したいと考えている

①③は条件が明快ですので，②をもう少し検討します。魚種Xを50,000kg生産した場合の変動費，固定費を金額ベースで把握するとそれぞれ1,800万円，1,200万円です。

変動費：3,000万円×60％＝1,800万円

固定費：3,000万円×40％＝1,200万円

変動費は年間販売数量に比例し，固定費は年間販売数量によらず一定です（※）。そこで1kg当たりの変動費を求めると，360円となります（1,800万円÷50,000kg）。したがって，年間販売数量をQとおくと総費用は次式で表すことができます。

総費用＝360円/kg×Qkg＋1,200万円

（※）変動費には年間生産数量に比例するものや，年間販売数量に比例するものが混在していると考えられますが，本問ではすべて年間販売数量に比例すると考えます。

手順4．変化する条件を把握する（費用構造が変化する場合）

本問では変化する条件はありませんので，この手順は不要です。

手順5．損益分岐点売上高，損益分岐点比率等を求める

「利益＝売上高－総経費」の式に上で把握した条件を代入して計算します。

1,500万円＝1,200円/kg×Qkg－（360円/kg×Qkg＋1,200万円）

1,500万円＋1,200万円＝1,200円/kg×Qkg－360円/kg×Qkg

2,700万円＝840円/kg×Qkg

Qkg＝2,700万円÷840円/kg

＝32,142.8kg　→　32,143kg（小数点以下切り上げ）

なお，1kg当たりの販売単価から1kg当たりの変動費を引いた840円/kgは1kg当たりの限界利益です。したがって，上の計算式の「Qkg＝2,700万円÷840円/kg」は，

年間販売数量＝（目標利益＋固定費）÷1kg当たりの限界利益

と表すことができます。この式は（設問2）で用います。

【模範解答（設問 1）】

> 32,143kg

●【解説（設問 2）】

本章Ⅰの「(2) 損益分岐点分析（CVP）の設問の解き方」にて触れた手順に従って進めていきます。

手順1.　前提条件を確認する

「最終的な解答では小数点以下を切り上げすること」とあります。本問では計算過程も問われているため「最終的な解答では」と記載されています。

手順2.　何が問われているのかを確認する

年間 1,500 万円の利益を達成するための(a)年間販売数量（単位：kg）と(b)計算過程を問われています。

手順3.　現在の条件を把握する

問題文に記載されている条件を売上高，費用，利益の 3 つに分けて整理します。

①売上高に関する条件

・目標販売数量に応じた魚種 X の 1kg 当たり販売単価を設定することにした（下表）

表　魚種 X の販売計画

目標販売数量	販売単価
0kg～20,000kg 以下	販売数量すべてを 1kg 当たり 1,400 円で販売
20,000kg 超～30,000kg 以下	販売数量すべてを 1kg 当たり 1,240 円で販売
30,000kg 超～40,000kg 以下	販売数量すべてを 1kg 当たり 1,060 円で販売
40,000kg 超～50,000kg 以下	販売数量すべてを 1kg 当たり 860 円で販売

注）　たとえば目標販売数量が 25,000kg である場合，25,000kg すべてが 1kg 当たり 1,240 円で販売される。

②費用に関する条件

・魚種 X を 50,000kg 生産した場合の総経費は 3,000 万円である

・総経費に占める変動費の割合は 60 ％，固定費の割合は 40 ％と見積もられている

　→　総費用＝360 円 /kg×Qkg＋1,200 万円（（設問 1）の解説より）

③利益に関する条件

・年間 1,500 万円の利益を達成する

②③は（設問 1）と同様ですので，①をもう少し検討します。ポイントは注）の記載で，

目標販売数量に応じて「1つの」販売単価が設定されます。目標販売数量が 25,000kg であれば販売単価はすべて 1,240 円ですし，35,000kg であればすべて 1,060 円です。「20,000kg までは 1kg 当たり 1,400 円で販売し，20,000kg を超えたところから 1kg 当たり 1,240 円になる」といった段階的な単価設定ではないことに注意しましょう。

手順 4. 変化する条件を把握する（費用構造が変化する場合）

本問では変化する条件はありませんので，この手順は不要です。

手順 5. 損益分岐点売上高，損益分岐点比率等を求める

「利益＝売上高－総経費」の式に上で把握した条件を代入して計算することは（設問 1）と同様です。販売単価が 4 つありますので，それぞれで年間販売数量を計算し，目標販売数量と矛盾のないもの（目標販売数量の範囲に収まるもの）を解答とします。年間販売数量は（設問 1）の解説の最後でみたとおり，

年間販売数量＝（目標利益＋固定費）÷1kg 当たりの限界利益

であり，目標利益＋固定費はいずれの販売単価でも 2,700 万円です。

以上をもとに販売単価ごとに年間 1,500 万円の利益を達成するための年間販売数量を計算すると下表のようになります。

目標販売数量	販売単価	限界利益	年間販売数量	判定
0kg〜20,000kg 以下	1,400 円/kg	1,040 円/kg	25,962kg	×
20,000kg 超〜30,000kg 以下	1,240 円/kg	880 円/kg	30,682kg	×
30,000kg 超〜40,000kg 以下	1,060 円/kg	700 円/kg	38,572kg	○
40,000kg 超〜50,000kg 以下	860 円/kg	500 円/kg	54,000kg	×

（※）判定は，年間販売数量が目標販売数量の範囲内である場合に○，範囲外である場合に×

したがって，年間販売数量は 38,572kg となります。

計算過程は最低限以下の要素を記載すればよいでしょう。

・1kg 当たりの変動費＝変動費÷生産数量＝3,000 万円×60 %÷50,000kg＝360 円/kg

・年間販売数量＝（目標利益＋固定費）÷1kg 当たりの限界利益

・2,700 万円÷（1,060 円/kg－360 円/kg）＝38,571.4　→　38,572kg

【模範解答（設問 2）】

(a)	38,572kg	
(b)	魚種 X を 50,000kg 生産した場合の総経費から， 1kg 当たりの変動費＝3,000 万円×60 %÷50,000kg＝360 円/kg 販売計画の販売単価をもとに年間販売数量を求めると，目標販売数量と矛盾のないものは目標販売数量 30,000kg 超〜40,000kg 以下の場合のみである。このとき， 年間販売数量＝（目標利益＋固定費）÷1kg 当たりの限界利益 　　　　　　＝2,700 万円÷（1,060 円/kg－360 円/kg）＝38,571.4kg　→　38,572kg	

(2) 令和 2 年度　第 2 問（設問 1）（設問 2 と合わせて配点 30 点）

損益分岐点売上高	重要度	1 回目		2 回目		3 回目	
	A	／		／		／	

　D 社は，約 40 年前に個人事業として創業され，現在は資本金 3,000 万円，従業員数 106 名の企業である。連結対象となる子会社はない。

　同社の主な事業は戸建住宅事業であり，注文住宅の企画，設計，販売を手掛けている。

（中略）

　地元に恩義を感じる経営者は，「住」だけではなく「食」の面からも地域を支えたいと考え，約 6 年前から飲食事業を営んでいる。地元の食材を扱うことを基本として，懐石料理店 2 店舗と，魚介を中心に提供する和食店 1 店舗を運営している。さらに，今後 1 年の間に，2 店舗目の和食店を新規開店させる計画をしている。このほか，ステーキ店 1 店舗と，ファミリー向けのレストラン 1 店舗を運営している。これら 2 店舗については，いずれも当期の営業利益がマイナスである。特に，ステーキ店については，前期から 2 期連続で営業利益がマイナスとなったことから，業態転換や即時閉店も含めて対応策を検討している。

（以下略）

（設問 1）

　ステーキ店の当期の売上高は 60 百万円，変動費は 39 百万円，固定費は 28 百万円であった。変動費率は，売上高 70 百万円までは当期の水準と変わらず，70 百万円を超えた分については 60 ％になる。また，固定費は売上高にかかわらず一定とする。その場合の損益分岐点売上高を求めよ。(a)欄に計算過程を示し，計算した値を(b)欄に記入すること。

●【解説】

本章Ⅰの「(2) 損益分岐点分析（CVP）の設問の解き方」にて触れた手順に従って進めていきます。

手順1. 前提条件を確認する

本問では四捨五入や解答の単位などの前提条件はありません。

手順2. 何が問われているのかを確認する

損益分岐点売上高の(a)計算過程と(b)計算値を問われています。

手順3. 現在の条件を把握する

現在の条件は設問文中に記載があります。

　　・売上高：60百万円

　　・変動費：39百万円

　　・固定費：28百万円（「売上高にかかわらず一定」）

また，「変動費率は，売上高70百万円までは当期の水準と変わらず，70百万円を超えた分については60％になる」とあります。当期の水準は65％（39百万円÷60百万円）ですので，売上高70百万円まで65％，70百万円を超えた分については60％と，変動費率は一定ではありません。

手順4. 変化する条件を把握する（費用構造が変化する場合）

本問では変化する条件はありませんので，この手順は不要です。

手順5. 損益分岐点売上高，損益分岐点比率等を求める

本問は変動費率が一定ではないため，損益分岐点売上高 $= \dfrac{\text{固定費}}{1-\text{変動費率}}$ の公式を用いて解くことができません。そこで，公式を導く基本となる式に立ち返って検討をします。なお，仮に損益分岐点売上高が70百万円以下であれば公式を用いることができますが，

$$\text{損益分岐点売上高} = \frac{\text{固定費}}{1-\text{変動費率}} = \frac{28\,\text{百万円}}{1-65\%} = 80\,\text{百万円}$$

となることから，損益分岐点売上高は70百万円以下とならないことが確認できます。

損益分岐点売上高は，利益がゼロとなる（売上高と総費用とが等しくなる）ときの売上高であり，総費用を変動費と固定費とに分けて把握します。これを式で表すと，

損益分岐点売上高＝変動費＋固定費

となります。固定費は 28 百万円であり，売上高が 70 百万円を超える場合の変動費は，

　70 百万円×65 ％＋（売上高－70 百万円）×60 ％

ですので，上式に代入すると，

　損益分岐点売上高＝70×65 ％＋（損益分岐点売上高－70）×60 ％＋28　（「百万円」の記載
は省略）

であり，これを解くと，

　損益分岐点売上高＝45.5＋損益分岐点売上高×60 ％－42＋28

　損益分岐点売上高×0.4＝31.5

　損益分岐点売上高＝78.75（百万円）

となります。

　計算過程としては，＿＿＿＿の式を記載し，そのほかに変動費率に言及すればよいでしょう。

【模範解答】

(a)	(b)
損益分岐点売上高＝変動費＋固定費 ここで，変動費率は 70 百万円まで 65 ％（39 百万円÷60 百万円），70 百万円 超は 60 ％ 損益分岐点売上高＝70×65 ％＋（損益分岐点売上高－70）×60 ％＋28 ∴損益分岐点売上高＝78.75 百万円	78.75 百万円

変動費率と 損益分岐点売上高	重要度	1回目		2回目		3回目	
	A	／		／		／	

　D社は，1940年代半ばに木材および建材の販売を開始し，現在は，資本金2億円，従業員70名の建材卸売業を主に営む企業である。同社は，連結子会社（D社が100％出資している）を有しているため，連結財務諸表を作成している。

　同社は3つの事業部から構成されている。建材事業部では得意先である工務店等に木材製品，合板，新建材などを販売しており，前述の連結子会社は建材事業部のための配送を専門に担当している。マーケット事業部では，自社開発の建売住宅の分譲およびリフォーム事業を行っている。そして，同社ではこれらの事業部のほかに，自社所有の不動産の賃貸を行う不動産事業部を有している。（以下省略）

　D社のセグメント情報（当期実績）は以下のとおりである。

（単位：百万円）

	建材 事業部	マーケット 事業部	不動産 事業部	共　通	合　計
売上高	4,514	196	284	—	4,994
変動費	4,303	136	10	—	4,449
固定費	323	101	30	20	474
セグメント利益	−112	−41	244	−20	71

注：セグメント利益は経常段階の利益である。売上高にセグメント間の取引は含まれていない。

（設問1）

　事業部および全社（連結ベース）レベルの変動費率を計算せよ。なお，％表示で小数点第3位を四捨五入すること。

（設問2）

　当期実績を前提とした全社的な損益分岐点売上高を(a)欄に計算せよ。なお，（設問1）の解答を利用して経常利益段階の損益分岐点売上高を計算し，百万円未満を四捨五入すること。

　また，このような損益分岐点分析の結果を利益計画の資料として使うことには，重大な問題がある。その問題について(b)欄に30字以内で説明せよ。

（設問3）

　次期に目標としている全社的な経常利益は250百万円である。不動産事業部の損益は不

変で，マーケット事業部の売上高が 10 ％増加し，建材事業部の売上高が不変であることが見込まれている。この場合，建材事業部の変動費率が何％であれば，目標利益が達成できるか，(a)欄に答えよ。(b)欄には計算過程を示すこと。なお，（設問 1）の解答を利用し，最終的な解答において％表示で小数点第 3 位を四捨五入すること。

●【解説（設問 1）】

本章 I の「(2) 損益分岐点分析（CVP）の設問の解き方」にて触れた手順に従って進めていきます。本問では変動費率を問われているため，手順 4 以降は不要です。（なお，設問 2 で手順 5 について検討します。）

手順 1.　前提条件を確認する

前提条件を確認しておきましょう。

　　・変動費率は，％表示で小数点第 3 位を四捨五入する

手順 2.　何が問われているのかを確認する

「事業部および全社（連結ベース）レベルの変動費率」を問われています。

手順 3.　現在の条件を把握する

現在の条件（D 社のセグメント情報（当期実績））は表として与えられています。ここから各事業部と全社の変動費率を，変動費÷売上高により計算します。

（単位：百万円）

	建材 事業部	マーケット 事業部	不動産 事業部	合計 （全社）
売上高	4,514	196	284	4,994
変動費	4,303	136	10	4,449
変動費率	95.33 ％	69.39 ％	3.52 ％	89.09 ％

（計算式）

・建材事業部：4,303 百万円÷4,514 百万円＝0.95325　→　95.33 ％

・マーケット事業部：136 百万円÷196 百万円＝0.69387　→　69.39 ％

・不動産事業部：10 百万円÷284 百万円＝0.03521　→　3.52 ％

・全社：4,449 百万円÷4,994 百万円＝0.89086　→　89.09 ％

【模範解答（設問 1）】

建材事業部	95.33 %
マーケット事業部	69.39 %
不動産事業部	3.52 %
全社	89.09 %

●【解説（設問 2）】

●(a)について

（設問 1）に引き続いての設問であり，（設問 1）と同様に本章 I の「(2) 損益分岐点分析（CVP）の設問の解き方」にて触れた手順に従って進めていきます。

手順 1. 前提条件を確認する

前提条件を確認しておきましょう。

・（設問 1）の解答を利用して経常利益段階の損益分岐点売上高を計算する。

・百万円未満を四捨五入する。

手順 2. 何が問われているのかを確認する

「当期実績を前提とした全社的な損益分岐点売上高」を問われています。

手順 3. 現在の条件を把握する

現在の条件は表として与えられています。また，変動費率は（設問 1）の解答を用います。なお，「解答」を利用するよう指示がありますので，四捨五入後の数字を用います。

・全社の固定費：474 百万円

・全社の変動費率：89.09 %

手順 4. 変化する条件を把握する（費用構造が変化する場合）

本問では変化する条件はありませんので，この手順は不要です。

手順 5. 損益分岐点売上高，損益分岐点比率等を求める

$$損益分岐点売上高 = \frac{固定費}{1 - 変動費率} = \frac{474 \text{百万円}}{1 - 89.09 \%} = 4,344.6 \text{百万円} \quad \rightarrow \quad 4,345 \text{百万円}$$

●(b)について

　求められているのは，「このような損益分岐点分析の結果を利益計画の資料として使うことの重大な問題」です。ここで，「このような損益分岐点分析の結果」が何を意味するのかは明確ではありません。損益分岐点分析は企業の収益力や費用構造を分析するものであり，利益計画の分析ツールです。したがって，「このような損益分岐点分析の結果」が損益分岐点分析一般を指すとすると，重大な問題を指摘することは難しいといえます。そこで，「このような損益分岐点分析の結果」を（複数セグメントを有する企業における）「全社的な損益分岐点売上高」と解して検討を進めます。

　複数セグメントを有する企業ではセグメントごとに収益力や費用構造が異なるのが一般的です。（設問 1）で計算したとおり，D 社もその例に漏れません。たとえば，不動産事業部の変動費率は 3.52% であり，全社レベルの変動費率（89.09%）とは大きな開きがあります。(a)で全社レベルの変動費率を用いて求めた全社的な損益分岐点売上高は，不動産事業部単独の実態とは異なると考えられます。したがって，これを用いた利益計画の不動産事業部にとっての有効性には疑問があるでしょう。

　収益力や費用構造は各セグメントの事業内容により判断基準が異なるものです。したがって，損益分岐点分析もセグメントごとに行い，セグメントごとの収益力や費用構造を把握することが直接的な改善に繋がるといえ，複数セグメントをひとまとめにして「全社」として分析することは不適当です。このため，(a)で求めた全社的な損益分岐点売上高を利益計画の資料として使うことには重大な問題があると考えられます。以上を踏まえて解答を構成します。

【模範解答（設問 2）】

(a)

4,345 百万円

(b)

各	セ	グ	メ	ン	ト	の	費	用	構	造	の	差	異	が	反	映	さ	れ	ず
精	緻	な	計	画	と	な	ら	な	い	。									

●【解説（設問 3）】

　本章 I の「(2) 損益分岐点分析（CVP）の設問の解き方」にて触れた手順に従って進めていきます。

手順1. 前提条件を確認する

前提条件を確認しておきましょう。

- ・（設問1）の解答を利用する。
- ・最終的な解答において％表示で小数点第3位を四捨五入する。

手順2. 何が問われているのかを確認する

目標利益を達成するために必要な建材事業部の変動費率（(a)欄）および計算過程（(b)欄）を問われています。

手順3. 現在の条件を把握する

現在の条件（D社のセグメント情報（当期実績））は表として与えられています。ここでは詳細は省略します。

手順4. 変化する条件を把握する（費用構造が変化する場合）

設問文より以下の条件を把握できます。

- ・次期に目標としている全社的な経常利益は250百万円である。 …①
- ・不動産事業部の損益は不変。 …②
- ・マーケット事業部の売上高が10％増加する（したがって，マーケット事業部の売上高は，196×（1＋10%）＝215.6となります）。 …③
- ・建材事業部の売上高が不変である。 …④

①～④を整理すると下表のようになります。固定費への言及はありませんので，不変とします。なお，表中の「？」は現段階で値がわからない要素を表します。また手順5以降の解説の都合上，一部の空欄に（ア）～（オ）のラベルを付しています。

〈D社のセグメント情報（次期目標）〉

（単位：百万円）

	建材事業部	マーケット事業部	不動産事業部	共通	合計（全社）
売上高	4,514 ④	215.6 ③	？	—	？
変動費	？ （イ）	？ （ウ）	？	—	？
固定費	323	101	？	20	？
セグメント利益	？ （エ）	？ （オ）	244 ②	－ 20	250 ①
変動費率	？ （ア）	69.39 ％	？	—	？

手順5. 損益分岐点売上高，損益分岐点比率等を求める

本問では目標利益を達成するために必要な建材事業部の変動費率（上表（ア））を求める必要があります。

150

　まずはセグメント利益に着目します。セグメント利益と全社的な経常利益の関係は次のとおりです。

　　　　建材事業部のセグメント利益（エ）＋マーケット事業部のセグメント利益（オ）

　　　＋不動産事業部のセグメント利益 244 百万円＋共通 −20 百万円

　　　＝合計のセグメント利益 250 百万円　　　……式①

　ここで，マーケット事業部のセグメント利益（オ）はマーケット事業部の費用構造の関係から，以下のように求められます。

　　　　セグメント利益（オ）＝売上高 215.6 百万円 −変動費（ウ）−固定費 101 百万円

　　　　　　　　　　　　　　＝215.6 百万円 −215.6 百万円 ×69.39 ％ −101 百万円

　　　　　　　　　　　　　　＝ −35 百万円

　したがって，式①は，（エ）＋（−35 百万円）＋244 百万円 −20 百万円 ＝250 百万円 となり，建材事業部のセグメント利益（エ）は 61 百万円となります。

　次に建材事業部の費用構造の関係から，建材事業部の変動費（イ）を求めます。

　　（イ）＝4,514 百万円 −323 百万円 −61 百万円 ＝4,130 百万円

　以上より，建材事業部の変動費率（ア）は以下のとおりとなります。

　　（ア）＝4,130 百万円 ÷4,514 百万円 ＝0.91493　→　91.49 ％

　以上の計算過程を解答欄に記します。解答スペースに合うよう，主要な数値の計算式を記します。（以下の模範解答では，基本的には上記の解説に沿って，1 行目にマーケット事業部のセグメント利益（オ），2 行目に建材事業部のセグメント利益（エ），3 行目に建材事業部の変動費率（ア）を求める式を記しています。なお，建材事業部の変動費（イ）の算出式は，解答スペースの関係上，3 行目に含めて記しています。）

【模範解答】（設問 3）

(a)	91.49 ％
(b)	マーケット事業部のセグメント利益：196×110 ％ −196×110 ％ ×69.39 ％ −101 ＝ −35 建材事業部のセグメント利益：250 −{（−35）＋244 −20}＝61 建材事業部の変動費率：（4,514 −323 −61）÷4,514 ＝0.91493　→　91.49 ％

損益分岐点売上高の 変動額と変動要因	重要度	1 回目	2 回目	3 回目
	A	／	／	／

　D 社は，創業 20 年ほどの資本金 5,000 万円，正規従業員 81 名の，県内産の高級食材を活かして県内外に店舗を展開するレストランである。現在の店舗数は合計 7 店舗である。

　D 社は業者が運営する複数のネット予約システムを利用している。ネット予約システムは，営業時間外でも予約の受付が可能であり，業者の検索サイトに店舗情報が掲載され，契約によっては広告などでもネット上の露出が増える。初期登録や利用，予約成約などに関するネット予約システムの料金体系は，業者によってさまざまである。

　その一方で，店舗側では複数のネット予約システムからの予約と従来どおりの予約とをあわせ，予約を管理する必要がある。D 社でも，各店舗で予約管理に一定の時間が費やされている。そこで，同社は業者が運営するネット予約システムに加えて，店舗別の予約を集中管理する機能も有する自社のネット予約システムを導入することを検討している。

　自社のネット予約システム（取得原価 20 百万円，耐用年数 5 年，残存価額ゼロ）の導入により，予約管理費が各店舗で 3 分の 1 に削減され，予約の成約による送客手数料の総額が 3 分の 2 に低下することが見込まれる。

　自社のネット予約システムを導入する前の短期利益計画は以下のとおりである。

短期利益計画
（自社ネット予約システム導入前）
（単位：百万円）

売上高	1,120
変動費*	560
限界利益	560
固定費	430
（うち予約管理費）	（12）
経常利益	130

*売上高に対する送客手数料の比率は 1.8 % である。

　損益分岐点売上高の変動額およびその変動要因について，その金額を（a）欄に，計算過程を（b）欄に，それぞれ記入せよ。なお，（a）欄の金額は単位を百万円とし，小数点第 1 位を四捨五入すること。また，②と③はカッコ内に上昇・低下の別を明記すること。

① 自社のネット予約システム導入前の損益分岐点売上高はいくらか。

② 自社のネット予約システム導入による損益分岐点売上高の変動額はいくらか。

③ 導入前の固定費をもとにした，自社のネット予約システム導入にともなう変動費率の変動による損益分岐点売上高の変動額はいくらか。

（※）下線部改題

●【解説】

①～③のそれぞれについて，本章Ⅰの「(2) 損益分岐点分析（CVP）の設問の解き方」にて触れた手順に従って進めていきます。

① 自社のネット予約システム導入前の損益分岐点売上高

手順1. 前提条件を確認する

前提条件を確認しておきましょう。

・「(a) 欄の金額は単位を百万円とし，小数点第1位を四捨五入すること」

手順2. 何が問われているのかを確認する

設問文にある「自社のネット予約システムを導入する前の短期利益計画」に基づく損益分岐点売上高が問われています。

手順3. 現在の条件を把握する

現在の条件は「自社のネット予約システムを導入する前の短期利益計画」から把握できます。

・売上高：1,120 百万円

・変動費率：変動費÷売上高＝560 百万円÷1,120 百万円＝0.5（50 ％）

・固定費：430 百万円

手順4. 変化する条件を把握する（費用構造が変化する場合）

①では「自社のネット予約システム導入前」（費用構造が変化する前）の損益分岐点売上高を問われているため，手順4は不要です。

手順5. 損益分岐点売上高，損益分岐点比率等を求める

手順3で把握した条件から，自社のネット予約システム導入前の損益分岐点売上高は次のようになります。

$$損益分岐点売上高 = \frac{固定費}{1-変動費率} = \frac{430\,百万円}{1-0.5} = 860\,百万円$$

② 自社のネット予約システム導入による損益分岐点売上高の変動額

手順1. 前提条件を確認する

前提条件を確認しておきましょう。

- 「(a) 欄の金額は単位を百万円とし，小数点第1位を四捨五入すること」
- 「②と③はカッコ内に上昇・低下の別を明記すること」

手順2. 何が問われているのかを確認する

自社のネット予約システム導入後の損益分岐点売上高の「変動額」が問われています。これは，費用構造が変化する場合の損益分岐点分析の問題です。

手順3. 現在の条件を把握する

現在（自社のネット予約システム導入前）の条件は①と同じです。

手順4. 変化する条件を把握する（費用構造が変化する場合）

設問文に記載されている条件を把握しましょう。

- 「自社のネット予約システム（取得原価20百万円，耐用年数5年，残存価額ゼロ）の導入」
    - →減価償却費（固定費）が毎年4百万円（20百万円÷5年）増加します。
- 「予約管理費が各店舗で3分の1に削減され」
    - →予約管理費（固定費）は短期利益計画の12百万円から4百万円に低下します（8百万円減）。
- 「予約の成約による送客手数料の総額が3分の2に低下する」
    - →送客手数料（変動費）は短期利益計画では売上高の1.8%ですので，1,120百万円×1.8%＝20.16百万円となります。したがって，自社のネット予約システムの導入により送客手数料は，20.16百万円×2/3＝13.44百万円となります。

売上高については特に記載がありませんので，そのままとします。

したがって，売上高，変動費率，固定費は次のようになります。

- 売上高：1,120百万円（変化なし）
- 変動費率：（短期利益計画の変動費 − 送客手数料の削減分）／売上高
    = {560百万円 − (20.16百万円 − 13.44百万円)}／1,120百万円
    = 553.28百万円／1,120百万円
    = 0.494 （※他の求め方について【補足】(1) 参照）
- 固定費：短期利益計画の固定費額＋減価償却費の増加分−予約管理費の削減分

$$=430 \text{ 百万円} + 4 \text{ 百万円} - 8 \text{ 百万円} = 426 \text{ 百万円}$$

手順5．損益分岐点売上高，損益分岐点比率等を求める

　手順4で把握した条件から，自社のネット予約システム導入による損益分岐点売上高は次のようになります。

$$\text{損益分岐点売上高} = \frac{\text{固定費}}{1 - \text{変動費率}} = \frac{426 \text{ 百万円}}{1 - 0.494} \fallingdotseq 841.8 \text{ 百万円}$$

　したがって，損益分岐点売上高の変動額は次のとおりです。

　　　損益分岐点売上高の変動額＝変動後の損益分岐点売上高－変動前の損益分岐点売上高

$$= 841.8 \text{ 百万円} - 860 \text{ 百万円}$$

$$= \triangle 18.2 \text{ 百万円} \rightarrow \triangle 18 \text{ 百万円（小数点第1位を四捨五入）}$$

③　導入前の固定費をもとにした，自社のネット予約システム導入にともなう変動費率の変動による損益分岐点売上高の変動額

手順1．前提条件を確認する

前提条件を確認しておきましょう。

　　・「(a) 欄の金額は単位を百万円とし，小数点第1位を四捨五入すること」

　　・「②と③はカッコ内に上昇・低下の別を明記すること」

手順2．何が問われているのかを確認する

　設問文の意味がわかりにくく，題意を正しく把握できるかどうかがカギとなります。「損益分岐点売上高の変動額」が求められていることから一見②と同じように見えますが，②とは異なる内容が問われているはずです。設問文のうちで②と異なる部分に着目すると，「導入前の固定費をもとにした」「変動費率の変動による」という句があります。②では費用構造の変化により変動費率，固定費ともに変動していますが，このうち「変動費率の変動による」影響を考察するために，固定費については「導入前の固定費をもとにした」仮定で計算することを求められていると考えられます。したがって，「導入前の固定費をもとにした」との記述は，「固定費の額は導入前と同額」と解釈して，損益分岐点売上高の「変動額」を求めます。

　この設問は，「②の変動の要因は，(a) 変動費率の変動と (b) 固定費の変動の2つに分解できるが，このうち (a) に起因する変動額はいくらか」と言い換えることができます。

手順3．現在の条件を把握する

　現在（自社のネット予約システム導入前）の条件は①と同じです。

手順4. 変化する条件を把握する（費用構造が変化する場合）

手順2での検討に基づき，①，②で求めた条件を用います。

・売上高：1,120百万円（変化なし）

・変動費率：0.494（自社のネット予約システム導入により変化）

・固定費：430百万円（導入前の固定費をもとにするため変化なし）

手順5. 損益分岐点売上高，損益分岐点比率等を求める

手順4で把握した条件から，導入前の固定費をもとにした，自社のネット予約システム導入にともなう変動費率の変動による損益分岐点売上高は次のようになります。

$$損益分岐点売上高 = \frac{固定費}{1-変動費率} = \frac{430\,百万円}{1-0.494} ≒ 849.8\,百万円$$

したがって，損益分岐点売上高の変動額は次のとおりです。

$$損益分岐点売上高の変動額 = 変動後の損益分岐点売上高 - 変動前の損益分岐点売上高$$

$$= 849.8\,百万円 - 860\,百万円$$

$$= △10.2\,百万円 → △10\,百万円（小数点第1位を四捨五入）$$

【模範解答】

	(a)	(b)
①	860百万円	変動費率：560百万円÷1,120百万円=0.5（50%） 損益分岐点売上高 $= \frac{430\,百万円}{1-0.5} = 860\,百万円$
②	18百万円（低下）	変動費率：{560百万円-（20.16百万円-13.44百万円）}/1,120百万円 =0.494（49.4%） 固定費：430百万円+4百万円-8百万円=426百万円 損益分岐点売上高 $= \frac{426\,百万円}{1-0.494} = 841.8\,百万円$ 変動額=841.8百万円-860百万円=△18.2百万円
③	10百万円（低下）	損益分岐点売上高 $= \frac{430\,百万円}{1-0.494} = 849.8\,百万円$ 変動額=849.8百万円-860百万円=△10.2百万円

【補足】

(1) 自社のネット予約システム導入後の変動費率の求め方（別法）

売上高が変わらない場合，予約の成約による送客手数料の総額が3分の2に低下することで売上高に対する送客手数料の比率も3分の2に低下します。したがって，送客手数料の比率は，短期利益計画の1.8%から1.2%に低下します（0.6%減）。この結果，変動費率（売上高に対する変動費の比率）も0.6%低下することから，50%-0.6%=49.4%（0.494）と導くこともできます。

(5) 平成 27 年度　第 2 問（設問 3）（設問 1，設問 2 と合わせて配点 34 点）

損益分岐点売上高と目標利益売上高	重要度	1 回目		2 回目		3 回目	
	A	／		／		／	

　D 社は金属加工業を営む企業である。D 社の第 X3 期の予測損益計算書は以下のとおりである。

（※）下線部改題

予測損益計算書（第 X3 期）
（単位：百万円）

売上高	1,935
売上原価	1,695
売上総利益	240
販売費及び一般管理費	300
営業損益	▲ 60
営業外収益	13
営業外費用	24
経常損益	▲ 71
特別利益	0
特別損失	0
税引前当期純損益	▲ 71
法人税等	0
当期純損益	▲ 71

（注）売上原価に含まれる固定費は 1,020 百万円，販売費及び一般管理費に含まれる固定費は 120 百万円である。

　予測損益計算書をもとに CVP 分析を行うことによって，以下の金額を求め，(a)欄にその金額を，(b)欄に計算過程を，それぞれ記入せよ。なお，解答にあたっては，金額単位を百万円とし，百万円未満を四捨五入すること。

(1) 第 X3 期において 100 百万円の経常利益を達成するために必要となる売上高はいくらか。

(2) 第 X3 期において 100 百万円の経常利益を達成するために固定費の削減を検討している。必要な固定費削減を行った場合，経常利益がゼロとなる損益分岐点売上高はいくらか。

●【解説】

本章Ⅰの「(2) 損益分岐点分析 (CVP) の設問の解き方」にて触れた手順に従って進めていきます。

手順1. 前提条件を確認する

前提条件を確認しておきましょう。

- 「金額単位を百万円とし，百万円未満を四捨五入する」
- 「経常利益がゼロとなる損益分岐点売上高」→経常利益ベースでの損益分岐点分析

手順2. 何が問われているのかを確認する

本問で問われているのは，(1)「100百万円の経常利益を達成するために必要となる売上高」と，(2)「100百万円の経常利益を達成するために固定費の削減を行った場合，経常利益がゼロとなる損益分岐点売上高」です。それぞれについて金額のほかに計算過程を求められています。

手順3. 現在の条件を把握する

現在の条件については第X3期の予測損益計算書から把握できます。

- 売上高：1,935百万円
- 変動費：855百万円（売上原価に含まれる変動費＋販管費に含まれる変動費

  ＝(1,695百万円－1,020百万円) ＋ (300百万円－120百万円)）

- 固定費：1,151百万円（売上原価に含まれる固定費＋販管費に含まれる固定費－営業
  外収益＋営業外費用

  ＝1,020百万円＋120百万円－13百万円＋24百万円）

手順4. 変化する条件を把握する（費用構造が変化する場合）

(1) については変化する条件はありません。(2) では固定費を削減するため，固定費が変化しますが，売上高と変動費は変化しません。

- 売上高：1,935百万円（変化なし）
- 変動費：855百万円（変化なし）
- 固定費：1,151百万円－削減額

手順5. 損益分岐点売上高，損益分岐点比率等を求める

まず，手順4までで把握した条件を用いて，(1)「100百万円の経常利益を達成するために必要となる売上高」（目標利益売上高）を求めます。

$$目標利益売上高 = \frac{固定費 + 目標利益}{1 - 変動費率}$$

$$= \frac{1{,}151\,百万円 + 100\,百万円}{1 - 855\,百万円 \diagup 1{,}935\,百万円}$$

$$= \frac{1{,}251\,百万円}{1 - 19 \diagup 43}$$

$$= 2{,}241.375\,百万円 \quad \rightarrow \quad 2{,}241\,百万円$$

　次に，（2）「100百万円の経常利益を達成するために固定費の削減を行った場合，経常利益がゼロとなる損益分岐点売上高」を求めます。「売上高＝固定費＋変動費＋利益」ですので，これを固定費について解くことで，削減を行ったあとの固定費を求めることができます。

$$固定費 = 売上高 - 変動費 - 利益$$

$$= 1{,}935\,百万円 - 855\,百万円 - 100\,百万円$$

$$= 980\,百万円$$

したがって，損益分岐点売上高は，次のようになります。

$$損益分岐点売上高 = \frac{固定費}{1 - 変動費率}$$

$$= \frac{980\,百万円}{1 - 855\,百万円 \diagup 1{,}935\,百万円}$$

$$= \frac{980\,百万円}{1 - 19 \diagup 43}$$

$$\fallingdotseq 1{,}755.83\,百万円 \quad \rightarrow \quad 1{,}756\,百万円$$

【模範解答】

	(a)	(b)
(1)	2,241 百万円	固定費＝1,020百万円＋120百万円－13百万円＋24百万円＝1,151百万円 売上高＝$\dfrac{固定費＋利益}{1-変動費率}$＝$\dfrac{1{,}151\,百万円＋100\,百万円}{1-855\,百万円\diagup1{,}935\,百万円}$＝2,241.3百万円
(2)	1,756 百万円	固定費＝1,935百万円－855百万円－100百万円＝980百万円 損益分岐点売上高＝$\dfrac{固定費}{1-変動費率}$＝$\dfrac{980\,百万円}{1-855\,百万円\diagup1{,}935\,百万円}$ ＝1,755.8百万円

損益分岐点比率	重要度	1 回目	2 回目	3 回目
	A	／	／	／

　D 旅館は，小～中規模旅館である。D 旅館は旧館と新館の 2 棟からなる。宿泊客の大半が旅行代理店またはインターネットからの予約である。年間宿泊者数は毎年 18,000 名を超える水準で推移してきたが，近年，周辺旅館では施設のリニューアルがみられ，その影響もあり，稼働率は低下し，昨年度は年間宿泊者数が 17,000 名，今年度は 16,500 名と減少し，2 年連続で赤字を記録した。その原因については様々な理由が考えられるが，最大の理由としては，老朽化した旧館に問題がある，とオーナー夫妻は分析している。旧館での営業を取りやめ，新館のみでの営業に切り替えるか，旧館を改修することが検討されている。

　旧館の改修とは別の改善策として，旧館を閉鎖し，新館のみで営業した場合の収益性について，オーナー夫妻から意見を求められた。この改善策を実施した場合，客単価は変化しないものの，年間宿泊客数は 15,000 名に減少することが予想されている。これにより，人件費，減価償却費を除く固定費は今年度より 30 ％減少する。

　D 旅館の今年度の損益計算書および関連情報は次のとおりである。

（※）下線部改題

損益計算書

（単位：千円）

売上高	330,000
売上原価	92,400
売上総利益	237,600
販売費・一般管理費	251,090
営業損失	△ 13,490
営業外収益	500
（うち受取利息）	（500）
営業外費用	19,160
（うち支払利息）	（17,960）
経常損失	△ 32,150
当期純損失	△ 32,150

固定費・変動費の内訳

（単位：千円）

変動売上原価	92,400
食材費他	92,400
変動販売費・一般管理費	43,890
販売手数料	34,815
リネン・消耗品費	9,075
固定費	207,200
水道光熱費	40,000
事務通信費	6,000
広告宣伝費	6,500
設備保守点検・修繕費	10,000
人件費	119,300
減価償却費（定額法）	25,400

その他の補足情報

平均客単価	20,000 円
借入金の金利	平均 4 ％

（設問 1）

　この改善策を実施した場合の損益分岐点比率を求めよ（計算過程も明示すること）。なお，ここでは，営業利益をゼロとする売上高を損益分岐点とする。計算にあたっては，千円未満を四捨五入せよ。

（設問 2）

　この改善策を実施した後，損益分岐点比率 90 ％を目標としたい，とオーナー夫妻からの要望があった。この要望に固定費の削減で応える場合，その削減額を求めよ（計算過程も明示すること。単位：千円）。

●【解説（設問 1）】

　本章 I の「(2) 損益分岐点分析（CVP）の設問の解き方」にて触れた手順に従って進めていきます。

手順 1.　前提条件を確認する

　（設問 1）の前提条件を確認しておきましょう。

　　・「営業利益をゼロとする売上高を損益分岐点とする。」

　　・「計算にあたっては，千円未満を四捨五入せよ。」

手順 2.　何が問われているのかを確認する

　（設問 1）で問われているのは，「この改善策を実施した場合の損益分岐点比率」です。改善策の実施により費用構造がどのように変化するのかを読み取る必要があります。

手順 3.　現在の条件を把握する

　現在の条件は与件文や財務諸表から把握できます。

　　・売上高：客単価×客数(今年度)＝20,000 円／名×16,500 名＝330,000 千円

　　・変動費率：(今年度の変動売上原価＋今年度の変動販売費・一般管理費)÷今年度の売上高

　　　＝(92,400 千円＋43,890 千円)÷330,000 千円

　　　＝0.413

　　・固定費：207,200 千円

手順 4.　変化する条件を把握する（費用構造が変化する場合）

　変化する条件はすべて設問文に記載があります。

・「客単価は変化しない」

・「年間宿泊客数は 15,000 名に減少する」

・「人件費，減価償却費を除く固定費は今年度より 30 ％減少する」

　　→人件費，減価償却費は今年度と同額

　これらを踏まえると，改善策を実施した後の売上高，変動費，固定費は次のようになります。

・売上高：客単価×客数＝20,000 円／名×15,000 名＝300,000 千円

・変動費：今年度の変動費×改善策実施後の宿泊客数／今年度の宿泊客数

　　　　＝(92,400 千円＋43,890 千円)×15,000 名／16,500 名

　　　　＝123,900 千円

・固定費：今年度の固定費(人件費，減価償却費を除く)×(1−30 ％)

　　　　＋人件費＋減価償却費

　　　　＝(207,200 千円−119,300 千円−25,400 千円)×(1−30 ％)

　　　　　＋119,300 千円＋25,400 千円

　　　　＝188,450 千円

手順5．損益分岐点売上高，損益分岐点比率等を求める

　手順4で把握した改善策を実施した場合の売上高，変動費，固定費を基本式に当てはめて，損益分岐点売上高を計算します。

$$損益分岐点売上高＝\frac{固定費}{1−変動費率}＝\frac{固定費}{1−\dfrac{変動費}{売上高}}$$

$$＝\frac{188,450 \text{ 千円}}{1−\dfrac{123,900 \text{ 千円}}{300,000 \text{ 千円}}}$$

　　　　　　≒321,039.1 千円　→　321,039 千円（千円未満四捨五入）

以上から，損益分岐点比率は次のようになります。

$$損益分岐点比率＝\frac{損益分岐点売上高}{売上高}$$

$$＝\frac{321,039 \text{ 千円}}{300,000 \text{ 千円}}$$

　　　　　　＝1.07013　→　107.013 ％

【模範解答（設問 1）】

売上高＝客単価×客数＝20,000 円／名×15,000 名＝300,000 千円

変動費＝変動売上原価＋変動販売費・一般管理費

$\quad$＝（今年度の変動売上原価＋今年度の変動販売費・一般管理費）

$$\times \frac{\text{旧館閉鎖案の年間宿泊客数}}{\text{今年度の年間宿泊客数}}$$

$\quad$＝（92,400 千円＋43,890 千円）$\times \dfrac{15,000 \text{ 名}}{16,500 \text{ 名}}$＝123,900 千円

固定費＝今年度の固定費（人件費，減価償却費を除く）×（1−30 ％）

$\quad\quad$＋人件費＋減価償却費

$\quad$＝（207,200 千円−119,300 千円−25,400 千円）×（1−30 ％）

$\quad\quad$＋119,300 千円＋25,400 千円

$\quad$＝188,450 千円

∴損益分岐点売上高＝$\dfrac{\text{固定費}}{1-\text{変動費率}}$＝$\dfrac{\text{固定費}}{1-\dfrac{\text{変動費}}{\text{売上高}}}$

$$=\frac{188,450 \text{ 千円}}{1-\dfrac{123,900 \text{ 千円}}{300,000 \text{ 千円}}}$$

$\quad$＝321,039.1 千円　→　321,039 千円（千円未満四捨五入）

損益分岐点比率＝$\dfrac{\text{損益分岐点売上高}}{\text{売上高}}$＝$\dfrac{321,039 \text{ 千円}}{300,000 \text{ 千円}}$＝1.07013　→　107.013 ％

【補足】

　本問では四捨五入に注意してください。損益分岐点売上高の計算までは千円未満を四捨五入して進めます。しかし，損益分岐点比率には単位がないので，「千円未満を四捨五入」という条件の対象外と考えられます。計算の途中で勝手に小数点以下を四捨五入しないようにしましょう。

●【解説（設問 2）】

　本章Iの「(2) 損益分岐点分析（CVP）の設問の解き方」にて触れた手順に従って進めていきます。

手順1. 前提条件を確認する

（設問2）自体には前提条件の記載はありませんが，（設問1）の続きの問題ですので同様の前提条件と考えてよいでしょう。

手順2. 何が問われているのかを確認する

（設問2）で問われているのは「損益分岐点比率90％を達成する場合の固定費の削減額」です。（設問1）と同様に費用構造が変化する場合の損益分岐点分析の問題です。

手順3. 現在の条件を把握する

設問文に「この改善策を実施した後」とあるので，「改善策の実施後」の状態を現在の条件として把握します。「改善策の実施前」である今年度を現在としないように注意しましょう。「改善策の実施後」の条件は（設問1）で把握済みです。（設問1）の条件は次のとおりでした。

　　・売上高：300,000千円

　　・変動費率：0.413

　　・固定費：188,450千円

手順4. 変化する条件を把握する（費用構造が変化する場合）

本問では固定費が削減額に応じて次のようになります。売上高と変動費率は変化しません。

　　・売上高：300,000千円（変化なし）

　　・変動費率：0.413（変化なし）

　　・固定費：188,450千円－削減額

手順5. 損益分岐点売上高，損益分岐点比率等を求める

手順4までで把握した条件を用いて損益分岐点比率が90％のときの固定費を求めます。まず，損益分岐点比率が90％のときの損益分岐点売上高を計算します。

　　損益分岐点売上高＝売上高×損益分岐点比率

　　　　　　　　　　＝300,000千円×90％

　　　　　　　　　　＝270,000千円

$$損益分岐点売上高＝\frac{固定費}{1-変動費率}$$

ですので，上記の式を変形して固定費について解くと，損益分岐点比率90％のときの固定費は次のようになります。

　　固定費＝損益分岐点売上高×（1－変動費率）

　　　　　＝270,000千円×（1－0.413）

　　　＝158,490 千円

したがって，固定費の削減額は次のようになります。

固定費の削減額

　＝旧館閉鎖案を実施した場合の固定費 － 損益分岐点比率が 90 ％のときの固定費

　＝188,450 千円 － 158,490 千円

　＝29,960 千円

【模範解答（設問 2)】

損益分岐点比率 90 ％のときの損益分岐点売上高

　＝売上高×損益分岐点比率

　＝300,000 千円×90 ％

　＝270,000 千円

このときの固定費＝損益分岐点売上高×（1 － 変動費率）

$$= 270{,}000 \text{ 千円} \times \left(1 - \frac{123{,}900 \text{ 千円}}{300{,}000 \text{ 千円}} \right)$$

$$= 158{,}490 \text{ 千円}$$

∴固定費の削減額

　＝旧館閉鎖案を実施した場合の固定費 － 損益分岐点比率が 90 ％のときの固定費

　＝188,450 千円 － 158,490 千円

　＝29,960 千円

(7) 平成 22 年度　第 2 問（配点 25 点）

損益分岐点売上高	重要度	1 回目	2 回目	3 回目
	A	／	／	／

　D 社は，電子部品のメーカーである。情報機器を生産している大手メーカー Z 社は，D 社の主要な顧客であり，Z 社向けの部品 Q は，D 社の売り上げの多くを占めている。しかしながら，Z 社の最終製品の価格下落にともなって，Z 社から部品 Q の納入価格の大幅な引き下げを要求されている。

　以下の問題に答えよ。なお，計算の結果は小数点第 3 位を四捨五入せよ。

　営業部からの報告によれば，Z 社は部品 Q の納入価格の 20 ％引き下げを要求している。さらに Z 社からは，納入価格を現在の価格より 30 ％引き下げることができれば，今後は仕入れ先を D 社に一本化し，発注量を 2 倍にする案が提示されている。部品 Q の現在の売上高は 2,823 百万円，変動費は 1,129 百万円，固定費は 1,640 百万円である。

　なお，現状の生産能力には十分な余裕があり，生産技術部からは，部品 Q の納入量を 2 倍にしても，その原価構造は現状と変化がないと報告されている。

（設問 1）

　部品 Q の損益分岐点図表は以下に示されたとおりである。

　①納入価格を 20 ％引き下げた場合，②納入価格を 30 ％引き下げた場合のそれぞれについて，解答用紙の損益分岐点図表に総費用線を描け。また，①および②の場合の損益分岐点売上高を所定の解答欄に求めよ（単位：百万円）。

　なお，総費用線を書く際には，2 つのケースを区別するため，①の場合を破線（‥‥‥‥），②の場合を実線（——）で表すものとする。

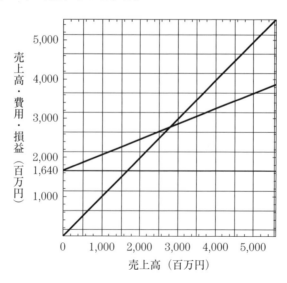

　定規がない場合，フリーハンドでもよいが，始点，交点，終点等のうち重要なものは明確にすること。

（設問 2）

　D 社は Z 社から提示された案のうち，どちらを受け入れるべきか，その理由とともに 60 字以内で解答せよ。

（※）下線部改題

●【解説（設問 1）】

　本章 I の「(2) 損益分岐点分析（CVP）の設問の解き方」にて触れた手順に従って進めていきます。

手順 1．前提条件を確認する

　前提条件を確認しておきましょう。

- ・「計算の結果は小数点第 3 位を四捨五入せよ。」
- ・「単位：百万円」

手順 2．何が問われているのかを確認する

　（設問 1）で問われているのは，「納入価格を引き下げた場合の総費用線と損益分岐点売上高」です。2 つの案について損益分岐点分析をさせる問題です。

手順 3．現在の条件を把握する

　現在の条件は設問文中の情報からわかります。

- ・売上高：2,823 百万円
- ・変動費率：変動費 ÷ 売上高 ＝ 1,129 百万円 ÷ 2,823 百万円
- ・固定費：1,640 百万円

手順 4．変化する条件を把握する（費用構造が変化する場合）

　2 つの案で条件が異なります。いずれの案でも「原価構造は現状と変化がない」ので，製品 1 個当たりの変動費と固定費は変化しません。

　案①の場合

- ・売上高：2,823 百万円 ×（1 − 20 %）＝ 2,258.4 百万円（納入価格：20 % 引き下げ，発注量：現状のまま）

167

・変動費率：1,129 百万円 ÷ 2,258.4 百万円

・固定費：1,640 百万円

案②の場合

・売上高：2,823 百万円 × (1 − 30 %) × 2 = 3,952.2 百万円（納入価格：30 %引き下げ，発注量：2 倍）

・変動費率：1,129 百万円 × 2 ÷ 3,952.2 百万円

・固定費：1,640 百万円

手順 5. 損益分岐点売上高，損益分岐点比率等を求める

案① 納入価格を 20 %引き下げた場合

手順 4 で把握した売上高，変動費率，固定費から総費用線は次式で表されます。

総費用 = 変動費率 × 売上高 + 固定費

= (1,129 百万円 ÷ 2,258.4 百万円) × 売上高 + 1,640 百万円

総費用線を書くにあたり，定規の有無にかかわらず始点，交点，終点を明確にしておくことが望ましいです。本問では横軸の最大値が不明確ですので，始点と交点を明示すればよいでしょう。始点は，売上高 = 0 のときの総費用の値であり，1,640 百万円です。交点は以下で求める損益分岐点売上高ですので，この 2 点を結べば総費用線となります。

損益分岐点売上高は，

$$損益分岐点売上高 = \frac{固定費}{1 − 変動費率}$$

$$= \frac{1,640 百万円}{1 − (1,129 百万円 ÷ 2,258.4 百万円)}$$

≒ 3,279.419 百万円 → 3,279.42 百万円（小数点第 3 位四捨五入）

案② 納入価格を 30 %引き下げた場合

手順 4 で把握した売上高，変動費率，固定費から総費用線は次式で表されます。

総費用 = 変動費率 × 売上高 + 固定費

= (1,129 百万円 × 2 ÷ 3,952.2 百万円) × 売上高 + 1,640 百万円

また，損益分岐点売上高は，

$$損益分岐点売上高 = \frac{固定費}{1 − 変動費率}$$

$$= \frac{1,640 百万円}{1 − (1,129 百万円 × 2 ÷ 3,952.2 百万円)}$$

≒ 3,825.763 百万円 → 3,825.76 百万円（小数点第 3 位四捨五入）

【模範解答（設問 1）】

①	3,279.42（百万円）
②	3,825.76（百万円）

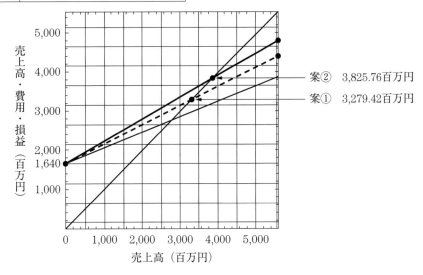

案② 　3,825.76百万円
案① 　3,279.42百万円

●【解説（設問 2）】

　ここまでの計算がしっかりできていれば解答の方向性を誤ることはないと思います。設問では理由を問われており，60 字という字数制限も踏まえて解答構成を検討する必要があります。

　案①と案②について，損益分岐点売上高と売上高の比較から利益の有無を確認します。

	損益分岐点売上高	売上高	利益
案①	3,279.42 百万円	2,258.4 百万円	赤字
案②	3,825.76 百万円	3,952.2 百万円	黒字

　損益分岐点売上高とは売上高と費用が一致する点，つまり利益が 0 となる売上高のことなので，売上高が損益分岐点売上高を下回ると赤字になります。

　案①を採用した場合は赤字になるのに対し，案②の場合では黒字となる点を理由として解答をまとめます。

【模範解答（設問 2）】

納	入	価	格	30	％	引	き	下	げ	案	を	受	け	入	れ	る	。	20	％
引	き	下	げ	案	で	は	赤	字	と	な	る	が	，	30	％	引	き	下	げ
案	で	は	売	上	高	の	増	加	に	よ	り	黒	字	と	な	る	た	め	。

(8) 平成 30 年度　第 3 問（配点 30 点）

費用構造と成長性	重要度	1回目		2回目		3回目	
	B	／		／		／	

　D 社は資本金 5,000 万円，従業員 55 名，売上高約 15 億円の倉庫・輸送および不動産関連のサービス業を営んでおり，ハウスメーカーおよび不動産流通会社，ならびに不動産管理会社およびマンスリーマンション運営会社のサポートを事業内容としている。

　D 社は受注した業務について，協力個人事業主等に業務委託を行うとともに，配送ネットワークに加盟した物流業者に梱包，発送等の業務や顧客への受け渡し，代金回収業務等を委託しており，協力個人事業主等の確保・育成および加盟物流業者との緊密な連携とサービス水準の把握・向上がビジネスを展開するうえで重要な要素になっている。

　D 社は営業拠点として，地方別に計 3 カ所の支店または営業所を中核となる大都市に開設している。広域にビジネスを展開している多くの顧客企業による業務委託の要望に応えるために，D 社はこれまで営業拠点がない地方に営業所を 1 カ所新たに開設する予定である。

　今年度の損益計算書並びに売上原価と販売費及び一般管理費の内訳は次のとおりである。以下の設問に答えよ。

損益計算書

（単位：百万円）

	D 社	同業他社
売上高	1,503	1,815
売上原価	1,140	1,635
売上総利益	363	180
販売費及び一般管理費	345	121
営業利益	18	59
営業外収益	2	1
営業外費用	2	5
経常利益	18	55
特別損失	―	1
税引前当期純利益	18	54
法人税等	5	30
当期純利益	13	24

売上原価と販売費及び一般管理費の内訳

（単位：百万円）

変動費	売上原価	1,014
	外注費	782
	その他	232
	販売費及び一般管理費	33
	計	1,047
固定費	売上原価	126
	販売費及び一般管理費	312
	支店・営業所個別費	99
	給料及び手当	79
	賃借料	16
	その他	4
	本社費・共通費	213
	計	438

（設問 1）

　来年度は外注費が 7 ％上昇すると予測される。また，営業所の開設により売上高が 550

170

百万円，固定費が 34 百万円増加すると予測される。その他の事項に関しては，今年度と同様であるとする。

　予測される以下の数値を求め，その値を(a)欄に，計算過程を(b)欄に記入せよ。

　①変動費率（小数点第 3 位を四捨五入すること）

　②営業利益（百万円未満を四捨五入すること）

（設問 2）

　D 社が新たに営業拠点を開設する際の固定資産への投資規模と費用構造の特徴について，60 字以内で説明せよ。

（設問 3）

　（設問 2）の特徴を有する営業拠点の開設が D 社の成長性に及ぼす当面の影響，および営業拠点のさらなる開設と成長性の将来的な見通しについて，60 字以内で説明せよ。

（※）下線部改題

●【解説（設問 1）】

　本章 I の「(2) 損益分岐点分析（CVP）の設問の解き方」にて触れた手順に従って進めていきます。

手順 1.　前提条件を確認する

　前提条件を確認しておきましょう。

　　・変動費率は，小数点第 3 位を四捨五入する

　　・営業利益は，百万円未満を四捨五入する

手順 2.　何が問われているのかを確認する

　「予測される以下の数値」，すなわち①変動費率，②営業利益について，その値と計算過程を問われています。

手順 3.　現在の条件を把握する

　現在の条件（今年度）は表（損益計算書，売上原価と販売費及び一般管理費の内訳）から明らかです。

　　・売上高：1,503 百万円

　　・変動費率：変動費÷売上高＝1,047 百万円÷1,503 百万円（※ 1）

・固定費：438 百万円

（※ 1）この式の計算は，以後，その値を使用する必要が生じた時点で行うこととし，この段階では行わない。

手順 4. 変化する条件を把握する（費用構造が変化する場合）

来年度に変化する条件は問題文に 3 つ記載されています。

① 外注費が 7 ％上昇する

② 売上高が 550 百万円増加する（営業所の開設に伴う）

③ 固定費が 34 百万円増加する（営業所の開設に伴う）

また，「その他の事項に関しては，今年度と同様である」とあります。

ここで，売上高の増加（②）と固定費の増加（③）の原因が「営業所の開設」であることが問題文中に書かれていることから，外注費の上昇（①）は「営業所の開設」以外の理由によるものであることがわかります。一方で，外注費は変動費ですから，外注費は「営業所の開設」に起因する売上高の増加（②）に連動して増加することになります（下表＊部）。また，「その他」ならびに「販売費及び一般管理費」についても変動費ですから，売上高の増加（②）に連動して増加することになります（下表＊＊部）。（以上の解釈については「補足」にて後述します。）

以上の条件を整理すると，費用構造は下表のとおりになります。

			営業所の開設以外に起因する変化	営業所の開設に起因する変化
売上高			—	＋550 百万円（②）
変動費	売上原価	外注費	×107 ％（①）	売上高に連動（＊）
		その他	—	売上高に連動（＊＊）
	販売費及び一般管理費		—	売上高に連動（＊＊）
固定費			—	＋34 百万円（③）

以上から，来年度の売上高，変動費（率），固定費を求めると，次のとおりになります。

売上高：今年度の売上高＋増加額＝1,503 百万円＋550 百万円＝2,053 百万円

変動費：

　売上原価の外注費：今年度の売上原価の外注費×（1＋7 ％）

　　　　　　　　　　×（来年度の売上高÷今年度の売上高）

　　　　　　　　　＝782 百万円×1.07×（2,053 百万円／1,503 百万円）

　　　　　　　　　＝1,142.932 百万円

　売上原価のその他：今年度の売上原価のその他

　　　　　　　　　　×（来年度の売上高÷今年度の売上高）

$$= 232 \text{百万円} \times (2{,}053 \text{百万円} / 1{,}503 \text{百万円}) = 316.896 \text{百万円}$$

　　販売費及び一般管理費：今年度の販売費及び一般管理費

$$\times \text{（来年度の売上高} \div \text{今年度の売上高）}$$

$$= 33 \text{百万円} \times (2{,}053 \text{百万円} / 1{,}503 \text{百万円}) = 45.075 \text{百万円}$$

　　変動費計：売上原価の外注費 1,142.932 百万円 ＋ 売上原価のその他 316.896 百万円

$$+ \text{販売費及び一般管理費} 45.075 \text{百万円} = 1{,}504.903 \text{百万円}$$

　　固定費：今年度の固定費 ＋ 増加額 ＝ 438 百万円 ＋ 34 百万円 ＝ 472 百万円

　これより，変動費率は，1,504.903 百万円 ÷ 2,053 百万円 ≒ 0.73302　→　73.30 ％ となります。（小数点第 3 位を四捨五入）

　また，営業利益は，売上高 2,053 百万円 － 変動費 1,504.903 百万円 － 固定費 472 百万円 ＝ 76.097 百万円　→　76 百万円 となります。（百万円未満を四捨五入）

【模範解答（設問 1）】

	(a)	(b)
①	73.30 ％	売上高：1,503 ＋ 550 ＝ 2,053 百万円 変動費：(782 × 1.07 ＋ 232 ＋ 33) × (2,053 ／ 1,503) 　　　　＝ 1,504.903 百万円 変動費率：1,504.903 ÷ 2,053 ≒ 0.73302　→　73.30 ％
②	76 百万円	固定費：438 ＋ 34 ＝ 472 百万円 営業利益：2,053 － 1,504.903 － 472 ＝ 76.097 百万円

【補足】

(1)「外注費が 7 ％上昇する」の解釈

　本表現は，以下の 3 通りの解釈が可能です。

　　a．外注費の総額が 7 ％上昇する

　　　（来年度の外注費 ＝ 今年度の外注費 × 1.07）

　　b．外注費の単価が 7 ％上昇する

$$\left(\text{来年度の外注費} = \text{今年度の外注費} \times 1.07 \times \frac{\text{来年度の売上高}}{\text{今年度の売上高}} \right)$$

　　c．外注費の比率が 7 ％上昇する

$$\Big(\text{来年度の外注費} = \text{来年度の売上高} \times (\text{今年度の外注費の比率} + 7 \text{％})$$

$$= \text{来年度の売上高} \times \left(\frac{\text{今年度の外注費}}{\text{今年度の売上高}} + 0.07 \right) \Big)$$

いずれが妥当な解釈であるかは問題文中に決め手となる根拠はありません。本解説では以下の考察をもとに b の解釈を採用しています。

① 問題文中の「来年度は外注費が 7 ％上昇すると予測される。また，営業所の開設により…」の記載

　　本記載から外注費の 7 ％上昇は営業所の解説とは無関係であると考えられます。なぜなら，仮に営業所の開設により外注費が増加するのであれば，「営業所の開設により売上高が 550 百万円，固定費が 34 百万円増加し，また，外注費が 7 ％上昇すると予測される」というように，「営業所の開設により」がすべての増加・上昇に係るように記載することが自然だからです。したがって，外注費は単価が 7 ％上昇したうえで，営業所の開設に伴う売上高の上昇に応じて増加すると考えられます。

② 外注費は変動費であるということ

　　外注費は変動費ですので，特段の事情がない限りは営業量に比例して変動すると考えられます。営業量，すなわち売上高を加味しているのは b の解釈です。

③ 外注費に関する特段の事情がないこと

　　a，b それぞれの解釈をした場合の外注費は以下のとおりです。

　　　a．総額 7 ％上昇：782 百万円×1.07＝836.74 百万円
　　　b．単価 7 ％上昇：782 百万円×1.07×(2,053 百万円／1,503 百万円)
　　　　　　　　　　　＝1,142.932 百万円

ここで，a と b の場合における売上高外注費比率を考えてみます。すると，a では外注費比率は大きく低下（52.0 ％→ 40.8 ％）し，b ではやや上昇（52.0 ％→ 55.7 ％）します。問題文の記載から，外注費は協力個人事業主等および加盟物流業者への委託費用と考えられます。営業所の新規開設によりこれらの比率が大きく低下するとは考えにくいため，外注費の 7 ％上昇については b の解釈であると考えられます。

④ 結果の妥当性

　　a と b の場合における営業利益率を考えてみます。すると，いずれの場合も営業利益率は上昇しますが，b では 1.2 ％→ 3.7 ％の上昇に対して，a では 1.2 ％→ 18.6 ％と上昇幅が大きいです。問題文の記載から，営業利益率が大きく上昇する要素は読み取れませんので，抑制的な b の解釈を妥当としています。

⑤ その他

　　c については，問題文中に「外注費が」と表現しているにもかかわらず，あえて「比率」と解釈する理由に乏しく，また，比率と解釈する場合に「何に対する比率」であるかも不明です。このような解釈も可能であるという意味で提示していますが，本問で c の解釈をとることはないと考えられます。

(2)「その他の事項に関しては，今年度と同様である」の解釈

　本表現における「今年度と同様である」という部分は不明瞭であり，複数の解釈が可能

です。たとえば，「費用の額が今年度と同様である」と解釈をすれば，来年度もその他（変動費分）と販売費及び一般管理費（変動費分）の額は変わりません。また，「売上高に対する割合が今年度と同様である」と解釈をすれば，来年度のその他（変動費分）と販売費及び一般管理費（変動費分）の額は売上高の増加に応じて増加します。

　本問では問題文中に特段の事情の記載がありませんので，変動費は営業量（売上高）に比例して変動する，すなわち，営業量（売上高）に対する割合が変わらないと考えることが妥当と考えます。

●【解説（設問2）】

　はじめに（設問2）で問われていることを確認します。本問では「新たに営業拠点を開設する際」という条件下で以下の2点について問われています。
・固定資産への投資規模（の特徴）
・費用構造の特徴

(1)「固定資産への投資規模」について

　問題文から「固定資産への投資」は明示的には読み取れません。営業拠点を開設することから不動産を使用する権原を取得していると考えられます。問題文には不動産を取得したとの記載はありません。一方，売上原価と販売費及び一般管理費の内訳の支店・営業所個別費の内訳に賃借料があることから，既存の3拠点は賃貸と考えられます。したがって，新拠点についても賃貸と考えるのが妥当でしょう。

　したがって，新たな営業拠点の開設にあたり，不動産への投資はありません。しかし，不動産以外の固定資産に対して何らかの投資があると考えられます。この投資が具体的に何であるかは記載されていませんが，一般的な営業拠点として必要となる机や椅子，パソコンなどの備品類と考えられます。このような資産への投資も問題文中に明示されていませんが，不動産の取得がない以上，何らかの固定資産への投資があるとすれば備品類と考えざるを得ません。

　以上から，新たな営業拠点を開設する際の固定資産への投資規模は，（営業拠点として新たに不動産を取得することと比較すれば，）総じて小さいと考えられます。また，以上の投資判断は新たな営業拠点に係る減価償却費を抑制することにつながるといえます。

(2)「費用構造の特徴」について

　「費用構造」が具体的に何を意味するのか明示されていませんが，問題全体から見て「変動費と固定費の関係」を指すものと考えられます。本問では，売上高の増加に連動して変動費が増加し，さらに新たな営業拠点の開設により固定費が増加することになります。

　変動費率に変化はありません（※2）ので，売上高の増加に応じて変動費は大きく増加

します（※3）。一方，新たな営業拠点に係る減価償却費が小さいことから，固定費の増加はそれほど大きくないと考えられます。したがって，費用全体（変動費＋固定費）に占める変動費の割合が大きくなります。

（※2）実際には変動費率に変化がないかどうかは本問から判断はできないが，（設問1）の条件を参考に「変化なし」としている。なお，（設問1）の解答で変動費率が上昇しているが，これは営業拠点の開設とは関係のない要素（外注単価の上昇）を原因としている。

（※3）売上高の増加が約50百万円（このときの変動費の増加分が約35百万円）を上回ることが前提となる。

以上をまとめて解答とします。

【模範解答】（設問2）

固	定	資	産	へ	の	投	資	規	模	は	小	さ	い	。	売	上	増	に	伴
う	変	動	費	の	増	加	が	固	定	費	の	増	加	を	上	回	り	，	変
動	費	の	割	合	が	高	い	費	用	構	造	と	な	る	。				

【補足】

本問では固定資産への投資規模と費用構造の特徴の2つが問われています。このように1つの設問で複数の事項を問われる場合，出題者はそれらの事項に何らかの関係性があると考えている可能性があります。本問では制限字数がそれほど多くないため，関係性にまで深く言及することは求められていないと考えられますが，制限字数が多い場合にはこのような点にも気をつけるとよいでしょう。

●【解説（設問3）】

はじめに（設問3）で問われていることを確認します。本問では（設問2）を前提として以下の2点について問われています。
・営業拠点の開設がD社の成長性に及ぼす当面の影響
・営業拠点のさらなる開設と成長性の将来的な見通し

(1) 設問解釈
① 「営業拠点のさらなる開設と成長性」の解釈について

将来的な見通しについては，「（設問2）の特徴を有する営業拠点のさらなる開設による成長性の将来的な見通し」と解釈することとします。「営業拠点のさらなる開設の将

来的な見通し」と「成長性の将来的な見通し」の 2 つを問われていると考えることもできますが，このように解釈をした場合に前者の見通しを判断する情報（市場の成長性など）がありません。

　　また，問題文からは「（設問 2）の特徴を有する」の記述が後段にもかかっているかは定かではありませんが，そう解釈をしなければ成長性を評価する情報がありません。

② 「成長性」の解釈について

　　本問では成長性が具体的に何を意味しているのかは記載がありません。一般的に成長性は損益計算書や貸借対照表等を用いて多面的に評価します（売上高増加率，（経常）利益増加率，総資本増加率，有形固定資産増加率，従業員増加率など）。本問では多面的な評価をするには情報が不足しているため，「（設問 2）の特徴を有する」という制約を念頭に可能な範囲で成長性を検討すればよいと考えられます。

　　「（設問 2）の特徴を有する」からわかることは以下のとおりです。

a. 営業拠点の開設による固定資産への投資規模が小さい。

b. 営業拠点の開設による固定費の増加は小さく，費用全体に占める変動費の割合は大きくなる。

　　a は有形固定資産増加率，b は利益増加率に関連します。総資本増加率もありえますが，固定資産への投資だけからでは評価ができないため本問では考えません。また，有形固定資産増加率単独で成長性を評価することも困難です。なぜなら，有形固定資産が増えれば成長と単純に評価できるものではなく，その他の要素を加味することが必要だからです（たとえば，売上高増加率との兼ね合いで有形固定資産の活用効率が向上した，など）。

　　以上から，成長性として主に利益増加（率）に着目して成長性を評価します。

(2) 解答の構築

① 営業レバレッジと成長性

　　固定費・変動費と利益の関係を考えるに際しては，営業レバレッジを検討することが有効です。営業レバレッジは「限界利益（営業利益＋固定費）÷営業利益」で表されます。したがって，費用全体に占める固定費の割合が高いほど営業レバレッジは大きくなります。営業レバレッジが大きいと，売上高の増加に伴い利益が出やすくなります。

　　（設問 2）で検討したとおり，D 社は営業拠点の開設に伴い費用全体に占める固定費の割合が低下します（費用全体に占める変動費の割合が高くなる）。したがって，営業拠点の開設が続けば営業レバレッジは低下していき，利益は出にくい体質に変わっていきます。

　　以上を踏まえて成長性の当面の影響と将来的の見通しを評価します。

② 当面の影響について

　　（設問 2）で見たとおり，営業拠点の開設による固定費の増加は大きくありません。

したがって，売上高が増加すれば利益は大きく増加します。営業拠点を1つ開設するだけでも営業レバレッジは低下しますが，「当面」に限って評価するのであれば，売上高・利益の増加をもって営業拠点の開設はD社の成長性にプラスの影響を及ぼすといえます。

③ 成長性の将来的な見通しについて

営業拠点をさらに開設した場合も売上高・利益は増加すると考えられます。しかし，上記のとおり営業レバレッジが徐々に低下するため，5拠点，6拠点と営業拠点が増えるにつれて売上高の伸びに対する利益の増加は鈍くなります。したがって，営業拠点のさらなる開設はD社の成長性に大きく貢献するとはいえません。

以上をまとめて解答とします。

【模範解答】（設問3）

当	面	は	利	益	が	増	加	し	成	長	性	に	好	影	響	を	及	ぼ	す。
将	来	的	に	は	変	動	費	の	割	合	が	さ	ら	に	増	え	，		営	業
レ	バ	レ	ッ	ジ	が	低	下	す	る	た	め	，		利	益	増	加	が	鈍	る。

【補足】

本問の重要度をBとしている理由は，問題文の記載が一義的ではなく，妥当な解釈を導くためには深い考案を要するためです。

(9) 平成 19 年度　第 2 問（配点 25 点）

変動費率と固定費	重要度	1 回目	2 回目	3 回目
	B	／	／	／

D 社は，基礎化粧品を製造する企業である。

2 か年の財務諸表から，損益分岐点分析を営業利益レベルにおいて行う。なお，変動費率は一定と仮定する。以下の設問に答えよ。解答にあたり，下記の損益計算書を用いよ。

損　益　計　算　書

（単位：百万円）

	平成 18 年度 実績	平成 19 年度 予想
売　　上　　高	3,216	2,900
売　上　原　価	2,403	2,262
売　上　総　利　益	813	638
販売費・一般管理費	480	464
営　業　利　益	333	174
営　業　外　収　益	36	42
営　業　外　費　用	171	171
経　常　利　益	198	45
特　別　利　益	0	0
特　別　損　失	0	0
税引前当期純利益	198	45
法　人　税　等	79	18
当　期　純　利　益	119	27

（設問 1）

変動費率を（a）欄に，固定費を（b）欄に求めよ。なお，変動費率は 1 パーセント未満を四捨五入し，固定費は百万円未満を四捨五入すること。

（設問 2）

D 社が現在の経営政策をこのまま取り続けるとしたら，どのような状況となるか，この損益分岐点分析に基づいて 60 字以内で説明せよ。

（※）下線部改題

●【解説 (設問1)】

本章Ⅰの「(2) 損益分岐点分析 (CVP) の設問の解き方」にて触れた手順に従って進めていきます。なお、本問では変動費率と固定費を問われているため、手順4以降は不要です。

手順1. 前提条件を確認する

前提条件を確認しておきましょう。

- 「損益分岐点分析を営業利益レベルにおいて行う」
- 「変動費率は1パーセント未満を四捨五入」
- 「固定費は百万円未満を四捨五入」

手順2. 何が問われているのかを確認する

(設問1) で問われているのは、(a)「変動費率」と (b)「固定費」です。2か年の財務諸表から現在の損益分岐点分析を行う問題です。

手順3. 現在の条件を把握する

平成18年度実績と平成19年度予想とで、「変動費率は一定と仮定」します。固定費については特に記載はありませんので、これも一定と考えます。売上高と営業利益の情報は財務諸表から把握できます。

売上高 ：平成18年度実績 3,216百万円

平成19年度予想 2,900百万円

営業利益：平成18年度実績 333百万円

平成19年度予想 174百万円

変動費率と固定費は、以下の式を用いて計算をします。

(営業) 利益＝売上高－(売上高×変動費率＋固定費)

・平成18年度実績

333百万円＝3,216百万円－(3,216百万円×変動費率＋固定費) …(第1式)

・平成19年度予想

174百万円＝2,900百万円－(2,900百万円×変動費率＋固定費) …(第2式)

この連立方程式を解くと、

変動費率＝(316百万円－159百万円) ÷316百万円

≒0.496 → 50％ (1パーセント未満を四捨五入)

固定費＝3,216百万円－{3,216百万円×(316百万円－159百万円)÷316百万円}

－333百万円

≒1,285.1百万円 → 1,285百万円 (百万円未満を四捨五入)

【模範解答（設問 1）】

(a)	50 %	(b)	1,285 百万円

【補足】

(1) 連立方程式の解き方

第 1 式の左辺と右辺のそれぞれから，第 2 式の左辺と右辺を引くことにより，固定費の項を消去します。

333 百万円 − 174 百万円

= (3,216 百万円 − 2,900 百万円) − (3,216 百万円 − 2,900 百万円) × 変動費率

⇔ 159 百万円 = 316 百万円 − 316 百万円 × 変動費率

次に，この式を変動費率について解きます。

変動費率 = (316 百万円 − 159 百万円) ÷ 316 百万円

最後に，求めた変動費率を第 1 式に代入することで，固定費を求めることができます。

固定費 = 3,216 百万円 − {3,216 百万円 × (316 百万円 − 159 百万円) ÷ 316 百万円}

　　　　 − 333 百万円

　　　 ≒ 1,285.1 百万円

(2) 本問の重要度

本問の重要度を B としている理由は，変動費率と固定費を求めるために連立方程式を立てるという工夫を要するためです。このためには基本式の暗記だけではなく，その背景にある，「利益 = 売上高 − (変動費 + 固定費)」を理解していなければなりません。なお，変動費率と固定費さえ求められれば，その後の（設問 2）は重要度 A 相当の設問となります。

●【解説（設問 2）】

「損益分岐点分析に基づいて」とあるので，まずは平成 18 年度実績と平成 19 年度予想の損益分岐点比率を計算します。手順 1 から手順 3 は（設問 1）と共通です。また，費用構造が変化する場合にあたらないため，手順 4 は不要です。

手順 5. 損益分岐点売上高，損益分岐点比率等を求める

損益分岐点売上高

$$= \frac{固定費}{1 - 変動費率} = \frac{1,285.1 百万円}{1 - 0.496} ≒ 2,549.8 百万円$$

損益分岐点比率

平成 18 年度実績 ＝ 2,549.8 百万円 ÷ 3,216 百万円 ＝ 0.7928…　→　79.3 %

平成 19 年度予想 ＝ 2,549.8 百万円 ÷ 2,900 百万円 ＝ 0.8792…　→　87.9 %

損益分岐点比率を比較すると，1 年間で損益分岐点比率が 8.6 ポイントも上昇していることがわかります。このため現在の経営政策をこのまま取り続けると，いずれ営業赤字になる懸念があることが類推できます。

【模範解答（設問 2）】

19	年	度	の	損	益	分	岐	点	比	率	が	87	.9	%	と	対	前	年	8.
6	ポ	イ	ン	ト	増	加	し	安	全	余	裕	率	が	悪	化	し	て	い	る。
こ	の	ま	ま	で	は	営	業	赤	字	に	陥	る	可	能	性	が	高	い	。

(10) 平成 21 年度　第 3 問（配点 20 点）

損益分岐点売上高 （営業レバレッジ）	重要度	1 回目		2 回目		3 回目	
	C	／		／		／	

　D 社は，スポーツウエアの製造及び販売を行っている。

　D 社の取締役会では，各国の経済状況に伴う売上高の変動リスクが経営の課題として繰り返し議論されている。D 社の主力製品は発注元の Y 社で販売されるが，先進国だけでなくアジア諸国でも順調に売上高を伸ばしている。しかし，スポーツウエアの売上高はもともと景気変動の影響を受けやすいため，特に成長市場であるアジア諸国での売上高変動は経営者にとっての関心事である。近年の経済のグローバル化に伴う影響が D 社にとっての経営上の大きなリスクとなっている。

　D 社の本社は創業当時より現所在地にあるが，事業の拡大に伴って手狭になったため隣地の中古不動産を買い増ししてきた。本社社屋の減価償却後の簿価は 7 億円である。本社社屋の一部は老朽化しており，建て替えも検討しなければならない時期を迎えている。一方で駅前の再開発事業も進んでおり，本社付近も一体開発される可能性がある。

　D 社では，本社（土地及び建物）を平成 21 年度期首に売却してオフィスを賃借すると同時に，本社の管理業務の一部をアウトソーシングすることを検討している。本社を売却した場合，18 億円の手取りのキャッシュフローが得られるので，これを全額負債の返済に充当する。オフィスの賃借料は年 4,500 万円であると推定される。また，本社の管理業務の一部を年間委託費 6,000 万円（固定費）でアウトソーシングすることによって，従来発生していた販売費及び一般管理費（減価償却費を含む）のうち 3 億円を削減することが可能である。

　D 社では，売上高と利益の関係を把握するため，経常利益ベースでの損益分岐点分析によるシミュレーションを開始した。平成 20 年度の売上原価に占める固定費は 1,598 百万円である。推計によると，平成 21 年度に景気が減速した場合，20 ％程度の売上高減少が見込まれることがわかった。

　また，本社（土地及び建物）を売却しない場合の平成 21 年度の固定費および営業外損益は平成 20 年度と同額とする。

　なお，金利を 8 ％とし，販売費及び一般管理費，営業外損益はすべて固定費とする。

　平成 20 年度の D 社及び同業他社の損益計算書は以下のとおりである。

損 益 計 算 書

(単位：百万円)

	D 社	同業他社
売　　上　　高	5,611	5,039
売　上　原　価	4,204	3,985
売　上　総　利　益	1,407	1,054
販売費・一般管理費	931	853
営　業　利　益	476	201
営　業　外　収　益	3	12
営　業　外　費　用	208	122
経　常　利　益	271	90
特　別　利　益	0	39
特　別　損　失	0	41
税引前当期純利益	271	89
法　人　税　等	108	36
当　期　純　利　益	163	53

（設問 1）

D 社の平成 20 年度の損益分岐点売上高を求め，(a) 欄に記入せよ。

また，本社を売却しない場合について，平成 21 年度の売上高が平成 20 年度より 20 ％減少したときに予想される経常利益を求め，(b) 欄に記入せよ。

なお，計算結果は百万円単位で解答し，百万円未満を四捨五入すること。

（設問 2）

本社を売却した場合の平成 21 年度の損益分岐点売上高を求め，(a) 欄に記入せよ（計算結果は百万円単位で解答し，百万円未満を四捨五入すること）。

また，この結果，営業レバレッジがどのように変化し，その変化が D 社の業績にどのような影響を与えるかを，財務・会計の観点から 100 字以内で (b) 欄に説明せよ。

（※）下線部改題

●【解説（設問 1）】

本章 I の「(2) 損益分岐点分析（CVP）の設問の解き方」にて触れた手順に従って進めていきます。

手順 1.　前提条件を確認する

前提条件を確認しておきましょう。

- ・「経常利益ベースでの損益分岐点分析」
- ・「百万円未満を四捨五入」

手順 2.　何が問われているのかを確認する

（設問 1）で問われているのは，(a)「平成 20 年度の損益分岐点売上高」と (b)「本社を売却しない場合の平成 21 年度の予想経常利益」です。(a) が現在の損益分岐点分析，(b) が費用構造が変化する場合の損益分岐点分析の問題です。

手順 3.　現在の条件を把握する

平成 20 年度の条件は財務諸表と設問文から把握できます。「売上原価に占める固定費は 1,598 百万円」「販売費及び一般管理費，営業外損益はすべて固定費」とあるので，売上原価の一部が変動費，残りは固定費となります。

- ・売上高：5,611 百万円
- ・変動費率：売上原価中の変動費÷売上高＝（売上原価−売上原価中の固定費）÷売上高

$$= （4,204 \text{ 百万円} − 1,598 \text{ 百万円}）÷5,611 \text{ 百万円}$$

$$= 2,606 \text{ 百万円} ÷ 5,611 \text{ 百万円}$$

- ・固定費：売上原価中の固定費＋販売費・一般管理費＋営業外損益

$$= 1,598 \text{ 百万円} + 931 \text{ 百万円} + （−3 \text{ 百万円} + 208 \text{ 百万円}）$$

$$= 2,734 \text{ 百万円}$$

手順 4.　変化する条件を把握する（費用構造が変化する場合）

平成 21 年度の条件は設問文に記載があります。

- ・「本社を売却しない」
- ・「平成 21 年度の売上高が平成 20 年度より 20 ％減少」
- ・「平成 21 年度の固定費および営業外損益は平成 20 年度と同額」

したがって，売上高，変動費，固定費は次のようになります。

- ・平成 21 年度の売上高＝平成 20 年度の売上高×（1−20 ％）

$$= 5,611 \text{ 百万円} × 80 ％$$

$$= 4,488.8 \text{ 百万円}$$

・平成 21 年度の変動費：平成 21 年度の売上高×変動費率

$$= 4{,}488.8 \text{百万円} \times (2{,}606 \text{百万円} \div 5{,}611 \text{百万円})$$

・平成 21 年度の固定費：2,734 百万円（変化なし）

<u>手順5. 損益分岐点売上高，損益分岐点比率等を求める</u>

（a）平成 20 年度の損益分岐点売上高

$$\text{損益分岐点売上高} = \frac{\text{固定費}}{1-\text{変動費率}}$$

$$= \frac{2{,}734 \text{百万円}}{1-2{,}606 \text{百万円} \div 5{,}611 \text{百万円}}$$

$$\fallingdotseq 5{,}104.9 \text{百万円} \quad \rightarrow \quad 5{,}105 \text{百万円（百万円未満を四捨五入）}$$

（b）本社を売却しない場合の平成 21 年度の予想経常利益

予想経常利益＝売上高－（変動費＋固定費）

$$= 4{,}488.8 \text{百万円} - (4{,}488.8 \text{百万円} \times 2{,}606 \text{百万円} \div 5{,}611 \text{百万円}$$

$$+ 2{,}734 \text{百万円})$$

$$= \triangle\, 330 \text{百万円}$$

【模範解答（設問 1）】

(a)	5,105 百万円	(b)	△ 330 百万円

●【解説（設問 2）】

本章Ⅰの「(2) 損益分岐点分析（CVP）の設問の解き方」にて触れた手順に従って進めていきます。

<u>手順1. 前提条件を確認する</u>

前提条件を確認しておきましょう。

・「経常利益ベースでの損益分岐点分析」

・「百万円未満を四捨五入」

<u>手順2. 何が問われているのかを確認する</u>

（設問 2）で問われているのは，(a)「平成 21 年度の損益分岐点売上高」と (b)「営業レバレッジの変化と，その変化が D 社の業績に与える影響」です。(a) は費用構造が変化する場合の損益分岐点分析の問題です。(b) は (a) の結果などを参考に分析をする問題です。

手順 3.　現在の条件を把握する

　現在の条件は（設問 1）と同様です。

　　　・売上高：5,611 百万円

　　　・変動費率：2,606 百万円÷5,611 百万円

　　　・固定費：2,734 百万円

手順 4.　変化する条件を把握する（費用構造が変化する場合）

　平成 21 年度の条件は与件文および設問文に記載があります。

　　　・「本社を売却する」

　　　・「本社売却で得られるキャッシュフロー18 億円を全額負債の返済に充当する」

　　　・「金利は 8 ％」

　　　　→固定費が 144 百万円（＝18 億円×8 ％）減少する。

　　　・「オフィスの賃借料は年 4,500 万円」

　　　　→固定費が 45 百万円増加する。

　　　・「本社の管理業務の一部を年間委託費 6,000 万円（固定費）でアウトソーシングす
　　　　ることによって，従来発生していた販売費及び一般管理費（減価償却費を含む）の
　　　　うち 3 億円を削減」

　　　　→固定費が 60 百万円増加するとともに，300 百万円減少する。

　これらを踏まえて変動費率と固定費を求めます。

　　　変動費率：2,606 百万円÷5,611 百万円（変化なし）

　　　固定費＝2,734 百万円－144 百万円＋45 百万円＋60 百万円－300 百万円

　　　　　　＝2,395 百万円

　　※短期借入金と長期借入金の合計額は 18 億円に満たないので，借入金は全額返済できます。
　　　「負債の返済に充当」とあるので，残りのキャッシュでその他の負債を返済したものと考
　　　えられます。この場合，その他の負債にも 8 ％の金利がかかるのか疑問ですが，特に条件
　　　はありませんので，ここでは 18 億円を返済し，それにかかる支払利息 18 億円×8 ％＝
　　　144 百万円が削減できたものと考えます。

手順 5.　損益分岐点売上高，損益分岐点比率等を求める

　（a）平成 21 年度の損益分岐点売上高

　手順 4 で把握した変動費率と固定費から平成 21 年度の損益分岐点売上高は次のように
なります。

$$損益分岐点売上高＝\frac{固定費}{1－変動費率}$$

$$＝\frac{2,395\ 百万円}{1－2,606\ 百万円÷5,611\ 百万円}$$

$$≒4,471.9 \text{百万円} \quad → \quad 4,472 \text{百万円（百万円未満を四捨五入）}$$

（b）営業レバレッジの変化と，その変化がD社の業績に与える影響

平成20年度と平成21年度の営業レバレッジを計算します。

営業レバレッジは，

営業レバレッジ＝限界利益÷営業利益（または経常利益）

で表すことができます。

営業レバレッジを計算すると以下のようになります。

（単位：百万円）

	平成20年度 （本社保有の状態）	平成21年度 （本社売却の状態）
売　上　高	5,611	5,611
変　動　費	2,606	2,606
限　界　利　益	3,005	3,005
固　定　費	2,734	2,395
経　常　利　益	271	610
損益分岐点売上高	5,105	4,472
営　業　レ　バ　レ　ッ　ジ	<u>11.09</u>	<u>4.93</u>

平成20年度の営業レバレッジ

　　＝3,005百万円（限界利益）÷271百万円（経常利益）

　　≒11.088　→　11.09

本社を売却した場合の平成21年度の営業レバレッジ

　　＝3,005百万円（限界利益）÷610百万円（経常利益）

　　≒4.926　→　4.93

　損益分岐点売上高は低下しています。その理由は，上記の（a）欄で算出したとおり，借入返済による支払利息減少や販売費及び一般管理費の経費節減など，固定費を削減した結果です。D社の業績の影響については，問題文にある，①スポーツウエアの売上高はもともと景気変動の影響を受けやすい，②近年の経済のグローバル化に伴う影響がD社にとっての経営上の大きなリスクとなっている，といったような外部環境のリスクに対し，より強い財務体質への改善が図れるということを記載すればOKです。

【模範解答（設問2）】

（a）	4,472百万円

(b)

固	定	費	が	減	少	す	る	こ	と	で	損	益	分	岐	点	売	上	高	は
低	下	し	，	営	業	レ	バ	レ	ッ	ジ	は	小	さ	く	な	る	。	D	社
は	利	益	が	確	保	し	や	す	い	財	務	体	質	と	な	り	，	景	気
変	動	の	影	響	を	受	け	や	す	い	市	場	に	お	い	て	，	利	益
率	や	安	全	性	の	向	上	に	繋	が	る	好	影	響	を	も	た	ら	す 。

【補足】

　本問の重要度を C としている理由は，（設問 2）で変化する条件の把握が複雑であること，営業レバレッジが問われていることによります。なお，（設問 1）だけであれば重要度 A 相当です。

【コラム 3】　計算過程の書き方

　事例Ⅳでは，計算過程や判断根拠を記述させる設問が出題されることがあります（直近年度での出題：R4 第 2 問・第 3 問，R3 第 2 問・第 3 問，R2 第 2 問，R1 第 2 問・第 3 問，H30 第 2 問・第 3 問，H29 第 2 問・第 3 問）。出題の形式は一般に，
・設問文に「○○の値を記せ。計算過程も記すこと。」のような指示がある
・解答欄が枠のみである（字数指定なし）
です。このタイプの設問は，記述すべき内容が増えて対応しづらいように見えますが，**最終結果が誤っていても部分点を得られる可能性がある**というメリットがあります。そのため，いかに部分点を得やすい解答を書くかが，合格可能性を高めるポイントです。

　解答を書くうえでの基本原則は「必要な事項を，限られたスペースに明確に記すこと」です（これは事例Ⅳだけではなく他の事例でも同様です）。これを踏まえて以下の要素を書くとよいでしょう。

計算過程を記述する設問	判断根拠を記述する設問
①計算の**方針**	①判断の**方針**
②途中の**主な指標名・値・式**	②判断に用いる**主な指標名・値・式**
③計算式	③判断基準
④計算の**結果**	④判断の**結果**

　解答欄の枠の大きさに応じて，①の記載要否や，②の要素数を調整します。なお，解答欄には基本的に①→②→③→④の流れで記しますが，情報の重要度は逆順（④→③→②→①）となる旨意識しておくとよいでしょう。

〈具体的な記載例〉（【　】内は前述の要素に対応）

例1（計算過程）：「削減すべき固定費はいくらか」という設問の解答例

> ・目標とする固定費を求めてから，削減すべき固定費を求める。【①計算の方針】
> ・目標損益分岐点売上高＝損益分岐点売上高 100×90％＝90
> 　　　　　　　　　　　　　　　　　　　　　　　　　　　【②途中の主な指標名・値・式】
> ・目標固定費＝目標損益分岐点売上高 90×（1－変動費率 30％）＝63
> 　　　　　　　　　　　　　　　　　　　　　　　　　　　【②途中の主な指標名・値・式】
> ・削減すべき固定費＝現時点の固定費 90－目標固定費 63　【③計算式】
> 　　　　　　　　　＝27　【④計算の結果】

例2（判断根拠）：「投資案ＸとＹのどちらを採用すべきか」という設問の解答例

> ・投資案Ｘ，ＹのNPVを比較する。【①判断の方針】
> ・投資案ＸのNPV＝1年目CF 30＋2年目CF 50＋3年目CF 60－投資額 100
> 　　　　　　　＝40　【②判断に用いる主な指標名・値・式】
> ・投資案ＹのNPV＝1年目CF 50＋2年目CF 80＋3年目CF 100－投資額 200
> 　　　　　　　＝30　【②判断に用いる主な指標名・値・式】
> ・NPVが大きい　【③判断基準】
> 　投資案Ｘを採用する。【④判断の結果】

〈解答するうえでのポイント〉

・②において，指標は最大でも3個程度とするほうがよいでしょう。これより増えると，読みづらくなり，また解答枠に収まりづらくなるからです。
・②において，部分点を得やすくするために，**よりわかりやすく，単独で意味を持つような指標を選定**しましょう。上述の2例において，部分点を得にくい解答例（良くない例）は次のとおりです。

〈例1における，部分点を得にくい解答例〉

> ・削減すべき固定費額をxと置き，等式を立ててxを求める。【①計算の方針】
> ・損益分岐点売上高＝固定費÷限界利益率なので，
> 　　　　　　　　　100×90％＝（90－x）÷（1－30％）
> 　　　　　　　　　　　　　　　　　　　　　　　　　　　【②途中の主な指標名・値・式】
> ・xについて解くと，削減すべき固定費額x＝27　【④計算の結果】

　この例では，「求める値を未知数（x）と置き，等式を立て，その等式を解く」という方法で求めています。この解き方自体は正しいですが，この計算過程には「目標損益分岐点売上高」の値（90）や「目標固定費」の値（63）が現れないため，部分点を得られる可能性が低くなってしまいます。

〈例2における，部分点を得にくい解答例〉

> ・投資案X，YのNPVの差を求める。【①判断の方針】
> ・NPVの差＝XのNPV－YのNPV
> 　　　　＝（1年目CF 30＋2年目CF 50＋3年目CF 60－投資額100）
> 　　　　　－（1年目CF 50＋2年目CF 80＋3年目CF 100－投資額
> 　　　　　200）
> 　　　　＝＋10　【②判断に用いる主な指標名・値・式】
> ・したがって，XのNPV＞YのNPVなので，
> 　NPVが大きい　【③判断基準】　投資案Xを採用する。【④判断の結果】

　この例では，2案のNPVの差を1本の式で一気に計算しています。これ自体は正しい方法ですが，この計算過程には「XのNPV」の値（40）や「YのNPV」の値（30）が現れないため，これらの値が加点要素であった場合に，部分点を得られる可能性が低くなってしまいます。

　なお，両案ともに，「あくまでも最終結果が誤ってしまった場合に限って，加点されにくい解答」であり，最終結果が正しい場合であれば問題のない解答です。

第 3 章

意 思 決 定 会 計

Ⅰ　意思決定会計の知識・ノウハウ

傾向と対策

　意思決定会計とは，投資案や M&A などの意思決定を会計的な視点で判断する手法です。投資案からもたらされる経済的効果をキャッシュフローの現在価値から算出し，投資額と比較して投資案の採否を検討させる問題が数多く出題されます。事例Ⅳの中で難易度が高い場合が多く，受験生の間で点数の差がつきやすいテーマといえるでしょう。

◆傾向

【出題頻度】平成 15 年度以降，平成 21 年度を除くすべての年度で出題
【主な要求事項】キャッシュフローの現在価値などから，最良の選択を行う
【難易度】おおむね難易度が高い。時間をかけすぎず，捨て問にすることも必要

◆マスターすべきこと

初級	□営業キャッシュフローの算出方法を理解する □設備売却に伴うキャッシュフローの算出方法を理解する
中級	□現価係数を使って現在価値を算出できる □投資やキャッシュフローの時期と額を正確に把握する
上級	□各年度のキャッシュフローを効率よく算出し，現在価値を正確に算出できる

◆初学者向けのポイント

・まずは簡単な問題で，一連の流れ（本章Ⅰの（2）に記載の手順）に沿って解けるようにしましょう。正確に計算することは難しいため，最終結果が正しいことよりも，手順や計算式が正しいことを確認していくとよいでしょう。ある程度対応できるようになったら，いかにミスが防げるか，いかに早く計算できるかも意識します。

(1) 意思決定会計の基礎知識

意思決定会計では，「投資額」と「投資によってもたらされる経済的効果」（以下，「効果」とする）に基づいて，複数の投資案を比較します。中小企業診断士の2次試験で出題可能性が高い設備投資案の意思決定においては，複数の投資案について投資額と効果を比較して最善の案を助言する形がよく出題されます。代表的な比較方法には，正味現在価値法（NPV法）と回収期間法があります。

① 正味現在価値法（NPV法）

正味現在価値法（NPV法）は，投資額と効果（投資によってもたらされるキャッシュフロー）を比較する方法です。一般的には時間的価値を考慮に入れます。各年に回収可能なキャッシュフローを算出し，一定の割引率で割り引いて現在価値を算出します。割引率には資本コストが使われます。

正味現在価値を下記のように算出し，その値が正の場合に投資を実行するべきと判断します。（n年目に得られるキャッシュフローをCF_n，資本コストをrとする。）

$$正味現在価値 = \frac{CF_1}{(1+r)} + \frac{CF_2}{(1+r)^2} + \cdots\cdots + \frac{CF_n}{(1+r)^n} - 投資額$$

② 回収期間法

回収期間法は，投資額の回収が完了するまでの期間に基づいて，複数の投資案を比較する方法です。回収期間法は正味現在価値法と違って，ほとんどの場合時間的価値を考慮に入れずに計算するため，より簡便な方法であるといえるでしょう。投資によって得られるキャッシュフローが毎年一定の場合，投資額を毎年のキャッシュフローで割ることによって回収期間を算出できます。

(2) 意思決定会計の設問の解き方

意思決定会計の設問は，一般的に処理すべき情報量が多く難易度も高いです。一方で，ほとんどの設問で手順は変わりません。まずは設問にてどのような案が検討対象かを把握し，その後に情報を漏れなく整理し，丁寧に計算しましょう。設問の解き方は次のとおりです。

設問の解き方（意思決定会計）

手順1．投資する額・時期の把握

　設問から，投資の額および投資を実行する時期を把握します。プロジェクト期間終了時の投資した設備などの価値も投資の額として認識します。（→〈参考〉プロジェクト期間終了時の設備資産の価値）

手順2. 各年度の効果の額の算出

設問から，各年度において発生する効果のキャッシュフロー（キャッシュインおよびキャッシュアウト）を算出します。

手順3. 正味現在価値または回収期間の算出

① 正味現在価値法の場合

手順2で求めた各期のキャッシュフローについて，資本コストなどで割り引いて現在価値を算出します。そして，すべての期の「キャッシュフローの現在価値」の合計から，手順1で把握した投資額（現在価値）を引いて正味現在価値を算出します。

なお，手順1において，投資の時期が現時点以外の場合および投資が複数回に渡る場合は，事前に投資額の現在価値の合計額を算出しておき，それを「投資額」として扱います。

また，資本コストで割り引く際は，適宜，複利現価係数や年金現価係数の値を活用します。

② 回収期間法の場合

手順2で求めた各期のキャッシュフローと，手順1で把握した投資額とを比較し，投資回収期間（「投資額≦累計キャッシュフロー」となるまでの期間）を算出します。

手順4. 投資案の妥当性の判断

① 正味現在価値法の場合

手順3で算出した正味現在価値が正の場合は投資を行い，負であれば投資をしないという判断をします。複数の投資案がある場合は，正味現在価値が正であり，かつ一番その値が大きい投資案を選択します。

② 回収期間法の場合

回収期間が最も短い投資案を選択するという判断をします。

(3) 意思決定会計への対応テクニック

① 効果の代表例を押さえておく

投資によってもたらされる効果はさまざまです。どのようなものがあるかを日頃からイメージしておくことで，試験中に漏れなく効率よく探せるようになります。

分類	内容	例
経常的な収入	営業収入の増加	売上の増加
	営業支出の減少	労務費の減少，材料費の減少
経常的な支出	営業支出の増加	維持費の増加
一時的な収入	既存設備の売却収入	投資に伴い不要となる既存設備の売却収入
一時的な支出	運転資金の増加	取扱品種増や生産量拡大に伴う在庫の増加

その他	税支払額の増減 （本表の他項目に連動）	労務費の減少による利益増に伴う法人税支払額の増加，既存設備の売却に伴う節税効果
	機会損失	既存設備の停止に伴って廃止することとした製品の売上収入

〈参考〉 発展　プロジェクト期間終了時の設備資産の価値

　複数案を比較するにあたり，プロジェクト期間終了時の設備資産の価値を適切に扱う必要があります。具体的には，プロジェクト期間終了時の設備資産を売却したと仮定し，その売却収入を投資額への戻入として扱うということです。

　具体例として，次の投資案A，Bを考えてみます（簡素化のため時間価値は考慮しないものとします）。

	投資案A				投資案B			
	0年度	1年度	2年度	3年度	0年度	1年度	2年度	3年度
効果		10	10	10		10	10	10
投資額	△27				△40			
正味現在価値	+3				△10			

　両案を比べると，効果は等しいが投資額が異なるということがわかり，**投資案Aが優位**といえます。

　ここで，次の条件を加えてみます。

　条件：「投資における設備の耐用年数は，投資案Aは3年，投資案Bは5年である」
すると，3年度末時点における残存価額は，投資案Aはゼロで，投資案Bは16（投資額40−3年分の減価償却費40÷5×3）となります。このとき，3年度末時点で当該設備を（残存価額で）売却できたと仮定すると，2案の比較は次のとおりとなり，**投資案Bが優位**であることがわかります。

	投資案A（再掲）				投資案B（残存価額考慮）			
	0年度	1年度	2年度	3年度	0年度	1年度	2年度	3年度
効果		10	10	10		10	10	10
投資額	△27				△40			+16
正味現在価値	+3				+6			

　実際に，投資案Bの設備は，投資案Aの設備と比べて，コストパフォーマンスが良いといえます。単純に比較すると，投資案Aは3年間で△27の投資で10の効果を得られますが，投資案Bは3年間で△24（△40+16）の投資で同じだけの効果を得られるからです。直感的には，投資案Bは「性能が良くて長く使える」といえます。

　この例からも，複数案を同条件で比較するには，プロジェクト期間終了時の設備資産の価値を投資額（戻入）として扱う必要があることがわかります。

② 表で整理する

意思決定会計では，扱う数値がとても多くなる傾向があります。見落としや計算ミスを防ぐよう，常に次のような表で整理するようにするとよいでしょう。

〈営業 CF＋投資 CF として求める場合〉

分類	項目	項番号・算出式	第0期末	第1期末	第2期末
損益計算	売上高	①			
	費用	②			
	税引前利益	③（＝①－②）			
	税引後利益	④（＝③×（1－法人税率））			
CF計算	税引後利益	⑤（＝④）			
	非現金支出費用	⑥			
	営業CF	⑦（＝⑤＋⑥）			
	投資CF	⑧			
	CF	⑨（＝⑦＋⑧）			
NPV計算	複利現価係数	⑩			
	CFの現在価値	⑪（＝⑨×⑩）			
	正味現在価値	⑫（＝⑪の全年度合計）			

〈FCF の公式を用いる場合〉

（FCF＝営業利益×（1－税率）＋非現金支出費用－運転資本の増加額－投資額）

分類	項目	項番号・算出式	第0期末	第1期末	第2期末
損益計算	売上高	①			
	費用	②			
	営業利益	③（＝①－②）			
	税引後営業利益	④（＝③×（1－法人税率））			
FCF計算	税引後営業利益	⑤（＝④）			
	非現金支出費用	⑥			
	運転資本の増加額	⑦			
	投資額	⑧			
	FCF	⑨（＝⑤＋⑥－⑦－⑧）			
NPV計算	複利現価係数	⑩			
	CFの現在価値	⑪（＝⑨×⑩）			
	正味現在価値	⑫（＝⑪の全年度合計）			

なお，非現金支出費用には，減価償却費のほかに固定資産の売却・除却損益，貸倒引当金繰入額，貸倒損失などがあります。一般には「減価償却費」として示されることが多いですが，より本質的な「非現金支出費用」として理解しておきましょう。

③　与えられている条件を正確に把握して整理する

設問文に記載されている条件は，漏れなく正確に把握しましょう。条件には，「〇年に投資する」「〇年で減価償却する」「効果は〇〜〇年に発生する」などがあり，一つでも見落としたり誤読したりするだけで最終結果が変わってしまいます。また，設問中の金額の単位（円，万円など）が揃っていないこともあるので，単位の統一性にも留意しましょう。

④　設定が曖昧な場合は一般的と考えられる方法で処理する

設定があいまいで複数の解釈が可能な問題が出題されることがあります。このような設問では他の受験生も迷い，答えがばらけることが想定されます。「最も一般的で，ほかの受験生が選択するであろうと思われる方法」をとるとよいでしょう。

⑤　複数案の CF を個別に計算するか，差額 CF を用いるか

2 つの投資案を比較する場合は，それぞれの CF を個別に計算する方法と，2 案の相違点に着目した差額キャッシュフローを使う方法があります。どの方法を採用するべきなのかは，「計算過程が簡便か」あるいは「計算量が少ないか」という観点から選択するとよいでしょう。

(4) 例題

　D 社は新事業を開始するために，新たな設備の導入を検討中である。新たな設備には8,000 万円（耐用年数 5 年，残存価額 10 ％の定額法で償却）の投資が必要であることがわかっている。新事業を開始すれば，第 1 期に 3,000 万円，第 2 期に 3,500 万円，第 3 期から第 5 期には 4,000 万円の売上が見込まれている。新事業に伴って，各期売上の 30 ％の変動費と，600 万円の固定費（ただし，新設備の減価償却費を含まない）の発生を見込んでいる。

　以下の条件のもと，正味現在価値法を使って投資の意思決定を判断せよ。

① すべてのキャッシュフローは，年度末に発生する。

② 新たな設備の導入は第 0 期末に行われる。

③ 法人税率は 40 ％である。

④ D 社全体では新事業への投資案採否に関係なく利益が生じており，確実に税効果が発生する。

⑤ 新たな設備は，耐用年数経過後に売却する予定である。その売却価額は 100 万円と見込まれている。

⑥ 資本コストは 8 ％とし，その複利現価係数は以下のとおりである。

1 年	2 年	3 年	4 年	5 年
0.926	0.857	0.794	0.735	0.681

《解説》

本章Ⅰの「(2) 意思決定会計の設問の解き方」にて触れた手順に従って進めていきます。

手順1. 投資する額・時期の把握

まずは投資額およびその時期を把握します。問題文より，投資額は8,000万円で，時期は第0期末であることが明確です。次に投資によって得られた新たな設備の売却価額も手順1で認識します。売却価額は100万円で耐用年数経過後の5期末に発生します。

なお，設問によっては投資を将来に行う場合や複数回に分けて行う場合があります。こうした場合には，投資する額・時期を正しく把握し，投資額を現在価値に割り引く必要がありますので，注意してください。

手順2. 各年度の効果の額の算出

投資によって各期に発生するキャッシュフロー（以下，CF）の額を把握します。CFは営業CFと投資CFに分けられるため，それぞれについて算出していきます。

営業CFは以下のように算出します。

営業CF＝税引前利益×（1－税率）＋非現金支出費用

　　　　＝（売上－費用）×（1－税率）＋非現金支出費用

ここで，「費用」は，本問において以下4点になります。

① 変動費（各期売上の30％）

② 固定費（600万円。ただし，新設備の減価償却費を含まない）

③ 新設備の減価償却費

④ 売却損益（耐用年数経過後の第5期のみ）

（特に，問題文の「新事業に伴って…変動費と…固定費…の発生を見込んでいる。」という記述だけに引きずられ③と④を忘れてしまうことがないよう，注意しましょう。）

そして，「非現金支出費用」は，③と④になります。

したがって，

　　営業CF＝（売上－費用）×（1－税率）＋非現金支出費用

　　　　　　＝（売上－①変動費－②固定費－③減価償却費－④売却損益〈第5期のみ〉）

　　　　　　　×（1－税率）＋（③減価償却費＋④売却損益〈第5期のみ〉）

となります。

次に，投資CFは，本問において以下2点になります。

⑤ 投資額（手順1で確認済。第0期末に発生）

⑥ 売却価額（手順1で確認済。耐用年数経過後である第5期末に発生）

〈参考〉営業 CF の算出方法

　営業 CF について，上記解説では，

　　営業 CF＝税引前利益×（1－税率）＋非現金支出費用

　　　　　　＝（売上－費用）×（1－税率）＋非現金支出費用…(1)

として算出しました。これは，

　・基本的には「税引後利益」が CF になる

　・ただし，「非現金支出費用」分は実際にキャッシュアウトが発生していないため，
　　足し戻すことにより調整する

という考えに基づく式です。

　一方で，

　　営業 CF＝（現金収入－現金支出）×（1－税率）＋非現金支出費用×税率…(2)

と算出することもできます。これは，

　・基本的には，現金収入支出差から法人税率を乗じた額を除いた分が，CF となる

　・しかし，減価償却費等の非現金支出費用の計上により，利益が圧縮され，法人税
　　支払額が減少するため，その分を調整する（節税効果）

という考えに基づく式です。

　両者は同じことを示していますが，設問により使い分けられるようにしておきましょう。また，特に以下の点に留意しましょう。

　・(1) 式において，「非現金支出費用×税率」としないこと

　・(2) 式において，「非現金支出費用」には「減価償却費」だけでなく，固定資産
　　売却損等の費用も含めること

　ここで，額がわかっていない③減価償却費と，④売却損益を算出します。

③減価償却費は次のとおりです。

　　投資額 8,000 万円×（1－残存価額 10 ％）÷耐用年数 5 年＝1,440 万円

　次に，④売却損益を算出します。まず，耐用年数経過後の残存価額は，

　　投資額 8,000 万円×残存価額 10 ％＝800 万円

そしてこれを売却価額 100 万円で売却することから，売却損益は，

　　売却価額 100 万円－残存価額 800 万円＝△700 万円

〈参考〉売却価額（⑥）と売却損益（④）について

　売却価額（⑥）と売却損益（④）は，以下のように異なる概念です。混同しないように注意しましょう。

　・売却価額（⑥）は売却した価額のことです（本問では 100 万円）。

　・売却損益（④）は，売却に伴い生じる損益のことであり，売却価額（⑥）と残存
　　価額との差異になります（本問では△700 万円）。残存価額より低い価額で売

> 却した場合はマイナス（売却損）となり，逆に，残存価額より高額で売却した場合にはプラス（売却益）となります。
>
> ・投資 CF においては，純粋に現金収入または現金支出を算入するため⑥売却価額を用います。一方で，営業 CF においては，④売却損益を用いましたが，これは税引前利益を算出する過程で必要だからです。

ここまでで，①〜⑥の額がわかりましたので，各期に発生する CF を算出します。

〈第 1 期〉

税引前利益は，

　　売上 3,000 万円 − ①変動費（売上 3,000 万円 × 変動費率 30 %）− ②固定費 600 万円

　　 − ③減価償却費 1,440 万円 = 60 万円

したがって，第 1 期の営業 CF は，

　　税引前利益 60 万円 × (1 − 税率 40 %) + ③減価償却費 1,440 万円 = 1,476 万円

そして，投資 CF の発生はないため，CF は 1,476 万円です。

〈第 2 期〉

税引前利益は，

　　売上 3,500 万円 − ①変動費（売上 3,500 万円 × 変動費率 30 %）− ②固定費 600 万円

　　 − ③減価償却費 1,440 万円 = 410 万円

したがって，第 2 期の営業 CF は，

　　税引前利益 410 万円 × (1 − 税率 40 %) + ③減価償却費 1,440 万円 = 1,686 万円

そして，投資 CF の発生はないため，CF は 1,686 万円です。

〈第 3 期と第 4 期〉

税引前利益は，

　　売上 4,000 万円 − ①変動費（売上 4,000 万円 × 変動費率 30 %）− ②固定費 600 万円

　　 − ③減価償却費 1,440 万円 = 760 万円

したがって，第 3 期と第 4 期の営業 CF は，

　　税引前利益 760 万円 × (1 − 税率 40 %) + ③減価償却費 1,440 万円 = 1,896 万円

そして，投資 CF の発生はないため，CF は 1,896 万円です。

〈第 5 期〉

税引前利益は，

　　売上 4,000 万円 − ①変動費（売上 4,000 万円 × 変動費率 30 %）− ②固定費 600 万円

　　 − ③減価償却費 1,440 万円 − ④売却損 700 万円 = 60 万円

第 5 期の営業 CF は，

税引前利益 60 万円 ×（1 － 税率 40 ％）＋③減価償却費 1,440 万円 ＋④売却損 700 万円
　＝ 2,176 万円

手順 3.　正味現在価値の算出

　各期に発生する CF が算出できましたので，次に正味現在価値を算出します。正味現在価値は以下のように算出できます。

　　－ 投資額 ＋ 各期に発生する CF の現在価値の総和

　各期に発生する CF を現在価値に換算するには，複利現価係数を用います。

　実際に，複利現価係数を使って正味現在価値を算出していきましょう。

　　－ 投資額 8,000 万円 ＋ 100 × 複利現価係数 0.681

　　＋ 第 1 期の CF 1,476 万円 × 複利現価係数 0.926

　　＋ 第 2 期の CF 1,686 万円 × 複利現価係数 0.857

　　＋ 第 3 期の CF 1,896 万円 × 複利現価係数 0.794

　　＋ 第 4 期の CF 1,896 万円 × 複利現価係数 0.735

　　＋ 第 5 期の CF 2,176 万円 × 複利現価係数 0.681

　　＝ △ 739.382 万円

手順 4.　投資案の妥当性の判断

　正味現在価値が △ 739.382 万円と，負の値となりました。これより，投資額よりも，投資で得られる CF のほうが小さいことになり，投資する価値がないと考えられます。したがって，投資をしないという判断をします。

　ここまでの計算を表にまとめると以下のようになります。

		第0期末	第1期末	第2期末	第3期末	第4期末	第5期末
損益計算	売上		3,000	3,500	4,000	4,000	4,000
	変動費（売上×30%）		900	1,050	1,200	1,200	1,200
	固定費		600	600	600	600	600
	減価償却費（③）		1,440	1,440	1,440	1,440	1,440
	売却損益（④）						700
	税引前利益		60	410	760	760	60
	税引後利益（税率40%）		36	246	456	456	36
CF計算	税引後利益		36	246	456	456	36
	非現金支出費用（減価償却費（③））		1,440	1,440	1,440	1,440	1,440
	非現金支出費用（売却損益（④））						700
	営業CF		1,476	1,686	1,896	1,896	2,176
	投資額（⑤）	△8,000					
	売却価額（⑥）						100
	CF	△8,000	1,476	1,686	1,896	1,896	2,276
NPV計算	複利現価係数	1.000	0.926	0.857	0.794	0.735	0.681
	CFの現在価値	△8,000	1,366.776	1,444.902	1,505.424	1,393.560	1,549.956
	正味現在価値			△739.382			

(5) その他

① 加重平均資本コスト（WACC）

WACCとは，負債の資本コストと株主資本の資本コストを加重平均することで，その企業が調達するのに必要となる資本コストを算出する方法です。

〈計算式〉

加重平均資本コスト（WACC）

$$= \frac{D}{D+E} \times (1-t) \times r_d + \frac{E}{D+E} \times r_e$$

D：負債，E：株主資本，t：税率，r_d：負債の資本コスト，r_e：株主資本の資本コスト

負債の資本コストは，通常，利子率が使われます。利息の支払いは損益計算書に含まれ，課税所得を減額させることで節税効果を伴います。このため，$(1-t)$を乗じてWACCを算出します。一方で，株主資本の資本コストは，通常，配当金の支払額が使われます。配当金は損益計算書に含まれないため，節税効果は発生しません。

なお，WACCを算出する際は，負債（D）や株主資本（E）については，簿価ではなく時価を用いる点にも注意してください。

② 企業価値（割引キャッシュフロー法，DCF法）

企業が毎期獲得すると予想されるフリーキャッシュフローを，当該企業の資本コストで割り引いてその総額を企業価値とします。多くの場合，資本コストとして加重平均資本コ

スト（WACC）が使われます。

〈計算式〉

$$企業価値 = \frac{\mathrm{FCF}_1}{(1+r)^1} + \frac{\mathrm{FCF}_2}{(1+r)^2} + \frac{\mathrm{FCF}_3}{(1+r)^3} \cdots\cdots$$

　　FCF：フリーキャッシュフロー　　　　　r：資本コスト

　なお，毎期獲得すると予想されるフリーキャッシュフローが同額である場合，以下のように企業価値を算出することができます。

〈計算式〉

$$企業価値 = \frac{\mathrm{FCF}}{r}$$

　さらに，毎期獲得すると予想されるフリーキャッシュフローが定率で成長する場合，以下のように企業価値を算出することができます。ただし，フリーキャッシュフローは1年後の値を使う点に注意してください。

$$企業価値 = \frac{\mathrm{FCF}}{r-g}$$

　　g：フリーキャッシュフローの成長率

(6) 記述問題への対応

　意思決定会計パートでは，計算結果を踏まえて，どのような意思決定をするべきかを記述する設問が出題されます。主に，どのような意思決定をするべきか，その理由を含めて記述することが求められます。正確に計算できていれば，記述問題に対応することは難しくありません。「NPVが正（負）なので投資に値する（値しない）。」といった解答をベースに，与えられた字数や解答欄の大きさに応じて数値も盛り込みながら解答を構成します。

Ⅱ　意思決定会計の過去問

(1) 平成29年度　第3問（配点29点）

投資額と キャッシュフロー	重要度	1回目		2回目		3回目	
	A	／		／		／	

（設問1）

　新染色関連事業の収益性を改善するために，設備更新案を検討中である。以下に示す設備更新案にもとづいて，第X1年度末の差額キャッシュフロー（キャッシュフローの改善額）を解答欄に従って計算したうえで，各年度の差額キャッシュフローを示せ。なお，利益に対する税率は30％，更新設備の利用期間においては十分な利益が得られるものとする。また，マイナスの場合には△を付し，最終的な解答において百万円未満を四捨五入すること。

＜設備更新案＞

　第X1年度初めに旧機械設備に代えて汎用機械設備を導入する。これによって，従来の染色加工を高速に行えることに加えて，余裕時間を利用して新技術による染色加工を行うことができる。

　旧機械設備を新機械設備（初期投資額200百万円，耐用年数5年，定額法償却，残存価額0円）に取り換える場合，旧機械設備（帳簿価額50百万円，残存耐用年数5年，定額法償却，残存価額0円）の処分のために10百万円の支出が必要となる（初期投資と処分のための支出は第X1年度初めに，旧機械設備の除却損の税金への影響は第X1年度末に生じるものとする）。設備の更新による現金収支を伴う，年間の収益と費用の変化は以下のように予想されている（現金収支は各年度末に生じるものとする）。

（単位：百万円）

	旧機械設備	汎用機械設備	
		従来の染色加工分	新技術加工分
収益	520	520	60
費用	380	330	40

　なお，耐用年数経過後（5年後）の設備処分支出は，旧機械設備と新機械設備ともに5百万円であり，この支出および税金への影響は第X5年度末に生じるものとする。

第 X1 年度末における差額キャッシュフローの計算		各年度の差額キャッシュフロー	
項　　目	金　　額		金　　額
税引前利益の差額	（　　）	第 X1 年度初め	（　　）
税金支出の差額	（　　）	第 X1 年度末	（　　）
税引後利益の差額	（　　）	第 X2 年度末	（　　）
非現金支出項目の差額	（　　）	第 X3 年度末	（　　）
第 X1 年度末の差額キャッシュフロー	（　　）	第 X4 年度末	（　　）
		第 X5 年度末	（　　）

　注　金額欄については次のとおり。
　　　1. 単位は百万円。
　　　2. マイナスの場合には△を付すこと。

（設問 2）

　この案の採否を検討する際に考慮するべき代表的な指標を安全性と収益性の観点から 1 つずつ計算し，収益性の観点から採否を決定せよ。資本コストは 7 ％である。なお，解答にあたっては，以下の複利現価係数を利用し，最終的な解答の単位における小数点第 3 位を四捨五入すること。

　　　利子率 7 ％における複利現価係数

	1 年	2 年	3 年	4 年	5 年
複利現価係数	0.9346	0.8734	0.8163	0.7629	0.7130

●【解説　（設問 1）】

　（設問 1）では，解答欄の以下の 11 個の空欄（本解説では記号 a から k にて明示）を埋める必要があります。

第 X1 年度末における差額キャッシュフローの計算		各年度の差額キャッシュフロー	
項　　目	金　　額		金　　額
税引前利益の差額	（　a　）	第 X1 年度初め	（　f　）
税金支出の差額	（　b　）	第 X1 年度末	（　g　）
税引後利益の差額	（　c　）	第 X2 年度末	（　h　）
非現金支出項目の差額	（　d　）	第 X3 年度末	（　i　）
第 X1 年度末の差額キャッシュフロー	（　e　）	第 X4 年度末	（　j　）
		第 X5 年度末	（　k　）

　注　金額欄については次のとおり。
　　　1. 単位は百万円。
　　　2. マイナスの場合には△を付すこと。

　本章 I の「(2) 意思決定会計の設問の解き方」で解説した手順に沿って考えると，本問は，（設問 1）と（設問 2）を合わせて，次のような構成になっていることがわかります。

手順1. 投資する額・時期の把握　　→　空欄 f に該当

手順2. 各年度の効果の額の算出　　→　空欄 f 以外の空欄（a～e, g～k）に該当

手順3. 正味現在価値の算出　　　　→　設問（2）で検討

手順4. 投資案の妥当性の判断　　　→　設問（2）で検討

これを念頭に置きながら，手順1から進めていきましょう。

手順1. 投資する額・時期の把握

　まずは，第X1年度初めに認識する必要がある，新機械設備に対する初期投資額と旧機械設備の売却価額を認識します。新機械設備に対する初期投資額は200百万円と明らかです。次に，旧機械設備の売却による収入・支出の有無を確認します。売却による直接的な収入・支出としては，除却により処分していることから，処分価格10百万円を認識すればよいでしょう。なお，第X1年度初め以外，すなわち第X1期末に認識すべき旧機械設備売却の除却損，および第X5期末に認識すべき新・旧機械設備の設備処分支出は，手順2で検討していきます。

　以上より，第X1年度初めの差額キャッシュフロー（f欄）は，以下のようになります。

　△200＋△10＝△210百万円

手順2. 各年度の効果の額の算出

　第X1年度末の差額キャッシュフロー（以下，差額CF）から算出していきます。ここでは，旧機械設備を継続利用した場合のCFと，新機械設備に取り換えた場合のCFをそれぞれ算出し，その差額を計算することにより差額CFを求めます。CFは以下のように算出します。

　　CF＝（現金収入－現金支出－非現金支出費用）×（1－税率）＋非現金支出費用

　本問では，非現金支出費用は，「減価償却費＋除却損（※）」となります。

　これを以下の表のように整理して差額CFを算出していきます。なお，新機械設備に取り換えたときに発生する旧機械設備の除却損60百万円は，以下のように算出しています。

　　帳簿価額50百万円＋処分価格10百万円＝60百万円

（※）除却損（処分価格10百万円）について，支出は第X1年度初めに行われています。したがって，第X1年度末においては「費用として認識するが，現金支出は伴わない」こととなるため，計算上は非現金支出費用として扱います。

		第 X1 年度末		
		旧設備を継続利用（①）	新設備に更新（②）	差額（②－①）
損益計算	現金収支を伴う収益（現金収入）	520	580	60
	現金収支を伴う費用（現金支出）	380	370	△10
	非現金支出項目	10	100	90
	減価償却費	10	40	30
	除却損	0	60	60
	税引前利益	130	110	△20
	税金支出	39	33	△6
	税引後利益	91	77	△14
CF計算	非現金支出項目	10	100	90
	減価償却費	10	40	30
	除却損	0	60	60
	CF	101	177	76

以上より，解答欄は以下のようになります。

　税引前利益の差額（a 欄）：△20

　税金支出の差額（b 欄）：△6（※）

　税引後利益の差額（c 欄）：△14

　非現金支出項目の差額（d 欄）：90

　第 X1 年度末の差額 CF（e 欄，g 欄）：76

（※）「税金支出に伴うキャッシュフローの差額」と解釈し，6（＝△33 －△39）とすることも可。

　続いて，X2 年度末から X5 年度末の差額 CF を算出します。同様に，表に整理して算出していきましょう。

　なお，第 X5 年度末には設備処分支出 5 百万円が発生しますので，現金収支を伴う費用（現金支出）は第 X2 年度末から X4 年度末と比べて 5 百万円増加し，旧設備を継続使用する場合には 385 百万円，新設備に更新する場合には 375 百万円となります。

（単位：百万円）

		第 X2 年度末から X4 年度末			第 X5 年度末		
		旧設備を継続利用（①）	新設備に更新（②）	差額（②－①）	旧設備を継続利用（①）	新設備に更新（②）	差額（②－①）
損益計算	現金収支を伴う収益（現金収入）	520	580	60	520	580	60
	現金収支を伴う費用（現金支出）	380	370	△10	385	375	△10
	非現金支出項目	10	40	30	10	40	30
	減価償却費	10	40	30	10	40	30
	除却損	0	0	0	0	0	0
	税引前利益	130	170	40	125	165	40
	税金支出	39	51	12	38	50	12
	税引後利益	91	119	28	88	116	28
CF計算	非現金支出項目	10	40	30	10	40	30
	減価償却費	10	40	30	10	40	30
	除却損	0	0	0	0	0	0
	CF	101	159	58	98	156	58

以上より，h欄からk欄はすべて 58（百万円）となります。

【補足】

・上記の解説では，旧機械設備を使い続けた場合の最終的な CF と，新機械設備に取り換えた場合の最終的な CF をそれぞれ算出し，その差額から差額 CF を算出しました。しかし，収益や費用，非現金支出費用のそれぞれの差額から差額 CF を算出することもできます。本問の場合，解答欄に差額を記入する必要があることから，試験場では各項目の差額から差額 CF を算出するほう（後者）が効率的であるといえます。一方で，計算に慣れるまでは旧機械設備，新機械設備それぞれから得られる CF に基づいて差額 CF を算出するほう（前者）が考えやすいといえるでしょう。

・X5 年度末に認識するべき設備処分支出 5 百万円は，旧機械設備を継続利用しても新機械設備に取り換えても同じ時期に同額が発生するため，差額は 0 となることから，計算時に省くことができます（なお，上記の解説では省いていません）。そのため X2 年度末から X5 年度末の差額 CF はすべて同じ値になります。

・なお，設問文にある「利益に対する税率は 30 ％，更新設備の利用期間においては十分な利益が得られるものとする」という条件にも注意してください。仮にこの条件がなかったとすると，「新設備に更新することにより利益が減少し，その結果として会社の利益がなくなり，税効果が発生しない」という可能性を考慮に入れる必要があるからです。

●【解説（設問 2)】

　ここからは,「手順 3.　正味現在価値の算出」と「手順 4.　投資案の妥当性の判断」を進めていきます。本問では,安全性と収益性の観点から 1 つずつ選んで計算し,収益性の観点から採否を決定する必要があります。安全性の観点では投資資金をどれだけ早く回収できるかに着目した回収期間法,収益性の観点では毎期得られる CF に着目した正味現在価値法を用いればよいでしょう。

　回収期間法は,貨幣の時間価値を考慮に入れずに回収期間を算出する場合が多いため,本解説でも貨幣の時間価値を考慮せずに解答を構築します（なお,貨幣の時間価値を考慮した解答は,後述の別解 2 を参照ください）。

　ここからは,本章 I の「(2)　意思決定会計の設問の解き方」で解説した以下の手順で解説していきます。

　　　手順 3-1.　回収期間の算出

　　　手順 3-2.　正味現在価値の算出

　　　手順 4.　投資案の妥当性の判断

手順 3-1.　回収期間の算出

　まずは,手順 2 で算出した各期に得られる差額 CF を確認しましょう。

　　　第 X1 年度初め　→　△ 210 百万円

　　　第 X1 年度末　→　76 百万円

　　　第 X2 年度末　→　58 百万円

　　　第 X3 年度末　→　58 百万円

　　　第 X4 年度末　→　58 百万円

　第 X1 年度末までの回収額累計は 76 百万円,第 X2 年度末までの回収額累計は 134 百万円（＝76＋58）,第 X3 年度末までの回収額累計は 192 百万円（＝134＋58）,第 X4 年度末までの回収額累計は 250 百万円（＝192＋58）です。したがって,第 X1 年度初めの投資額△ 210 百万円を回収できるのは,第 X3 年度末後かつ第 X4 年度末以前,すなわち第 X4 年度となります。なお,第 X4 年度の回収額は,18 百万円（＝投資額 210－第 X3 年度末までの回収額累計 192）です。

　ここで,「第 X4 年度に得られる 58 百万円の CF が,通年で均等に得られる」と仮定すると,第 X4 年度に回収すべき 18 百万円を得るために必要な期間は,$1 年 \times \left(\dfrac{18 百万円}{58 百万円} \right)$

≒0.31 年となり,したがって回収期間は 3.31 年（＝3＋0.31）となります。

【別解 1（現金収支は各年度末に生じるものとした場合)】

　設問文に「現金収支は各年度末に生じるものとする」という条件に忠実に従うと,第

X4 年度の回収額 18 百万円は，第 X4 年度末に得られることになります。したがって，回収期間は 4.00 年間となります。

　しかしこの計算方法では，仮に第 X1 年度初めの投資額が 193 百万円以上 250 百万円以下の範囲であればすべて，回収期間は 4 年ということになり，「投資案の採否を検討する際に考慮すべき（代表的な）指標」という点からは少々疑問が残ります。このため，この方法は別解としています。

【別解 2（貨幣の時間的価値を考慮に入れる場合）】

　上記の模範解答では，「回収期間法では，一般的に貨幣の時間的価値を考慮に入れない」という考えのもと，割引をしない方法で計算しました。しかし，設問文には「解答にあたっては…複利現価係数を利用」という指示があり，（収益性の指標の計算で複利現価係数を利用するのは明確ですが）安全性の指標の計算においても複利現価係数を利用せよと解釈することもできなくありません。そこで，別解 2 では貨幣の時間的価値を考慮に入れて計算を行います。（なお，この方法は「割引回収期間法」という方法です。）

　まずは，各期に得られる差額 CF の現在価値を算出します。

　　第 X1 年度初め　→　△ 210 百万円

　　第 X1 年度末　　→　$76 \times 0.9346 = 71.0296$ 百万円

　　第 X2 年度末　　→　$58 \times 0.8734 = 50.6572$ 百万円

　　第 X3 年度末　　→　$58 \times 0.8163 = 47.3454$ 百万円

　　第 X4 年度末　　→　$58 \times 0.7629 = 44.2482$ 百万円

　第 X1 年度末から第 X3 年度末までの差額 CF の現在価値の累計額が 169.0322 百万円（$= 71.0296 + 50.6572 + 47.3454$）であり，第 X4 年度末までの累計額が 213.2804 百万円（$= 169.0322 + 44.2482$）であるため，回収期間は X3 年度末と X4 年度末の間になります。第 X4 年度で回収するのは，第 X1 年度初めの投資額 210 のうち，第 X3 年度末までに回収することができなかった 40.9678 百万円（$= 210 - 169.0322$）です。

　続いて，「X4 年度の CF（58 百万円）が通年で均等に得られる」と仮定した場合の解答を考えます。第 X4 年度末には 44.2482 百万円が得られることから，40.9678 百万円の回収に要する期間を単純計算すると，1 年 ×（40.9678／44.2482）≒ 0.93 年と見積もることができます。したがって，回収期間は 3.93 年（$= 3 + 0.93$）となります。

　なお，**これは正確な値ではありません**。なぜなら，回収額の現在価値「44.2482 百万円」は，回収額の将来価値 58 百万円を「4 年の複利現価係数」（0.7629）で割り引いた価値ですが，実際の回収は 3 年超 4 年未満の期間内に行われるからです。本来的には「3 年の複利現価係数未満，4 年の複利現価係数超」（すなわち 0.7629〜0.8163 の範囲の値）で割り引く必要があります。そのため，正確な回収期間は 3.93 年よりも小さくなります。同時に，「3 年」の複利現価係数で計算した期間である 3 年 + 1 年 ×（40.9678/（58 × 0.8163））≒ 3.87 年より大きくなります。したがって，正確な回収期間は 3.87（年）超 3.93（年）未満の間

の期間となります。なお，正確な回収期間を電卓で求めるのは困難です。

【別解 3（別解 1 と別解 2 の両方を想定した場合）】

　続いて別解 2 に対して別解 1 と同様に，「現金収支は各年度末に生じるものとする」という設問文の条件に忠実に従う場合は，第 X4 年度の回収額 40.9678 百万円は，第 X4 年度末に得られることになりますので，回収期間は 4.00 年間となります。

<u>手順 3-2．正味現在価値の算出</u>
　次に，正味現在価値を算出していきましょう。正味現在価値法の場合は，手順 2 で得られた各期の差額 CF と，問題文で与えられた複利現価係数から，以下のように求めることができます。

　－第 X1 年度初めの投資額 210 百万円
　＋第 X1 年度末の差額 CF 76 百万円×0.9346
　＋第 X2 年度末から X5 年度末の差額 CF 58 百万円×(0.8734＋0.8163＋0.7629＋0.7130)
　＝44.6344≒44.63 百万円

<u>手順 4．投資案の妥当性の判断</u>
　投資案の妥当性は，問題文より収益性の観点，すなわち正味現在価値により判断します。手順 3-2 より，正味現在価値は 44.63 で正の値となるため，この投資案は採用するべきという判断となります。

【模範解答】

（設問 1）

第 X1 年度末における差額キャッシュフローの計算		各年度の差額キャッシュフロー	
項目	金額		金額
税引前利益の差額	△ 20	第 X1 年度初め	△ 210
税金支出の差額	△ 6	第 X1 年度末	76
税引後利益の差額	△ 14	第 X2 年度末	58
非現金支出項目の差額	90	第 X3 年度末	58
第 X1 年度末の差額キャッシュフロー	76	第 X4 年度末	58
		第 X5 年度末	58

（税金支出の差額は 6 も可）

（設問2）

	【指標の名称】	【数値（単位）】
安全性	回収期間法	3.31（　年　）
収益性	正味現在価値法	44.63（百万円）

※安全性の別解

（別解1）	安全性	回収期間法	4.00（　年　）
（別解2）	安全性	割引回収期間法	概算3.93（　年　）
（別解3）	安全性	割引回収期間法	4.00（　年　）

【収益性の観点から】

この案の採否について （いずれかに○をつける）	採用する　・　採用しない

(2) 平成 27 年度　第 3 問 （配点 26 点）

キャッシュフロー算出 NPV の算出	重要度	1 回目		2 回目		3 回目	
	A	/		/		/	

　D 社は，地方主要都市の郊外に本社および工場を有する 1950 年創業の金属加工業を営む企業（現在の資本金は 1 億円，従業員 60 名）である。

　D 社の売上高全体の 7 割程度を占める X 社からの受注の減少が第×3 期以降継続し，機械設備 g の遊休化が予想される。経営陣は，当該機械設備を利用して全社的な収益性を改善したいと考え，以下に示す 2 つのプロジェクトを検討中である。遊休化が予想されている機械設備 g は，取得原価 50 百万円，年間減価償却費 10 百万円，残存耐用年数 3 年である。なお，以下において，利益に対する税率を 30 ％とする。

　下記の設問に答えよ。

＜プロジェクト Z＞

　受注減少に伴って遊休化する機械設備 g の生産能力を利用して z 鋼板を生産する。それにより，主力製品の 1 つとなりつつある z 鋼板の生産体制を増強し，さらなる効率化と安定化および将来的な一貫生産を達成することを目指す。製造・販売予測に基づく損益等の予測は以下のとおりである。なお，当初投資時点は第×3 期首であり，同時点における投資は在庫等に対する純投資額である。

（単位：百万円）

	当初投資時点	第×3 期	第×4 期	第×5 期
売上（現金収入）		100	100	100
費用（現金支出）		70	70	70
投資額	20	5	0	0

＜プロジェクト E＞

　遊休化する機械設備 g と新たに購入する機械設備 h を利用することによって，技術力を活かした環境関連製品の本格生産を目指す。機械設備 h の取得原価は 80 百万円であり，耐用年数 5 年，残存価額ゼロ，定額法で減価償却する。また，機械設備 h の第×5 期末時点での価値は簿価と同額の 32 百万円と予測される。製造・販売予測に基づく損益等の予測は以下のとおりである。なお，当初投資時点は第×3 期首であり，同時点における投資は機械設備 h と在庫等に対する純投資額である。

	当初投資時点	第×3期	第×4期	第×5期
売上（現金収入）		100	250	250
費用（現金支出）		70	150	150
投資額	90	20	0	0

（※）下線部改題

（設問1）

　プロジェクトZを採用したことによって増加する各期のキャッシュ・フロー（当初投資時点の投資額を含まない）を，以下の2つのケースについて計算せよ。

ケース1：各期におけるプロジェクトZ以外の事業活動からの税引前当期純利益がゼロである。

ケース2：各期におけるプロジェクトZ以外の事業活動からの税引前当期純損失が10百万円である。

（設問2）

　両プロジェクトの正味現在価値を計算して（a）欄に記入し，採用するべきプロジェクトについて（b）欄に○印を付けよ。なお，計算においてはかねてより同社が採用している資本コスト10％を適用し，プロジェクト以外の事業活動からの税引前当期純利益はゼロであるとする。解答にあたっては，金額単位を百万円とし，小数点第2位を四捨五入すること。

割引率10％の現価係数表

年	1	2	3
現価係数	0.9091	0.8264	0.7513

（設問3）

　設問2においては正味現在価値によってプロジェクトの収益性を評価したが，D社の財務状況に鑑みて，プロジェクトの流動性を検討するべきである。適切なプロジェクトの評価指標を計算し，両プロジェクトについて比較せよ。

●【解説（設問 1）】

　本章 I の「(2) 意思決定会計の設問の解き方」で解説した手順に沿って考えていきましょう。本問では，各期の CF を求められているだけですので，手順 1 および手順 2 のみを検討します。

　手順 1. 投資する額・時期の把握

　手順 2. 各年度の効果の額の算出

手順 1. 投資する額・時期の把握

　投資は，当初投資時点と第×3 期の 2 回行われますが，前者については設問文に「当初投資時点の投資額を含まない」との指示があるため，本問の CF には含めません。後者については，在庫などによる純投資額として，第×3 期の△5 百万円を認識します。

　次に，投資した設備の売却価額を認識します。まず，機械設備 g については，残存価額が 0 なので，売却価額を考慮に入れる必要はありません。

　次に，当初投資時点および第×3 期に実施された在庫等に対する純投資額については，第×5 期末の残存価額が明らかではありませんが，純投資額と同額と考えて投資 CF に含めます。したがって，在庫等に対する純投資額の売却価額として認識すべき第×5 期の投資 CF は，

　20 百万円＋5 百万円＝25 百万円

手順 2. 各年度の効果の額の算出

（ケース 1）

　ケース 1 について，各期の CF を算出します。以下の計算式で算出します。

　　各期の CF＝営業 CF＋投資 CF

　　営業 CF＝税引前利益×(1－税率)＋減価償却費

　なお，税引前利益は，「売上（現金収入）－費用（現金支出）－減価償却費」で算出できます。

　まずは，各期の営業 CF を算出していきます。営業 CF は，各期の売上・費用・減価償却費が同じ値であるため，期によらず同額となり，以下のように算出できます。

　　(売上 100－費用 70－減価償却費 10)×(1－税率 30 %)＋減価償却費 10＝24 百万円

　次に投資 CF についてですが，投資 CF はすべて手順 1 で考慮済みのため，新たに検討すべきものはありません。

（ケース2）

　ケース1と同様に各期のCFを計算していきます。ケース2では，「プロジェクトZ以外の事業活動からの税引前当期純損失10百万円」を考慮に入れる必要があります。このため，税引前当期純損失10百万円を控除したうえで税引後利益を算出する必要があります。営業CFは，減価償却費と「プロジェクトZ以外の事業活動からの税引前当期純損失」を足し戻すことで算出します。計算式は以下のとおりです。

　　営業CF＝（税引前利益－税引前当期純損失）×（1－税率）＋減価償却費＋税引前当期純損失
　　営業CFを算出したあとは，投資CFを加算し，各期のCFを算出します。

　それでは，ケース1と同様に営業CFから算出していきましょう。営業CFは，ケース1と同様に各期とも同額となり，以下のように算出できます。

　　（売上100－費用70－減価償却費10－税引前当期純損失10）×（1－税率30％）＋減価償却費10＋税引前当期純損失10＝27百万円

　次に投資CFを算出する必要がありますが，投資CFについては，ケース1と2で変化はなく，手順1で認識済みです。

※ケース1と同様に，第×5期における残存価額25百万円を考慮に入れなくとも加点されると考えられます。

　ケース1と2のこれまでの計算過程を表にまとめると以下のようになります。

（単位：百万円）

		ケース1（プロジェクトZ）				ケース2（プロジェクトZ）			
		当初投資時点	第×3期	第×4期	第×5期	当初投資時点	第×3期	第×4期	第×5期
損益計算	売上（現金収入）		100	100	100		100	100	100
	費用（現金支出）		70	70	70		70	70	70
	減価償却費		10	10	10		10	10	10
	税引前利益		20	20	20		20	20	20
	法人税		6	6	6		3	3	3
	課税所得（税引前利益－他事業からの損失）		20	20	20		10	10	10
	税引後利益		14	14	14		17	17	17
CF計算	減価償却費		10	10	10		10	10	10
	営業CF		24	24	24		27	27	27
	投資CF	△20	△5		25	△20	△5		25
	CFの合計	△20	19	24	49	△20	22	27	52

【模範解答（設問1）】

	第×3期	第×4期	第×5期
ケース1	19百万円	24百万円	49百万円
ケース2	22百万円	27百万円	52百万円

〈別解〉

	第×3期	第×4期	第×5期
ケース1	19百万円	24百万円	24百万円
ケース2	22百万円	27百万円	27百万円

【補足】

　ケース1とケース2の違いは，プロジェクトZ以外の事業活動からの損失の有無です。プロジェクトZ以外の事業活動の損失は，税金の支払額に影響を与えますので，損益計算の際に考慮に入れる必要があります。

●【解説（設問2）】

　（設問2）では，プロジェクトZとEの正味現在価値を比較し，採用するべきプロジェクトを決定する必要があります。プロジェクトZについては，（設問1）のケース1において，手順1と2を踏んで，各期のCFを算出済みなので，手順3. 正味現在価値の算出から進めていきます。

　その後は，プロジェクトEについて，手順1から手順3まで進めて正味現在価値を算出し，手順4. 投資案の妥当性の判断でどちらのプロジェクトを採用するべきか決定します。

　これを踏まえてプロジェクトZについて，手順3から計算を進めていきます。

手順3. 正味現在価値の算出（プロジェクトZ）

　まずはプロジェクトZについて，（設問1）のケース1で算出した各期のCFを確認しておきます。

　第×3期のCF：19百万円

　第×4期のCF：24百万円

　第×5期のCF：49百万円

　設問文で与えられている下記の現価係数を使って正味現在価値を算出します。

割引率 10 % の現価係数表

年	1	2	3
現価係数	0.9091	0.8264	0.7513

第 ×3 期の CF 19×0.9091 ＋第 ×4 期の CF 24×0.8264 ＋第 ×5 期の CF 49×0.7513 － 当初投資時点の投資額 20 ≒ 53.9 百万円

プロジェクト Z について正味現在価値が算出できましたので、プロジェクト E についても手順 1 から進めて正味現在価値を算出します。

手順 1. 投資する額・時期の把握（プロジェクト E）

プロジェクト Z と同様に、投資は当初投資時点と第 ×3 期に行われ、その額はそれぞれ 90 百万円、20 百万円です。次に、投資した設備の売却価額を認識するため、機械設備 h の第 ×5 期末時点の価値 32 百万円を考慮します。

さらに、在庫等に対する純投資額 30 百万円（投資総額 90 ＋ 20 から、機械設備 h に係る投資額 80 を除いた額）を考慮します。したがって、第 5 期に認識する必要のある投資 CF は、62 百万円となります。

手順 2. 各年度の効果の額の算出（プロジェクト E）

（設問 1）で解説したように、各期の CF を以下の計算式を考慮に入れて算出します。まずは営業 CF を算出し、その後投資 CF を考慮に入れて各期の CF を算出します。

各期の CF ＝営業 CF ＋投資 CF

営業 CF ＝税引前利益×（1 －税率）＋減価償却費

税引前利益＝売上（現金収入）－費用（現金支出）－減価償却費

プロジェクト E では、機械設備 g の減価償却費 10 百万円だけではなく、機械設備 h の減価償却費も考慮に入れる必要があります。

機械設備 h の減価償却費＝ 80 ÷ 5 ＝ 16 百万円

したがって、減価償却費の合計値は、

機械設備 g の減価償却費 10 ＋機械設備 h の減価償却費 16 ＝ 26 百万円

したがって、第 ×3 期の営業 CF は、

（売上 100 －費用 70 －減価償却費 26）×（1 －税率 30 %）＋減価償却費 26 ＝ 28.8 百万円

第 ×4 期と第 ×5 期の営業 CF は、

（売上 250 －費用 150 －減価償却費 26）×（1 －税率 30 %）＋減価償却費 26 ＝ 77.8 百万円

ここまでの計算結果を表にまとめると以下のようになります。

（単位：百万円）

		プロジェクトE			
		当初 投資時点	第×3期	第×4期	第×5期
損益計算	売上（現金収入）		100.0	250.0	250.0
	費用（現金支出）		70.0	150.0	150.0
	減価償却費		26.0	26.0	26.0
	税引前利益		4.0	74.0	74.0
	税引後利益		2.8	51.8	51.8
CF計算	減価償却費		26.0	26.0	26.0
	営業CF		28.8	77.8	77.8
	投資CF	△90.0	△20.0	0.0	62.0
	CFの合計	△90.0	8.8	77.8	139.8

手順3．正味現在価値の算出（プロジェクトE）

各期のCFが算出できましたので，設問文で与えられている下記の現価係数を使って正味現在価値を算出します。

割引率10％の現価係数表

年	1	2	3
現価係数	0.9091	0.8264	0.7513

第×3期のCF 8.8×0.9091＋第×4期のCF 77.8×0.8264＋第×5期のCF 139.8×0.7513
－当初投資時点の投資額90≒87.3百万円

手順4．投資案の妥当性の判断

ここまでの手順でプロジェクトZ，プロジェクトEそれぞれの正味現在価値は以下のように算出できました。

プロジェクトZ：53.9百万円

プロジェクトE：87.3百万円

このため，採用するべきプロジェクトは，正味現在価値の値が大きいプロジェクトEであることがわかります。

【模範解答（設問2）】

	(a)	(b)
プロジェクト Z	53.9 百万円	
プロジェクト E	87.3 百万円	○

●【解説（設問3）】

問われているのは，プロジェクトの流動性の観点において適切と考えられる評価指標を選び，両プロジェクトを比較することです。

それでは，どのような評価指標を使えばよいでしょうか。（設問2）では，時間的価値を加味する正味現在価値法を使ってプロジェクトの評価を行いました。（なお，これに類する評価方法は，内部収益率法（IRR）や収益性指数法（PI）などがあります。）

しかしここでは，設問文にある「D社の財務状況に鑑みて，プロジェクトの流動性を検討するべきである。」に注目します。題意を捉えづらい表現ですが，D社の収益性が低い点を鑑みると，早期に初期投資を回収できるプロジェクトを採用するべきと捉えられます。このため，初期投資の回収期間に着目した回収期間法を用いるのが適切であると判断します。知識問題であるため，知らないと解けない問題であるといえますが，1次知識で十分に対応できるため，落ち着いて評価指標を選択しましょう。

それでは，実際に回収期間法を使って両プロジェクトの評価を行います。<u>手順3. 回収期間の算出</u>でプロジェクトZとプロジェクトEのそれぞれの回収期間を算出し，<u>手順4. 投資案の妥当性の判断</u>でどちらのプロジェクトを採用するべきか判断します。

<u>手順3. 回収期間の算出（プロジェクトZ）</u>

まずはプロジェクトZについて，（設問1）のケース1で算出した各期のCFと初期投資額を確認しておきます。

　　当初投資時点：20百万円

　　第×3期のCF：19百万円

　　第×4期のCF：24百万円

　　第×5期のCF：49百万円

実際に回収期間を算出していきましょう。なお，回収期間法では一般的に時間的価値を考慮しませんので，ご注意ください。

第×3期末までに初期投資額20百万円のうち19百万円を回収し，残りの1百万円を第×4期末までに回収します。第×4期では24百万円が得られるため，1百万円の回収に要する期間は，

220

1 年 ×（1 百万円 ÷ 24 百万円）＝ 1/24 年

したがって，回収期間は，1 年 + 1/24 年 ≒ 1.04 年

手順 3．回収期間の算出（プロジェクト E）

次にプロジェクト E について，（設問 2）で算出した各期の CF と初期投資額を確認しておきます。

当初投資時点：90 百万円

第 × 3 期の CF：8.8 百万円

第 × 4 期の CF：77.8 百万円

第 × 5 期の CF：139.8 百万円

第 × 4 期末までに回収可能な CF の累計額が 86.6 百万円で，初期投資額 90 百万円を回収できないため，この時点で回収期間に着目するとプロジェクト Z が有利であることがわかります。実際の回収期間は，残り 90 − 86.6 ＝ 3.4 百万円を 139.8 百万円が得られる第 × 5 期で回収するため，

2 + 3.4/139.8 ≒ 2.02 年

手順 4．投資案の妥当性の判断

プロジェクト Z の回収期間が 1.04 年，プロジェクト E の回収期間が 2.02 年であり，プロジェクト Z のほうが早く回収できるため，プロジェクト Z を採用するべきであるという判断をすることになります。

なお，設問文には「適切なプロジェクトの評価指標を計算し，」とあるため，回収期間の計算が求められています。しかし，時間不足等で計算できない場合でも，「プロジェクト Z は回収期間が 2 年未満だが，プロジェクト E は回収期間が 2 年以上であるため，プロジェクト Z を採用するべきである」と解答すると多少の部分点につながると考えられます。

【模範解答】（設問 3）

適切なプロジェクトの評価指標は回収期間法である。

プロジェクト Z の回収期間は，

1 + （1 ÷ 24）≒ 1.04 年

プロジェクト E の回収期間は，

2 + （3.4 ÷ 139.8）≒ 2.02 年

したがって，プロジェクトの流動性の観点では，プロジェクト Z の方が初期投資額を早く回収できるため，プロジェクト Z が適切である。

(3) 平成26年度　第2問（配点30点）

キャッシュフロー算出 NPVの算出	重要度	1回目		2回目		3回目	
	A	／		／		／	

　D社は県内に18店舗をチェーン展開する老舗喫茶店である。

　D社のある店舗の平成26年度における予想損益計算書は以下のとおりである。売上原価は売上高に比例している。設備備品の償却は定額法（取得原価1,000万円，残存価額ゼロ，耐用年数5年）で行われており，平成27年度期末で償却が終了し，改装のため取り替える予定である。しかし，この店舗の最寄駅では，平成27年4月1日の完成に向けて再開発が進んでおり，これに合わせて改装を早める提案がある。

ある店舗の平成26年度予想損益計算書

（単位：千円）

売　上　高	42,000
売　上　原　価	10,500
売　上　総　利　益	31,500
販売費・一般管理費	31,000
人　件　費	19,500
店　舗　賃　借　料	3,000
そ　の　他　経　費	6,500
減　価　償　却　費	2,000
営　業　利　益	500

　改装する場合，再開発イメージに合わせた改装やインターネット環境などの充実のため，1,500万円の設備投資額が見込まれている。設備投資は期間5年の定額法（残存価額ゼロ）で償却される予定である。改装した場合は，販売費・一般管理費のうちその他経費が，平成26年度よりも10％増加すると見込まれている。

　平成26年度期末に改装した場合，駅前の再開発との相乗効果により今後5年間の売上は平成26年度よりも10％増加すると見込まれている。一方，改装を平成27年度期末に行う場合，相乗効果が得られないため，平成27年度の売上は平成26年度より5％増加し，平成28年度以降の4年間は平成26年度より10％の増加が見込まれている。

　なお，再開発に合わせた改装を行う場合，現在の設備備品は平成26年度期末の帳簿価額で翌年度期首に除却されるものとする。

　下記の設問に答えよ。

（設問1）

　平成26年度期末に改装した場合（a）と，平成27年度期末に改装した場合（b）について，それぞれの平成27年度の予想税引後営業キャッシュフローを求めよ。ただし，運転

資本の増減はなく，法人税率は 40 ％とする。

（設問 2）

　平成 27 年度から平成 31 年度までの 5 年間における<u>予想税引後フリーキャッシュフロー</u>の正味現在価値を計算し，駅前の再開発完成に合わせて平成 26 年度期末に改装するか，予定どおり平成 27 年度期末の償却が終わるのを待ち平成 27 年度期末に改装するかを判断せよ。

　ただし，運転資本の増減はなく，法人税率は 40 ％，資本コストは 5 ％とする（計算には以下に示す現価係数を用いよ）。

現価係数表

1 年	0.95
2	0.91
3	0.86
4	0.82
5	0.78

注：下線部 2 カ所はいずれも本試験で「予想税引後キャッシュフロー」と記載。

●【解説（設問 1）】

　本章 I の「(2) 意思決定会計の設問の解き方」で解説した以下の手順をベースに考えていきましょう。

　手順 1.　投資する額・時期の把握
　手順 2.　各年度の効果の額の算出
　手順 3.　正味現在価値の算出
　手順 4.　投資案の妥当性の判断

　本問では，手順 2 のみを進めて，平成 26 年度期末に改装する場合と平成 27 年度期末に改装する場合のそれぞれについて，平成 27 年度の税引後営業キャッシュフローを算出します。（設問 2）では，手順 1 から手順 4 を踏んで，平成 28 年度から平成 31 年度の予想税引後フリーキャッシュフローを算出し，平成 26 年度期末に改装する場合と平成 27 年度期末に改装する場合のどちらが優位か意思決定します。

　なお，問題文中は数値の単位が「万円」となっており，損益計算書では数値の単位が「千円」となっています。単位を統一しないとケアレスミスにつながりますので，注意してください。以降の解説では，特に断りがない限り，単位は「千円」とします。

<u>手順2．各年度の効果の額の算出</u>

　平成26年度期末に改装する場合と平成27年度期末に改装する場合のそれぞれについて，平成27年度の予想税引後営業キャッシュフローを算出します。損益計算で税引後当期純利益を算出し，非現金支出費用を足し戻すことで計算していきます。

【平成26年度期末に改装する場合】

　まずは平成27年度の損益計算を進めます。

　　売上高＝42,000×（1＋10％）＝46,200

　　売上原価＝10,500×（1＋10％）＝11,550

　　売上総利益＝46,200－11,550＝34,650

　次に，問題文の条件から販売費・一般管理費を計算します。

　　人件費　　　　19,500　→　変化なし

　　店舗賃借料　　3,000　→　変化なし

　　その他経費　　6,500×（1＋10％）＝7,150

　　減価償却費　「1,500万円の設備投資で5年の定額法」ということから，

　　　　　　　　　毎年の減価償却額は，15,000千円÷5年＝3,000

　そのため，販売費・一般管理費は，

　　販売費・一般管理費＝19,500＋3,000＋7,150＋3,000＝32,650

　したがって，営業利益は，

　　営業利益＝売上総利益－販売費・一般管理費

　　　　　　＝34,650－32,650＝2,000

　次に，除却損を考慮に入れて税引前当期純利益を算出します。現在の設備備品の平成26年度期末における簿価は2,000です（年間の減価償却費が1,000万円÷5＝200万円＝2,000千円であり，残存期間が平成26年度期末～平成27年度期末の1年間であるため）。これがそのまま除却損となります。このため，税引前当期純利益は，

　　税引前当期純利益＝営業利益－特別損失（除却損）

　　　　　　　　　　＝2,000－2,000＝0

となります。

　続いて税引後営業キャッシュフローを算出していきます。税引後営業キャッシュフローは，税引後当期純利益に非現金支出費用を足し戻すことで算出できます。ここで考慮するべき非現金支出費用は，減価償却費と除却損です。

　したがって，税引後営業キャッシュフローは，

　　税引前当期純利益0×（1－40％）＋減価償却費3,000＋除却損2,000＝5,000

　これらをまとめると次のようになります。

（単位：千円）

		金額	算出式
①損益の計算	(a) 売上高	46,200	42,000×1.1
	(b) 売上原価	11,550	10,500×1.1
	(c) 売上総利益	34,650	(a) − (b)
	(d) 販売費・一般管理費	32,650	(e) + (f) + (g) + (h)
	(e) 人件費	19,500	
	(f) 店舗賃借料	3,000	
	(g) その他経費	7,150	6,500×1.1
	(h) 減価償却費	3,000	15,000÷5
	(i) 営業利益	2,000	(c) − (d)
	(j) 特別損失（除却損）	2,000	
	(k) 税引前当期純利益	0	(i) − (j)
②キャッシュフローの計算	(l) 税金（40％）	0	(k)×40％
	(m) 税引後利益	0	(k) − (l)
	(n) 減価償却費	3,000	(h)
	(o) 特別損失（除却損）	2,000	(j)
	(p) 税引後営業CF	5,000	(m) + (n) + (o)

　なお，ここまでの解説を，キャッシュフローを起点とする利益を「当期純利益」として算出しましたが，「営業利益」として算出することもできます。基本となる式である「キャッシュフロー＝営業利益×(1−税率)＋減価償却費」という式に対して営業利益以降の費用である「除却損」による節税効果（除却損×税率＝2,000×40％＝800）を加えて求めます。

$$税引後営業キャッシュフロー＝営業利益×(1−税率)＋減価償却費＋除却損の節税効果$$
$$＝2,000×(1−40％)＋3,000＋2,000×40％$$
$$＝5,000 千円$$

【平成27年度期末に改装する場合】

　設問文から，平成27年度の売上高は5％増加し，売上原価は売上高に比例しているため，以下のように計算します。

　　売上高＝42,000×(1+5％)＝44,100

　　売上原価＝10,500×(1+5％)＝11,025

　　売上総利益＝44,100−11,025＝33,075

　次に，問題文の条件から販売費・一般管理費を計算します。

　　人件費　　　19,500　→　変化なし

店舗賃借料　　3,000　→　変化なし

　　その他経費　　6,500　→　変化なし

　　減価償却費　　改装は27年度期末に行われるため，考慮に入れる必要のある減価償却
　　　　　　　　　費は現状設備のみとなります。このため減価償却費は，取得原価10,000
　　　　　　　　　÷5年＝2,000千円となります。

　したがって，販売費・一般管理費は，

　　販売費・一般管理費＝19,500＋3,000＋6,500＋2,000＝31,000

になります。

　次に営業利益を求めます。

　　営業利益＝売上総利益－販売費・一般管理費

　　　　　　＝33,075－31,000＝2,075

　また，ここでは営業外費用や，除却損は発生していませんので，税引前当期純利益も同
額になります。

　続いて，税引後営業キャッシュフローを求めます。

　　税引後営業キャッシュフロー＝税引前当期純利益×（1－税率）＋減価償却費

　　　　　　　　　　　　　　　　＝2,075×（1－0.4）＋2,000

　　　　　　　　　　　　　　　　＝1,245＋2,000＝3,245

　これらをまとめると次のようになります。

（単位：千円）

		金額	算出式
①損益の計算	(a) 売上高	44,100	42,000×1.05
	(b) 売上原価	11,025	10,500×1.05
	(c) 売上総利益	33,075	(a)－(b)
	(d) 販売費・一般管理費	31,000	(e)＋(f)＋(g)＋(h)
	(e) 人件費	19,500	
	(f) 店舗賃借料	3,000	
	(g) その他経費	6,500	
	(h) 減価償却費	2,000	
	(i) 営業利益（税引前当期純利益）	2,075	(c)－(d)
②キャッシュフローの計算	(j) 税金（40％）	830	(i)×40％
	(k) 税引後利益	1,245	(i)－(j)
	(l) 減価償却費	2,000	(h)
	(m) 税引後営業CF	3,245	(k)＋(l)

226

【模範解答（設問 1）】

(a)	予想損益計算書　　　　　　　　　　　　　　　　　　（単位：千円） 　　売上総利益＝34,650 　　販売費・一般管理費＝32,650 　　営業利益＝2,000 　　除却損＝2,000 　　税引前当期純利益＝0 　税引後キャッシュフロー 　　＝税引前当期純利益×（1－税率）＋減価償却費＋除却損 　　＝0×（1－40 %）＋3,000＋2,000 　　＝5,000 <div align="right">答：5,000 千円</div>
(b)	予想損益計算書　　　　　　　　　　　　　　　　　　（単位：千円） 　　売上総利益＝33,075 　　販売費・一般管理費＝31,000 　　営業利益（税引前当期純利益）＝2,075 　税引後キャッシュフロー 　　＝税引前当期純利益×（1－税率）＋減価償却費 　　＝2,075×（1－40 %）＋2,000 　　＝3,245 千円 <div align="right">答：3,245 千円</div>

※本試験では，「税引後営業キャッシュフロー」ではなく「税引後キャッシュフロー」との指示であったため，投資キャッシュフロー（△ 15,000 千円。設問 2 にて解説）を加えて△ 11,755 千円とした解答も適切。

【補足（設問 1）】

・除却損とは

　事業で使用を中止した固定資産を除却する（捨てる）ことにより生じる損失をいいます。本問の場合，除却したときの簿価（2,000 千円）をすべて除却損として，特別損失（※）として計上します。

　この除却損は減価償却費などと同じ，現金の支出を伴わない費用である非現金支出費用となります。

（※）経常的に発生する除却損の場合は，営業外費用に区分する場合もあります。

●【解説（設問 2）】

　本章Ⅰの「(2) 意思決定会計の設問の解き方」で解説した手順を踏んで，平成 26 年度期末に改装する場合と平成 27 年度期末に改装する場合のどちらが優位か意思決定します。ここでは，平成 26 年度期末に改装する場合と平成 27 年度期末に改装する場合のそれぞれで，手順 1 から手順 3 を進め，手順 4 で両者の正味現在価値を比較することで，意思決定します。

【平成 26 年度期末に改装する場合】

手順 1. 投資する額・時期の把握

　設備投資額は 15,000 千円です。その時期は平成 26 年度期末であり，0 期末に投資するため現在価値に割り引く必要はありません。なお，投資した設備について，償却期間終了時に設備の売却による収入などがある場合，特別利益（特別損失）として認識する必要があります。しかし本設問では売却に関する記載がないほか，残存価額もゼロとなっているため，特別利益（特別損失）を 0 とし，投資キャッシュフローも 0 としています。

手順 2. 各年度の効果の額の算出

　平成 27 年度の予想税引後営業キャッシュフローは，（設問 1）で算出済みです。

　　　予想税引後営業キャッシュフロー＝5,000 千円

　次に（設問 1）と同様の流れで，平成 28 年度〜平成 31 年度の損益計算を行い予想税引後営業キャッシュフローを求めていきましょう。

　　　売上高＝$42,000 \times (1 + 10\ \%) = 46,200$

　　　売上原価＝$10,500 \times (1 + 10\ \%) = 11,550$

　　　売上総利益＝$46,200 - 11,550 = 34,650$

　次に，問題文の条件から販売費・一般管理費を作成します。

　　　人件費　　　19,500　　→　　変化なし

　　　店舗賃借料　3,000　　→　　変化なし

　　　その他経費　$6,500 \times (1 + 10\ \%) = 7,150$

　　　減価償却費　$15,000 \div 5\ 年 = 3,000$

　そのため，販売費・一般管理費は，

　　　販売費・一般管理費＝人件費＋店舗賃借料＋その他経費＋減価償却費

　　　　　　　　　　　＝$19,500 + 3,000 + 7,150 + 3,000 = 32,650$

となり，営業利益は次のようになります。

　　　営業利益＝売上総利益－販売費・一般管理費

　　　　　　　＝$34,650 - 32,650 = 2,000$

※平成 26 年度期末に改装した場合，平成 27 年度の営業利益と，平成 28 年度〜平成 31 年度の営業利益は 2,000 で同額になります。

　続いて，平成 28 年度〜平成 31 年度の税引後営業キャッシュフローを求めます。

　　　税引後営業キャッシュフロー＝税引前当期純利益×（1－税率）＋減価償却費

　　　　　　　　　　　　　　　＝$2,000 \times (1 - 0.4) + 3,000 = 4,200$

　ここまでの結果をまとめると，次表のとおりになります。

（単位：千円）

		第 0 期	第 1 期	第 2 期	第 3 期	第 4 期	第 5 期	算出式
		H26	H27 （※ 1)	H28	H29 (H28と同じ)	H30 (H28と同じ)	H31 (H28と同じ)	
①損益計算書	(a) 売上高		46,200	46,200	46,200	46,200	46,200	
	(b) 売上原価		11,550	11,550	11,550	11,550	11,550	
	(c) 売上総利益		34,650	34,650	34,650	34,650	34,650	(a) − (b)
	(d) 販売費・一般管理費		32,650	32,650	32,650	32,650	32,650	(e) + (f) + (g) + (h)
	(e) 人件費		19,500	19,500	19,500	19,500	19,500	
	(f) 店舗賃借料		3,000	3,000	3,000	3,000	3,000	
	(g) その他経費		7,150	7,150	7,150	7,150	7,150	
	(h) 減価償却費		3,000	3,000	3,000	3,000	3,000	
	(i) 営業利益		2,000	2,000	2,000	2,000	2,000	(c) − (d)
	(j) 特別損失（除却損）		2,000	0	0	0	0	
	(k) 税引前当期純利益		0	2,000	2,000	2,000	2,000	
	(l) 税金（40 %）		0	800	800	800	800	(k) × 40 %
②キャッシュフロー	(m) 税引後当期純利益		0	1,200	1,200	1,200	1,200	(k) − (l)
	(n) 減価償却費		3,000	3,000	3,000	3,000	3,000	(h)
	(o) 特別損失		2,000	0	0	0	0	
	(p) 営業 CF		5,000	4,200	4,200	4,200	4,200	(m) + (n) + (o)
	(q) 投資 CF	−15,000					0	
	(r) フリーCF	−15,000	5,000	4,200	4,200	4,200	4,200	(p) + (q)

（※ 1）は（設問 1）で計算済み。

手順 3. 正味現在価値の算出

　手順 1 と手順 2 で算出した平成 26 年度から平成 31 年度のフリーキャッシュフローから正味現在価値を算出します。

　　　正味現在価値 ＝ 第 0 期 CF ＋（第 1 期 CF × 1 年の現価係数）

　　　　　　　　　　＋　…　＋（第 5 期 CF × 5 年の現価係数）

　　　　　＝ −15,000 ＋（5,000 × 0.95）＋（4,200 × 0.91）＋（4,200 × 0.86）

　　　　　　　＋（4,200 × 0.82）＋（4,200 × 0.78）

　　　　　＝ −15,000 ＋ 4,750 ＋ 3,822 ＋ 3,612 ＋ 3,444 ＋ 3,276 ＝ 3,904

（単位：千円）

		第0期	第1期	第2期	第3期	第4期	第5期	算出式
		H26	H27	H28	H29	H30	H31	
③NPV	(p) フリーCF	−15,000	5,000	4,200	4,200	4,200	4,200	
	(q) 現価係数	1.00	0.95	0.91	0.86	0.82	0.78	設問文より
	(r) 現在価値	−15,000	4,750	3,822	3,612	3,444	3,276	(p)×(q)
	(s) 正味現在価値	3,904						(r) の合計

　計算の結果，平成26年度期末に改装したときの正味現在価値（NPV）は，3,904千円になります。

【平成27年度期末に改装した場合】

手順1．投資する額・時期の把握

　設備投資額は15,000千円です。その時期は平成27年度期末であるため，現在価値に割り引く必要があることに注意してください。平成31年度については，残存価額があればこれをプロジェクトの正味現在価値に算入するべきであるという考え方に立ち，投資キャッシュフローについても考慮に入れましょう。

　平成31年度末の設備の残存価額（簿価）は，取得原価15,000から，平成28年～平成31年の減価償却累計額12,000を引いた3,000となります。これを投資キャッシュフローとして認識します。

手順2．各年度の効果の額の算出

　平成27年度の予想税引後キャッシュフローは，（設問1）で算出済みです。

　　予想税引後CF＝3,245千円

　次に（設問1）と同様の流れで，平成28年度～平成31年度の損益計算を行い予想税引後CFを求めます。

　平成28年度から平成31年度の営業利益は，平成26年度末で改装した場合と同様に，2,000千円です。

　続いて，平成28年度～平成31年度の税引後CFを求めます。税引後CFも，平成26年度末に改装した場合と同様です。

　　税引後CF＝税引前当期純利益×（1−税率）＋減価償却費

　　　　　　＝2,000×（1−0.4）＋3,000＝4,200

　ここまでの結果をまとめると，次表のとおりになります。

（単位：千円）

		第0期	第1期	第2期	第3期	第4期	第5期	算出式
		H26	H27 （※1）	H28 （※2）	H29	H30	H31	
①損益計算書	(a) 売上高		44,100	46,200	46,200	46,200	46,200	
	(b) 売上原価		11,025	11,550	11,550	11,550	11,550	
	(c) 売上総利益		33,075	34,650	34,650	34,650	34,650	(a) − (b)
	(d) 販売費・一般管理費		31,000	32,650	32,650	32,650	32,650	(e) + (f) + (g) + (h)
	(e) 人件費		19,500	19,500	19,500	19,500	19,500	
	(f) 店舗賃借料		3,000	3,000	3,000	3,000	3,000	
	(g) その他経費		6,500	7,150	7,150	7,150	7,150	
	(h) 減価償却費		2,000	3,000	3,000	3,000	3,000	
	(i) 営業利益		2,075	2,000	2,000	2,000	2,000	(c) − (d)
②キャッシュフロー	(j) 税金（40％）		830	800	800	800	800	(i) × 40％
	(k) 税引後当期 純利益		1,245	1,200	1,200	1,200	1,200	(i) − (j)
	(l) 減価償却費		2,000	3,000	3,000	3,000	3,000	(h)
	(m) 節税効果		0	0	0	0	0	
	(n) 営業CF		3,245	4,200	4,200	4,200	4,200	(k) + (l) + (m)
	(o) 投資CF		−15,000				3,000	
	(p) フリーCF		−11,755	4,200	4,200	4,200	7,200	(n) + (o)

（※1）は，（設問1）で計算済み。（※2）は，i）で計算済み。

手順3．正味現在価値の算出

　手順1と手順2で算出した平成26年度から平成31年度のフリーキャッシュフローから正味現在価値を算出します。なお，初期投資額15,000は，平成27年度期末（第1期末）に行うため，現在価値に割り引く必要があることに注意しましょう。

　　正味現在価値 = 第0期CF + （第1期CF × 1年の現価係数）

$$+ \cdots + （第5期CF × 5年の現価係数）$$

$$= 0 + （−15,000 × 0.95) + (3,245 × 0.95) + (4,200 × 0.91)$$

$$+ (4,200 × 0.86) + (4,200 × 0.82) + (7,200 × 0.78)$$

$$= −14,250 + 3,082.75 + 3,822 + 3,612 + 3,444 + 5,616 = 5,326.75$$

（単位：千円）

		第0期	第1期	第2期	第3期	第4期	第5期	算出式
		H26	H27	H28	H29	H30	H31	
③NPV	(p) フリーCF	0	−11,755	4,200	4,200	4,200	7,200	
	(q) 原価係数	1.00	0.95	0.91	0.86	0.82	0.78	設問文より
	(r) 現在価値		−11,167.25	3,822	3,612	3,444	5,616	(p) × (q)
	(s) 正味現在価値	5,326.75						(r) の合計

計算の結果，平成27年度期末に改装したときの正味現在価値（NPV）は，5,326.75千円になります。

手順4．投資案の妥当性の判断

平成26年度期末に改装したときと平成27年度期末に改装したときの正味現在価値（NPV）を比較します。

平成26年度期末に改装したときの正味現在価値＝3,904千円

平成27年度期末に改装したときの正味現在価値＝5,326.75千円

　　3,904千円　＜　5,326.75千円

　　5,326.75－3,904＝1,422.75

平成27年度期末に改装したほうが正味現在価値が1,422.75千円大きいため，平成27年度期末に改装する選択が妥当となります。

【模範解答（設問2）】

> 平成26年度期末に改装する場合と平成27年度期末に改装する場合の正味現在価値を比較する。
>
> 平成26年度期末に改装する場合の正味現在価値 （単位：千円）
> $$= (-15{,}000) + (5{,}000 \times 0.95) + (4{,}200 \times 0.91) + (4{,}200 \times 0.86)$$
> $$+ (4{,}200 \times 0.82) + (4{,}200 \times 0.78) = \underline{3{,}904}$$
>
> 平成27度期末に改装する場合の正味現在価値
> $$= 0 + (-15{,}000 \times 0.95) + (3{,}245 \times 0.95) + (4{,}200 \times 0.91)$$
> $$+ (4{,}200 \times 0.86) + (4{,}200 \times 0.82) + (7{,}200 \times 0.78) = \underline{5{,}326.75}$$
>
> よって，平成27年度期末に改装したほうが，正味現在価値が1,422.75千円大きくなるので，平成27年度期末に改装すべきである。

【部分点をねらう解答】

設問に「判断せよ」と記載されているので，本問では，「平成26年度期末に改装する」か「平成27年度期末に改装するか」のいずれかが問われています。そのため計算をせず，結論だけを記述しても，部分点を得られる可能性があります。

解答の一例は次のとおりです。

> 計算の結果，平成26年度期末に改装するより，平成27年度期末に改装したほうが，5年間における予想税引後キャッシュフローの正味現在価値は大きくなるので，平成27年度期末に改装すべきである。

(4) 令和 4 年度　第 3 問 (設問 2) (設問 3) (設問 1 を含めて 35 点)

回収期間，正味現在価値の算出	重要度	1 回目		2 回目		3 回目	
	(設問 2) A (設問 3) B	／		／		／	

　D 社は，1990 年代半ばに中古タイヤ・アルミホイールの販売によって創業した会社であり，現在は廃車・事故車の引取り・買取りのほか中古自動車パーツの販売や再生資源の回収など総合自動車リサイクル業者として幅広く事業活動を行っている。

(中略)

　D 社は，これまで行ってきた廃車・事故車からのパーツ回収のほかに，より良質な中古車の買取りと再整備を通じた中古車販売事業も新たな事業として検討している。

　D 社は新規事業として，中古車の現金買取りを行い，それらに点検整備を施したうえで海外向けに販売する中古車販売事業について検討している。この事業では，取引先である現地販売店が中古車販売業務を行うため，当該事業のための追加的な販売スタッフなどは必要としない。

　D 社が現地で需要の高い車種についてわが国での中古車買取価格の相場を調査したところ，諸経費を含めたそれらの取得原価は 1 台あたり平均 50 万円であった。それらの中古車は，現地販売店に聞き取り調査をしたところ，輸送コスト等を含めて D 社の追加的なコスト負担なしに 1 台あたり 60 万円（4,800 ドル，想定レート：1 ドル＝125 円）で現地販売店が買い取ると予測される。また，同業他社等の状況から中古車販売事業においては期首に中古車販売台数 1 か月分の在庫投資が必要であることもわかった。

　D 社はこの事業において，初年度については月間 30 台の販売を計画している。

　以下の設問に答えよ。

(設問 2)

　D 社が海外向け中古車販売事業の将来性について調査していたところ，現地販売店より D 社が販売を計画している中古車種が当地で人気があり，将来的にも十分な需要が見込めるとの連絡があった。こうした情報を受けて D 社は，初年度においては月間 30 台の販売からスタートするが，2 年目以降は 5 年間にわたって月間販売台数 50 台を維持する計画を立てた。

　この計画において D 社は，月間 50 台の販売台数が既存工場の余裕キャパシティを超えることから，中古車販売事業 2 年目期首に稼働可能となる工場の拡張について検討を始めた。D 社がこの拡張について情報を収集したところ，余裕キャパシティを超える 20 台の点検整備を行うためには，建物および付属設備について設備投資額 7,200 万円の投資が必要になることがわかった。また，これに加えて今後拡張される工場での点検整備のために，

新たな整備工を正規雇用することにした。この結果，工場拡張によって増加する 20 台の中古車にかかる 1 台あたりの点検整備費用は，直接労務費が 10,000 円，間接費が 4,500 円（現金支出費用であり，工場拡張によって増加する減価償却費は含まない）になる。

この工場拡張に関する投資案について，D 社はまず回収期間（年）を検討することにした。回収期間を求めるにあたって D 社は，中古車の買取りと販売は現金でなされ，平均仕入価格や販売価格は今後も一定であると仮定した。なお，設備投資額と在庫投資の増加額は新規の工場が稼働する 2 年目期首にまとめて支出されることとなっている。また，D 社の全社的利益（課税所得）は今後も黒字であることが予測されており，税率は 30 ％とする。

上記の条件と下記の設備投資に関するデータにもとづいて，この投資案の年間キャッシュフロー（初期投資額は含まない）を計算し（a）欄に答えよ（単位：円）。また，（b）欄には計算過程を示すこと。さらに，（c）欄には（a）欄で求めた年間キャッシュフローを前提とした回収期間を計算し，記入せよ（単位：年）。なお，解答においては小数点第 3 位を四捨五入すること。

〈設備投資に関するデータ〉

設備投資額	7,200 万円
耐用年数	15 年
減価償却法	定額法
残存価額	初期投資額の 10 ％

（設問 3）

D 社は，工場拡張に関する投資案について回収期間に加えて正味現在価値法によっても採否の検討を行うことにした。当該投資案の正味現在価値を計算するにあたり，当初 5 年間は月間 50 台を販売し，その後は既存工場の収益性に鑑みて，当該拡張分において年間 150 万円のキャッシュフローが継続的に発生するものとする。また，5 年間の販売期間終了後には増加した在庫分がすべて取り崩される。この条件のもとで当該投資案の投資時点における正味現在価値を計算し（a）欄に答えよ（単位：円）。また，（b）欄には計算過程を示すこと。

なお，毎期のキャッシュフロー（初期投資額は含まない）は期末に一括して発生するものと仮定し，割引率は 6 ％で以下の係数を用いて計算すること。また，解答においては小数点以下を四捨五入すること。

| 複利現価係数（5 年） | 0.7473 |
| 年金現価係数（5 年） | 4.2124 |

●【解説（全体）】

　設問文全体の情報量が多いため，まずは各設問で最終的に求められている事項を把握します（設問2：投資案の年間キャッシュフロー，回収期間，設問3：投資案の正味現在価値）。

　次に，本章Ⅰの「(2) 意思決定会計の設問の解き方」で示した手順に沿って考えると，この設問構成は次のとおりと考えられます。これを踏まえて各設問を解いていきます。

	設問 2	設問 3
手順 1．投資する額・時期の把握	○	
手順 2．各年度の効果の額の把握	○	
手順 3．正味現在価値または回収期間の算出	○ （回収期間）	○ （正味現在価値）
手順 4．投資案の妥当性の判断		

●【解説（設問 2)】

　設問文および設問 2 に記されている設定は次のとおりです（(1)〜(4) が設問文，(5)〜(16) が設問 2，うち (13)〜(16) が〈設備投資に関するデータ〉に記載）。

(1)　「諸経費を含めたそれら（現地で需要の高い車種の中古車）の取得原価は 1 台あたり平均 50 万円であった」

(2)　「輸送コスト等を含めて D 社の追加的なコスト負担なしに 1 台あたり 60 万円（4,800 ドル，想定レート：1 ドル＝125 円）で現地販売店が買い取る」

(3)　「中古車販売事業においては期首に中古車販売台数1か月分の在庫投資が必要である」

(4)　「初年度については月間 30 台の販売を計画している」

(5)　「初年度においては月間 30 台の販売からスタートするが，2 年目以降は 5 年間にわたって月間販売台数 50 台を維持する計画を立てた」

(6)　「建物および付属設備について設備投資額 7,200 万円の投資が必要になる」

(7)　「1 台あたりの点検整備費用は，直接労務費が 10,000 円，間接費が 4,500 円（現金支出費用であり，工場拡張によって増加する減価償却費は含まない）になる」

(8)　「中古車の買取りと販売は現金でなされ」

(9)　「平均仕入価格や販売価格は今後も一定である」

(10)　「設備投資額と在庫投資の増加額は新規の工場が稼働する 2 年目期首にまとめて支出される」

(11)　「D 社の全社的利益（課税所得）は今後も黒字である」

(12)　「税率は 30 ％とする」

(13)　設備投資額：「7,200 万円」

(14)　耐用年数：「15 年」

(15) 減価償却法：「定額法」

(16) 残存価額：「初期投資額の10％」

手順1. 投資する額・時期の把握

前記の設定の中から投資に関する内容を整理すると次のようになります（カッコ内の数字は前述の項目に対応）。

（ア）7,200万円の設備投資（6, 13）を2年目期首（10）に行う。

（イ）中古車販売台数1か月分の在庫投資（3）を2年目期首（10）に行う。
拡張分の工場における月間の販売台数は20台（5）であり，取得価格は1台あたり平均50万円（1）であるので，在庫投資額は20台×50万円/台＝1,000万円である。

手順2. 各年度の効果の額の算出

前記の設定の中から効果に関するものを整理すると次のようになります（カッコ内の数字は前述の項目に対応）。

（ウ）販売価格は1台あたり60万円である（2）ので，年間の売上（現金収入（8））は60万円/台×20台/月×12月/年＝14,400万円/年である。

（エ）仕入価格は1台あたり平均50万円である（1）ので，年間の仕入原価（現金支出（8））は50万円/台×20台/月×12月/年＝12,000万円/年である。

（オ）点検整備費用（現金支出）は，1台あたり直接労務費10,000円＋間接費4,500円＝1.45万円である（7）ので，年間の点検整備費用は1.45万円/台×20台/月×12月/年＝348万円/年である。

（カ）減価償却費は，7,200万円×（1－10％）÷15年＝432万円/年である（6, 13, 14, 15, 16）。

手順3. 回収期間の算出

以上の情報に基づいて損益計算およびCF計算を行うと，下表のとおりとなります（カッコ内の数字・カタカナは前述の項目に対応）。

（単位：万円）

			初期投資	年間キャッシュフロー	算出根拠
			2年目期首	2年目以降各期末	
損益計算	売上			14,400	（ウ）
	費用	仕入原価		12,000	（エ）
		点検整備費用		348	（オ）
		減価償却費		432	（カ）
	税引前利益			1,620	売上－費用
	税引後利益			1,134	税引前利益×（1－30％）（11, 12）
CF計算	税引後利益			1,134	同上
	非現金支出費用	減価償却費		432	上の「減価償却費」欄
	営業CF			＋1,566	税引後利益＋非現金支出費用
	投資CF	設備投資	△7,200		（ア）
		在庫投資の増加	△1,000		（イ）
	CF		△8,200	＋1,566	営業CF＋投資CF

この投資案の年間キャッシュフローは＋1,566万円（上表の太枠内）となり，(a) 欄には「15,660,000円」を解答します。単位が「円」となっていることに注意します。

そして，回収期間は，投資額を年間キャッシュフローで割り，

　　8,200万円÷1,566万円/年＝5.236…年＝5.24年

となります（(c) 欄）。

なお，上の表の内容は，営業CFの公式を用いて次のように表現できます（本章Ⅰの「(4) 例題」内のコラムを参照）（単位：万円）。

　　営業CF＝税引前利益×（1－税率）＋非資金支出費用

　　　　　＝（14,400－12,000－348－432）×（1－30％）＋432

　　　　　＝1,620×70％＋432

　　　　　＝1,566

また上式は次のように考えることもできます。

　　営業CF＝（現金収入－現金支出）×（1－税率）＋非資金支出費用×税率

　　　　　＝（14,400－12,000－348）×（1－30％）＋432×30％

　　　　　＝1,436.4＋129.6

　　　　　＝1,566

上の表に相当する内容をスムーズに書ける程度まで理解が進んでいれば，上記の2つの

公式を使って解いても正答できるでしょう。なお，上記の公式は，参考書によっては異なる表現で記載されていることや，また2式が似ていることなどにより，次のようなミスをする可能性がありますので注意しましょう。

・1つめの公式の「非資金支出費用」に「税率」を乗じてしまう

・2つめの公式の「非資金支出費用×税率」において，

「×税率」が漏れる，あるいは「×（1－税率）」としてしまう

・1つめの公式と2つめの公式で，「利益」と「現金収入－現金支出」を取り違えてしまう

【模範解答（設問2）】

(a)	15,660,000（円）
(b)	・売上：60万円/台×20台×12（月）＝14,400万円 ・仕入：50万円/台×20台×12（月）＝12,000万円 ・点検整備費用：（1万円/台＋0.45万円/台）×20台×12（月）＝348万円 ・減価償却費：7,200万円×（1－10%）÷15＝432万円 ・以上から，税引後利益＝（14,400－12,000－348－432）×（1－30%）＝1,134万円となり，年間キャッシュフロー＝1,134＋432＝1,566万円となる。
(c)	5.24（年）

※（c）について4.60（年）（＝7,200÷1,566）の解答も一定の合理性あり。

【補足】

・(b) について，「現金収入－現金支出」ベースの公式を用いた解答は次のとおりです。

(b)	・収入：60万円/台×20台×12＝14,400万円 ・支出： 　・仕入：50万円/台×20台×12＝12,000万円 　・点検整備費用：（1万円/台＋0.45万円/台）×20台×12＝348万円 ・減価償却費：7,200万円×（1－10%）÷15＝432万円 ・以上から，年間キャッシュフロー＝（14,400－12,000－348）×（1－30%）＋432×30%＝1,566万円となる。

・(c) の回収期間の算出において，投資額を8,200万円としましたが，在庫投資1,000万円を除いた設備投資7,200万円とする（回収期間＝7,200万円÷1,566万円/年≒4.60年となる）解答にも合理性があります。本事例における在庫投資は，その性質上，取り崩しにて回収可能（年間キャッシュフローを回収原資としない）と考えることもできるからです。

●【解説（設問 3）】

（設問 3）に記されている設定は次のとおりです。

(17)　「当初 5 年間は月間 50 台を販売」

(18)　「その後は（中略），当該拡張分において年間 150 万円のキャッシュフローが継続的に発生する」

(19)　「5 年間の販売期間終了後には増加した在庫分がすべて取り崩される」

(20)　「毎期のキャッシュフロー（初期投資額は含まない）は期末に一括して発生する」

(21)　「割引率は 6 ％」（複利現価係数（5 年）：0.7473，年金現価係数（5 年）：4.2124）

　なお，当該プロジェクトの評価期間の終了時期に関する情報（当初 5 年間の販売期間終了後，年間 150 万円のキャッシュフローがいつまで発生するかの情報）がないため，前提を明確にして解答します。次の 2 種類の解釈が考えられます。

　　［解釈 1］設備の耐用年数満了時（投資実行時の 2 年目期首から 15 年経過後の 16 年目期末まで）

　　［解釈 2］期限なし（当該キャッシュフローが永続的に発生）

　どちらもありうる適切な解釈ですが，本問では，与えられている割引率，複利現価計数，年金現価計数 (21) を直接利用して求められる［解釈 2］として進めます（［解釈 1］では，与えられている現価計数のほかに，15 年の複利現価係数，10 年の年金現価係数が必要です）。なお，［解釈 1］としての解法は別解に掲載します。

手順 1.　投資する額・時期の把握

　前記の設定の中から投資に関するものを抜き出して整理すると次のようになります（カッコ内の数字は前述の項目に対応）。なお（設問 2）で把握した内容は割愛します。

（キ）　販売終了後に増加した在庫を取り崩す (19)。

　　　　取り崩しによる収入は 1,000 万円（イ）である。

手順 2.　各年度の効果の額の算出

　前記の設定の中から効果に関するものを抜き出して整理すると次のようになります（カッコ内の数字は前述の項目に対応）。なお設問 2 で把握した内容は割愛します。

（ク）　販売終了後の年間キャッシュフローは 150 万円 (18) である。

手順 3.　正味現在価値の算出

　以上の情報に基づいて損益計算および CF 計算は，太枠内のとおりになります（太枠外

は設問2で求めた内容です）。

（単位：万円）

			初期投資	当初5年間のキャッシュフロー	増加した在庫の取り崩し	販売終了後のキャッシュフロー
			2年目期首	2〜6年目各期末	6年目期末	7年目以降各期末
損益計算		売上		14,400		
	費用	仕入原価		12,000		（設問に明示なし）
		点検整備費用		348		
		減価償却費		432		
	税引前利益			1,620		
	税引後利益			1,134		
CF計算	税引後利益			1,134		（設問に明示なし）
	非現金支出費用	減価償却費		432		
	営業CF			＋1,566		＋150
	投資CF	設備投資	△7,200		0	
		在庫投資の増加・取り崩し	△1,000		＋1,000	
	CF		△8,200	＋1,566	＋1,000	＋150

そして，投資時点（2年目期首時点）の正味現在価値を求めると，次のとおりになります（単位：万円）。

$$\triangle 8,200 \quad\quad\quad （投資）$$

$$+\quad 1,566 \times 4.2124 \quad\quad （当初5年間のキャッシュフロー）$$

$$+\quad 1,000 \times 0.7473 \quad\quad （増加した在庫の取り崩し）$$

$$+\quad \underline{150 \div 6\％} \times 0.7473 \quad\quad （販売終了後のキャッシュフロー）$$

$$=\triangle 8,200 + 6,596.6184 + 747.3 + 1,868.25$$

$$=1,012.1684 （万円）$$

（下線部は，7年目以降各期末のキャッシュフローを「÷6％」にて6年目期末時点の価値にし，それに5年の複利現価計数（0.7473）を乗じて2年目期首時点の価値（永続価値）にしています。参考：本章Iの「(5) その他」の②企業価値（割引キャッシュフロー法，DCF法））

　これより (a) 欄には「10,121,684円」を解答します。単位が「円」となっていることに注意します。

　なお，この計算のイメージは次図のとおりです（単位：万円）。

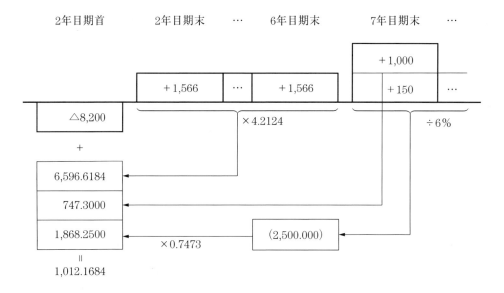

【模範解答（設問3）】

(a)	10,121,684（円）
(b)	・初期投資：設備投資 7,200 万円，在庫投資の増加 20 台×50 万円/台＝1,000 万円 ・当初 5 年間の年間キャッシュフロー：＋1,566 万円 ・在庫の取り崩し：＋1,000 万円 ・販売終了後の年間キャッシュフロー：＋150 万円 ・以上より，投資時点の正味現在価値は， （△7,200＋△1,000）＋1,566×4.2124＋1,000×0.7473＋150÷6 ％×0.7473＝1,012.1684 　　　　　　　　　　　　　　　　　　　　　　　　　　　　　　　　（万円） （なお，販売終了時の年間キャッシュフローは永続価値として正味現在価値に算入した）

【別解：正味現在価値に算入する期間を設備の耐用年数満了（16 年目期末）までとする場合】（手順 1 直前にて「解釈 1」として説明した方法）

　損益計算および CF 計算は，次の表の太枠内のとおりになります（太枠外は設問 2 で求めた内容です）。なお，16 年目期末に設備投資の残存価額（初期投資額 7,200 万円×10 ％＝720 万円（16））を考慮しています（参考：本章 I「(3) 意思決定会計への対応テクニック」のコラム「プロジェクト期間終了時の設備資産の価値」を参照）。

（単位：万円）

			初期投資	当初5年間のキャッシュフロー	増加した在庫の取り崩し	販売終了後のキャッシュフロー	設備投資の残存価額
			2年目期首	2〜6年目各期末	6年目期末	7年目〜16年目各期末	16年目期末
損益計算	売上			14,400			
	費用	仕入原価		12,000		（設問に明示なし）	
		点検整備費用		348			
		減価償却費		432			
	税引前利益			1,620			
	税引後利益			1,134			
CF計算	税引後利益			1,134		（設問に明示なし）	
	非現金支出費用	減価償却費		432			
	営業CF			+1,566		+150	
	投資CF	設備投資	△7,200		0		+720
		在庫投資の増加・取り崩し	△1,000		+1,000		0
	CF		△8,200	+1,566	+1,000	+150	+720

投資時点（2年目期首時点）の正味現在価値は次のとおりになります（単位：万円）。

	△8,200	（投資）
+	1,566×4.2124	（当初5年間のキャッシュフロー）
+	1,000×0.7473	（増加した在庫の取り崩し）
+	150×（10年の年金現価係数）×0.7473	
		（販売終了後のキャッシュフロー）
+	720×（15年の複利現価係数）	（16年目期末時点での設備投資の残存価額）

ここで必要となる「15年の複利現価係数」および「10年の年金現価係数」は，設問にて与えられた5年の複利現価係数・年金現価係数を用いて，次のように求めます。

（15年の複利現価係数）＝（5年の複利現価係数）×（5年の複利現価係数）×（5年の複利現価係数）

＝0.7473×0.7473×0.7473

（10年の年金現価係数）＝（5年の年金現価係数）

＋（5年の年金現価係数）×（5年の複利現価係数）

＝4.2124＋4.2124×0.7473

（10年の年金現価係数は，前半5年分と後半5年分に分け，後半は「5年の年金現価係数」

を5年分戻すと考えます）

したがって，投資時点（2年目期首時点）の正味現在価値は，次のとおりになります（単位：万円）。

$$\triangle\, 8{,}200 \qquad\qquad（投資）$$
$$+\quad 1{,}566\times 4.2124 \qquad（当初5年間のキャッシュフロー）$$
$$+\quad 1{,}000\times 0.7473 \qquad（増加した在庫の取り崩し）$$
$$+\quad 150\times(4.2124+4.2124\times 0.7473)\times 0.7473$$
$$\qquad\qquad\qquad（販売終了後のキャッシュフロー）$$
$$+\quad 720\times 0.7473\times 0.7473\times 0.7473$$
$$\qquad\qquad\qquad（16年目期末時点での設備投資の残存価額）$$
$$=\triangle\, 8{,}200+6{,}596.6184+747.3+825.0558+300.4813$$
$$=269.4555（万円）$$

これより（a）欄には「2,694,555円」を解答します。単位が「円」となっていることに注意します。

なお，この計算のイメージは下図のとおりです（単位：万円）。

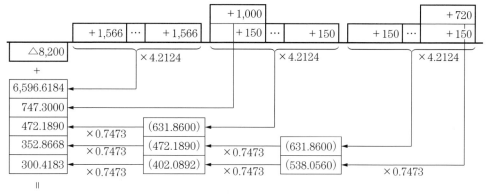

別解の模範解答は次のとおりです。

（設問 3）

(a)	2,694,555（円）
(b)	（販売終了後の年間キャッシュフロー150 万円は，設備耐用年数満了時である 16 年目末まで発生するものとして正味現在価値を算出する） ・初期投資：設備投資 7,200 万円，在庫投資の増加 20 台×50 万円/台＝1,000 万円 ・当初 5 年間の年間キャッシュフロー：＋1,566 万円 ・在庫の取り崩し：＋1,000 万円 ・販売終了後の年間キャッシュフロー：＋150 万円（16 年目末まで） ・設備投資の 16 年目末の残存価額：7,200 万円×10 ％＝720 万円 ・以上より，投資時点の正味現在価値は， （△7,200＋△1,000）＋1,566×4.2124＋1,000×0.7473＋150×（4.2124×0.7473＋4.2124×0.7473×0.7473）＋720×0.7473×0.7473×0.7473＝269.4555（万円）

【補足】

・（設問 3）の重要度を B としている理由は，正味現在価値の対象とすべき期間が設問文中に明記されておらず，解答の方針の立て方に迷うからです。

・本問冒頭に示した前文について，第 1 段落は与件文第 1 段落の一部抜粋，第 2 段落は与件文第 3 段落の一部抜粋，以降は，第 3 問前文，（設問 2），（設問 3）の記載どおりです。

(5)　令和 3 年度　第 2 問（配点 30 点）

NPV に基づく 最適な投資案の選択	重要度	1 回目	2 回目	3 回目
	(設問 1) A (設問 2) A (設問 3) B	／	／	／

　D 社は地方都市に本社を置き，食品スーパーマーケット事業を中核として展開する企業である。D 社の資本金は 4,500 万円，従業員数 1,200 名（パート，アルバイト含む）で，本社のある地方都市を中心に 15 店舗のチェーン展開を行っている。

　D 社は，レジ待ち時間の解消による顧客サービスの向上と業務効率化による人件費削減のため，さらには昨今の新型コロナウイルス感染症の影響による非接触型レジに対する要望の高まりから，代金支払いのみを顧客が行うセミセルフレジについて，2022 年度期首にフルセルフレジへ更新することを検討している。しかし，セミセルフレジの耐用年数が残っていることもあり，更新のタイミングについて慎重に判断したいと考えている。なお，D 社は現在，全店舗合計で 150 台のレジを保有しており，その内訳は有人レジが 30 台，セミセルフレジが 100 台，フルセルフレジが 20 台である。

　D 社はこれまで，各店舗のレジを法定耐用年数に従って 5 年ごとに更新してきたが，現在保有しているセミセルフレジ 100 台を 2022 年度期首にフルセルフレジへ取り替えることを検討している。また D 社は，この検討において取替投資を行わないという結論に至った場合には，現在使用しているセミセルフレジと取得原価および耐用期間が等しいセミセルフレジへ 2023 年度期首に更新する予定である。

　現在使用中のセミセルフレジは，2018 年度期首に 1 台につき 100 万円で購入し有人レジから更新したもので，定額法で減価償却（耐用年数 5 年，残存価額 0 円）されており，2022 年度期首に取り替える場合には耐用年数を 1 年残すことになる。一方，更新を検討しているフルセルフレジは付随費用込みで 1 台当たり 210 万円の価格であるが，耐用期間が 6 年と既存レジの耐用年数より 1 年長く使用できる。D 社はフルセルフレジに更新した場合，減価償却においては法定耐用年数にかかわらず耐用期間に合わせて耐用年数 6 年，残存価額 0 円の定額法で処理する予定である。また，レジ更新に際して現在保有しているセミセルフレジは 1 台当たり 8 万円で下取りされ，フルセルフレジの代価から差し引かれることになっている。

　D 社ではフルセルフレジへと更新することにより，D 社全体で人件費が毎年 2,500 万円削減されると見込んでいる。なお，D 社の全社的利益（課税所得）は今後も黒字であることが予測されており，利益に対する税率は 30 ％である。

（設問1）

　D社が2023年度期首でのセミセルフレジの更新ではなく，2022年度期首にフルセルフレジへと取替投資を行った場合の，初期投資額を除いた2022年度中のキャッシュフローを計算し，(a)欄に答えよ（単位：円）。なお，(b)欄には計算過程を示すこと。ただし，レジの取替は2022年度期首に全店舗一斉更新を予定している。また，初期投資額は期首に支出し，それ以外のキャッシュフローは年度末に一括して生じるものとする。

（設問2）

　当該取替投資案の採否を現在価値法に従って判定せよ。計算過程も示して，計算結果とともに判定結果を答えよ。なお，割引率は6％であり，以下の現価係数を使用して計算すること。

	1年	2年	3年	4年	5年	6年
現価係数	0.943	0.890	0.840	0.792	0.747	0.705

（設問3）

　当該取替投資案を検討する中で，D社の主要顧客が高齢化していることやレジが有人であることのメリットなどが話題となり，フルセルフレジの普及を待って更新を行うべきとの意見があがった。今回購入予定のフルセルフレジを1年延期した場合の影響について調べたところ，使用期間が1年短くなってしまうものの基本的な性能に大きな陳腐化はなく，人件費の削減も同等の2,500万円が見込まれることが分かった。また，フルセルフレジの導入を遅らせることについて業者と交渉を行った結果，更新を1年遅らせた場合には現在保有するセミセルフレジの下取り価格が0円となるものの，フルセルフレジを値引きしてくれることになった。

　取替投資を1年延期し2023年度期首に更新する場合，フルセルフレジが1台当たりいくら（付随費用込み）で購入できれば1年延期しない場合より有利になるか計算し，(a)欄に答えよ（単位：円）。なお，(b)欄には計算過程を示すこと。ただし，更新されるフルセルフレジは耐用年数5年，残存価額0円，定額法で減価償却する予定である。また，最終的な解答では小数点以下を切り捨てすること。

●【解説（全体）】

　設問文全体に多くの情報が散りばめられており，特に同じ事項が異なる表現で記されていることも多いため（後述の補足欄を参照），まずは「どのような投資案があるか」に絞って整理するとともに，各設問で問われていることを把握します。次の記述に着目します。

(A)　（前文）「D 社はこれまで，各店舗のレジを法定耐用年数に従って 5 年ごとに更新してきたが，現在保有しているセミセルフレジ 100 台を 2022 年度期首にフルセルフレジへと取り替えることを検討している。」

(B)　（前文）「D 社は，この検討において取替投資を行わないという結論に至った場合には，現在使用しているセミセルフレジと取得原価および耐用期間が等しいセミセルフレジへ 2023 年度期首に更新する予定である。」

(C)　（設問 1）「D 社が 2023 年度期首でのセミセルフレジの更新ではなく，2022 年度期首にフルセルフレジへと取替投資を行った場合の，初期投資額を除いた 2022 年度中のキャッシュフローを計算し（後略）」

(D)　（設問 2）「当該取替投資案の採否を現在価値法に従って判定せよ」

(E)　（設問 3）「（前略）フルセルフレジの普及を待って更新を行うべきとの意見があがった。今回購入予定のフルセルフレジを 1 年延期した場合の影響について調べたところ（中略）」

(F)　（設問 3）「取替投資を 1 年延期し 2023 年度期首に更新する場合，フルセルフレジが 1 台当たりいくら（付随費用込み）で購入できれば 1 年延期しない場合より有利になるか計算し（後略）」

　すると，投資案として次の 3 案が挙げられていることがわかります（カッコ内英字は前記の項目に対応）。

　案 0：取替投資を行わない（2023 年期首にセミセルフレジを更新する）（B）
　案 1：2022 年期首の取替投資（セミセルフレジ→フルセルフレジ）　　　（A）
　案 2：2023 年期首の取替投資（セミセルフレジ→フルセルフレジ）　　　（E）

これらを模式的に表すと次のとおりです。

	2021 年度以前	2022 年度	2023 年度	2024 年度	2025 年度	2026 年度	2027 年度
案 0	セミセルフレジ		セミセルフレジ（2023 年度期首に更新）				
案 1	セミセルフレジ		フルセルフレジ（2022 年度期首に取替え）				
案 2	セミセルフレジ		フルセルフレジ（2023 年度期首に取替え）				

そして各設問で問われていることは下記のとおりとわかります。

　設問 1：案 1 における 2022 年度の CF の算出（案 0 との差額，初期投資額除く）（C）
　設問 2：案 1 の採否判断（案 0 との比較）（D）

設問3：案2が案1より有利になる条件の算出（F）

　ここで，本章Ⅰの「(2)　意思決定会計の設問の解き方」で示した手順に沿って考えると，この設問構成は次のとおりと考えられます。これを踏まえて各設問を解いていきます。

	案1の採否判断	案2が案1より有利となる条件の算出
手順1.　投資する額・時期の把握	設問1 （初期投資額除く2022年度分）	設問3
手順2.　各年度の効果の額の把握		
手順3.　正味現在価値または回収期間の算出	設問2	
手順4.　投資案の妥当性の判断		

●【解説（設問1）】

　前文および設問1に記されている設定は次のとおりです（(1)〜(9)が前文，(10)，(11)が設問1に記載）。

(1)　「現在保有しているセミセルフレジ100台を2022年度期首にフルセルフレジへと取り替える」

(2)　「この検討において取替投資を行わないという結論に至った場合には，現在使用しているセミセルフレジと取得原価および耐用期間が等しいセミセルフレジへ2023年度期首に更新する予定である。」

(3)　「現在使用中のセミセルフレジは，2018年度期首に1台につき100万円で購入し有人レジから更新したもので，定額法で減価償却（耐用年数5年，残存価額0円）されており，2022年度期首に取り替える場合には耐用年数を1年残すことになる」

(4)　「更新を検討しているフルセルフレジは付随費用込みで1台当たり210万円の価格である」

(5)　（フルセルフレジは）「耐用期間が6年と既存レジの耐用年数より1年長く使用できる」

(6)　「フルセルフレジに更新した場合，減価償却においては法定耐用年数にかかわらず耐用期間に合わせて耐用年数6年，残存価額0円の定額法で処理する予定」

(7)　「現在保有しているセミセルフレジは1台当たり8万円で下取りされ，フルセルフレジの代価から差し引かれる」

(8)　「フルセルフレジへと更新することにより，D社全体で人件費が毎年2,500万円削減される」

(9)　「D社の全社的利益（課税所得）は今後も黒字であることが予測されており，利益に対する税率は30％である」

(10)　「レジの取替は2022年度期首に全店舗一斉更新を予定している」

(11)　「初期投資額は期首に支出し，それ以外のキャッシュフローは年度末に一括して生

じるものとする」

手順 1．投資する額・時期の把握

　前記の設定の中から投資に関するものを抜き出して整理すると次のようになります（カッコ内の数字は前述の項目に対応）。

〈案 1：2022 年期首の取替投資（セミセルフレジ→フルセルフレジ）〉

（ア）　新規に取得するレジ（フルセルフレジ）について，台数が 100 台あり（1），取得費用は 1 台当たり 210 万円（4）なので，取得価額は 210 万円/台×100 台＝21,000 万円である。

（イ）　現在保有しているレジ（セミセルフレジ）について，台数が 100 台あり（1），売却額（下取り額）は 1 台当たり 8 万円（7）なので，売却総額は 8 万円/台×100 台＝800 万円である。

（ウ）　現在保有しているレジ（セミセルフレジ）について，耐用年数が 1 年残っている（3）。1 台当たりの残存価額は 100 万円/台÷5 年×1 年＝20 万円/台であり（3），したがって，帳簿価額は全体 100 台で 20 万円/台×100 台＝2,000 万円である。

（エ）　（イ）（ウ）より，セミセルフレジの売却損（※ 1）は 2,000 万円－800 万円＝1,200 万円となる（特別損失に計上される）。

（オ）　実施時期は 2022 年度期首であり（1，10），初期投資額は期首に支出する（11）。

〈案 0：取替投資を行わない（2023 年期首にセミセルフレジを更新する）〉

（カ）　現在保有しているレジ（セミセルフレジ）について，台数が 100 台あり（1），（2023 年度期首に更新する際の）取得費用は 1 台当たり 100 万円（2，3）なので，取得価額は 100 万円/台×100 台＝10,000 万円である。

（※ 1）売却額と売却損（益）についての関係は，本章 I の「(4)　例題」内の囲み記事を参照。

手順 2．各年度の効果の額の算出

　前記の設定の中から効果に関するものを抜き出して整理すると次のようになります（カッコ内の数字は前述の項目に対応）。

〈案 1：2022 年期首の取替投資（セミセルフレジ→フルセルフレジ）〉

（キ）　人件費が毎年 2,500 万円削減される（8）。

（ク）　減価償却費は，210 万円/台÷6 年×100 台＝3,500 万円/年（4，5，6）である。

（ケ）　（初期投資以外の）キャッシュフローは期末に支出する（11）。

〈案0：取替投資を行わない（2023年期首にセミセルフレジを更新する）〉

（コ）　人件費はこれまでどおりである（削減されない）。

（サ）　減価償却費は，100万円/台÷5年×100台＝2,000万円/年（2，3）である。

（シ）　（初期投資以外の）キャッシュフローは期末に支出する（11）。

<u>手順3．正味現在価値の算出</u>

（設問1では**初期投資額を除いた2022年度単年のCFの算出**のみを求め，評価期間全体の正味現在価値は設問2にて算出）

　　以上の情報に基づいて損益計算およびCF計算（案1と案0の差額）を行うと，下表のとおりとなります（カッコ内の数字・カタカナは前述の項目に対応）。

（単位：万円）

			2022年度期首（差額）	2022年度期末（差額）	2023年度期首（差額）	算出根拠
損益計算	効果	人件費（減）	2,500－0			（キ），（コ）
	費用	減価償却費（増）	3,500－2,000			（ク），（サ）
	特別損失	売却損	1,200			（エ）
	税引前利益		△　200			効果－費用－特別損失
	税引後利益		△　140			税引前利益×（1－30％）（9）
CF計算	税引後利益			△140		同上
	非現金支出費用	減価償却費（増）		＋1,500		上の「減価償却費」欄
		売却損		＋1,200		上の「売却損」欄
	営業CF（初期投資額を除いたCF）			＋2,560		税引後利益＋非現金支出費用
	投資CF	取得	△21,000		＋10,000（※2）	（ア），（カ）
		売却	＋800			（イ）
	CF（初期投資額を含む）		△20,200	＋2,560	＋10,000	営業CF＋投資CF

（※2）案1（取替投資を行う案）では発生せず，案0（取替投資を行わない案）では△10,000万円が発生することから，0－△10,000＝＋10,000万円となります。

　　（設問1）では「初期投資額を除いたCF」を求められているため，上表の太枠内の最終結果である営業CF（2,560万円）を解答します。(a)欄については単位が「円」と指定されていることに注意します。

　　なお，上の表の内容は，営業CFの公式を用いて次のように表現できます（本章Ⅰの

「(4)　例題」内のコラムを参照）。（単位：万円）

営業 CF ＝税引前利益×（1 －税率）＋非資金支出項目

$$= (2,500 - 1,500 - 1,200) \times (1 - 30\%) + (1,500 + 1,200)$$

$$= \triangle 140 + 2,700$$

$$= 2,560$$

また次のように考えることもできます。

営業 CF ＝（現金収入－現金支出）×（1 －税率）＋非資金支出項目×税率

$$= 2,500 \times (1 - 30\%) + (1,500 + 1,200) \times 30\%$$

$$= 1,750 + 810$$

$$= 2,560$$

　上の表に相当する内容をスムーズに書ける程度まで理解が進んでいれば，上の表を経由せずにこれらの公式を使って解けるでしょう。なお，上記の公式は，参考書によって表現が異なることや，また 2 式が似ていることなどにより，次のようなミスをする可能性がありますので注意しましょう。

- ・「非資金支出項目」を減価償却費のみとしてしまう（売却損を算入し忘れる）
- ・1 つめの公式の「非資金支出項目」に「税率」を乗じてしまう
- ・2 つめの公式の「非資金支出項目×税率」において，
  「×税率」が漏れる，あるいは「×（1 －税率）」としてしまう
- ・1 つめの公式と 2 つめの公式で，「利益」と「現金収入－現金支出」を取り違えてしまう

【模範解答（設問 1)】

(a)	25,600,000（円）
(b)	・取替投資実施による変化 　人件費の削減：2,500 万円 　減価償却費の増加：（210 万円 / 台÷6 年－100 万円 / 台÷5 年）×100 台＝1,500 万円 　売却損：（100 万円 / 台÷5 年－8 万円 / 台）×100 台＝1,200 万円 ・以上から，税引後利益差額＝（2,500 －1,500 －1,200）×（1 －30 %）＝△140 万円となり， 　差額 CF ＝△140 ＋（1,500 ＋1,200）＝2,560 万円　となる。

【補足】

　・(b) について，「現金収入－現金支出」ベースの公式を用いた解答は次のとおりです。

(b)	・取替投資実施による変化 　人件費の削減：2,500万円 　減価償却費の増加：（210万円／台÷6年－100万円／台÷5年）×100台＝1,500万円 　売却損：（100万円／台÷5年－8万円／台）×100台＝1,200万円 ・以上から，差額CF＝2,500×（1－30％）＋（1,500＋1,200）×30％＝2,560万円　となる。

・本問では同一の事項がさまざまな表現で記されています。たとえば，解説中の「案1（2022年期首の取替投資）」と同内容の事項は，次の異なる表現で記されています。

（前文）「現在保有しているセミセルフレジ100台を2022年度期首にフルセルフレジへと取り替えること」，「フルセルフレジに更新」，「レジ更新」，「フルセルフレジへと更新すること」，

（設問1）「2022年度期首にフルセルフレジへと取替投資を行った」

（設問2）「当該取替投資」

（設問3）「当該取替投資」，「フルセルフレジの導入」，「1年延期しない場合」

このため，要旨を掴むだけでも時間と労力を消費してしまいます。ゴールは「複数の投資案の評価」であることを踏まえ，まずはどのような案が挙げられているかを正確に掴み，そのあと細部の条件を拾うように心がけるとよいでしょう。

・本文中には損益計算とCF計算を示しましたが，貸借対照表への影響は次のとおりです（金額は，「2022年度期末・2022年度期首の差額」についての，案1と案0の差異）。

　➤　現金預金：△17,640万円

　　　（人件費削減による支出減少　＋2,500，セミセルフレジの売却収入　＋800，

　　　　フルセルフレジの取得に伴う支出　△21,000，法人税の支払額減少　＋60）

　➤　有形固定資産：＋17,500万円

　　　（セミセルフレジの売却　△2,000，フルセルフレジの取得　＋21,000，

　　　　セミセルフレジの減価償却費　＋2,000，

　　　　フルセルフレジの減価償却費　△3,500（△210/台÷6年×100台））

　➤　利益剰余金：△140万円

　　　（税引後損失　△140）

なお，B/Sの現金預金は，本文中に示したCF（2022年度期首と期末）17,640万円（＝△20,200＋2,560）と一致します（この仕組みは第5章キャッシュフロー分析を参照）。

● 【解説（設問2）】

（設問2）で問われていることは，案1（2022年期首の取替投資）の採否です。その前段階として（設問1）では，**2022年度のCF**についてのみ算出しました（解答では「初期投資額を除いた額」を求められていましたが，解説中では初期投資額も含めて算出しまし

た）。そこで，（設問2）では，**2023年度以降のCF**を算出することから始め，最終的に全体での正味現在価値を求めます。

さて，本案の評価期間（2022年度から**何年度までの正味現在価値を求めるか**）については指定されていません。そのため，最も適切と思われる評価期間を定める必要があります。本問では次の2点を踏まえ，評価期間を**2022年度期首〜2027年度期末（6年間）**と定めます。

　・案1・案0のいずれも，レジの耐用年数が2027年度末に満了すること

　・設問にて与えられている現価係数が6年分であること

手順1. 投資する額・時期の把握

手順2. 各年度の効果の額の算出

　これらは（設問1）で確認済です。2022年度に発生した売却損（1,200万円）が2023年度以降には発生しないことを除いては，2022年度と2023年度以降とで差異はありません。

手順3. 正味現在価値の算出（設問1の続き）

　評価期間全体における損益計算およびCF計算は下表**太枠内**のとおりになります（太枠外は設問1で確認済の内容です）。

（単位：万円）

			2022年度期首	2022年度期末	2023年度期首	2023〜2027の各年度の期末
損益計算	効果	人件費（減）	2,500 − 0			2,500 − 0
	費用	減価償却費（増）	3,500 − 2,000			3,500 − 2,000
	特別損失	売却損	1,200			
	税引前利益		△ 200			+ 1,000
	税引後利益		△ 140			+ 700
CF計算	税引後利益			△ 140		+ 700
	非現金支出費用	減価償却費（増）		+ 1,500		+ 1,500
		売却損		+ 1,200		
	営業CF			+ 2,560		+ 2,200
	投資CF	取得	△ 21,000		+ 10,000	
		売却	+ 800			
	CF		△ 20,200	+ 2,560	+ 10,000	+ 2,200

　そして，評価期間全体の正味現在価値を求めると，次のとおりになります（各年度のキャッシュ・フローに現価係数を掛けて求めます）。

　　　+ △ 20,200　　　　　（2022年度期首に発生するCF）

　　　+　　2,560×0.943（2022年度期末に発生するCFの現在価値）

+ $10,000 \times 0.943$（2023 年度期首に発生する CF の現在価値）

+ $2,200 \times 0.890$（2023 年度期末に発生する CF の現在価値）

+ $2,200 \times 0.840$（2024 年度期末に発生する CF の現在価値）

+ $2,200 \times 0.792$（2025 年度期末に発生する CF の現在価値）

+ $2,200 \times 0.747$（2026 年度期末に発生する CF の現在価値）

+ $2,200 \times 0.705$（2027 年度期末に発生する CF の現在価値）

$= \triangle 20,200 + (2,560 + 10,000) \times 0.943 + 2,200 \times (0.890 + 0.840 + 0.792 + 0.747 + 0.705)$

$= \triangle 20,200 + 11,844.08 + 8,742.80$

$= +386.88$（万円）

（波線部は現価係数が同一である部分についてまとめたもので，二重波線部はキャッシュ・フローが同額である複数年についてまとめたものです。）

手順 4. 投資案の妥当性の判断

正味現在価値が正（$+386.88$ 万円）であるため，投資案を採用すべきであると考えられます。

【模範解答（設問 2）】

・各期の差額 CF

2022 年度期首：（取得$\triangle 210$ 万円/台＋売却 8 百万円／台）$\times 100$ 台$= \triangle 20,200$ 万円

2022 年度期末：$+2,560$ 万円（設問 1 より）

2023 年度期首：売却 100 万円/台$\times 100$ 台$= +10,000$ 万円

2023〜27 年度期末：人件費の削減 2,500 万円$\times (1 - 30\%)$

$+$減価償却費の増加 1,500 万円$\times 30\% = 2,200$ 万円

・以上から，正味現在価値$= \triangle 20,200 + (+2,560 + 10,000) \times 0.943 + 2,200 \times (0.890 + 0.840 + 0.792 + 0.747 + 0.705) = +386.88$ 万円

・正味現在価値が正であるので，当該案は採用すべきである。

（なお投資案の評価期間は 2022〜27 年度の 6 年間とした。）

【補足】

・本問では，前間（設問 1）の結果を使うため，前問が正解していなければ本問も正答できません。そのため，本試験においては（設問 1）の見直しが重要です。

・本問のように計算過程が求められる設問では，記すべき事項の吟味が重要です。仮に計算結果に誤りがあったとしても，考え方や途中式などで部分点を得られる可能性があるからです。本問においては，各期の差額キャッシュフローの値，正味現在価値の算出式，

正味現在価値の正負に応じて当該取替投資案の採否が確定すること，などに部分点がつく可能性があります。

●【解説（設問 3）】

本文冒頭の【解説（全体）】で示したとおり，（設問 3）で問われていることは，
「案 2（2023 年期首の取替投資＝延期する案）が
案 1（2022 年期首の取替投資＝延期しない案）より有利になる条件」
です。（設問 3）の設定は次のとおりです。
(12)　（フルセルフレジの）「使用期間が 1 年短くなってしまう」
(13)　（延期しない場合と比べて）「人件費の削減も同等の 2,500 万円が見込まれる」
(14)　「現在保有するセミセルフレジの下取り価格が 0 円となる」
(15)　「フルセルフレジを値引きしてくれる」
(16)　「更新されるフルセルフレジは耐用年数 5 年，残存価額 0 円，定額法で減価償却する」

本問で求められていることは「案 2（2023 年期首の取替投資＝延期する案）が有利となるようなフルセルフレジ 1 台当たりの購入価格（付随費用込み）の範囲」ですので，この価格を x（万円/台）とおいて計算を進めます。具体的な計算の進め方は次のとおりです（【コラム 5】未知数（x）を使う問題の解き方のポイント　も参照ください）。
・フルセルフレジ 1 台当たり購入価格（付随費用込み）を x（万円/台）とおく
・「案 2（2023 年期首の取替投資＝延期する案）における正味現在価値」を，x を用いた式で表す（→手順 1〜3）
・前手順で求めた「案 2 の正味現在価値」と，「案 1（2022 年期首の取替投資＝延期しない案）の正味現在価値（設問 2 の解答）」との関係を不等式で表す
・この不等式を解くことにより，（案 2 が有利となるような）x の範囲を求める（→手順 4）

手順 1．投資する額・時期の把握
　前記の設定の中から投資に関するものを抜き出して整理すると次のようになります（カッコ内の数字は前述の項目に対応）。

〈案 2：2023 年期首の取替投資（セミセルフレジ→フルセルフレジ）＝延期する案〉
（ス）　新規に取得するレジ（フルセルフレジ）について，台数が 100 台あり（1），取得費用は値引きされ（15），1 台当たり x 万円/台とおいたので，取得価額は x 万円/台 × 100 台＝100x 万円（※ 3）である。
（セ）　現在保有しているレジ（セミセルフレジ）について，売却額（下取り額）は 0 円である（14）。そして，耐用年数が残っていない（3）ため，売却損益は発生しない。

（ソ）　実施時期は 2023 年度期首であり，（初期投資額は）期首に支出する（11）。

〈案 0：取替投資を行わない（2023 年期首にセミセルフレジを更新する）〉
（タ）　（設問 1 の（カ）と同内容）
　　　　現在保有しているレジ（セミセルフレジ）について，台数が 100 台あり（1），（2023
　　　　年度期首に更新する際の）取得費用は 1 台当たり 100 万円（2，3）なので，取得価
　　　　額は 100 万円/台×100 台＝10,000 万円である。

（※ 3）「$100x$」とは「$100 \times x$」のことです。

手順 2.　各年度の効果の額の算出
　　前記の設定の中から効果に関するものを抜き出して整理すると次のようになります（カ
ッコ内の数字は前述の項目に対応）。

〈案 2：2023 年期首の取替投資（セミセルフレジ→フルセルフレジ）＝延期する案〉
（チ）　人件費が毎年 2,500 万円削減される（13）。
（ツ）　減価償却費は，x 万円/台÷5 年×100 台＝$20x$ 万円/年（12，16）
（テ）　（初期投資以外の）キャッシュフローは期末に支出する（11）。

〈案 0：取替投資を行わない（2023 年期首にセミセルフレジを更新する）〉
（以下は設問 1 の（コ）〜（シ）と同内容）
（ト）　人件費はこれまでどおりである（削減されない）。
（ナ）　減価償却費は，100 万円/台÷5 年×100 台＝2,000 万円/年（2，3）である。
（ニ）　（初期投資以外の）キャッシュフローは期末に支出する（11）。

手順 3.　正味現在価値の算出（案 2（延期する案）の正味現在価値の算出）
　　以上の情報に基づいて損益計算および CF 計算を行うと，下表のとおりとなります（カ
ッコ内の数字・カタカナは前述の項目に対応）。

（単位：万円）

			2023年度 期首	2023〜2027の 各年度の期末	算出根拠
損益 計算	効果	人件費（減）		$2,500-0$	（チ），（ト）
	費用	減価償却費（増）		$20x-2,000$	（ツ），（ナ）
	特別損失	売却損			（セ）
	税引前利益			$-20x+4,500$	効果−費用−特別損失
	税引後利益			$-14x+3,150$	税引前利益×（1−30 %）(9)
CF 計算	税引後利益			$-14x+3,150$	同上
	非現金支出 費用	減価償却費（増）		$20x-2,000$	上の「減価償却費」欄
		売却損			上の「売却損」欄
	営業CF			$6x+1,150$	税引後利益＋非現金支 出費用
	投資CF	取得	$-100x+10,000$		（ス），（タ）
		売却			
	CF		$-100x+10,000$	$6x+1,150$	営業CF＋投資CF

なお，上表の内容は，営業CFの公式を用いて次のように表現できます（単位：万円）。

営業CF＝税引前利益×（1−税率）＋非資金支出項目

$\quad = (2,500-(20x-2,000))\times(1-30\%)+(20x-2,000)$

$\quad = (-20x+4,500)\times0.7+(20x-2,000)$

$\quad = -20x\times0.7+4,500\times0.7+20x-2,000$

$\quad = -14x+3,150+20x-2,000$

$\quad = 6x+1,150$

また上式は次のように考えることもできます。

営業CF＝（現金収入−現金支出）×（1−税率）＋非資金支出項目×税率

$\quad = 2,500\times(1-30\%)+(20x-2,000)\times30\%$

$\quad = 2,500\times0.7+(20x-2,000)\times0.3$

$\quad = 2,500\times0.7+20x\times0.3-2,000\times0.3$

$\quad = 1,750+6x-600$

$\quad = 6x+1,150$

　そして，**2022年度期首**における評価期間全体の正味現在価値を求めると，次のとおりになります（各年度のキャッシュ・フローに現価係数を掛けて求めます）。なお，案1（設問2）と条件を一致させる必要があるため，価値の基準を投資実行時点である**2023年度期首**とはしていない点に注意します。

$\quad + (-100x+10,000)\times0.943$（2023年度期首に発生するCFの現在価値）

$\qquad + (6x + 1,150) \times 0.890$ （2023 年度期末に発生する CF の現在価値）

$\qquad + (6x + 1,150) \times 0.840$ （2024 年度期末に発生する CF の現在価値）

$\qquad + (6x + 1,150) \times 0.792$ （2025 年度期末に発生する CF の現在価値）

$\qquad + (6x + 1,150) \times 0.747$ （2026 年度期末に発生する CF の現在価値）

$\qquad + (6x + 1,150) \times 0.705$ （2027 年度期末に発生する CF の現在価値）

$= (-100x + 10,000) \times 0.943 + (6x + 1,150) \times \underline{\underline{(0.890 + 0.840 + 0.792 + 0.747 + 0.705)}}$

$= (-100x + 10,000) \times 0.943 + (6x + 1,150) \times \underline{\underline{3.974}}$

$= -100x \times 0.943 + 10,000 \times 0.943 + 6x \times 3.974 + 1,150 \times 3.974$

$= -94.3x + 9,430 + 23.844x + 4,570.1$

$= (-94.3 + 23.844)x + (9,430 + 4,570.1)$

$= -70.456x + 14,000.1$

（二重波線部は，キャッシュ・フローが同額である複数年についてまとめたものです。）

手順4. 投資案の妥当性の判断（案2（延期する案）が有利となるような x の範囲を求める）

　案2（延期する場合）の正味現在価値は　$-70.456x + 14,000.1$（万円）であり，一方で，案1（延期しない場合）の正味現在価値は，（設問2）のとおり　$+386.88$（万円）です。したがって，案2（延期する場合）が有利となる条件は，

$\qquad -70.456x + 14,000.1 > +386.88$

として表せます。

　この不等式を解くと，$x < \dfrac{14,000.1 - 386.88}{70.456} = 193.2159\cdots$（※4）となり，したがって，1年延期することが有利となるのは，フルセルフレジが1台当たり 1,932,159 円以下（※5，※6）で購入できることとなります。

（※4）不等式を解く手順（不等式を変形する手順）は次のとおりです。

$\qquad -70.456x + 14,000.1 > 386.88$

$\Leftrightarrow\quad -70.456x + 14,000.1 - 386.88 > 0$　　（両辺から 386.88 を引く）

$\Leftrightarrow\quad 14,000.1 - 386.88 > 70.456x$　　　　（両辺に $70.456x$ を足す）

$\Leftrightarrow\quad \dfrac{14,000.1 - 386.88}{70.456} > x$　　　　　　（両辺を 70.456 で割る）

　なお，次のように変形しても構いませんが，次のページの＊印の操作においては，負数で割っていることにより不等号の向きが反転することに注意します。

$\qquad -70.456x + 14,000.1 > 386.88$

$\Leftrightarrow\quad -70.456x > 386.88 - 14,000.1$　　（両辺から 14,000.1 を引く）

$$\overset{*}{\Leftrightarrow} \quad x < \frac{386.88 - 14{,}000.1}{-70.456} \qquad （両辺を -70.456 で割る）$$

（※5）(a) 欄については単位が「円」となっていることに注意します。

（※6）設問指示に従って小数点以下を切り捨てていますが，仮にこの指示がなかったとしても，答えるべき数は「1,932,159. …円より小さい範囲で最大の金額」となるため，解答は変わらず 1,932,159 円となります。

【模範解答（設問3）】

(a)	1,932,159（円）
(b)	フルセルフレジの 1 台当たりの購入価格を x 万円／台とおく。 ・投資延期時の各期の差額 CF 　2023 年度期首：$-100x + 10{,}000$（万円） 　（売却 100 万円／台 × 100 台 = 10,000 万円，レジの取得：x 万円／台 × 100 台 = $100x$） 　2023〜27 年度期末：人件費の削減 2,500 万円 × $(1 - 30\%)$ 　　　　　　　　　　　＋減価償却費の増加 $(-2{,}000 + 100x \div 5) \times 30\% = 6x + 1{,}150$ 万円 ・投資延期時の正味現在価値 = $(-100x + 10{,}000) \times 0.943 + (6x + 1{,}150) \times (0.890 +$ 　$0.840 + 0.792 + 0.747 + 0.705) = -70.456x + 14{,}000.1$（万円） ・投資延期が有利となる条件：$-70.456x + 14{,}000.1 > +386.88$（設問2） 　よって，$x < 193.2159\cdots$ 万円　となる。

【補足】

・本問では，前問（設問 1，2）の結果を使うため，前問が正解していなければ本問も正答できません。限られた試験時間でミスなく解答するのは極めて難しいと思われますので，現実的には，（設問 3）を解かずに他の大問に時間を配分するのがよいでしょう（※7）。なお，次のように，方針のみを記述して部分点を狙う戦略もありえます。

(b)	フルセルフレジの 1 台当たりの購入価格を x 万円とおき，更新を遅らせた場合の正味現在価値が，設問 2 で求めた正味現在価値より大きくなるような条件から，x を求める。

（※7）【コラム 4】本試験で解く順序　も参照。

・本問では不等式（不等号を用いた式）で表現しましたが，不等式の操作に不安があれば，等式（等号を用いた式）で解答することもできます。この場合，前述の模範解答の末尾 2 行を次のように記すとよいでしょう。

(b)	（前略） ・投資延期する場合と投資延期しない場合が同価値となる条件： 　$-70.456x + 14{,}000.1 = +386.88$（設問2） 　よって，投資延期が有利となるのは　$x = 193.2159\cdots$ 万円　より小さいときである。

・（設問 3）の重要度を B としている理由は，未知数を用いることにより解答手順が複雑になるからです。

・本問冒頭に示した前文（5 段落）について，第 1 段落（3 行）は与件文第 1 段落の一部抜粋，第 2 段落（7 行）は与件文第 2 段落の一部抜粋，以降全文は（設問 3）の記載どおりです。

(6) 令和 2 年度　第 2 問（設問 2）（設問 1 と合わせて配点 30 点）

NPV に基づく 最適な投資案の選択	重要度	1 回目		2 回目		3 回目	
	B	／		／		／	

　D 社は，ステーキ店 1 店舗を運営している。この店舗については，当期の営業利益がマイナスである。前期から 2 期連続で営業利益がマイナスとなったことから，業態転換や即時閉店も含めて対応策を検討している。

　このステーキ店（同店に関連して所有する資産の帳簿価額は 35 百万円である）への対応を検討することとした。D 社の取りうる選択肢は，①広告宣伝を実施したうえでそのままステーキ店の営業を続ける，②よりカジュアルなレストランへの業態転換をする，③即時閉店して所有する資産を売却処分する，という 3 つである。それぞれの選択肢について，D 社の想定している状況は以下のとおりである。

①	・広告宣伝の契約は次期期首に締結し，当初契約は 3 年間である。広告料は総額 15 百万円であり，20X2 年 4 月 1 日から，毎年 4 月 1 日に 5 百万円ずつ支払う。 ・広告宣伝の効果が出る場合には毎年 35 百万円，効果が出ない場合には毎年△5 百万円の営業キャッシュ・フロー（いずれも税引後の金額である。以下同様）を，契約期間中継続して見込んでいる。なお，この金額に広告料は含まない。 ・効果が出る確率は 70 ％と想定されている。 ・効果が出る場合，広告宣伝の契約を 2 年間延長する。広告料は総額 10 百万円であり，毎年 4 月 1 日に 5 百万円ずつ支払う。延長後も広告宣伝の効果は出続け，営業キャッシュ・フローの見込み額は同額であるとする。その後，20X7 年 3 月 31 日に閉店し，同日に，その時点で所有する資産の処分を予定している。資産の処分から得られるキャッシュ・フローは 24 百万円を予定している。 ・効果が出ない場合，3 年後の 20X5 年 3 月 31 日に閉店し，同日に，その時点で所有する資産の処分を予定している。資産の処分から得られるキャッシュ・フローは 28 百万円を予定している。
②	・業態転換のための改装工事契約を次期期首に締結し，同日から工事を行う。改装費用（資本的支出と考えられ，改装後，耐用年数を 15 年とする定額法によって減価償却を行う）は 30 百万円であり，20X2 年 4 月 1 日に全額支払う。 ・改装工事中（20X2 年 9 月末日まで）は休店となる。 ・改装後の営業が順調に推移した場合には毎年 25 百万円，そうでない場合には毎年 15 百万円の営業キャッシュ・フローを見込んでいる。ただし，営業期間の短い 20X2 年度は，いずれの場合も半額となる。 ・改装後の初年度における営業キャッシュ・フローがその後も継続する。 ・営業が順調に推移する確率を 40 ％と見込んでいる。 ・いずれの場合も，5 年後の 20X7 年 3 月 31 日に閉店し，同日に，その時点で所有する資産の処分を予定している。資産の処分から得られるキャッシュ・フローは 27 百万円を予定している。
③	・20X2 年 4 月 1 日に，30 百万円で処分する。

　以上を基に，D 社が次期期首に行うべき意思決定について，キャッシュ・フローの正味現在価値に基づいて検討することとした。①の場合の正味現在価値を（a）欄に，②の場合の正味現在価値を（b）欄に，3 つの選択肢のうち最適な意思決定の番号を（c）欄に，

それぞれ記入せよ。(a) 欄と (b) 欄については，(i) 欄に計算過程を示し，(ii) 欄に計算結果を小数点第3位を四捨五入して示すこと。

なお，将来のキャッシュ・フローを割り引く必要がある場合には，年8％を割引率として用いること。利子率8％のときの現価係数は以下のとおりである。

	1年	2年	3年	4年	5年
現価係数	0.926	0.857	0.794	0.735	0.681

●【解説】

本章Ⅰの「(2) 意思決定会計の設問の解き方」で示した手順と比較すると，本問は次のような構成になっています。

	①の場合 （広告宣伝を実施したうえでそのままステーキ店の営業を続ける）	②の場合 （よりカジュアルなレストランへの業態転換をする）	③の場合 （即時閉店して所有する資産を売却処分する）
手順1. 投資する額・時期の把握	(a) 欄	(b) 欄	（なし）
手順2. 各年度の効果の額の把握			
手順3. 正味現在価値または回収期間の算出			
手順4. 投資案の妥当性の判断	(c) 欄		

これを踏まえ，まずは①，②，③のそれぞれの場合について正味現在価値を求め（手順1〜3），その後，正味現在価値の大きさに基づいて①，②，③から最適な案を選びます（手順4）。

〈①の場合（広告宣伝を実施したうえでそのままステーキ店の営業を続ける）〉

D社の想定している状況として「効果が出る確率は70％と想定されている」という記述があります。この記述から，広告宣伝の効果が出るかどうかが確率的に決まるとわかります。そこで，次の手順により①の正味現在価値を求めます。
　・広告宣伝の効果が出る場合と出ない場合のそれぞれについて，正味現在価値を求める
　・それぞれの結果に確率を乗じて足し合わせ，正味現在価値の期待値を求める

<u>手順 1．投資する額・時期の把握</u>

設問文には次の記述があります。

(1)　「広告宣伝の契約は次期期首に締結し，当初契約は 3 年間である。広告料は総額 15 百万円であり，20X2 年 4 月 1 日から，毎年 4 月 1 日に 5 百万円ずつ支払う。」

(2)　「効果が出る場合，広告宣伝の契約を 2 年間延長する。広告料は総額 10 百万円であり，毎年 4 月 1 日に 5 百万円ずつ支払う。」

(3)　(効果が出る場合)「その後，20X7 年 3 月 31 日に閉店し，同日に，その時点で所有する資産の処分を予定している。資産の処分から得られるキャッシュ・フローは 24 百万円を予定している。」

(4)　「効果が出ない場合，3 年後の 20X5 年 3 月 31 日に閉店し，同日に，その時点で所有する資産の処分を予定している。資産の処分から得られるキャッシュ・フローは 28 百万円を予定している。」

これらから，投資する額・時期（対象：広告料，資産の処分に係るキャッシュ・フロー）は，下表のとおりとなります。（(1)～(4) は前記の項目に対応）

（単位：百万円）

			20X2 年 4 月 1 日	20X3 年 4 月 1 日	20X4 年 4 月 1 日	20X5 年 4 月 1 日 (3 月 31 日)	20X6 年 4 月 1 日	20X7 年 4 月 1 日 (3 月 31 日)
投資	広告宣伝の効果が出る場合	(1)	△5	△5	△5			
		(2)				△5	△5	
		(3)						+24
	広告宣伝の効果が出ない場合	(1)	△5	△5	△5			
		(4)				+28		

<u>手順 2．各年度の効果の額の算出</u>

設問文には次の記述があります。

(5)　「広告宣伝の効果が出る場合には毎年 35 百万円，効果が出ない場合には毎年△5 百万円の営業キャッシュ・フロー（いずれも税引後の金額である。以下同様）を，契約期間中継続して見込んでいる。なお，この金額に広告料は含まない。」

(6)　(効果が出る場合)「延長後も広告宣伝の効果は出続け，営業キャッシュ・フローの見込み額は同額であるとする。」

これらから，各年度の効果の額（営業キャッシュ・フロー）は，下表のとおりとなります。（(5)(6) は前記の項目に対応）

（単位：百万円）

			20X2年4月1日	20X3年4月1日	20X4年4月1日	20X5年4月1日（3月31日）	20X6年4月1日	20X7年4月1日（3月31日）
効果	広告宣伝の効果が出る場合	(5)		+35	+35	+35		
		(6)					+35	+35
	広告宣伝の効果が出ない場合	(5)		△5	△5	△5		

　なお，この営業キャッシュ・フローが発生する時期については，特に指定されていないことから，期末に発生するものと考えます。

手順3．正味現在価値の算出

　手順1，2で確認したキャッシュ・フロー（期別）をまとめると，下表のとおりとなります。

（単位：百万円）

			20X2年4月1日	20X3年4月1日	20X4年4月1日	20X5年4月1日（3月31日）	20X6年4月1日	20X7年4月1日（3月31日）
広告宣伝の効果が出る場合	投資	(1)	△5	△5	△5			
		(2)				△5	△5	
		(3)						+24
	効果	(5)		+35	+35	+35		
		(6)					+35	+35
広告宣伝の効果が出ない場合	投資	(1)	△5	△5	△5			
		(4)				+28		
	効果	(5)		△5	△5	△5		

　そして，広告宣伝の効果が出る場合と出ない場合のそれぞれについて正味現在価値を求めると，次のとおりになります（各期のキャッシュ・フローに現価係数を掛けて求めます）。

（広告宣伝の効果が出る場合）

　　　+　△5　　　　　　　　（20X2年4月1日に発生するCF）

　　　+（△5+35）×0.926　（20X3年4月1日に発生するCFの現在価値）

　　　+（△5+35）×0.857　（20X4年4月1日に発生するCFの現在価値）

　　　+（△5+35）×0.794　（20X5年4月1日に発生するCFの現在価値）

　　　+（△5+35）×0.735　（20X6年4月1日に発生するCFの現在価値）

　　　+（24+35）　×0.681　（20X7年4月1日に発生するCFの現在価値）

$= \triangle 5 + \underline{(\triangle 5 + 35) \times (0.926 + 0.857 + 0.794 + 0.735)} + (24 + 35) \times 0.681$

$= 134.539$ 百万円

（波線部は，キャッシュフローが同額である複数年についてまとめたものです。以降の本問の解説でも同様の表記を行います。）

（広告宣伝の効果が出ない場合）

　　　$+ \triangle 5$ 　　　　　　　　（20X2 年 4 月 1 日に発生する CF）

　　　$+ (\triangle 5 + \triangle 5) \times 0.926$ 　（20X3 年 4 月 1 日に発生する CF の現在価値）

　　　$+ (\triangle 5 + \triangle 5) \times 0.857$ 　（20X4 年 4 月 1 日に発生する CF の現在価値）

　　　$+ (28 + \triangle 5) \times 0.794$ 　（20X5 年 4 月 1 日に発生する CF の現在価値）

$= \triangle 5 + \underline{(\triangle 5 + \triangle 5) \times (0.926 + 0.857)} + (28 + \triangle 5) \times 0.794$

$= \triangle 4.568$ 百万円

　最後に，設問文には（広告宣伝の）「効果が出る確率は 70 ％と想定されている」とあるので，効果が出る確率が 70 ％，効果が出ない確率が 30 ％（＝ 100 ％－ 70 ％）であることがわかります。それぞれの場合の正味現在価値にこの確率を乗じて足し合わせ，正味現在価値の期待値を求めると，次のとおりになります。

　　$134.539 \times 70 \% + \triangle 4.568 \times 30 \% = 92.8069 \fallingdotseq 92.81$ 百万円

（設問文に「小数第 3 位を四捨五入せよ」とあることを踏まえ，最終値の端数処理を行っています。）

〈②の場合（よりカジュアルなレストランへの業態転換をする）〉

　D 社の想定している状況として「営業が順調に推移する確率を 40 ％と見込んでいる」という記述があります。この記述から，営業が順調に推移するかどうかが確率的に決まるとわかります。そこで次の手順により，②の正味現在価値を求めます。
　・営業が順調に推移する場合としない場合のそれぞれについて，正味現在価値を求める
　・それぞれの結果に確率を乗じて足し合わせ，正味現在価値の期待値を求める

手順 1. 投資する額・時期の把握

　設問文には次の記述があります。

(1) 「業態転換のための改装工事契約を次期期首に締結し，同日から工事を行う。改装費用（資本的支出と考えられ，改装後，耐用年数を 15 年とする定額法によって減価償却を行う）は 30 百万円であり，20X2 年 4 月 1 日に全額支払う。」

(2) 「5 年後の 20X7 年 3 月 31 日に閉店し，同日に，その時点で所有する資産の処分を予定している。資産の処分から得られるキャッシュ・フローは 27 百万円を予定している。」

これらを踏まえると，投資する額・時期（対象：改装，資産の処分に係るキャッシュ・フロー）は，下表のとおりとなります。（(1)(2)は前記の項目に対応）

（単位：百万円）

			20X2年 4月1日	20X3年 4月1日	20X4年 4月1日	20X5年 4月1日	20X6年 4月1日	20X7年 4月1日 （3月31日）
投資	改装後の営業が順調に推移した場合	(1)	△30					
		(2)						+27
	改装後の営業が順調に推移しない場合	(1)	（同上）					
		(2)						

手順2．各年度の効果の額の算出

　設問文には次の記述があります。

(3)　「改装工事中（20X2年9月末日まで）は休店となる。」

(4)　「改装後の営業が順調に推移した場合には毎年25百万円，そうでない場合には毎年15百万円の営業キャッシュ・フローを見込んでいる。ただし，営業期間の短い20X2年度は，いずれの場合も半額となる。」

(5)　「改装後の初年度における営業キャッシュ・フローがその後も継続する。」

　これらを踏まえると，各年度の効果の額（対象：営業キャッシュ・フロー）は，下表のとおりとなります。（(3)〜(5)は前記の項目に対応）

（単位：百万円）

			20X2年 4月1日	20X3年 4月1日	20X4年 4月1日	20X5年 4月1日	20X6年 4月1日	20X7年 4月1日 （3月31日）
効果	改装後の営業が順調に推移した場合	(3)〜(5)		+25× 1/2	+25	+25	+25	+25
	改装後の営業が順調に推移しない場合	(3)〜(5)		+15× 1/2	+15	+15	+15	+15

　なお，設問には改装工事に係る減価償却についての条件が記載されていますが，減価償却費自体はキャッシュ・フローに影響せず，また法人税に関する条件も指定されていないことから，減価償却費の加算・減算は行いません。

手順3．正味現在価値の算出

　手順1，2で確認したキャッシュ・フロー（期別）をまとめると，下表のとおりとなり

ます。

			20X2 年 4 月 1 日	20X3 年 4 月 1 日	20X4 年 4 月 1 日	20X5 年 4 月 1 日	20X6 年 4 月 1 日	20X7 年 4 月 1 日 （3 月 31 日）
改装後の営業が順調に推移した場合	投資	(1)	△ 30					
		(2)						＋ 27
	効果	(3)〜(5)		＋ 25 × 1/2	＋ 25	＋ 25	＋ 25	＋ 25
改装後の営業が順調に推移しない場合	投資	(1)	△ 30					
		(2)						＋ 27
	効果	(3)〜(5)		＋ 15 × 1/2	＋ 15	＋ 15	＋ 15	＋ 15

　そして，改装後の営業が順調に推移した場合としない場合のそれぞれについて正味現在価値を求めると，次のとおりになります（各期のキャッシュ・フローに現価係数を掛けて求めます）。

（改装後の営業が順調に推移した場合）

$\quad$ ＋　△ 30 　　　　　　（20X2 年 4 月 1 日に発生する CF）

$\quad$ ＋ (25×1/2)×0.926 　（20X3 年 4 月 1 日に発生する CF の現在価値）

$\quad$ ＋　25×0.857 　　　（20X4 年 4 月 1 日に発生する CF の現在価値）

$\quad$ ＋　25×0.794 　　　（20X5 年 4 月 1 日に発生する CF の現在価値）

$\quad$ ＋　25×0.735 　　　（20X6 年 4 月 1 日に発生する CF の現在価値）

$\quad$ ＋ (27＋25)×0.681 　（20X7 年 4 月 1 日に発生する CF の現在価値）

$=$△ 30＋(25×1/2)×0.926＋25×(0.857＋0.794＋0.735)＋(27＋25)×0.681

$=$76.637 百万円

（改装後の営業が順調に推移しない場合）

$\quad$ ＋　△ 30 　　　　　　（20X2 年 4 月 1 日に発生する CF）

$\quad$ ＋ (15×1/2)×0.926 　（20X3 年 4 月 1 日に発生する CF の現在価値）

$\quad$ ＋　15×0.857 　　　（20X4 年 4 月 1 日に発生する CF の現在価値）

$\quad$ ＋　15×0.794 　　　（20X5 年 4 月 1 日に発生する CF の現在価値）

$\quad$ ＋　15×0.735 　　　（20X6 年 4 月 1 日に発生する CF の現在価値）

$\quad$ ＋ (27＋15)×0.681 　（20X7 年 4 月 1 日に発生する CF の現在価値）

$=$△ 30＋(15×1/2)×0.926＋15×(0.857＋0.794＋0.735)＋(27＋15)×0.681

$=$41.337 百万円

　最後に，設問文には「営業が順調に推移する確率を 40 ％と見込んでいる」とあるので，

営業が順調に推移する確率が40%，推移しない確率が60%（＝100%−40%）であることがわかります。それぞれの場合の正味現在価値にこの確率を乗じて足し合わせ，正味現在価値の期待値を求めると，次のとおりになります。

　76.637×40%＋41.337×60%＝55.457≒55.46百万円

（設問文に「小数第3位を四捨五入せよ」とあることを踏まえ，最終値の端数処理を行っています。）

〈③の場合（即時閉店して所有する資産を売却処分する）〉

手順1．投資する額・時期の把握

　設問文には「20X2年4月1日に，30百万円で処分する」との記述があります。したがって，投資する額・時期は，下表のとおりとなります。

（単位：百万円）

	20X2年4月1日	20X3年4月1日	20X4年4月1日	20X5年4月1日	20X6年4月1日	20X7年4月1日（3月31日）
投資	＋30					

手順2．各年度の効果の額の算出

　即時閉店することから，各年度の効果はありません。

手順3．正味現在価値の算出

　手順1，2で確認した各期の額を合計すると，直前の表のとおりになります。正味現在価値は＋30百万円となります（30百万円は20X2年4月1日に発生するため，割引きは行いません）。

〈正味現在価値の大きさに基づいた最適な意思決定の選択〉

手順4．投資案の妥当性の判断

　ここまでで計算した各選択肢（①，②，③）における正味現在価値は次のとおりです。

	正味現在価値
①の場合（広告宣伝を実施したうえでそのままステーキ店の営業を続ける）	92.81百万円
②の場合（よりカジュアルなレストランへの業態転換をする）	55.46百万円
③の場合（即時閉店して所有する資産を売却処分する）	30.00百万円

　これらより，3つの選択肢のうち最適な意思決定は，正味現在価値が最も大きい「①」

となります。

【模範解答】

	（ i ）	（ ii ）
(a)	広告宣伝の効果が出る場合の正味現在価値： △ 5 ＋（△ 5 ＋ 35）×（0.926 ＋ 0.857 ＋ 0.794 ＋ 0.735）＋（24 ＋ 35）× 0.681 ＝ 134.539 百万円 広告宣伝の効果が出ない場合の正味現在価値： △ 5 ＋（△ 5 ＋△ 5）×（0.926 ＋ 0.857）＋（28 ＋△ 5）× 0.794 ＝△ 4.568 百万円 効果出現確率（70 ％）を踏まえた，①の場合の正味現在価値の期待値： 134.539 × 70 ％ ＋△ 4.568 × 30 ％ ＝ 92.81 百万円	92.81　（百万円）
(b)	改装後の営業が順調に推移した場合の正味現在価値： △ 30 ＋（25 × 1/2）× 0.926 ＋ 25 ×（0.857 ＋ 0.794 ＋ 0.735）＋（27 ＋ 25）× 0.681 ＝ 76.637 百万円 改装後の営業が順調に推移しない場合の正味現在価値： △ 30 ＋（15 × 1/2）× 0.926 ＋ 15 ×（0.857 ＋ 0.794 ＋ 0.735）＋（27 ＋ 15）× 0.681 ＝ 41.337 百万円 営業が順調に推移する確率（40 ％）を踏まえた，①の場合の正味現在 価値の期待値： 76.637 × 40 ％ ＋ 41.337 × 60 ％ ＝ 55.46 百万円	55.46　（百万円）
(c)	①	

【補足】

　①の場合，②の場合ともに，複数の状況が確率的に決まる設定となっています（①では広告宣伝の効果が出る確率が 70%，②では営業が順調に推移する確率が 40% です）。そこで，模範解答では「個々の状況ごとに正味現在価値を求めたうえで，発生確率を乗じて，正味現在価値の期待値を求める」という方法で解答を構成しました。一方で，「発生するキャッシュ・フローの種類ごとに，発生確率を踏まえた現在価値の期待値を求め，それを合算して全体の正味現在価値の期待値を求める」という発想で計算することもできます。このようにした場合の解答は次のとおりです。なお，②の場合については，改装費用，資産の処分については営業が順調に推移するかどうかに無関係である（つまり計算するうえで確率を乗じる必要がない）ため，前記の模範解答よりも計算量が少なくなります。

	（ ⅰ ）
(a)	広告料の現在価値の期待値： $\triangle 5 \times (1 + 0.926 + 0.857 + 0.794 + 0.735) \times 70\% + \triangle 5 \times (1 + 0.926 + 0.857) \times 30\%$ $= \triangle 19.267$ 百万円（※） 資産の処分価額の現在価値の期待値： $24 \times 0.681 \times 70\% + 28 \times 0.794 \times 30\% = 18.110$ 百万円 営業キャッシュ・フローの現在価値の期待値： $35 \times (0.926 + 0.857 + 0.794 + 0.735 + 0.681) \times 70\%$ $+ \triangle 5 \times (0.926 + 0.857 + 0.794) \times 30\% = 93.963$ 百万円 ①の場合の正味現在価値の期待値： $\triangle 19.267 + 18.110 + 93.963 = 92.81$ 百万円
(b)	改装費用の現在価値：$\triangle 30$ 百万円 資産の処分価額の現在価値：$27 \times 0.681 = 18.387$ 百万円 営業キャッシュ・フローの現在価値の期待値： 単年度：$25 \times 40\% + 15 \times 60\% = 19$ 百万円 全体　：$(19 \times 1/2) \times 0.926 + 19 \times (0.857 + 0.794 + 0.735 + 0.681) = 67.070$ 百万円 ②の場合の正味現在価値の期待値： $\triangle 30 + 18.387 + 67.070 = 55.46$ 百万円

（※）「$\triangle 5 \times (1 + 0.926 + 0.857) \times (70\% + 30\%) + \triangle 5 \times (0.794 + 0.735) \times 70\%$」と考えてもよい。

・なお，本問の重要度をＢとしている理由は，確率を考慮して正味現在価値を求める必要があり，解答手順が複雑になるからです。

(7) 令和元年度　第 3 問（配点 30 点）

企業価値と キャッシュフロー	重要度	1 回目	2 回目	3 回目
	（設問 1）　A （設問 2）　A （設問 3）　B	／	／	／

　D 社は，マーケット事業部の損益改善に向けて，木材の質感を生かした音響関連の新製品の製造販売を計画中である。当該プロジェクトに関する資料は以下のとおりである。

＜資料＞

　大手音響メーカーから部品供給を受け，新規機械設備を利用して加工した木材にこの部品を取り付けることによって製品を製造する。

・新規機械設備の取得原価は 20 百万円であり，定額法によって減価償却する（耐用年数5 年，残存価値なし）。

・損益予測は以下のとおりである。

（単位：百万円）

	第1期	第2期	第3期	第4期	第5期
売　上　高	20	42	60	45	35
原 材 料 費	8	15	20	14	10
労　務　費	8	12	12	11	6
減 価 償 却 費	4	4	4	4	4
その他の経費	5	5	5	5	5
販　売　費	2	3	4	3	2
税 引 前 利 益	−7	3	15	8	8

・キャッシュフロー予測においては，全社的利益（課税所得）は十分にあるものとする。また，運転資本は僅少であるため無視する。なお，利益（課税所得）に対する税率は30 ％とする。

（設問 1）

　各期のキャッシュフローを計算せよ。

（設問 2）

　当該プロジェクトについて，（a）回収期間と（b）正味現在価値を計算せよ。なお，資本コストは 5 ％であり，利子率 5 ％のときの現価係数は以下のとおりである。解答は小数点第 3 位を四捨五入すること。

	1年	2年	3年	4年	5年
現価係数	0.952	0.907	0.864	0.823	0.784

（設問3）

<資料>記載の機械設備に替えて，高性能な機械設備の導入により原材料費および労務費が削減されることによって新製品の収益性を向上させることができる。高性能な機械設備の取得原価は30百万円であり，定額法によって減価償却する（耐用年数5年，残存価値なし）。このとき，これによって原材料費と労務費の合計が何％削減される場合に，高性能の機械設備の導入が<資料>記載の機械設備より有利になるか，(a)欄に答えよ。(b)欄には計算過程を示すこと。なお，資本コストは5％であり，利子率5％のときの現価係数は（設問2）記載のとおりである。解答は，％表示で小数点第3位を四捨五入すること。

●【解説（設問1）】

本章Ⅰの「(2) 意思決定会計の設問の解き方」で解説した手順に沿って考えると，設問1から3を通して，次のような構成になっていることがわかります。

	新規機械設備について	高性能な機械設備について
手順1. 投資する額・時期の把握	（設問1）	（設問3）
手順2. 各年度の効果の額の把握		
手順3. 正味現在価値または回収期間の算出	（設問2）	
手順4. 投資案の妥当性の判断	―	

これを念頭に置きながら，（設問1）で問われている各期のキャッシュフローを算出します。

キャッシュフローは，税引後利益＋減価償却費として求めます。設問文中には税引前利益までの損益予測が与えられていますので，各期の税引前利益に基づいて税引後利益を求めて，減価償却費を足し戻すと，各期のキャッシュフローは次表のとおりとなります。なお，設問には「キャッシュフロー予測においては，全社的利益（課税所得）は十分にあるものとする。」と記されていることを踏まえ，税引前利益がマイナスになっている第1期においても，税効果が発生するものとして計算します。

〈各期のキャッシュフロー〉

（単位：百万円）

	第1期	第2期	第3期	第4期	第5期
売上高	20	42	60	45	35
原材料費	8	15	20	14	10
労務費	8	12	12	11	6
減価償却費	4	4	4	4	4
その他の経費	5	5	5	5	5
販売費	2	3	4	3	2
税引前利益	−7	3	15	8	8
税引後利益	−4.9	2.1	10.5	5.6	5.6
キャッシュフロー	−0.9	6.1	14.5	9.6	9.6

●【解説（設問2）】

（設問1）で求めた各期のキャッシュフローを使って，(a) 回収期間と (b) 正味現在価値を算出します。初期投資額が 20 百万円であり，耐用年数経過後の残存価額がゼロとなるため売却価格も考慮に入れる必要がないことを確認します。

〈(a) 回収期間〉

第3期末までに 19.7 百万円（−0.9＋6.1＋14.5），第4期末までに 29.3 百万円（−0.9＋6.1＋14.5＋9.6）が回収できるため，第3期と第4期の間に初期投資額の回収が完了します。そして，第4期で回収可能な 9.6 百万円のうち，未回収額 0.3 百万円（20−19.7）を回収するまでの期間は，0.3 百万円/9.6 百万円となります。したがって，回収期間は以下のようになります。

3年＋0.3 百万円/9.6 百万円 ≒ 3.031 年

〈(b) 正味現在価値〉

正味現在価値は，次の式で求められます。

$$正味現在価値 = \frac{CF_1}{(1+r)} + \frac{CF_2}{(1+r)^2} + \cdots\cdots + \frac{CF_n}{(1+r)^n} - 投資額$$

（n 年目に得られるキャッシュフローを CF_n，資本コストを r とします。）

$CF_1, \cdots CF_n$ は（設問1）で求めた値を使い，資本コストには，設問文中で与えられている現価係数を使います。また投資額は 20 百万円です。したがって，正味現在価値は次のようになります。

-0.9 百万円 $\times 0.952$

$+6.1$ 百万円 $\times 0.907$

$+14.5$ 百万円 $\times 0.864$

$+9.6$ 百万円 $\times 0.823$

$+9.6$ 百万円 $\times 0.784$

-20 百万円

$=12.6311$ 百万円 $\fallingdotseq 12.63$ 百万円

●【解説 （設問3）】

本問は，原材料費と労務費の削減率を x とおいて，＜資料＞記載の機械設備より正味現在価値が大きくなる削減率 x を求めます。

ここでは，高性能な機械設備を導入した場合のキャッシュアウトフロー（COF）と，キャッシュインフロー（CIF）の差額が，ゼロより大きくなる削減率 x を算出します。

手順1. 投資する額・時期の把握

＜資料＞記載の機械設備を導入した場合と，高性能な機械設備を導入した場合の投資額（COF）は，初期投資額の差額です。このため，投資額（COF）は以下のように算出できます。投資は第0期に行われるため，投資額を現在価値に割り引く必要はありません。

30 百万円 -20 百万円 $=10$ 百万円

手順2. 各年度の効果の額の算出

高性能な機械設備を導入した場合には，

・売上が変わらない

・原材料費および労務費が削減される

・減価償却費が増加する

となります。つまり，効果（CIF）は，原材料費および労務費の削減額および減価償却費の増加分となります。なお，利益（課税所得）が変わるため，税効果が発生する点に注意してください。

ここで，高性能な機械設備について，取得原価が30百万円であり，また「定額法によって減価償却する（耐用年数5年，残存価値なし）」とあることから，この減価償却費は，30百万円÷5年＝6百万円となります。そのため，減価償却費の差額は以下のとおりとなります。

6 百万円 -4 百万円 $=2$ 百万円

したがって，各期の CIF の増加額は，以下のとおりとなります。

第 1 期　　$(8x + 8x) \times 0.7 + 2 \times 0.3 = 11.2x + 0.6$

第 2 期　　$(15x + 12x) \times 0.7 + 2 \times 0.3 = 18.9x + 0.6$

第 3 期　　$(20x + 12x) \times 0.7 + 2 \times 0.3 = 22.4x + 0.6$

第 4 期　　$(14x + 11x) \times 0.7 + 2 \times 0.3 = 17.5x + 0.6$

第 5 期　　$(10x + 6x) \times 0.7 + 2 \times 0.3 = 11.2x + 0.6$

手順 3.　正味現在価値の算出

手順 4.　投資案の妥当性の判断

　まず，各期の効果の額（CIF）の増加額に現価係数を乗じて現在価値を求めると，以下のようになります。

$$(11.2x + 0.6) \times 0.952 + (18.9x + 0.6) \times 0.907 + (22.4x + 0.6) \times 0.864 + (17.5x + 0.6) \times 0.823 + (11.2x + 0.6) \times 0.784$$

　そして，高性能の機械設備の導入が＜資料＞記載の機械設備より有利になるのは，効果の額（CIF）の増加額が，投資額（COF）の増加額を上回った場合であるので，次の不等式が成り立ちます。

$$(11.2x + 0.6) \times 0.952 + (18.9x + 0.6) \times 0.907 + (22.4x + 0.6) \times 0.864 + (17.5x + 0.6) \times 0.823 + (11.2x + 0.6) \times 0.784 > 10$$

　この不等式を解くことにより，削減率 x は以下のように算出できます。

$70.3416x > 7.402$

$x > 0.105229\cdots$

　したがって，高性能の機械設備の導入が有利になる削減率は，10.53 ％となります。

【模範解答】

（設問 1）

（単位：百万円）

第 1 期	第 2 期	第 3 期	第 4 期	第 5 期
-0.9	6.1	14.5	9.6	9.6

(設問2)

(a)	3.03	（年）
(b)	12.63	（百万円）

(設問3)

(a)	10.53　　　　（％）		
(b)	高性能な機械設備を導入した場合のキャッシュアウトフローの差額は， $30-20=10$ 百万円 減価償却費の差額は， $\dfrac{30}{5}-\dfrac{20}{5}=2$ 百万円 高性能の機械設備を導入した場合の削減率を x とすると，各期の税引後キャッシュフローの差額は， 第1期　$(8x+8x)\times0.7+2\times0.3=11.2x+0.6$ 第2期　$(15x+12x)\times0.7+2\times0.3=18.9x+0.6$ 第3期　$(20x+12x)\times0.7+2\times0.3=22.4x+0.6$ 第4期　$(14x+11x)\times0.7+2\times0.3=17.5x+0.6$ 第5期　$(10x+6x)\times0.7+2\times0.3=11.2x+0.6$ 高性能な機械設備を導入した場合が有利になるためには， $(11.2x+0.6)\times0.952+(18.9x+0.6)\times0.907+(22.4x+0.6)\times0.864+(17.5x+0.6)\times0.823$ $+(11.2x+0.6)\times0.784>10$ $70.3416x>7.402$ $x>0.105229\cdots$ したがって，高性能の機械設備の導入が有利になる削減率は，10.53％である。		

【補足】

　（設問3）の重要度をＢとしている理由は，未知数を用いることにより解答手順が複雑になるからです。

(8) 平成28年度　第2問（設問2）（設問1と合わせて配点35点）

投資額と キャッシュフロー	重要度	1回目		2回目		3回目	
	B	／		／		／	

　D社は新しい本社社屋の建設計画を進めており，社屋は用地取得の1年後には完成して引き渡しを受ける予定である。以下の設問に答えよ。

　新しい本社社屋を建設するための投資の内訳および減価償却に関する項目は以下のとおりである。この投資の意思決定は，本社が移転し，新設される2店舗が営業を開始してから5年間（当初投資後2年目から6年目まで）のキャッシュフローの予測をもとに行われている。土地および建物・器具備品の6年後の売却価値は簿価と同額と予測される。

（金額単位：百万円）

	投資額		耐用年数	残存価額	減価償却方法
	当初投資時点	1年後			
土地	320	0	—	—	—
建物	0	420	30	0	定額法
器具備品	0	50	10	0	定額法

　以下の金額を求め，その金額を（a）欄に，計算過程を（b）欄に，それぞれ記入せよ。なお，（a）欄の金額については，単位を百万円とし，小数点第1位を四捨五入すること。

① 土地および建物・器具備品について，投資額，6年後の売却価値およびそれぞれの当初投資時点における現在価値はいくらか。

② 新しい本社社屋を建設するための投資の意思決定に際し，新設される2店舗が営業を開始した後の税引後キャッシュフローの増加分はいくら以上と見込まれているか。ただし，キャッシュフローは，2年後から6年後まで毎年均等に生じるものとする。

複利現価係数表（割引率6％）

年	1	2	3	4	5	6
複利現価係数	0.9434	0.8900	0.8396	0.7921	0.7473	0.7050

年金現価係数表（割引率6％）

年	1	2	3	4	5	6
年金現価係数	0.9434	1.8334	2.6730	3.4651	4.2124	4.917

●【解説　（①）】

本章Ⅰの「(2) 意思決定会計の設問の解き方」で解説した手順に沿って考えると，設問①と②を通して，次のような構成になっていることがわかります。

手順1.　投資する額・時期の把握　　→設問①

手順2.　各年度の効果の額の算出 ⎫

手順3.　正味現在価値の算出 ⎬→設問②

手順4.　投資案の妥当性の判断 ⎭

これを念頭に置きながら，①について解いていきます。

土地と建物・器具備品のそれぞれについて，投資額・投資額の現在価値・6年後の売却価値・6年後の売却価値の現在価値の4点を算出する必要があります。以下，順に算出していきます。

〈土地の投資額〉

問題文中の表より320百万円と明らかです。

〈土地の投資額の現在価値〉

土地の投資を行う時期は，設問指示により「当初投資時点」（すなわち現在）であるため，土地の現在価値は，投資額と同様に320百万円となります。

〈土地の6年後の売却価値〉

6年後の売却価値は，設問指示により「簿価と同額」となることから，320百万円となります。そして，土地は償却資産ではない（減価償却を行わない資産である）ので，6年後の簿価は，投資額と同じ320百万円となります。なお，土地が償却資産ではないことは1次試験にて学習していると思いますが，問題文中の表において耐用年数・残存価額・減価償却方法欄が空欄であることからも推測可能です。

〈土地の6年後の売却価値の現在価値〉

以下のように，土地の6年後の売却価値を，複利現価係数で割り引いて算出します。

　　売却価値320百万円×6年の複利現価係数0.7050＝225.6百万円≒226百万円

〈建物・器具備品の投資額〉

問題文中の表より470百万円（420百万円＋50百万円）です。

〈建物・器具備品の投資額の現在価値〉

建物・器具備品の投資は 1 年後に行われますので、その現在価値は、投資額を複利現価係数で割り引いて算出します。

　　投資額 470 百万円×1 年の複利現価係数 0.9434 = 443.398 百万円 ≒ 443 百万円

〈建物・器具備品の売却価値〉

6 年後の売却価値は、設問指示により「簿価と同額」となることから、簿価を算出します。建物と器具備品は耐用年数が異なるため、別々に計算する必要があります。

まず、建物について計算します。建物の減価償却費は、

420 百万円÷30 年 = 14 百万円/年です。そして、建物の 6 年後の簿価は、建物の投資実行時点（1 年後）から 5 年（= 6 − 1）が経過していることを踏まえ、次のように計算します。

　　　　1 年後の投資額 − 5 年分の減価償却費

　　　　　= 420 百万円 − 14 百万円×5 年 = 350 百万円

したがって、建物の 6 年後の売却価値も、350 百万円となります。

続いて、器具備品について計算します。器具備品の減価償却費は、

50 百万円÷10 年 = 5 百万円/年です。そして、器具備品の 6 年後の簿価は、建物の場合と同様に耐用年数に注意しながら、次のように計算します。

　　　　1 年後の投資額 − 5 年分の減価償却費

　　　　　= 50 百万円 − 5 百万円×5 年 = 25 百万円

したがって、器具備品の 6 年後の売却価値も、25 百万円となります。

以上より、建物・器具備品の 6 年後の売却価値は、

（建物）350 百万円 + （器具備品）25 百万円 = 375 百万円となります。

〈建物・器具備品の売却価値の現在価値〉

以下のように、建物・器具備品の 6 年後の売却価値を、複利現価係数で割り引いて算出します。

　　6 年後の売却価値 375 百万円×6 年の複利現価係数 0.7050 = 264.375 百万円 ≒ 264 百万円

●【解説（②）】

若干題意が捉えづらい設問です。設問文の表現「…投資の意思決定に際し、新設される 2 店舗が営業を開始した後の税引後キャッシュフローの増加分はいくら以上と見込まれているか」を読み解くと、「『投資する』という意思決定を行うためには、新設店舗において（税引後）キャッシュフローがどれだけ増えている必要があるか」と理解できます。

そこで，次の手順で解いていきます。

（ア）投資する額・時期を把握する（手順1と同じ）

（イ）各年度の効果の額を算出する（手順2と同じ）

（ウ）正味現在価値を x を用いて表す（手順3に相当）

（エ）投資案の妥当性を判断する式を立てる（手順4に相当）

（オ）x を求める

（ア）投資する額・時期を把握する（手順1と同じ）

　投資額は，設問①で求めた値から，当初投資時点に320百万円（土地），1年後に470百万円（建物・器具備品）となります。また，6年後の売却価額として，320百万円（土地），375百万円（建物・器具備品）を認識します。

（イ）各年度の効果の額を算出する（手順2と同じ）

　「各期に均等に発生する税引後キャッシュフロー」を未知数 x と置きます。この未知数 x を用いて以後の議論を進め，手順（オ）にて x を求めます。

（ウ）正味現在価値を x を用いて表す（手順3に相当）

　まずは投資額の現在価値を算出します。

　土地の投資額の現在価値＋建物・器具備品の投資額－6年後の売却価額の現在価値

　　＝土地の投資額320百万円＋建物・器具備品の投資額470百万円

　　　×1年の複利現価係数0.9434－（225.6百万円＋264.375百万円）

　　＝273.423百万円

　各期に生み出されるキャッシュフローは2年目から6年目まで5年間毎年均等に発生することから，5年の年金現価係数を使います。これだけでは1年後時点における5年間のキャッシュフローの現在価値の合計値となるため，さらに1年の複利現価計数を使って現在価値に割り引きます。なお，2年から6年のそれぞれの複利現価係数を足し合わせる方法や，6年の年金現価係数から1年の年金現価係数を引く方法でも算出可能です。（端数の影響で若干数値が異なります。）

　　　正味現在価値 $= x \times 4.2124 \times 0.9434 - 273.423 = 3.97397816 \times x - 273.423$

（エ）投資案の妥当性を判断する式を立てる（手順4に相当）

　投資の意思決定をするためには，以下を満たす必要があります。

　　　正味現在価値＞0 $\Leftrightarrow 3.97397816 \times x - 273.423$ 百万円＞0

（オ）x を求める

　手順（エ）にて立てた不等式を解く（x が満たすべき条件を明らかにする）と

$x>68.8033\cdots$

となります。

　したがって，税引後キャッシュフローの増加分は，69百万円以上が見込まれることになります。

【模範解答】

①

	土地				建物・器具備品			
(a)	当初投資時点		6年後の売却価値		当初投資時点		6年後の売却価値	
	金額	現在価値	金額	現在価値	金額	現在価値	金額	現在価値
	−320	−320	320	226	−470	−443	375	264
(b)	土地は減価償却しないため，当初投資時点の金額と6年後の売却価値は同じである。6年後の売却価値の現在価値は，$320\times0.7050=225.6\fallingdotseq226$				当初投資時点の現在価値は，$-470\times0.9434=-443.398\fallingdotseq-443$ 6年後の売却価値は，$(420-14\times5)+(50-5\times5)=375$ 売却価値の現在価値は，$375\times0.7050=264.375\fallingdotseq264$			

※当初投資時点の金額と現在価値について，プラスの値（土地：320，320　建物・器具備品：470，443）とする解答も可。

②

(a)	69百万円以上
(b)	税引後キャッシュフローの増加分を未知数xで表して，投資額と比較する。（以下単位を百万円とする） 投資額は，$320+470\times0.9434-(225.6$百万円$+264.375$百万円$)=273.423$百万円 各期に生み出されるキャッシュフローの現在価値は，$x\times4.2124\times0.9434=3.97397816\times x$ 投資の意思決定のためには，$3.97397816\times x>273.423$である必要がある。 xについて解くと$x>68.8033\cdots$となるので，税引後キャッシュフローの増加分は，69百万円以上である。

【補足】

　本問の重要度をBとしている理由は，税引後キャッシュフローの増加分をxとして算出する必要があるため，解答手順が複雑になるからです。

企業価値と キャッシュフロー	重要度	1 回目	2 回目	3 回目
	C	／	／	／

　D 社は今年度の初めに F 社を吸収合併し，インテリアのトータルサポート事業のサービスを拡充した。今年度の実績から，この吸収合併の効果を評価することになった。以下の設問に答えよ。なお，利益に対する税率は 30 ％である。また，D 社と同業他社の今年度の財務諸表は以下のとおりである。

貸借対照表

（単位：百万円）

	D 社	同業 他社		D 社	同業 他社
〈資産の部〉			〈負債の部〉		
流動資産	388	552	流動負債	290	507
現金及び預金	116	250	仕入債務	10	39
売上債権	237	279	短期借入金	35	234
たな卸資産	10	1	未払金	—	43
前払費用	6	16	未払費用	211	87
その他の流動資産	19	6	未払消費税等	19	50
固定資産	115	64	その他の流動負債	15	54
有形固定資産	88	43	固定負債	34	35
建物	19	2	負債合計	324	542
リース資産	—	41	〈純資産の部〉		
土地	66	—	資本金	50	53
その他の有形固定資産	3	—	資本剰余金	114	3
無形固定資産	18	6	利益剰余金	15	18
投資その他の資産	9	15	純資産合計	179	74
資産合計	503	616	負債・純資産合計	503	616

損益計算書

（単位：百万円）

	D 社	同業他社
売上高	1,503	1,815
売上原価	1,140	1,635
売上総利益	363	180
販売費及び一般管理費	345	121
営業利益	18	59
営業外収益	2	1
営業外費用	2	5
経常利益	18	55
特別損失	—	1
税引前当期純利益	18	54
法人税等	5	30
当期純利益	13	24

（設問1）

　吸収合併によってD社が取得したF社の資産及び負債は次のとおりであった。

（単位：百万円）

流動資産	99	流動負債	128
固定資産	91	固定負債	10
合　計	190	合　計	138

　今年度の財務諸表をもとに①加重平均資本コスト（WACC）と，②吸収合併により増加した資産に対して要求されるキャッシュフロー（単位：百万円）を求め，その値を(a)欄に，計算過程を(b)欄に記入せよ。なお，株主資本に対する資本コストは8％，負債に対する資本コストは1％とする。また，(a)欄の値については小数点第3位を四捨五入すること。

（設問2）

　インテリアのトータルサポート事業のうち，吸収合併により拡充されたサービスの営業損益に関する現金収支と非資金費用は次のとおりであった。

（単位：百万円）

収　　益	収　　入	400
費　　用	支　　出	395
	非資金費用	1

　企業価値の増減を示すために，吸収合併により増加したキャッシュフロー（単位：百万円）を求め，その値を(a)欄に，計算過程を(b)欄に記入せよ。(a)欄の値については小数点第3位を四捨五入すること。また，吸収合併によるインテリアのトータルサポート事業のサービス拡充が企業価値の向上につながったかについて，（設問1）で求めた値も用いて理由を示して(c)欄に70字以内で述べよ。なお，運転資本の増減は考慮しない。

（設問3）

　（設問2）で求めたキャッシュフローが将来にわたって一定率で成長するものとする。その場合，キャッシュフローの現在価値合計が吸収合併により増加した資産の金額に一致するのは，キャッシュフローが毎年度何パーセント成長するときか。キャッシュフローの成長率を(a)欄に，計算過程を(b)欄に記入せよ。なお，(a)欄の成長率については小数点第3位を四捨五入すること。

（※）下線部改題

●【解説（設問1）】

　本問は，吸収合併の効果を，増加した企業価値から判断するものであり，本章Ⅰの「(2) 意思決定会計の設問の解き方」で解説した手順どおりには解答を導けません。このため，設問の流れに沿って解いていきます。（設問1）では，WACCを使って吸収合併により増加した資産に対して要求されるキャッシュフローを求めます。

　まずは，「①加重平均資本コスト（WACC）」から算出していきます。「今年度の財務諸表をもとに」計算することが求められているので，与えられたD社の財務諸表から以下のように算出できます。

$$\text{WACC} = 負債に対する資本コスト1\% \times (1 - 税率0.3) \times \frac{負債合計324}{負債・純資産合計503}$$

$$+ 株主資本に対する資本コスト8\% \times \frac{純資産合計179}{負債・純資産合計503}$$

$$= 3.297\cdots \fallingdotseq 3.30\%$$

　なお，「F社の資産及び負債」を用いて計算することも考えられるかもしれません。しかし，設問指示に「今年度の財務諸表をもとに」と書かれているため，D社の今年度の財務諸表を用いることが適切であると考えられます。

　次に，「②吸収合併により増加した資産に対して要求されるキャッシュフロー」を算出します。この意味について考えます。一般的に，企業価値は，企業が毎期獲得すると予想されるフリーキャッシュフローを，当該企業の資本コストで割り引いて算出します。さらに，そのキャッシュフローが毎年一定（CFと置く）であり，それが今後永続的に得られることとすると，企業価値の現在価値は「CF÷資本コスト」として表されます。本問においては，このように求めた現在価値が，「増加した資産の価額」以上であればよいと考えられますので，「②吸収合併により増加した資産に対して要求されるキャッシュフロー」は，資産の価額＝CF÷資本コストとして求められます。

　吸収合併により増加した資産の価値は，F社の資産なので190百万円です。キャッシュフローをCFと置くと，WACCで割り引いたキャッシュフローは$\dfrac{CF}{3.30\%}$で表されます。

このため，吸収合併により増加した資産に対して要求されるキャッシュフロー（CF）は，以下のように計算できます。

$$\frac{CF}{3.30\%} = 190 百万円$$

$$CF = 190 百万円 \times 3.30\% = 6.27 百万円$$

【模範解答（設問1）】

	(a)	(b)
①	3.30 %	$1 \% \times (1-0.3) \times \dfrac{324}{503} + 8 \% \times \dfrac{179}{503} \fallingdotseq 3.30 \%$
②	6.27 百万円	吸収合併により増加した資産に対して要求されるキャッシュフローを CF と置くと， $\dfrac{CF}{3.30 \%} = 190$ 百万円 $CF = 190$ 百万円 $\times 3.30 \% = 6.27$ 百万円

●【解説（設問2）】

　（設問2）では，吸収合併により増加したキャッシュフローから吸収合併の妥当性を判断します。まずは，吸収合併により増加したキャッシュフロー（その値：(a)欄，計算過程：(b)欄）について，吸収合併により拡充されたサービスの税引き後利益に非資金費用を足し戻すことで算出します。

　　　増加したキャッシュフロー

　　　　＝税引き後利益＋非資金費用

　　　　＝（収入400－支出395－非資金費用1）×（1－税率0.3）＋非資金費用1＝3.80 百万円

　次に，吸収合併によるインテリアのトータルサポート事業のサービス拡充が企業価値の向上につながったかどうか（(c)欄）を判断します。

　（設問1）では，吸収合併により増加した資産に対して要求されるキャッシュフローが6.27 百万円であり，吸収合併により拡充されたサービスで6.27 百万円以上のキャッシュフローを生み出す必要があるということがわかりました。ところが，直前に確認したとおり，吸収合併により増加したキャッシュフロー(a)は，3.80 百万円となり，生み出す必要のあるキャッシュフローである6.27 百万円に不足しています。このため，吸収合併によるインテリアのトータルサポート事業のサービス拡充は，D社の企業価値向上につながっていないことがわかります。

　この内容を70字にまとめます。盛り込むべき点は次の4点です。
・（吸収合併によるインテリアのトータルサポート事業のサービス拡充は）企業価値の向上につながっていない
・要求されるキャッシュフローは6.27 百万円である
・増加したキャッシュフローは3.80 百万円である
・要求されるキャッシュフロー＞増加したキャッシュフロー　である
これらをまとめると，次のようになります。

【模範解答（設問2）】

(a)	3.80百万円	(b)	$(400-395-1) \times (1-0.3)+1 = 3.80$百万円
(c)	吸収合併は企業価値の向上につながっていない。増加した資産に対して要求されるCFの額は6.27百万円だが，増加したCFは3.80百万円にとどまるからである。		

●【解説（設問3）】

（設問1）と（設問2）を通して，吸収合併により増加したキャッシュフローは十分ではなく，D社の企業価値向上につながっていないことがわかりました。（設問3）では，キャッシュフローが毎年度何パーセント成長すれば，吸収合併により増加した資産の金額と一致するのかが求められています。

ここで，キャッシュフローをCF，資本コストをr，キャッシュフローの成長率をgとした場合，企業価値$= \dfrac{CF}{r-g}$となることを思い出してください。なお，CFは1年後のキャッシュフローであることに注意してください。

企業価値は「吸収合併により増加した資産の額」であり190百万円，資本コストrは（設問1）で求めたWACCであり3.30％です。さらに，1年後のキャッシュフローは，「吸収合併により増加したキャッシュフロー3.8」に$1+g$を乗じて，$3.8 \times (1+g)$と表せます。このため，キャッシュフローの成長率gは以下のように計算できます。

$$\frac{3.8\text{百万円} \times (1+g)}{3.30\% - g} = 190\text{百万円} \qquad 3.8 \times (1+g) = 190 \times (0.033-g)$$

$$3.8 \times 1 + 3.8 \times g = 190 \times 0.033 - 190 \times g \qquad 190 \times g + 3.8 \times g = 190 \times 0.033 - 3.8 \times 1$$

$$193.8g = 2.47 \qquad g = 2.47 \div 193.8 = 0.01274 \cdots \fallingdotseq 1.27\%$$

【模範解答（設問3）】

(a)	1.27％	(b)	キャッシュフローの成長率をgと置くと，$\dfrac{3.8 \times (1+g)}{0.033-g} = 190$ $g = 2.47 \div 193.8 \fallingdotseq 1.27\%$

【補足】

本章Ⅰの「(2) 意思決定会計の設問の解き方」で解説した手順で解答するのが難しいため，本問の難易度はCとしています。

(10) 平成 24 年度　第 3 問（設問 1）（設問 2 と合わせて配点 30 点）

企業価値の算出	重要度	1 回目		2 回目		3 回目	
	C	／		／		／	

　D 旅館は小～中規模旅館である。D 旅館のオーナー夫妻には後継者がなく，親族にも経営を任せられる人材が見当たらないという。場合によっては，旅館の売却を伴う事業承継も視野に入れているといい，今年度の状況を前提とした具体的なケースについて説明を求められた。

　承継先にかかわらず，売却価格の算定に際しては，客観的な数値が必要となる。そこで，今年度の財務諸表をもとに企業価値を求めることになった。割引キャッシュフロー法を用いて，企業価値を求めよ（計算過程も明示すること。単位：千円，千円未満は四捨五入すること）。

　ただし，算定にあたっては，オーナー夫妻に対する給与 16,000 千円は不要となることが分かっている。また，今後の株主資本コストを 5 ％，平均的な負債資本コストを 4 ％，税率は 40 ％，キャッシュフローは今年度の水準が将来にわたって継続するものと仮定する。なお，解答にあたっては以下の今年度の財務諸表を参照せよ。

（※）下線部改題

損益計算書

（単位：千円）

売上高	330,000
売上原価	92,400
売上総利益	237,600
販売費・一般管理費	251,090
営業損失	△ 13,490
営業外収益 （うち受取利息） 営業外費用 （うち支払利息）	500 （500） 19,160 （17,960）
経常損失	△ 32,150
当期純損失	△ 32,150

固定費・変動費の内訳

（単位：千円）

変動売上原価	92,400
食材費他	92,400
変動販売費・一般管理費	43,890
販売手数料	34,815
リネン・消耗品費	9,075
固定費	207,200
水道光熱費	40,000
事務通信費	6,000
広告宣伝費	6,500
設備保守点検・修繕費	10,000
人件費	119,300
減価償却費（定額法）	25,400

貸借対照表

（単位：千円）

資産の部		負債の部	
流 動 資 産	67,175	流 動 負 債	18,300
現　　　金	8,500	仕 入 債 務	6,500
預　　　金	50,000	短 期 借 入 金	9,000
売 上 債 権	8,000	未　払　金	1,600
未 収 金	675	預 り 金	1,200
固 定 資 産	505,700	固 定 負 債	410,000
有形固定資産	504,700	長 期 借 入 金	440,000
建 物 他	426,000	負 債 合 計	458,300
構 築 物	47,200	純資産の部	
土　　　地	31,500	資 本 金	50,000
投資その他	1,000	剰 余 金	64,575
		純 資 産 合 計	114,575
資 産 合 計	572,875	負債・純資産合計	572,875

●【解説】

　割引キャッシュフロー法を使って，企業価値を算出することが求められています。ここまで解説してきた手順を踏んで解答を組み立てていきましょう。

　手順の流れは以下のとおりです。

　手順1．投資する額・時期の把握　　→　企業価値の算出方法を検討します
　手順2．各年度の効果の額の算出　　→　フリーキャッシュフローをWACCを算出
　手順3．正味現在価値の算出　　　　→　企業価値を算出
　手順4．投資案の妥当性の判断　　　→　本問ではこの手順は必要ありません

　これを念頭に置きながら，手順1から進めていきましょう。

手順1．投資する額・時期の把握

　本問では，割引キャッシュフロー法を用いて，企業価値を求める必要があります。割引キャッシュフロー法を用いる場合，将来得られるであろうフリーキャッシュフロー（以下，FCF）の現在価値を，WACCで割り引くことにより企業価値を算出します。そして，将来得られるであろうFCFが，本問のように一定である場合，以下のように算出します。

$$企業価値 = \frac{FCF}{WACC}$$

　このため，手順2で，FCFとWACCを算出していきます。

手順2．各年度の効果の額の算出

　まずは，D社の財務諸表からFCFを算出します。FCFは以下の公式を使って計算できます。

　　　FCF＝営業利益×（1－税率）＋減価償却費－運転資本の増加額－投資額

　ここで，問題文に「オーナー夫妻に対する給与16,000千円は不要となることが分かっている」とあるため，営業利益額にオーナー夫妻の給与を追加します。また，運転資本の増加額と投資額については，問題文に記載がないため本問では考慮に入れません。

　したがって，FCFは，

　　　FCF＝（営業損失△13,490＋オーナー夫妻に対する給与16,000）×（1－税率40％）
　　　　　　＋減価償却費25,400＝26,906千円

　次に，WACCを算出していきます。

$$WACC = 株主資本コスト × \frac{純資産}{純資産＋負債} + 負債資本コスト × （1－税率） × \frac{負債}{純資産＋負債}$$

　なお，通常WACCを算出する際は，純資産や負債の値は時価を使いますが，問題文中

に特に記載がないため，簿価の値をそのまま使います。

$$\text{WACC} = \text{株主資本コスト 5 \%} \times \frac{\text{純資産 114,575}}{\text{負債・純資産合計 572,875}}$$

$$+ \text{平均的な負債資本コスト 4 \%} \times (1 - \text{税率 40 \%}) \times \frac{\text{負債 458,300}}{\text{負債・純資産合計 572,875}}$$

$$= 2.92 \%$$

手順 3. 正味現在価値の算出

　ここまでの手順で得られた FCF と WACC を使って企業価値を算出します。

$$\text{企業価値} = \frac{26,906 \text{ 千円}}{2.92 \%} \fallingdotseq 921,438 \text{ 千円}$$

【模範解答】

FCF $= (\triangle 13,490 \text{ 千円} + 16,000 \text{ 千円}) \times (1 - 40 \%) + 25,400 \text{ 千円} = 26,906 \text{ 千円}$

WACC $= \text{株主資本コスト} \times \dfrac{\text{純資産}}{\text{純資産} + \text{負債}} + \text{負債資本コスト} \times (1 - \text{税率})$

$\times \dfrac{\text{負債}}{\text{純資産} + \text{負債}} = 5 \% \times \dfrac{114,575 \text{ 千円}}{572,875 \text{ 千円}} + 4 \% \times (1 - 40 \%) \times \dfrac{458,300 \text{ 千円}}{572,875 \text{ 千円}}$

$= 2.92 \%$

企業価値 $= \dfrac{\text{FCF}}{\text{WACC}} = \dfrac{26,906 \text{ 千円}}{2.92 \%} = 921,438.3 \text{ 千円}$

答：921,438 千円

【補足】

　計算式さえ覚えていれば，フリーキャッシュフロー，WACC を求めて企業価値を算定するという流れですので解答は書きやすいでしょう。フリーキャッシュフロー，WACC とも複数の解釈が可能であり，その点で難問ともいえますが，部分点を取りやすい構成ですので計算過程を丁寧に書くことがポイントです。なお，本章Ⅰの「(2) 意思決定会計の設問の解き方」で解説した手順で解答するのが難しいため，本問の難易度はCとしています。

【コラム４】　本試験で解く順序

　多くの方は，２次試験でも，１次試験同様に，闇雲に問題を解くのではなく戦略的に解いていくべきだと考えていると思います。限られた時間内に合格点を取れる解答を書くという点から，「得点効率」（＝得点÷所要時間）に基づき，得点効率が良い設問から順に解いていくことを基本にするとよいでしょう（※１）。そして，この「得点効率」を決める主な観点は，次の４点と考えられます。

①　処理量の多さ

　事例Ⅳの設問の大半は，「与件文・財務諸表・設問等から条件を拾い，それらを計算し，解答を書く」という処理です。そのため，「拾うべき条件の数」，「計算すべきデータの量」，「書くべき解答の量」などの処理量に応じて，解答に要する時間が増えます。さらに，処理量に応じて，条件考慮漏れや計算ミス等の可能性が高くなるため，失点する可能性も増えます。

②　問われている事項の難しさ

　設問で問われている事項が難しい内容であれば，得点に結びつかない（あるいは解答に時間を要する）ことになります。

③　設問構造（前問解答との関連性）

　設問の中には，前問の計算結果を用いて計算するものがあります。たとえば，前問で作成した予想財務諸表に基づいて経営分析を行う設問などです。このような設問では，前問の解答が正解していない限りは，正答にたどり着くことができません。そのため，このような設問は，他の設問と比べて失点する可能性が高いといえます。

④　解答様式（計算過程の記述要否）

　設問の中には，最終結果だけでなく計算過程の記述も求めるものがあります。このような設問では，部分点を取りやすいため，得点に結びつきやすいといえます。

〈留意点〉

・いずれの観点も定量化するのが難しいため，これらのバランスを鑑みて判断する必要があります。

・得点効率の目安は，「合格基準である60点を，60分で取る」と考え，「10分＝10点」と考えるとよいでしょう。ここで「60分」というのは，試験時間80分から，与件文を読む時間や見直しの時間（いわば個別の設問に配賦できない時間）として20分を除いた時間です。

（※１）「本試験でいかに高得点を取るか」は，「総得点を最大化するために，各設問に限りある時間をどのように配分すべきか」ということです。これは，「得点」→「利益」，「時間」→「経営資源」，「設問」→「セグメント」と置き換え，最適セールスミックスにおける「経営資源１単位当たりの限界利益に基づいて配分する」という考え方（第４章）を適用したものです。

第 **4** 章

セグメント別会計

Ⅰ　セグメント別会計の知識・ノウハウ

傾向と対策

　セグメント別会計とは，セグメント（製品や店舗）ごとに収益性を分析し，注力領域や廃止領域を明らかにするための手法です。2次試験では，種々の利益概念（限界利益，貢献利益，営業利益）の意義を正確に理解し，事例企業のセグメントを評価する力が問われます。

◆傾向

【出題頻度】2～3年に1回（直近では，R5，R4，H28，H26，H23，H18）

【主な要求事項】貢献利益の算出，セグメント存廃の判断，最適セールスミックスの
　　　　　　　　　特定

【難易度】やや低め。概念自体は容易であり，計算量もさほど多くはないため。

◆マスターすべきこと

初級	□与えられた計数情報に基づいて，限界利益，貢献利益，営業利益を正確に算出できる
中級	□限界利益，貢献利益，営業利益の特性を理解し，目的に応じて使い分けられる
上級	□最適セールスミックスを求められる

◆初学者向けのポイント

・限界利益，貢献利益，営業利益について，定義式だけでなく「特性」を理解し，どのような場合にどの利益概念を用いるかを掴みましょう。

(1) セグメント別会計の基礎知識

ⅰ）利益概念

　企業の収益性改善には，セグメント（製品や店舗）の単位で収益性を分析することが有効です。第2章の「損益分岐点分析（CVP）」にて学習したとおり，収益性改善のためには，費用を変動費と固定費とに分類することが有効です。セグメント別会計においても，基本的にこの方法で見ていきます。

　セグメント別の分析を行う際には，固定費に関して特別な考慮が必要です。固定費は，当該セグメント専用の生産設備の維持費用のように，当該セグメントとの関連が強いものもあれば，スタッフ部門のフロア費のように，当該セグメントとの関連が弱いものもあります。そこでセグメント別会計では，前者を個別固定費，後者を共通固定費（※1）として別個に扱います。これに伴って，利益概念には，損益分岐点分析で用いた限界利益と経常利益のほかに，限界利益から個別固定費を差し引いた（あるいは経常利益に共通固定費を足し戻した）貢献利益（※2）があります（下図参照）。

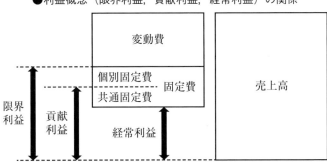

●利益概念（限界利益，貢献利益，経常利益）の関係

（※1）一般的に，共通固定費は何らかの配賦基準に基づいて各セグメントに配賦します。配賦基準には，セグメント別の売上高や人数等が用いられます。

（※2）中小企業診断士試験においては，貢献利益を「限界利益－個別固定費」として定義しますが，他の資格試験や実務においては，貢献利益を限界利益（売上高－変動費）と同義とする場合がありますので，注意が必要です。

ⅱ）限界利益

　限界利益は，「売上高－変動費」として定義される利益概念です（※3）。限界利益は固定費の回収に充てられ，残りが最終的な利益になることから，「固定費の回収に寄与する利益である」と捉えることができます。また，限界利益を売上高で除した値を限界利益率といい，「売上のうちどれだけが限界利益に回るか」すなわち「売上のうちどれだけが固定費の回収に寄与するか」を表します。

　限界利益率の大きな特徴は，売上高によらずに一定である（売上高が変化しても限界利益率は変化しない）ことです。そのため，限界利益率は，当該セグメントにおいて「固定費を回収して稼ぎを生み出す普遍的な能力」の指標として用いられます。

（※３）「限界」とは，英語の marginal の訳語であり，「１単位当たりの増分」を表します。１次試験の経済学・経済政策で学習した「限界効用」や「限界代替率」などと同じ意味です。日常用語として使われる「それ以上先へ進むことができない境界」といった意味合いはありませんので注意しましょう。

iii）貢献利益

　貢献利益は，「限界利益－個別固定費」として定義される値で，<u>セグメントが最終的にどれだけの利益を上げているか</u>を表します。貢献利益は共通固定費の回収に充てられ，残りが経常利益になります。そのため，貢献利益は「当該セグメントが<u>企業全体へどれだけ貢献しているか</u>」を表す指標であるといえ，セグメントを評価する手段として使われます。なお，貢献利益を売上高で除した値を貢献利益率といいますが，これは売上高に応じて変化するものです。そのため，あくまでも「現在の売上高における貢献度合い」を示すに過ぎず，「稼ぎを生み出す普遍的な能力」ということはできません。この点が前述の「限界利益率」と異なりますので注意しましょう。

　経常利益（または営業利益）については，前述の限界利益や貢献利益より重要性が劣ります。その理由は，算出にあたり差し引いた共通固定費がセグメントとの関連性が弱く，結果として得られる経常利益もセグメントとの関連性が弱いといえるからです。

iv）最適セールスミックス

　セールスミックスとは，セグメントの売上高（あるいは販売数や生産量）の組み合わせを表す概念です。そして，考えられるセールスミックスの中で最も企業の利益を大きくするものを<u>最適セールスミックス</u>といいます。

　セールスミックスは，機械の稼働時間や人員などの経営資源を各セグメントにいくつずつ配分するかによって決まります。経営資源を効率よく利益に変えるためには，「稼ぎを生み出す普遍的な能力」のあるセグメントに配分すべきであると考えられます。そこで，最適セールスミックスの算出においては，利益概念のうち「限界利益」に着目します。そして，経営資源の効率性は，限界利益と経営資源の投入量で決まりますので，<u>セグメントの優先付けには，「経営資源１単位当たりの限界利益」（経営資源１つを投入することでどれだけの限界利益が得られるか）を用います。</u>

　一般的には，すべての経営資源を一つのセグメントのみに集中させることはできません。そこで，セグメントごとの制約条件を満たす範囲で，「経営資源１単位当たりの限界利益」が高いセグメントから優先的に経営資源を割り当てる方法をとります。

　なお，少々専門的になりますが，この方法を適用できるのは，制約条件（機械の稼働時間，人員数，最大生産量など）が１種類の場合に限られます。条件が２種類以上の場合には，線形計画法などの高度な方法を用います。

以上をまとめると，下表のとおりとなります。

利益・利益率の種類	定義	意味	備考
限界利益	売上高－変動費	固定費の回収に寄与する利益	
限界利益率	限界利益÷売上高	売上のうちどれだけが固定費回収に寄与するか ＝固定費を回収して稼ぎを生み出す普遍的な能力	
経営資源1単位当たりの限界利益	限界利益÷経営資源の量	経営資源1つを投入するとどれだけの限界利益が得られるか	最適セールスミックスの決定に用いる
貢献利益	限界利益－個別固定費	最終的にどれだけの利益を上げているか	セグメントの評価に用いる

(2) セグメント別会計の設問の解き方

セグメント別会計の設問の解き方は，次のとおりです。

設問の解き方（セグメント別会計）

手順1. セグメント別の売上高・費用（変動費，個別固定費，共通固定費）を確認する。

手順2. 着目すべき利益概念を特定する。

　　　・注力すべきセグメントの選定　→　貢献利益

　　　・廃止すべきセグメントの選定　→　貢献利益

　　　・最適セールスミックスの決定　→　経営資源1単位当たりの限界利益

手順3. 手順2で特定した利益概念の値を算出する。

手順4. 手順1～3にて整理した情報に基づいて，設問指示に従い，注力すべきセグメントの選定や，セールスミックスの決定などを行う。

---

(3) セグメント別会計への対応テクニック

　これまでの2次試験の出題においては，セグメント別の費用構造が設問文中に表形式で整理されていました。しかし，損益分岐点分析（第2章）で扱った多くの設問と同様に，設問文中から整理するケースも想定されます。そこで次のような表にて整理するように心がけるとよいでしょう。

	セグメントA	セグメントB	セグメントC
売上高			
変動費			
（変動費率）			
限界利益			
（限界利益率）			
個別固定費			
貢献利益			
（貢献利益率）			
共通固定費			
経常利益			
（営業利益）			

（4）例題

　　D社は3つの製品（A～C）を製造・販売している。下記の製品別のデータに基づいて，3つの製品のうち，最も業績のよいものはどれかを答えよ。

〈データ〉

① 製品の単価は，製品AとCが100千円で，Bが150千円である。

② 生産量は，製品AとCがそれぞれ，2,000個，1,000個であり，製品Bが500個である。

③ 製品AとCについて，製品1個当たりの変動費はそれぞれ70千円，50千円である。

④ 製品Bの変動費は，45百万円である。

⑤ 各製品の個別固定費は，製品A，B，Cの順に50百万円，18百万円，45百万円である。

⑥ 共通固定費は3製品合計で21百万円である。この共通固定費は，製品A，B，Cに9：10：2で配賦する。

《解答》

手順1．セグメント別の売上高・費用（変動費，個別固定費，共通固定費）を確認する

　設問文から，次の表のとおりに整理します。

（単位：千円）

項目名	算出方法	製品A	製品B	製品C
単　　　価	（データ①）	@100	@150	@100
数　　　量	（データ②）	2,000	500	1,000
売　上　高	単価×数量	200,000	75,000	100,000
変　動　費	【製品A，C】：1個当たりの変動費（データ③）×数量，【製品B】：データ④	140,000	45,000	50,000
変動費率	変動費÷売上高	70 %	60 %	50 %
限 界 利 益	手順3にて計算		
限界利益率				
個別固定費	データ⑤	50,000	18,000	45,000
貢 献 利 益	手順3にて計算		
貢献利益率				
共通固定費	全体21百万円を9：10：2で按分（データ⑥）	9,000	10,000	2,000
営 業 利 益	手順3にて計算		

手順2．着目すべき利益概念を特定する

　本問では，「最も業績のよいもの」を問われていることから，「貢献利益」で判断します。

手順3．手順2で特定した利益概念の値を算出する

　手順1で整理した情報から，貢献利益を算出します。（なお，下表では，本問において算出する必要のない限界利益（率），貢献利益率，営業利益（率）も参考として示します。）

（単位：千円）

項目名	算出方法	製品A	製品B	製品C
単　　　価	（データ①）	@100	@150	@100
数　　　量	（データ②）	2,000	500	1,000
売　上　高	単価×数量	200,000	75,000	100,000
変　動　費	【製品A，C】：1個当たりの変動費（データ③）×数量，【製品B】：データ④	140,000	45,000	50,000
変動費率	変動費÷売上高	70 %	60 %	50 %
限 界 利 益	売上高−変動費あるいは売上高×限界利益率	60,000	30,000	50,000
限界利益率	限界利益÷売上高あるいは1−変動費率	30 %	40 %	50 %
個別固定費	データ⑤	50,000	18,000	45,000
貢 献 利 益	限界利益−個別固定費	10,000	12,000	5,000
貢献利益率	貢献利益÷売上高	5.0 %	16.0 %	5.0 %
共通固定費	全体21百万円を9：10：2で按分（データ⑥）	9,000	10,000	2,000
営 業 利 益	貢献利益−共通固定費	1,000	2,000	3,000

手順4. 手順1～3にて整理した情報に基づいて，設問指示に従い，注力すべきセグメントや，セールスミックスの決定などを行う

　解答は，3製品の中で貢献利益が最も大きい「製品B」となります。

(5) 記述問題への対応

　本テーマで記述が必要な設問が見られます。問われる内容は，主としてD社の注力領域や廃止領域がどこかを，理由とともに解答するものです。基本的には知識をそのまま適用すれば解答になり，他の章（特に経営分析）よりは容易と思われます。「着目すべき利益概念」，「それに着目する理由」，「ポイントとなる値」，「D社はどうすべきか」の4点を明確に意識して解答を構築するとよいでしょう。

Ⅱ　セグメント別会計の過去問

(1) 令和 4 年度　第 2 問（20 点）

最適セールスミックス，線形計画法	重要度	1 回目		2 回目		3 回目	
	（設問 1）A （設問 2）B	／		／		／	

　D 社は，1990 年代半ばに中古タイヤ・アルミホイールの販売によって創業した会社であり，現在は廃車・事故車の引取り・買取りのほか中古自動車パーツの販売や再生資源の回収など総合自動車リサイクル業者として幅広く事業活動を行っている。

（中略）

　D 社の事業はこれまで廃車・事故車から回収される中古パーツのリユース・リサイクルによる販売が中心であった。しかし，ここ数年海外における日本車の中古車市場が拡大し，それらに対する中古パーツの需要も急増していることから，現在 D 社では積層造形 3D プリンターを使用した自動車パーツの製造・販売に着手しようとしている。

　D 社は，海外における中古自動車パーツの需要が旺盛であることから，大型の金属積層造形 3D プリンターを導入した自動車パーツの製造・販売を計画している。この事業において D 社は，海外で特に需要の高い駆動系の製品 A と製品 B に特化して製造・販売を行う予定であるが，それぞれの製品には次のような特徴がある。製品 A は駆動系部品としては比較的大型で投入材料が多いものの，構造が単純で人手による研磨・仕上げにさほど手間がかからない。一方，製品 B は小型駆動系部品であり投入材料は少ないが，構造が複雑であるため人手による研磨・仕上げに時間がかかる。また，製品 A，製品 B ともに原材料はアルミニウムである。

　製品 A および製品 B に関するデータが次のように予測されているとき，以下の設問に答えよ。

〈製品データ〉

	製品 A	製品 B
販売価格	7,800 円/個	10,000 円/個
直接材料（400 円/kg）	4 kg/個	2 kg/個
直接作業時間（1,200 円/h）	2 h/個	4 h/個
共通固定費（年間）	4,000,000 円	

（設問 1）

　D 社では，労働時間が週40時間を超えないことや週休二日制などをモットーとしており，当該業務において年間最大直接作業時間は 3,600 時間とする予定である。このとき上記の

データにもとづいて利益を最大にするセールスミックスを計算し，その利益額を求め（a）欄に答えよ（単位：円）。また，（b）欄には計算過程を示すこと。

（設問2）

　最近の国際情勢の不安定化によって原材料であるアルミニウム価格が高騰しているため，D社では当面，アルミニウムに関して消費量の上限を年間6,000 kgとすることにした。設問1の条件とこの条件のもとで，利益を最大にするセールスミックスを計算し，その利益額を求め（a）欄に答えよ（単位：円）。また，（b）欄には計算過程を示すこと。

● 【解説（設問1）】

　本章I「(2) セグメント別会計の設問の解き方」で示した手順に従って解いていきます。

<u>手順1．セグメント別の売上高・費用（変動費，個別固定費，共通固定費）を確認する</u>

　本問で挙げられている2つの製品について，製品1個あたりの売上高／変動費／個別固定費を確認し，限界利益を求めます（現段階では製品A，Bの生産量が定まらないため，この時点では製品1個あたりの限界利益を求めていることに注意します）。

　売上高は，設問文にて販売数量として示されているとおり，製品A：7,800円/個，製品B：10,000円/個です。

　変動費について，直接材料費と直接作業費があり，それぞれ次のとおりです。
　（直接材料費）製品A：　　 400円/kg×4 kg/個＝1,600円/個
　　　　　　　　製品B：　　 400円/kg×2 kg/個＝　800円/個
　（直接作業費）製品A：1,200円/h×2 h/個＝2,400円/個
　　　　　　　　製品B：1,200円/h×4 h/個＝4,800円/個
個別固定費はありません。

　以上から，（製品1個あたりの）限界利益は次のとおりです。
　　製品A：　7,800円/個－（1,600円/個＋2,400円/個）＝3,800円/個
　　製品B：10,000円/個－（　800円/個＋4,800円/個）＝4,400円/個

<u>手順2．着目すべき利益概念を特定する</u>

　本問では「最適セールスミックス」を問われていることから，経営資源1単位あたりの限界利益に着目します。本問において，「経営資源」は「直接作業時間」です。したがって，着目すべき利益概念は「直接作業時間1hあたりの限界利益」となります。

300

手順3. 手順2で特定した利益概念の値を算出する

製品別の「直接作業時間1hあたりの限界利益」は，（製品1個あたりの）限界利益を（製品1個あたりの）直接作業時間で割ることにより，次のとおりとなります。

製品A：3,800円/個÷2h/個＝1,900円/h

製品B：4,400円/個÷4h/個＝1,100円/h

手順4. 手順1〜3にて整理した情報に基づいて，設問指示に従い，セールスミックスの計算を行う

直接作業時間を効率よく利益につなげるには，直接作業時間1hあたりの限界利益がより大きい製品Aをより多く生産します。

直接作業時間の年間上限（3,600h）をすべて製品Aに振り向けると，製品Aの生産量（年間）は3,600h÷2h/個＝1,800個となり，このときの限界利益（年間）は，1,800個×3,800円/個＝6,840,000円となります。なお，製品Bの生産量（年間）は0個，限界利益（年間）は0円です。

このときの利益額（年間）は，限界利益6,840,000円から共通固定費4,000,000円を引いた2,840,000円です。

これまでの計算結果をまとめると次のようになります。

		製品A	製品B	根拠
(a) 販売価格		7,800円/個	10,000円/個	設問
(b) 直接材料 (400円/kg)	(b1) 製品1個あたりの必要量	4kg/個	2kg/個	設問
	(b2) 製品1個あたりの費用	1,600円/個	800円/個	400円/kg×(b1)
(c) 直接作業時間 (1,200円/h)	(c1) 製品1個あたりの必要量	2h/個	4h/個	設問
	(c2) 製品1個あたりの費用	2,400円/個	4,800円/個	1,200円/h×(c1)
(d) 製品1個あたりの限界利益		3,800円/個	4,400円/個	(a)−(b2)−(c2)
(e) 直接作業時間1hあたりの限界利益		1,900円/h	1,100円/h	(d)÷(c1)
(f) 生産の優先順位		生産する	生産しない	(e)の大小
(g) 年間最大直接作業時間		3,600h		設問
(h) 生産量（年間）		1,800個	0個	製品A：(g)÷(c1)，製品B：0
(i) 限界利益		6,840,000円	0円	(d)×(h)
(j) 共通固定費（年間）		4,000,000円		設問
(k) 利益（年間）		2,840,000円		(i)−(j)

【模範解答（設問 1）】

(a)	2,840,000（円）
(b)	・製品1個あたりの限界利益： 　（製品A）　7,800円 −（400円/kg×4kg＋1,200円/h×2h）＝3,800円（/個） 　（製品B）　10,000円 −（400円/kg×2kg＋1,200円/h×4h）＝4,400円（/個） ・直接作業時間1hあたりの限界利益： 　（製品A）　3,800円/個÷2h/個＝1,900円/h 　（製品B）　4,400円/個÷4h/個＝1,100円/h ・直接作業時間1hあたりの限界利益がより大きい製品Aに，年間最大直接作業時間3,600hをすべて割り当て，年間生産量は，製品A：3,600h÷2h/個＝1,800個，製品B：0個 ・利益＝3,800円/個×1,800個−共通固定費4,000,000円＝2,840,000円

● **【解説（設問 2）】**

　（設問1）では，生産に関する条件が「直接作業時間」のみでしたので，「経営資源1単位あたりの限界利益が大きい製品から順に経営資源を割り当てる」という方法で最適セールスミックスを求めることができました。

　（設問2）では，生産に関する条件が「直接作業時間」と「直接材料（アルミニウムに関する消費量）」の2つになります。そして，「経営資源1単位あたりの限界利益」は，「直接作業時間」においては製品Aが優位ですが（設問1にて確認済），「直接材料」においては，後に確認するとおり，製品Bが優位となります。したがって，利益を最大化するには，製品Aと製品Bをバランスよく生産する必要があります。そこで利用する方法が線形計画法です。

　製品Aの生産量（年間）を x 個，製品Bの生産量（年間）を y 個として，未知数で表し，次の流れで求めていきます。

　(1) 〈目的関数の立式〉最大化する対象である利益を x，y を用いた式で表す

　(2) 〈制約条件の立式〉生産量に関する制約を x，y を用いた式で表す

　(3) 〈最大値の探索〉生産量に関する制約を満たす範囲で，利益が最大になるような x，y を探し，そのときの利益を求める

(1) 〈目的関数の立式〉

　利益＝限界利益−共通固定費ですので，利益＝$3,800x＋4,400y−4,000,000$ となります。（なお「$3,800x$」とは「$3,800×x$」のことです）

(2)　〈制約条件の立式〉

まず，生産量に関する制約には，「直接作業時間」に関するものと「直接材料」に関するものがあります。

直接材料（年間）については，製品 A は 4 kg/個×x 個＝$4x$ kg，製品 B は 2 kg/個×y 個＝$2y$ kg であり，合計は（$4x + 2y$）kg です。この最大値が 6,000 kg なので，制約条件は $4x + 2y \leq 6,000$，すなわち <u>$2x + y \leq 3,000$</u>（式①）となります（※ 1）。

直接作業時間（年間）については，製品 A は 2 h/個×x 個＝$2x$ h，製品 B は 4 h/個×y 個＝$4y$ h であり，合計は（$2x + 4y$）h です。この最大値が 3,600 h なので，制約条件は $2x + 4y \leq 3,600$，すなわち <u>$x + 2y \leq 1,800$</u>（式②）となります（※ 1）。

そして，x，y のいずれも生産量を表す正の数であり，<u>$x \geq 0$</u>（式③），<u>$y \geq 0$</u>（式④）です。これらは非負条件と呼ばれ，制約の一種となります。

（※ 1）後の計算を簡単にするために，各項が 2 の倍数であることに着目し，両辺を 2 で割った。

4 つの制約それぞれを図示すると次のようになります。灰色部分が各式を満たす領域です。領域内にある点（x と y の組）については制約を満たし，領域外にある点については制約を満たさないことを示しています。

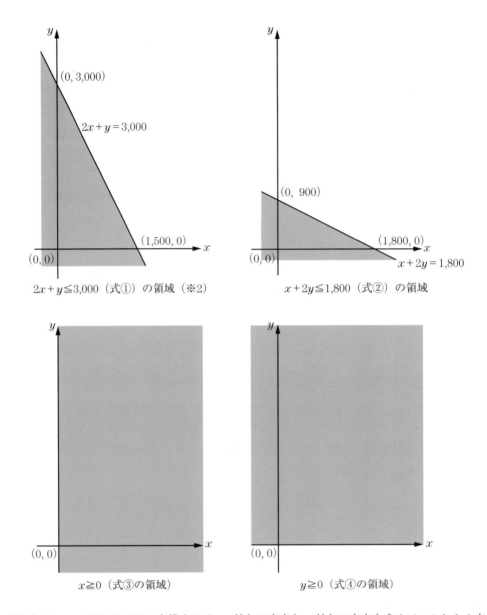

2x + y ≤ 3,000（式①）の領域（※2）

x + 2y ≤ 1,800（式②）の領域

x ≧ 0（式③の領域）

y ≧ 0（式④の領域）

（※2）$2x + y = 3,000$ のグラフを描くには，y 軸との交点と x 軸との交点を求めて，これら2点を直線で結ぶのが早いでしょう。y 軸との交点は，$2x + y = 3,000$ に $x = 0$ を代入すると $y = 3,000$ となるので，$(0, 3,000)$ と求まります。x 軸との交点は，$2x + y = 3,000$ に $y = 0$ を代入すると $x = 1,500$ となるので，$(1,500, 0)$ と求まります。そのほかには，$2x + y = 3,000$ を $y = -2x + 3,000$ と変形し，傾きが -2，y 切片が 3,000（y 軸との交点の x 座標が 3,000）と読む方法もあります。

そして，4つすべての制約を満たす領域は，上記4つのグラフを重ね合わせた，下図の四角形となります。この領域は実行可能領域と呼ばれます。なお，領域の右上部の頂点 $(1,400, 200)$ は，$2x + y = 3,000$ と $x + 2y = 1,800$ をともに満たす点です（※3）。

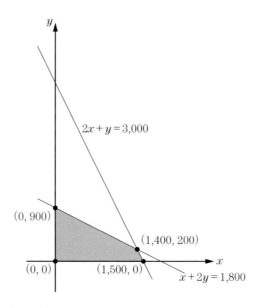

（※3）領域の右上部の頂点の座標の求め方

 （1）$2x + y = 3,000$ を式①′ とし，$x + 2y = 1,800$ を式②′ とします。

 （2）式①′ を変形して $y = -2x + 3,000$ とします。

 （3）これを式②′ に代入し，

$$x + 2 \times (-2x + 3,000) = 1,800$$
$$\Leftrightarrow \quad x + (-4x + 6,000) = 1,800$$
$$\Leftrightarrow \quad -3x + 6,000 = 1,800$$
$$\Leftrightarrow \quad -3x = 1,800 - 6,000$$
$$\Leftrightarrow \quad -3x = -4,200$$
$$\Leftrightarrow \quad x = 1,400$$

 （4）これを（2）の式に代入し，

$$y = -2x + 3,000 = -2 \times 1,400 + 3,000 = 200$$

（3）〈最大値の探索〉

 この領域（四角形）の中で，前述の「利益」が最大となる点を探します。線形計画法においては「実行可能領域の多角形の頂点のいずれかに必ず最適解がある」という性質があります。本問においては，上図の頂点4つ（黒丸）の中に，実行可能領域全体での最適解があるということです。各頂点における利益は次のとおりです。

頂点の座標	利益（目的関数の値）
（　　0,　　0）	$3,800 \times$　　　$0 + 4,400 \times$　　$0 - 4,000,000 = -4,000,000$
（1,500,　　0）	$3,800 \times 1,500 + 4,400 \times$　　$0 - 4,000,000 = +1,700,000$
（1,400, 200）	$3,800 \times 1,400 + 4,400 \times 200 - 4,000,000 = +2,200,000$
（　　0, 900）	$3,800 \times$　　　$0 + 4,400 \times 900 - 4,000,000 = -$　　$40,000$

　したがって，利益を最大にするセールスミックスは，$(x, y) = (1,400, 200)$ であり，このときの利益は 2,200,000 円となります。

【模範解答（設問 2）】

(a)	2,200,000（円）
(b)	・製品 A の生産量（年間）を x 個，製品 B の生産量（年間）を y 個とおく ・直接材料の制約　　　：4 kg/個×x 個＋2 kg/個×y 個≦6,000 kg ・直接作業時間の制約：2 h/個×x 個＋4 h/個×y 個≦3,600 h ・利益：3,800 円/個×x 個＋4,400 円/個×y 個－共通固定費 4,000,000 円 ・利益が最大化するとき，$x = 1,400$（個），$y = 200$（個）であり， 　利益＝$3,800 \times 1,400 + 4,400 \times 200 - 4,000,000 = 2,200,000$ 円

【補足】

・本問では非負条件を除いた制約が 2 つのみ（直接作業時間と直接材料）と単純であるため，線形計画法を用いなくても解答することが可能です。具体的には，「利益が最大になるのは，直接作業時間と直接材料をいずれも最大限活用している場合であろう（仮説）」と発想したうえで，直接作業時間の合計 $x + 2y$ が最大 1,800 で，かつ直接材料の合計 $2x + y$ も最大 3,000 となる場合として，$x = 1,400$，$y = 200$ を得ます（※ 4）。

　なお，非負条件を除いた制約が 3 つ以上ある場合は，一般にすべての経営資源を最大活用する解 (x, y) が存在しませんので，線形計画法などを用いる必要があります。

・解説では，「実行可能領域の多角形の頂点のいずれかに必ず最適解がある」という事実を用いました。このほかには，目的関数の直線（利益 $p = 3,800x + 4,400y - 4,000,000$（※ 5））を描き，この直線を実行可能領域に重なる範囲でできるだけ上に動かすようにして求めることもできます。

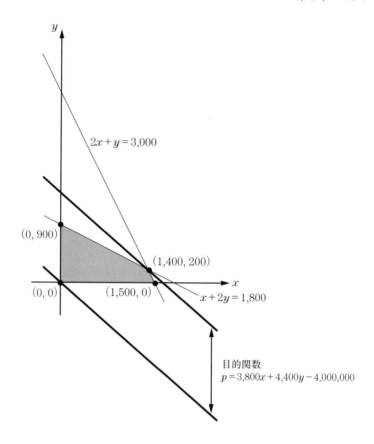

・（設問 2）の重要度を B としている理由は，過去に 2 次試験で出題のない線形計画法に
　関する出題だからです。

・本問冒頭に示した前文について，第 1 段落は与件文第 1 段落の一部抜粋，第 2 段落は与
　件文第 3 段落の一部抜粋，以降は，第 2 問の記載どおりです。

（※ 4）各製品の製造に必要な直接作業時間・直接材料の数値によっては，上記の仮説が成り立た
　　　ない場合があります（製品 A，B の片方が非常に効率よく生産でき，経営資源すべてを片
　　　方に寄せることで利益が最大化する場合）。

（※ 5）この式を，

$$y = -\frac{3,800}{4,400}\,x + \frac{p + 4,000,000}{4,400}$$

と変形すると，傾き $-\dfrac{3,800}{4,400}\,x$（右下がり），y 切片が $\dfrac{p + 4,000,000}{4,400}$ のグラフとわかります。

(2) 平成 28 年度　第 3 問（配点 15 点）

セグメント別会計 （店舗の廃止の検討）	重要度	1回目		2回目		3回目	
	A	／		／		／	

　D 社は県内産の高級食材を活かして県内外に店舗を展開するレストランである。

　D 社の店舗のうち，大都市の都心部に出店した創作料理店は業績の不振が続いている。そこで，同店を閉店するかどうかの検討を行うことにした。同店は，商業施設にテナントとして出店している。同店の見積損益計算書は以下のとおりである。この見積損益計算書をもとに，閉店すべきかどうかについて，意思決定の基準となる尺度の値と計算過程を(a) 欄に記入し，結論を理由とともに (b) 欄に 50 字以内で述べよ。

（※）下線部改題

店舗見積損益計算書

（単位：百万円）

売上高	98
変動費	49
限界利益	49
個別固定費*	40
共通固定費配賦額	26
営業利益	△17

＊ 店舗個別の付属設備および器具
　備品は償却済みである。

●【解説】

本章Ⅰ「⑵ セグメント別会計の設問の解き方」で示した手順に従って解いていきます。

<u>手順1. セグメント別の売上高・費用（変動費，個別固定費，共通固定費）を確認する</u>

これらの情報は，すでに設問文中の表に提示されているため，本手順は実施不要です。なお，本設問においては単独のセグメントのみの情報が提示されていることから，「共通固定費」について「共通固定費配賦額」（D社全体の共通固定費のうち当該店舗に係る額）と表記されています。

<u>手順2. 着目すべき利益概念を特定する</u>

店舗の閉店（セグメントの廃止）を判断するために見るべき指標（設問文中の「意思決定の基準となる尺度」）は，店舗自体の業績を表す「貢献利益」（売上高−変動費−個別固定費　または　営業利益＋共通固定費（配賦額））です。

<u>手順3. 手順2で特定した利益概念の値を算出する</u>

貢献利益は，売上高98−変動費49−個別固定費40（限界利益49−個別固定費40）として計算され，9となります。なお，この値は「営業利益△17＋共通固定費配賦額26」として計算することもできます。

<u>手順4. 手順1〜3にて整理した情報に基づいて，設問指示に従い，注力すべきセグメントや，セールスミックスの決定などを行う</u>

貢献利益がプラスであるため，同店は閉店すべきではないと判断できます。

以上の議論に基づいて，解答をまとめます。なお⒝欄について，結論「閉店すべきではない」と理由「貢献利益がプラスであり，閉店した場合に営業利益が低下するから」を中心に記述しますが，若干の余裕があるため，「貢献利益が共通固定費の回収に寄与している」という論点も加えています。

【模範解答】

⒜	尺度の値は，貢献利益9百万円である。 計算過程：限界利益49−個別固定費40＝9（百万円）															
⒝	貢	献	利	益	が	プ	ラ	ス	で	共	通	固	定	費	回	収	に	寄	与	し
	て	お	り	，		閉	店	す	る	と	同	店	の	営	業	損	失	が	拡	大	す
	る	た	め	，		閉	店	し	な	い	。									

※⒜欄の計算過程について，「売上高98−変動費49−個別固定費40」とするものや，「営業利益△17＋共通固定費配賦額26」とするものも可。

セグメント別会計 （製品の廃止）	重要度	1 回目	2 回目	3 回目
	A	／	／	／

D 社は地方都市にある水産加工メーカーである。

D 社の第 3 設備では，X，Y，Z の 3 種類の製品を製造している。製品別の損益計算書は以下のとおりである。

		製品 X	製品 Y	製品 Z
販売量	（単位）	250,000	250,000	400,000
売上高	（百万円）	350	450	600
変動費	〃	125	200	280
限界利益	〃	225	250	320
個別固定費	〃	100	150	200
共通固定費	〃	87.5	87.5	140
営業利益（損失）	〃	37.5	12.5	△ 20

※共通固定費は販売量に基づいて配賦している。

製品 X と Y は利益を上げているが，製品 Z は赤字である。そこで，製品 Z の製造を中止してはどうかとの検討を行うことにした。製品 Z を廃止すべきかどうかについての計算過程を（a）欄に示し，結論を理由とともに（b）欄に 50 字以内で述べよ。なお，製品 Z の製造中止によって，製品 X と Y の販売量等は全く影響を受けないと仮定する。

（※）下線部改題

●【解説】

　本問は，製造している３つの製品 X，Y，Z のうち，営業利益が赤字である Z の廃止を検討する設問です。以下では，本章 I の「(2) セグメント別会計の設問の解き方」で示した手順に従って解いていきます。

<u>手順 1.　セグメント別の売上高・費用（変動費，個別固定費，共通固定費）を確認する</u>

　これらの情報は，すでに設問文中の表にて整理されて提示されているため，本手順は実施不要です。

<u>手順 2.　着目すべき利益概念を特定する</u>

　セグメントの廃止を判断するために見るべき指標は，設問文にて言及されている「営業利益」ではなく，セグメントの業績を表す「貢献利益」（売上高 − 変動費 − 個別固定費または　営業利益 ＋ 共通固定費）です。

<u>手順 3.　手順 2 で特定した利益概念の値を算出する</u>

　求めるべき「貢献利益」が設問文に提示されていないため，計算します。貢献利益は，売上高 − 変動費 − 個別固定費です。このうち「売上高 − 変動費」はすでに「限界利益」として提示されているため，「限界利益 − 個別固定費」を計算すれば求まります。次のとおりです。

　　　製品 Z の貢献利益 ＝ 限界利益 320 − 個別固定費 200 ＝ 120

　なお，参考までに他の製品については次のとおりです。

　　　製品 X の貢献利益 ＝ 限界利益 225 − 個別固定費 100 ＝ 125
　　　製品 Y の貢献利益 ＝ 限界利益 250 − 個別固定費 150 ＝ 100

<u>手順 4.　手順 1〜3 にて整理した情報に基づいて，設問指示に従い，注力すべきセグメントや，セールスミックスの決定などを行う</u>

　製品 Z の貢献利益がプラスであるため，廃止すべきではないことがわかります。

　これらの議論をもとに，計算過程と結論・理由をまとめます。結論・理由については「製品 Z は貢献利益がプラスであり，廃止した場合に営業利益が低下するため廃止すべきではない」を中心に記述しますが，若干の余裕があるため，「製品 Z を廃止すると貢献利益による固定費回収の効果が見込めなくなる」という論点も加えています。

【模範解答】

(a)

（単位：百万円）

- ■製品Zについて限界利益320－個別固定費200＝貢献利益120
- ■製品Zの製造を中止した場合の営業利益
  ＝製品Xの営業利益＋製品Yの営業利益－製品Zに配賦されていた共通固定費
  ＝37.5＋12.5－140＝△90　（営業損失）

(b)

製	品	Z	は	，	正	の	貢	献	利	益	（	1	2	0	）	に	よ	り	固
定	費	回	収	と	3	製	品	の	利	益	押	し	上	げ	に	寄	与	す	る
た	め	廃	止	す	べ	き	で	な	い	。									

【補足】

製品Zを製造したときの商品別P/L

（単位：百万円）

	製品X	製品Y	製品Z	合計
販売量（単位）	250,000	250,000	400,000	900,000
売上高	350	450	600	1,400
変動費	125	200	280	605
限界利益	225	250	320	795
個別固定費	100	150	200	450
貢献利益	125	100	120	345
共通固定費	87.5	87.5	140	315
営業利益（損失）	37.5	12.5	△20	30

製品 Z の製造を中止したときの商品別 P/L

（単位：百万円）

	製品 X	製品 Y	製品 Z	合計
販売量（単位）	250,000	250,000	—	500,000
売上高	350	450	0	800
変動費	125	200	0	325
限界利益	225	250	0	475
個別固定費	100	150	0	250
貢献利益	125	100	0	225
共通固定費	87.5	87.5	<u>140</u>	315
営業利益（損失）	37.5	12.5	△140	△90

※製品 Z の個別固定費は，製造を中止すれば回避できますが，共通固定費は，製造を中止しても回避できないため，製品 Z の共通固定費 140 は，生産を続ける製品 X および製品 Y に配賦され，そのまま残ります。

製品 Z を廃止した場合にどうなるか

　まず，売上高（600）がゼロになります。次に，費用のうち変動費（280）および個別固定費（200）がゼロになる一方で，共通固定費（140）は引き続き発生します。そのため，最終的な利益は，売上高悪化額△600＋変動費改善額 280＋固定費改善額 200＝－120 だけ変化することになります。なお，これは貢献利益額に等しいです。このことからも，「廃止すべきではない」ということが理解できます。

(4) 平成 26 年度　第 3 問（配点 30 点）

セールスミックス （限界利益・貢献利益）	重要度	1 回目		2 回目		3 回目	
	A	／		／		／	

　D 社は県内に 18 店舗をチェーン展開する老舗喫茶店である。

　D 社のセントラルキッチン部門における，人気商品 X, Y, Z のロット単位当たり原価情報等は以下の資料のとおりである。生産はロット単位で行われている。生産したものはすべて販売可能であり，期首・期末の仕掛品などはないものとする。

　下記の設問に答えよ。

（※）下線部改題

資料

	X	Y	Z
販売単価	5,300 円	5,000 円	5,500 円
変動費	1,500 円	1,400 円	1,650 円
直接作業時間	0.4 時間	0.6 時間	0.5 時間
個別固定費	18,000,000 円	17,000,000 円	17,000,000 円
共通固定費	15,000,000 円		

（設問 1）

　現状における X, Y, Z それぞれの限界利益率を求めよ（単位を明記し，小数点第 3 位を四捨五入すること）。

（設問 2）

　平成 27 年度の需要予測が X, Y, Z の順で，10,000，8,000，4,000（それぞれロット数）と予想されている。平成 27 年度の工場における最大直接作業時間が年間 9,600 時間とした時，営業利益を最大化する X, Y, Z の生産量の構成比と，その求め方を述べよ。

（設問 3）

　設問 2 の条件に加えて，商品 X と Z に販売促進費として，それぞれ 50 万円を追加すると，平成 27 年度の需要は X がさらに 10 ％増加，Z が 25 ％増加するとの予測に基づく提案がある。この提案を受け入れた場合の最適な X, Y, Z の生産量の構成比を求め (a)，この提案に対する意見を述べよ (b)。

●【解説（設問1）】

　本章Iの「(2) セグメント別会計の設問の解き方」で示した手順に従って解いていきます。

手順1.　セグメント別の売上高・費用（変動費，個別固定費，共通固定費）を確認する

　これらの情報は，すでに設問文中の表にて整理されて提示されているため，本手順は実施不要です。

手順2.　着目すべき利益概念を特定する

　設問指示にあるとおり「限界利益（率）」を求めます。なお，後続の（設問2），（設問3）の主眼が「最適セールスミックス」であるため，最終的には「経営資源1単位当たりの限界利益」を求めることを念頭に置きながら解いていきます。

手順3.　手順2で特定した利益概念の値を算出する

　まずは「限界利益」を求め，その後に「限界利益率」を計算します。

【商品X】

　製品1個当たりの限界利益＝販売単価5,300－変動費1,500＝3,800円

　限界利益率＝製品1個当たりの限界利益3,800÷販売単価5,300×100＝71.70％

【商品Y】（商品Xと同様に計算）

　製品1個当たりの限界利益＝5,000－1,400＝3,600円

　限界利益率＝3,600÷5,000×100＝72.00％

【商品Z】（商品Xと同様に計算）

　製品1個当たりの限界利益＝5,500－1,650＝3,850円

　限界利益率＝3,850÷5,500×100＝70.00％

	X	Y	Z	算出式
(a) 販売単価（円）	5,300	5,000	5,500	
(b) 変動費（円）	1,500	1,400	1,650	
(c) 限界利益（円／ロット）	3,800	3,600	3,850	(a)－(b)
(d) 限界利益率	71.70％	72.00％	70.00％	(c)÷(a)×100

　設問要求である，単位と端数処理（小数点第3位の四捨五入）を忘れないようにしましょう。また，計算結果が割り切れるYおよびZの限界利益率は「72％」や「70％」と解答しても問題はありませんが，設問要求に忠実に解答するという点で，「72.00％」や「70.00％」と記載するとよいでしょう。

X	Y	Z
71.70 %	72.00 %	70.00 %

●【解説（設問2）】

まず，問われていることを把握します。

・営業利益が最大化するX，Y，Zの生産量の構成比

・その求め方

※セールスミックスの分野では，その製品の製造を中止すると個別固定費を回避できると明示されていることが多くあります。しかし，本問では，個別固定費が回避できるかどうかの明示がありません。ここでは，**個別固定費を回避できない前提**で解答を構築します。なお，個別固定費を回避できる前提での解答は別解を参照ください。

（設問1）に引き続き，解き進めます。

手順4. 手順1～3にて整理した情報に基づいて，設問指示に従い，注力すべきセグメントや，セールスミックスの決定などを行う

手順2で確認したとおり，本問で最終的に求めるべき値は「経営資源1単位当たりの限界利益」です。本問において，経営資源には「直接作業時間」が該当します。そのため，次のようにまずは「単位時間当たりの限界利益」を算出してから，最適セールスミックス（生産量の構成比）を求めます。

ⅰ）単位時間当たりの限界利益の算出

ⅱ）生産の優先順位の決定

ⅲ）構成比の決定

ⅳ）営業利益の計算

ⅰ）単位時間当たりの限界利益の算出

この問題の制約条件は，最大直接作業時間が年間 9,600 時間であることです。そのため，限りある「直接作業時間」をいかに有効に使って利益を出すかが重要と考えられます。そこでまずは，時間当たりの限界利益額を計算します。

（f）時間当たりの限界利益額＝（c）限界利益÷（e）直接作業時間

		X	Y	Z	算出式
（i）	(c) 限界利益（円/ロット）	3,800	3,600	3,850	設問1より
	(e) 直接作業時間（時間）	0.4	0.6	0.5	設問文（資料）より
	(f) 限界利益（円/時間）	9,500	6,000	7,700	(c)÷(e)

これで単位時間当たりの限界利益がわかりました。

ⅱ）生産の優先順位の決定

次に，単位時間当たりの限界利益の多い順番に生産の優先順位をつけます。

		X	Y	Z	算出式
（i）	(f) 限界利益（円/時間）	9,500	6,000	7,700	（前述）
（ⅱ）	(g) 生産の優先順位	1番	3番	2番	限界利益 (f) の大きい順

このように，(f) 時間当たりの限界利益は，商品 X，商品 Z，商品 Y の順に多いことがわかります。

ⅲ）構成比の決定

次に，需要予測どおりに全量生産した場合の作業時間を計算します。

(i) 需要予測どおりに生産した場合の作業時間＝(h) 需要予測×(e) 直接作業時間

		X	Y	Z	合計	算出式
（i）	(e) 直接作業時間（時間）	0.4	0.6	0.5	－	（前述）
	(h) 需要予測（ロット）	10,000	8,000	4,000	（略）	設問文より
（ⅲ）	(i) 需要予測どおりに生産した場合の作業時間（時間）	4,000	4,800	2,000	10,800	(h)×(e)

このように，作業時間の合計が 10,800 時間となり，制約条件である 9,600 時間を超えてしまいます。そのため，ⅱ）生産の優先順位の決定で求めた優先順位の順番で作業時間を割り当てます。

生産の優先順位 (g) が1番である商品 X について，需要予測どおりに生産した場合の作業時間 (i) である 4,000 時間は，制約条件である 9,600 時間の範囲内ですので，4,000 時間すべてを商品 X に割り当てます。この時点で作業時間の残りは 9,600−4,000＝5,600 時間です。

次に，生産の優先順位 (g) が2番である商品 Z について，商品 X と同様に判断し，2,000 時間すべてを商品 Z に割り当てます。この時点で作業時間の残りは 5,600−2,000＝3,600 時間です。

そして，生産の優先順位 (g) が3番である商品 Y について，需要予測どおりに生産し

た場合の作業時間（i）である4,800時間は，作業時間の残りである3,600時間を超えるため，3,600時間のみを商品Yに割り当てます。その結果，可能作業時間の合計は9,600時間になります。

次に，この可能作業時間で生産できる生産量を計算します。
　　　(k) 生産量＝(j) 可能作業時間÷(e) 直接作業時間

		X	Y	Z	合計	算出式
（ⅰ）	(e) 直接作業時間（時間）	0.4	0.6	0.5	－	（前述）
（ⅱ）	(g) 生産の優先順位	1番	3番	2番	－	（前述）
（ⅲ）	(i) 需要予測どおりに生産した場合の作業時間（時間）	4,000	4,800	2,000	10,800	（前述）
	(j) 可能作業時間（時間）	4,000	3,600	2,000	9,600	（直前に算出）
	(k) 生産量（ロット）	10,000	6,000	4,000	（略）	(j)÷(e)

　この生産量が，限界利益が最大化する構成比となります。これで設問要求に対する答えが求まりました。

〔ⅳ) 営業利益の計算〕

　設問では「営業利益を最大化する」という指定がついていることから，営業利益の値自体も求めておくことが望ましいです。営業利益は，限界利益から，個別固定費と共通固定費を引いて求められます。商品X～Zの限界利益の合計は75,000,000円（＝38,000,000＋21,600,000＋15,400,000）であり，個別固定費は52,000,000円（＝18,000,000＋17,000,000＋17,000,000）で共通固定費は15,000,000円ですので，営業利益は8,000,000円となります。
　これらをまとめて解答とします。

【別解（設問2）(個別固定費を回避できると考える場合)】

　本問では，商品の製造中止により，その商品の個別固定費が回避できるかどうかが明示されていませんでした。前ページでは，個別固定費が回避できないと考えて構成比を求めましたが，ここでは，個別固定費を回避できると考えて別解としてご紹介します。

　貢献利益の計算方法は，
　　　(n) 貢献利益＝(l) 限界利益－(m) 個別固定費
です。

		X	Y	Z	合計	算出式
	(c) 限界利益（円/ロット）	3,800	3,600	3,850	−	（前述）
(ⅲ)	(k) 生産量（ロット）	10,000	6,000	4,000	（略）	（前述）
(ⅳ)	(l) 限界利益（円）	38,000,000	21,600,000	15,400,000	75,000,000	(c)×(k)
	(m) 個別固定費（円）	18,000,000	17,000,000	17,000,000	52,000,000	設問文（資料）より
	(n) 貢献利益（円）	20,000,000	4,600,000	− 1,600,000	23,000,000	(l) − (m)

　計算の結果，商品 Z の貢献利益がマイナスになっています。

　商品 Z をいっさい生産しない場合に，商品 Z の個別固定費（17,000,000）の発生を回避できることを前提として，議論を進めます（この前提は設問には明記されていません）。すると，商品 Z から得られる限界利益（15,400,000 円）は失いますが，併せて個別固定費（17,000,000 円）の発生も回避できるため，企業全体の営業利益をその差異（1,600,000 円）だけ大きくすることができます。

　そこで，「生産しない商品の個別固定費を回避でき，かつ商品 Z の生産を行わないものとした場合」（※）に，商品 X と Y をいくつずつ生産すべきかを考えてみます。

　商品 X と Y をそれぞれ需要予測分だけ生産すると，作業時間は 8,800 時間となります。これは直接作業時間の制約条件（9,600 時間以内）を満たしていますので，商品 X と Y ともに需要予測分だけを生産することが可能です。したがって，「生産しない商品の個別固定費を回避でき，かつ商品 Z の生産を行わないものとした場合」という条件の下では，営業利益を最大化する構成は，X：10,000，Y：8,000 となります。このときの営業利益は，限界利益の合計 66,800,000 円（38,000,000 + 28,800,000）から個別固定費 35,000,000 円（18,000,000 + 17,000,000）と共通固定費 15,000,000 円を引いた，16,800,000 円となります。これが，「生産しない商品の個別固定費を回避でき，かつ商品 Z の生産を行わないものとした場合」という条件の下での営業利益の最大値です。

（※）なぜ「商品 Z の生産を行わないものとした場合」という条件を付す必要があるかについては，（設問 3）直後の補足の項で説明します。なお，非常に高度な論点であり，また受験に必要な論点とも考えられないため，読み飛ばしても支障はありません。

　これまでの計算結果をまとめると次のようになります。

		X	Y	Z	合計	算出式
	(a) 販売単価（円）	5,300	5,000	5,500	－	設問より
	(b) 変動費（円）	1,500	1,400	1,650	－	設問より
	(c) 限界利益（円/ロット）	3,800	3,600	3,850	－	(a) － (b)
	(d) 限界利益率	71.70 %	72.00 %	70.00 %	－	(c) ÷ (a) × 100
（ⅰ）	(e) 直接作業時間（時間）	0.4	0.6	0.5	－	設問より
	(f) 限界利益（円/時間）	9,500	6,000	7,700	－	(c) ÷ (e)
（ⅱ）	(g) 生産の優先順位	1番	2番	生産しない	－	（前述）
（ⅲ）	(h) 需要予測（ロット）	10,000	8,000	4,000	（略）	設問より
	(i) 需要予測の作業時間（時間）	4,000	4,800	2,000	10,800	(h) × (e)
	(j) 可能作業時間（時間）	4,000	4,800	0	8,800	（前述）
	(k) 生産量（ロット）	10,000	8,000	0	18,000	(j) ÷ (e)
	(l) 限界利益（円）	38,000,000	28,800,000	0	66,800,000	(c) × (k)
（ⅳ）	(m) 個別固定費（円）	18,000,000	17,000,000	0	35,000,000	設問より
（ⅴ）	(n) 貢献利益（円）	20,000,000	11,800,000	0	31,800,000	(l) － (m)
（ⅵ）	(o) 共通固定費（円）				15,000,000	設問より
	(p) 営業利益（円）				16,800,000	(n) － (o)

【模範解答（設問2）】

> 構成比
>
> 商品X：商品Y：商品Z＝10,000/20,000：6,000/20,000：4,000/20,000

> 求め方
>
> （生産をしない商品の個別固定費を回避できない前提で解答する。）
>
> 直接作業時間当たりの限界利益が大きい順に，直接作業時間（9,600時間）を超えない範囲で割り当てる。具体的には次のとおりである。
>
> 単位直接作業時間当たりの限界利益は，X：9,500円/時間，Y：6,000円/時間，Z：7,700円/時間であるため，X，Z，Yの順に直接作業時間を割り当てる。
>
> なお，この構成比で生産した場合の営業利益は8,000,000円となる。

（別解）個別固定費を回避できると考える場合

> 構成比
>
> 商品X：商品Y：商品Z＝10,000/18,000：8,000/18,000：0/18,000

求め方

制約条件である時間当たりの限界利益の大きい順は，商品X，商品Z，商品Yの順番になる。直接作業時間の制約条件を満たす範囲で，この順に生産量を決めた場合に，商品Zの貢献利益がマイナスになる。

生産しない商品の個別固定費を回避でき，かつ商品Zを生産しないことを前提にすると，D社の営業利益は，XとYを需要予測どおりに（X：10,000ロット，Y：8,000ロット）生産する場合に16,800,000円となり最大化する。

●【解説（設問3）】

まず，問われていることを把握します。

・商品XとZにそれぞれ50万円，合計100万円の販促費を追加するという提案がある。

・この提案を受け入れた場合に，需要は商品Xが10％，商品Zは25％増加する。

・この条件下で最適な生産の構成比を求める。

・この提案に対する意思決定をする。

※この問題でも（設問2）同様に，個別固定費を回避できるかどうかの明示がありません。そのため，ここでは，個別固定費を回避できない前提で解答を構築します。なお，個別固定費が回避できる前提での解答は別解を参照ください。

（設問2）に同じく，本設問も，（設問1）で行った手順1～3に引き続いて手順4から解き進めます。

手順4．手順1～3にて整理した情報に基づいて，設問指示に従い，注力すべきセグメントや，セールスミックスの決定などを行う

本問において，（設問3）と同様に，「単位時間当たりの限界利益」を算出してから，最適セールスミックス（生産量の構成比）を求めます。

次の手順で進めます。

ⅰ）構成比の決定

ⅱ）営業利益の計算

ⅲ）意思決定

ⅰ）構成比の決定

（設問2）と比較して，商品Xの需要が10,000の1.1倍である11,000，商品Zの需要が4,000の1.25倍である5,000となります。次に，（設問2）と同様に，単位直接作業時間当たりの限界利益に基づいて，生産する商品の優先順位付けを行い，作業時間を割り当てます。

		X	Y	Z	合計	算出式
	(c) 限界利益（円/ロット）	3,800	3,600	3,850	−	（前述）
	(e) 直接作業時間（時間）	0.4	0.6	0.5	−	設問文（資料）より
	(g) 生産の優先順位	1番	3番	2番	−	（前述）
（i）	(h) 需要予測（ロット）	11,000	8,000	5,000	（略）	設問2より
	(i) 需要予測の作業時間（時間）	4,400	4,800	2,500	11,700	(h) × (e)
	(j) 可能作業時間（時間）	4,400	2,700	2,500	9,600	（略）
	(k) 生産量（ロット）	11,000	4,500	5,000	20,500	(j) ÷ (e)
	(l) 限界利益（円）	41,800,000	16,200,000	19,250,000	77,250,000	(c) × (k)

　上表の（k）生産量（ロット）の 20,500 ロットが，限界利益が最大化する構成比になります。

---

ii）営業利益の計算

　営業利益は，限界利益から個別固定費と共通固定費を引いて求めます。商品 X〜Z の限界利益の合計は 77,250,000 円（＝41,800,000 ＋ 16,200,000 ＋ 19,250,000）であり，個別固定費は 53,000,000 円（＝18,500,000 ＋ 17,000,000 ＋ 17,500,000），共通固定費は 15,000,000 円ですので，営業利益は 9,250,000 円となります。

---

iii）意思決定

　提案を受け入れた場合の営業利益 9,250,000 円は，（設問2）で求めた営業利益 8,000,000 円より大きいため，「提案を受け入れる」という意思決定を行うべきです。

　これらをまとめて解答とします。

【別解（設問3）（個別固定費を回避できると考える場合）】

（設問2）と同様，製品ごとの貢献利益を計算してみます。

貢献利益の計算方法は，

　　(n) 貢献利益 ＝ (l) 限界利益 − (m) 個別固定費

です。

		X	Y	Z	合計	算出式
	(l) 限界利益（円）	41,800,000	16,200,000	19,250,000	77,250,000	(c) × (k)
（ii）	(m) 個別固定費（円）	18,500,000	17,000,000	17,500,000	53,000,000	設問より
	限界利益−個別固定費（円）	23,300,000	− 800,000	1,750,000	24,250,000	(l) − (m)

ここでは商品 Y についてマイナスになっています。

　前問と同様，商品 Y をいっさい生産しない場合に，商品 Y の個別固定費（17,000,000）の発生を回避できるものとします（設問には明記されていません）。すると，商品 Y から得られる限界利益（16,200,000 円）は失いますが，併せて個別固定費（17,000,000 円）の発生も回避できるため，企業全体の営業利益をその差異（800,000 円）だけ大きくすることができます。

　前問と同様に，「生産しない商品の個別固定費を回避でき，かつ商品 Y の生産を行わないものとした場合」（※）に，商品 X と Z をいくつずつ生産すべきかを考えてみます。

　商品 X と Z をそれぞれ需要予測分だけ生産すると，作業時間は 6,900 時間（＝4,400＋2,500）となります。これは直接作業時間の制約条件（9,600 時間以内）を満たしていますので，商品 X と Z ともに需要予測分だけを生産することが可能です。したがって，「生産しない商品の個別固定費を回避でき，かつ商品 Y の生産を行わないものとする」という条件の下では，営業利益を最大化する構成は，X：11,000，Z：5,000 となります。このときの営業利益は，限界利益の合計 61,050,000 円（＝41,800,000＋19,250,000）から個別固定費 36,000,000 円（18,500,000＋17,500,000）と共通固定費 15,000,000 円を引いた，10,050,000 円となります。これが，「生産しない商品の個別固定費を回避でき，かつ商品 Y の生産を行わないものとした場合」という条件の下での営業利益の最大値です。

　なぜ「商品 Y の生産を行わないものとした場合」という条件を付す必要があるかについては，後記の「補足」の項にて説明します。

　これまでの計算結果をまとめると次のようになります。

		X	Y	Z	合計	算出式
	(a) 販売単価（円）	5,300	5,000	5,500	−	設問より
	(b) 変動費（円）	1,500	1,400	1,650	−	設問より
	(c) 限界利益（円）	3,800	3,600	3,850	−	(a)−(b)
	(d) 限界利益率	71.70 %	72.00 %	70.00 %	−	(c)÷(a)×100
	(e) 直接作業時間（時間）	0.4	0.6	0.5	−	設問より
	(f) 限界利益（円/時間）	9,500	6,000	7,700	−	(c)÷(e)
	(g) 生産の優先順位	1 番	生産しない	2 番	−	（前述）
（ⅰ）	(h) 需要予測（ロット）	11,000	8,000	5,000	（略）	設問より
	(i) 需要予測の作業時間（時間）	4,400	4,800	2,500	11,700	(h)×(e)
	(j) 可能作業時間（時間）	4,400	0	2,500	6,900	（略）
	(k) 生産量（ロット）	11,000	0	5,000	16,000	(j)÷(e)
	(l) 限界利益（円）	41,800,000	0	19,250,000	61,050,000	(c)×(k)
（ⅱ）	(m) 個別固定費（円）	18,500,000	0	17,500,000	36,000,000	設問より
（ⅲ）	(n) 貢献利益（円）	23,300,000	0	1,750,000	25,050,000	(l)−(m)
（ⅳ）	(o) 共通固定費（円）				15,000,000	設問より
	(p) 営業利益（円）				10,050,000	(n)−(o)

提案を受け入れた場合の営業利益 10,050,000 円は，別解（設問 2）（個別固定費が回避できる場合）で求めた営業利益 16,800,000 円より小さいため，この提案を受け入れないという意思決定を行うべきです。

これらをまとめて，解答とします。

【模範解答（設問 3）】

(a)	構成比 商品 X：商品 Y：商品 Z＝11,000/20,500：4,500/20,500：5,000/20,500

(b)	提案を受け入れることで，営業利益が 1,250,000 円増加するため，提案を受け入れる。 提案を受け入れる場合，（設問 2）同様に単位直接作業時間当たりの限界利益の大きい順（商品 X，Z，Y の順）に直接作業時間を割り当てると，生産量は X：Y：Z＝11,000：4,500：5,000 となり，営業利益は 9,250,000 円となる。 一方で，販売促進費の提案を受け入れないときの営業利益は 8,000,000 円である。 そのため，提案を受け入れることにより営業利益 1,250,000 円の増加を見込める。

（別解）個別固定費を回避できると考える場合

(a)	構成比 商品 X：商品 Y：商品 Z＝11,000/16,000：0/16,000：5,000/16,000

(b)	提案を受け入れない。 理由 制約条件である時間当たりの限界利益の大きい順は，商品 X，商品 Z，商品 Y の順番になる。直接作業時間の制約条件を満たす範囲で，この順に生産量を決めた場合に商品 Y の貢献利益がマイナスになる。生産しない商品の個別固定費を回避できるものとし，かつ商品 Y を生産しないものとした場合において，D 社の営業利益は，X と Z を需要予測どおりに（X：11,000 ロット，Z：5,000 ロット）生産する場合に，10,050,000 円となる。 この営業利益は，販売促進費追加の提案を受け入れないときの営業利益 16,800,000 円より小さくなるため，この提案を受け入れない。

【補足（設問 2，設問 3）】

（設問 2）および（設問 3）で示した別解では，「生産しない商品の個別固定費を回避できるものとし，かつ商品の一部（設問 2 では Z，設問 3 では Y）を生産しないものとする」という条件の下で，営業利益が最大化する構成を求めました。この別解では，他の商品を生産しない場合への考慮がなされていないため，結論が正しいとは限りません。たとえば（設問 3）では「商品 X のみを生産しない場合」や「商品 Z のみを生産しない場合」のほうが，営業利益が大きくなるという可能性があるからです。

　（設問3）において，「生産しない商品の個別固定費を回避できる」という条件の下で，「商品の組み合わせ」ごとの「商品の構成比」と「営業利益」を求めたものが次表です。全体として，営業利益が最大化する商品の構成比はZを生産しない場合（商品X：11,000ロット，Y：8,000ロットの場合）であり，このときの営業利益は「20.1百万円」となります（太枠内）。なお，これは別解で想定している「商品XとZのみを生産する」という場合より営業利益が大きくなりますので，別解の方法では実際に「営業利益が最大化するような構成」を求められていないことがわかります。ですから，「商品Yを生産しないものとした場合」という条件を付して解答する必要があるのです。

生産する商品の組み合わせ	生産する商品の構成比（ロット）			営業利益（円）
	X	Y	Z	
X，Y，Z	11,000	4,500	5,000	9,250,000
X，Y	11,000	8,000	0	20,100,000
X，Z	11,000	0	5,000	10,050,000
Y，Z	0	8,000	5,000	△1,450,000
X	11,000	0	0	8,300,000
Y	0	8,000	0	△3,200,000
Z	0	0	5,000	△13,250,000
何も生産しない	0	0	0	△15,000,000

　なお，本論点は中小企業診断士試験としての範囲を超えると思われますし，仮に本試験中に気づいていたとしても計算量が膨大であるため，現実的な解答ではありません。そのため本試験では，模範解答（別解）のように，Yを生産しないことを決め打ちする解答でも十分に加点されると思われます。

【コラム5】　未知数（x）を使う問題の解き方のポイント

　事例Ⅳではしばしば「未知数を使って解く問題」が出題されます。具体的には「求めたい値をx（未知数）とおいて，式を立てて，xを求める」という問題です。直近では令和4年度　第3問（設問1），令和3年度第3問（設問1），令和元年度第3問，平成28年度第2問（設問2）に関係します。未知数を使う問題は1次試験でも出題されますし，解き方や考え方そのものは難解ではありません。しかし，限られた時間内に多くの情報を処理しなければならない2次試験において，未知数の取扱いにまで意識を向けるのは容易ではないかもしれません。そこで，あらためて未知数を使う問題の解き方をまとめます。

　まず，未知数を使う必要性について，簡単な例で見てみます。

〈例〉りんごが 1 個 150 円，袋が 1 枚 50 円で売られている。
（問 1）りんご 5 個と袋 1 枚を買うといくらか。
（問 2）1,000 円で，りんごと，袋 1 枚を買うとき，りんごはいくつ買えるか。

問 1 の答えは，<u>150×5＋50</u> (①) ＝800 円，問 2 については，<u>150×□＋50≦</u>
<u>1,000 円</u> (②) より，□≦ <u>(1,000－50)÷150</u> (③) ＝6.33…個　となり，答えは 6
個となります。

問 2 において，答え（6 個）は式③ (1,000－50)÷150　を計算することで求
められましたが，ゼロからこの式を作るのは容易ではありません。このため，一旦理
解しやすい式（式②）を立てて，これを変形することで答えを表す式（式③）にし，
これを計算して答えを求めます。この理解しやすい式（式②）を立てる際には，その
時点でわからない数量を表す必要があるため，未知数を使うのです。

以上を踏まえて，未知数を使う問題の解き方を見てみます。

《未知数を使う問題の解き方》

（1）未知数を使う必要があるかを見極める

　　求めるべき数量（答え）が，式として容易に表せるかどうかを考え，**容易に表**
せない場合に未知数を用いることとし，次の手順に進みます。（前述の問 2 では，
「りんごの個数」が容易に式で表せないため未知数を使いました。）

（2）未知数を表す文字を割り当てる

　　求めるべき数量を表す文字（未知数を表す文字）を決めます。この操作のこと
を「〈求めるべき数量〉を x とおく」といいます（例：「販売単価を x（円）とお
く」）。なお，文字には x がよく使われますが，解答内で統一されていて，また
他の文字と重複していなければ，どのような文字（X，a，n，S，ア，□など）
でも構いません。

（3）等式・不等式を立てる（作る）

　　設問に示されている種々の数量と，（2）で割り当てた未知数を用いて，理解
しやすい式（等式または不等式（※ 1））を作ります（前述の問 2 の式②に相当
します）。この際，未知数については，既知の数であると思いこんで（＝未知で
あることは一旦忘れて）式を作ることがコツです。もしこれが苦手であれば，こ
の瞬間だけは，未知数（x など）を「4」や「100」などの具体的な数に置き換
えて式を立てるとよいでしょう。

　　（※ 1）　等号（＝）や不等号（<，>，≦，≧）などで数量の大小関係を表す式。

（4）等式・不等式を変形する（未知数を 1 か所にまとめる）

　　（3）で立てた等式・不等式において未知数が複数箇所に現れている場合には，
式を操作して 1 か所にまとめます。たとえば，$3×x＋4×x＋15＝50$ という式
の場合，x が 2 か所に現れているため，$(3＋4)x＋15＝50$ とします。

326

(5) 等式・不等式を変形する（未知数を分離する）

(4) で立てた等式・不等式をうまく変形し，未知数を分離します。

この変形は，「等式・不等式の両辺（等号や不等号の左右各々）に対して，同じ数を足す・引く・掛ける・割る」を繰り返して行います（等号・不等号の両辺に同じ操作をしても関係性が崩れないからです）。繰り返す過程で少しずつ未知数の周囲の要素を削ぎ落とすようにし，最終的には，左辺（または右辺）が未知数だけになるようにします。

たとえば，(4) で示した例の場合は次のようにします。

$$(3+4)x+15=50$$
$$\Leftrightarrow \quad (3+4)x=50-15 \quad （両辺それぞれ15を引き，左辺から「+15」をなくした）$$
$$\Leftrightarrow \quad x=(50-15)\div(3+4) \quad （両辺それぞれ3+4で割り，左辺から「(3+4)」をなくした）$$

なお，変形するときに計算をしても構いませんが，割り算だけは途中で計算はせずに分数のままで扱い，最後にまとめて計算するのがよいでしょう（途中で端数が出る可能性があり，処理の仕方によっては最終結果を誤る可能性があるから）。

その他，注意点は次のとおりです。

・不等式について，**負数を掛けるときと負数で割るときには不等号の向きが変わります。**（例1：$-2x>-30 \Leftrightarrow x<15$　（両辺それぞれ-2で割る）

　　　　例2：$-\dfrac{1}{2}x\leqq40 \Leftrightarrow x\geqq-80$　（両辺それぞれ-2を掛ける）

・中小企業診断士試験の範囲内であれば，不等式を立てるべき設問であっても，等式として処理することができると考えてよいでしょう。たとえば，前述の例の問2においては次のようにします。

➢ 〈不等式〉$150\times\square+50\leqq1{,}000$（式②）　の代わりに，
　〈等　式〉$150\times\square+50=1{,}000$　　　　　　　　を立てる。

➢ $\square=6.33\cdots$個と求めたうえで，「ちょうど1,000円になるときのりんごの個数が6.33…個なので，買える個数は6個である」と説明する。

不等式の扱いに慣れないようであれば，このように解くとよいでしょう。

・未知数を割り当てる数量は，必ずしも「求めるべき数量（設問で要求されている数量）」でなくても構いません。たとえば，「商品単価を何%値上げするか」と問われている場合に，「値上げ率（%）」ではなく，「商品単価の増加額（円/個）」や「値上げ後の商品単価（円/個）」などに未知数を割り当てることも考えられます。（一般には未知数の割り当て方によって計算のしやすさが変わる場合がありますが，中小企業診断士試験の内容であればどのように割り当てても大差はないと思われますので，基本的には設問で要求されている数量をそのまま未知数を割り当てればよいでしょう。）

第 **5** 章
キャッシュフロー分析

I　キャッシュフロー分析の知識・ノウハウ

傾向と対策

　キャッシュフロー（CF）計算書は，資金の増減を説明するものであり，損益計算書・貸借対照表に次いで重要な財務諸表です。2次試験では，CF計算書自体に関する設問は多くはありませんが，意思決定会計のテーマなどでCFの深い理解が問われます。そのため，CF計算書の学習を通じて，CFの理解を深めるようにしましょう。

◆傾向

【出題頻度】数年に1度（平成13年度以降，H28，H23，H16，H14，H13の5回）

【主な要求事項】CFの算出（特に営業CF），CF計算書の作成，CFの状況の分析

【難易度】おおむね高い。符号の反転や条件考慮漏れ等により正答にたどり着きづらいため。

◆マスターすべきこと

初級	□営業CFの小計までを正確に計算できる（逆算過程，B/S科目増減など） □営業CF・投資CF・財務CFのバランスに基づいて，CFの状況がわかる
中級	□営業CF・投資CF・財務CFをひととおり計算できる □投資CFにおいて，固定資産の売却や減価を正確に考慮できる
上級	□財務CFにおいて，配当金の支払等の複雑な場合でも正確に計算できる

◆初学者向けのポイント

・CF計算は，たった1カ所でも符号を間違えると正答が求まらないという難しさがあります。本書に記載のミス防止テクニックも習得していきましょう。

　なお，実務でキャッシュフロー計算書を扱うために必要な知識は，中小企業診断士の2次試験のレベルを超えます。そのため，本章ではわかりやすさを優先し，一部，厳密さを犠牲にする部分があります。

(1) キャッシュフロー分析の基礎知識

キャッシュフロー（以下，「CF」という）は，一定期間における「現金及び現金同等物」の増減のことです。CF は，それが生み出される元になった企業活動の内容に応じて，営業活動 CF，投資活動 CF，財務活動 CF の3つに分類されます（表1）。

●表1　CF の3分類

CF の種類	説明
営業活動 CF	本業の儲けで得た CF （その他，投資活動・財務活動に含まれない CF も含む）
投資活動 CF	固定資産の取得・売却など，投資活動に関する CF
財務活動 CF	借入・返済・配当の支払いなど，財務活動に関する CF

CF の詳細を記したものが，財務諸表の一つである「キャッシュフロー計算書」です。CF 計算書の作成方法には，直接法・間接法の2種類があります。直接法では，現金収入から現金支出を引くことにより直接的に CF を求めます。間接法では，利益を起点として，現金支出を伴わない費用の調整や貸借対照表の変化に基づく調整を行うことによって間接的に CF を求めます。2次試験では，損益計算書と貸借対照表から作成が容易な間接法を押さえておきましょう。本書では，間接法のみを扱います。

CF 計算書は，図1のように，営業活動 CF，投資活動 CF，財務活動 CF の各区分から成り，その後に，「現金及び現金同等物の増減額」およびその期首・期末残高が続きます。

営業活動 CF・投資活動 CF・財務活動 CF の各区分においては，CF が生み出された要因ごとに額が記載され，そして末尾に合計額が記載されます。また，営業活動 CF は，「小計」という行を境にした前半と後半の二部構成となっており，基本的には小計以前に本業の儲けに起因する CF が記載され，小計以降に投資活動と財務活動のいずれにも起因しない CF が記載されます。小計以前に記載される項目は，A）税引前当期純利益，B）減価償却費や貸倒引当金などの非現金支出の費用項目，C）税引前当期純利益から営業利益までの逆算過程，D）営業活動に関係する貸借対照表上の勘定科目に関する増減です。

営業活動 CF は，本業で得る CF であることからして，3つの CF の中で最も重要です。営業活動 CF は基本的にはプラスであることが望まれます。マイナスであると，投資活動の抑制や，借入金の返済不能などの状況に陥ります。マイナスである場合の原因の典型例は，売上債権の増加，棚卸資産の増加，利息の支払の過大さなどです。

投資活動 CF については，マイナスであれば投資活動が積極的であり，プラスであれば投資活動が抑えられていることがわかります。

財務活動 CF については，マイナスであれば借入が減っており，プラスであれば借入が増えていることになります。

(2) キャッシュフロー分析の設問の解き方

CF 計算書に関する典型的な設問では，CF の値を算出し（計算書作成も含む），それに

基づいて状況分析をするという流れで解きます。CFの値の算出にあたっては，2期の貸借対照表上の増減値と，単年度の損益計算書の値を用います。具体的な手順は次のとおりです。

設問の解き方（キャッシュフロー分析）

手順1. 2期の貸借対照表を参照し，各勘定科目における「増減値」を計算する。（売上債権，棚卸資産などのそれぞれの勘定科目に対して，当該年度の貸借対照表の値から，前年度の貸借対照表の値を引く。）

手順2. 手順1で作成した「貸借対照表の各勘定科目の増減値」と，損益計算書の情報に基づいて，営業活動CF，投資活動CF，財務活動CFを計算し，明細を記す。

手順3. 手順2の結果として得られた，営業活動CF，投資活動CF，財務活動CFおよびそれら合計値を比較し，CFの状況を分析する。

●図1　キャッシュフロー計算書の構成

CF計算書 （○はCFの金額を示す）		説明
1. 営業活動CF		
税引前当期純利益　　　　⋮	○	本業の儲けに関するCFの明細を記します。次の4項目があります。 　A）税引前当期純利益 　B）減価償却費や貸倒引当金などの非現金支出の費用項目 　C）税引前当期純利益から営業利益までの逆算過程 　D）営業活動に関係する，貸借対照表上の勘定科目に関する増減
小計	○	本業の儲けに関するCFの小計を記します。
利息の支払額　　　　　⋮	○	利息関連の収支・配当金の収入などの「本業の儲けにも投資活動・財務活動にも区分されないCF」について，明細を記します。
営業活動CF	○	営業活動CFの合計を記します。
2. 投資活動CF		
有形固定資産の取得による支出　⋮	○	固定資産の取得・売却などの「投資活動に起因するCF」について，明細を記します。
投資活動CF	○	投資活動CFの合計を記します。
3. 財務活動CF		
短期借入金の増加額	○	借入・返済・配当の支払いなどの「財務活動に起因するCF」について，明細を記します。
財務活動CF	○	財務活動CFの合計を記します。
4. 現金及び現金同等物の増減額	○	貸借対照表の「現金及び現金同等物」の差異を記します。この値は，営業活動CF（項1）＋投資活動CF（項2）＋財務活動CF（項3）と一致します。また，現金及び現金同等物の期末残高（項6）－期首残高（項5）とも一致します。
5. 現金及び現金同等物の期首残高	○	
6. 現金及び現金同等物の期末残高	○	

（参考）直接法と間接法のどちらで書くべきか

設問に指定がない限りはどちらで解答しても問題ありません。しかし，貸借対照表および損益計算書の項目の足し引きで求めやすいという点から，間接法のほうが書きやすいでしょう。

(3) キャッシュフロー分析への対応テクニック

キャッシュフローの計算は，参照する数値情報が多いうえに，それらの内容に応じて加算・減算のいずれかの処理を適切に選んで計算していく必要があるため，とても煩雑です。特に，たった1カ所の符号や値の誤りが，結果に影響してしまいます（たとえば，「棚卸資産の減少額50」とすべきところを「棚卸資産の減少額 △50」としてしまうと，営業活動CFの値は，50－△50＝100だけずれてしまいます）。このずれによって，企業への提言内容が真逆になることすらあり得ます。

これを踏まえて，効率よく解くテクニックを5つ紹介します。

テクニック1　使った数値にマークを付ける　　　　　　　　（手順1，2に関連）

CF計算書を作成する過程では，基本的に，以下の情報を「必ず1回ずつ」使います（ただし，図1のA)，B)，C)は除く）。そこで計算に用いた数値の欄にチェック記号（✓）などを付けながら計算書を作成していくことで，漏れや重複に気づくことができます。

- ➢ 損益計算書における営業利益以降の項目
- ➢ 貸借対照表における「現金及び預金」以外の項目のうち，2期での増減がある項目

テクニック2　計算過程を残す　　　　　　　　　　　　　　（手順1，2に関連）

検算を容易にするためには，CF計算書の各行の数値を求める際に，結果のみを記すのではなく，計算に用いた「損益計算書の値」および「貸借対照表の増減値」）をそのまま転記し，計算過程として残すとよいでしょう。（具体的な計算過程の残し方は，「Ⅱキャッシュフロー分析の過去問」の解説を参照してください。）

テクニック3　貸方・借方とCF増減の法則を活用する　　　　　（手順1に関連）

貸借対照表の増減と，CFの増減との間には，次のような関係性があります。

- ➢ 貸借対照表の貸方科目（負債の部・純資産の部）について，「勘定科目の増減」と「CFの増減」は符号が一致する（例：「長期借入金の増加」はCFの増加となる。）
- ➢ 貸借対照表の借方科目（資産の部）について，「勘定科目の増減」と「CFの増減」は符号が反対になる（例：「棚卸資産の増加」はCFの減少，「売上債権の減少」はCFの増加，「未収収益の増加」はCFの減少となる。）

これを理解しておくことで，勘定科目ごとの内容に踏みこんで考えずに機械的に処理でき（たとえば，「棚卸資産が減少したのは商品が売れたためであり，キャッシュは増加し

た」などと考える必要がなくなり），早く正確に処理することができます。

〈参考〉なぜ貸方科目は CF プラスで借方科目は CF マイナスか

貸借対照表および損益計算書の構成に触れながら，順を追って説明します。

(1) 利益が出ると純資産が増えることから「利益＝⊿純資産」です。

（なお「⊿」（デルタと読む）は後ろに続く項目の「増減」を意味する記号です。）

(2) 利益は「収益－費用」に等しく，純資産は「資産－負債」に等しいので，(1)の式は，

収益－費用＝⊿資産－⊿負債

となります。

(3) 「⊿資産」を，CF を表す「⊿現金及び預金」と「⊿その他資産」に分割すると，

収益－費用＝⊿現金及び預金＋⊿その他資産－⊿負債

となり，この式を変形すると，

⊿現金及び預金＝収益＋⊿負債－費用－⊿その他資産

となります。

(4) したがって，貸方科目（収益，負債）は CF プラスに寄与し，借方科目（費用，その他資産）は CF マイナスに寄与することになります。

テクニック4　どのCFに区分するか迷ったら機械的に処理する　　　　　　（手順1，2に関連）

CF 計算書では，CF の生じる原因により，営業活動 CF・投資活動 CF・財務活動 CF に区分しますが，財務諸表と与件の情報からだけではどの区分に計上すべきかを判断できない場合があります。（たとえば，貸借対照表の「その他固定資産」に増減がある場合は，それが営業活動によるものか投資活動によるものかが明示されていないと，これを営業活動 CF と投資活動 CF のどちらに区分すべきかが判断できません。）このような場合には，複数の正答があり得ると考えられます。そこで，試験中に悩まないために，特に指示がない限りは，以下のように機械的に扱うとよいでしょう。

➢ 「特別利益」および「特別損失」は投資活動 CF に含める。

➢ 「その他流動資産」の増減は，営業活動 CF の小計以前の部分に含める。

➢ 「その他固定資産」の増減は，投資活動 CF に含める。

➢ 「その他固定負債」の増減は，営業活動 CF の小計以前の部分に含める。

➢ 「営業外費用」は，そのすべてが「支払利息」であるとする。

➢ 「営業外収益」は，そのすべてが「受取利息」であるとする。

テクニック5　異なる方法で検算する　　　　　　　　　　　　　　　　　（手順2に関連）

答えが正しいかを確認するときには，計算過程を見直すだけでなく，異なる方法で再計算するのが有効です。なぜなら，人間は同種のミスを繰り返し起こす傾向があるからです。CF 計算書では次の2点を確認するとよいでしょう。

- ➢ 営業活動 CF，投資活動 CF，財務活動 CF の合計が，現金および預金の増減と一致すること（一致していない場合は，営業活動 CF，投資活動 CF，財務活動 CF の少なくとも1つに誤りがあります。）
- ➢ 営業活動 CF の小計のうち「貸借対照表上の勘定科目に関する増減」を除いた部分（図1の A)〜C)の合計）が，「営業利益＋非現金支出項目」と一致すること（一致していない場合，営業活動の小計に誤りがあります。特に，税引前当期純利益から営業利益までの逆算過程〈前述の C〉に符号の誤りや項目の漏れがある可能性が高いと考えられます）

> **（参考）営業 CF を現金および預金の増減額，投資 CF，財務 CF から逆算して求めてもよいか**
>
> このように求めることは可能ですが，次の理由からあまりお勧めしません。
> ・本問の後に「CF の状況を分析せよ」という設問が続くのが自然です。しかし，本問で営業 CF の総額しかわからない状態では，後続の設問で営業 CF の内訳に踏み込んで分析することができません。（営業 CF の内訳がわかっていれば「棚卸資産の大幅な増加に伴う営業 CF のマイナスを，投資 CF と財務 CF で賄っているため，CF の状況は悪い」と書ける設問において，投資 CF と財務 CF から求めた場合は「営業 CF のマイナスを，資産の売却と長期借入で賄っているため，CF の状況が悪い」と書かざるを得ないことになります。）
> ・小計の額などに部分点が設定されていた場合でも，そのメリットを受けられません。
> ・受験生の解答の多数派が「通常どおり（逆算せずに）求める」と思われます。少数派となることによって，採点官が誤採点する可能性があります。

(4) 例題

　D 社のキャッシュフローについて，資料1および2に示す財務諸表を用い，当期のキャッシュフロー計算書（資料3）について，空欄を埋めて完成させよ。なお，（＊）印を付している「減価償却費」，「利息の支払額」，「建物・機械の取得による支出」については，計算過程も示すこと。

（単位：百万円）

	前　期	当　期	増　減
資産の部			
流動資産	1,209	1,241	32
現金及び預金	273	289	16
売上債権	520	546	26
有価証券	26	29	3
棚卸資産	390	377	△ 13
固定資産	650	663	13
建物・機械	650	663	13
資産合計	1,859	1,904	45
負債の部			
流動負債	988	939	△ 49
仕入債務	455	468	13
短期借入金	520	455	△ 65
未払利息	13	16	3
固定負債	273	328	55
長期借入金	260	312	52
退職給付引当金	13	16	3
負債合計	1,261	1,267	6
純資産の部			
資本金	78	78	0
繰越利益剰余金	520	559	39
純資産合計	598	637	39
負債・純資産合計	1,859	1,904	45

注：有価証券および建物・機械の売却はない。

〈資料2〉 当期の損益計算書

（単位：百万円）

	当　期
売上高	3,750
売上原価	3,000
（うち減価償却費）	75
売上総利益	750
販売費・一般管理費	625
（うち減価償却費）	50
（うち退職給付費用）	3
営業利益	125
営業外収益	10
（うち受取利息）	10
営業外費用	60
（うち支払利息）	60
経常利益	75
税引前当期純利益	75
法人税等	30
当期純利益	45

〈資料3〉当期のキャッシュフロー計算書

（単位：百万円）

1. 営業活動 CF		2. 投資活動 CF	
税引前当期純利益	（　）	建物・機械の取得による支出（＊）	（　）
減価償却費（＊）	（　）	有価証券の取得による支出	（　）
退職給付費用	3	投資活動 CF	（　）
営業外収益	（　）	3. 財務活動 CF	
営業外費用	（　）	短期借入金の増減額	（　）
売上債権の増減額	（　）	長期借入金の増減額	（　）
棚卸資産の増減額	（　）	配当金の支払額	△6
仕入債務の増減額	（　）	財務活動 CF	（　）
小計	（　）		
利息の受取額	（　）		
利息の支払額（＊）	（　）		
法人税等の支払額	△30		
営業活動 CF	（　）		

《解説》

　本章Ⅰの「(2) キャッシュフロー分析の設問の解き方」で示した手順に従って解いていきます。なお，手順3（CF の状況分析）は，本設問で求められていないため実施不要です。

手順1. 2期の貸借対照表を参照し，各勘定科目における「増減値」を計算する

　貸借対照表の「増減」欄に記載があるため，本手順は実施不要です。

手順2. 手順1で作成した「貸借対照表の各勘定科目の増減値」と，損益計算書の情報に基づいて，営業活動 CF，投資活動 CF，財務活動 CF を計算し，明細を記す

　結果は次のとおりです（表中左に CF 計算書を，右にその計算根拠を記載）。

CF 計算書		計算根拠となる財務諸表上の数値			
		貸借対照表 （前期→当期の増減）		損益計算書 （当期）	
		(a) 資産	(b) 負債・ 純資産	(c) 費用	(d) 収益
1. 営業活動 CF					
税引前当期純利益	75	損益計算書の「税引前当期純利益75」を転記			
減価償却費	125	損益計算書における，売上原価の内数である減価償却費75と販売費・一般管理費の内数である減価償却費50の合算（75＋50＝125）を記入。			
退職給付費用	3	損益計算書の退職給付費用3を記入。			
営業外収益	△10	税引前当期純利益から営業利益までの逆算過程を記入。			
営業外費用	60				

CF 計算書		計算根拠となる財務諸表上の数値			
		貸借対照表 （前期→当期の増減）		損益計算書 （当期）	
		(a) 資産	(b) 負債・ 純資産	(c) 費用	(d) 収益
		注：ここまでの合計253は営業利益（125）＋減価償却費（125）＋退職給付費用の増減額（3）と一致する。 これ以降の行は「(b) の値＋(d) の値－(a) の値－(c) の値」を計算してCFを求める。			
売上債権の増加額	△26	売上債権26			
棚卸資産の減少額	13	棚卸資産 △13			
仕入債務の増加額	13		仕入債務13		
小計	253	税引前当期純利益75＋…＋仕入債務の増加額13			
利息の受取額	10				受取利息10
利息の支払額	△57		未払利息3	支払利息60	
法人税等の支払額	△30			法人税等30	
営業活動CF	176	小計253＋…＋法人税等の支払額△30			
2. 投資活動CF					
建物・機械の取得による支出	△138	建物・機械 13		減価償却費（売上原価内）75 減価償却費（販売費・一般管理費内）50	
有価証券の取得による支出	△3	有価証券3			
投資活動CF	△141	上2行の合計（△138＋△3）			
3. 財務活動CF					
短期借入金の増減額	△65		短期借入金 △65		
長期借入金の増減額	52		長期借入金 52		
配当金の支払額	△6		繰越利益剰余金39	当期純利益45	
財務活動CF	△19	上3行の合計（△65＋52＋△6）			
4. 現金及び現金同等物の増減額	16	項6（289）－項5（273）			
5. 現金及び現金同等物の期首残高	273	貸借対照表の「現金及び預金」（前期）273			
6. 現金及び現金同等物の期末残高	289	貸借対照表の「現金及び預金」（当期）289			

　ここで，計算過程を要求されている「減価償却費」，「利息の支払額」，「建物・機械の取得による支出」について，求め方を補足します。

〈減価償却費〉

　損益計算書上に減価償却費は2カ所現れます。1つめは売上原価（3,000）のうちの75であり，2つめは販売費・一般管理費（625）のうちの50です。したがって，CF計算書

においては，これらの合算である 125（75＋50）を記載します。

〈利息の支払額〉

　損益計算書に「支払利息」（60）が計上されており，このほかに貸借対照表に「未払利息」の科目があります（前期 13，当期 16）。これらは次図の関係にあり，当期に支払った利息は，前期の未払利息 13（①）＋支払利息 60（②）－当期の未払利息 16（③）＝57 となります。これは支出額を表すので，計算書に記すべきキャッシュフローは，負数である△57 となります。

①前期の未払利息 13	当期に支払った利息
②支払利息 60	③当期の未払利息 16

この図は次のように理解するとよいでしょう。

・当期に支払おうと思っている利息は，前期に発生したが支払わなかった利息（① 13）と，当期に発生した利息（② 60）である。

・しかしながら，当期に支払わなかった利息がある（③ 16）。

・したがって，当期に支払った利息は，57（＝① 13＋② 60－③ 16）であり，キャッシュフローは△57 となる。

　なお，試験中はこのように考えずに，テクニック 3 に示した「貸方・借方と CF 増減の法則」を活用し，次のように機械的に計算するとよいでしょう。

　キャッシュフロー＝＋未払利息（貸方）の増減額－支払利息（借方）＝3－60＝△57

〈建物・機械の取得による支出〉

　貸借対照表の「建物・機械」の科目に変化（前期 650，当期 663）があり，このほかに損益計算書に減価償却費があります（前述のとおり 125）。これらは次図の関係にあり，当期の取得は，減価償却費 125（②）＋当期の建物・機械 663（③）－前期の建物・機械 650（①）＝138 となります。これは支出額を表すので，計算書に記すべきキャッシュフローは，負数である△138 となります。

②減価償却費 125	①前期の建物・機械 650
③当期の建物・機械 663	当期の取得

この図は次のように理解するとよいでしょう。

・前期の簿価は 650 であった（①）。

・当期に減価償却費 125 が発生し，その分がだけ簿価が減る（②）。

・ここまでから，（取得による効果を除けば）簿価は 525（① 650－② 125）となるはず

である。

・しかしながら，当期の簿価は 663（③）であり，差異が 138（＝③ 663－525）だけある。この差異は，取得によるものである。

・したがって，当期の取得額は 138 となり，キャッシュフローは△ 138 である。

なお，試験中はこのように考えずに，テクニック 3 に示した「貸方・借方と CF 増減の法則」を活用し，次のように機械的に計算するとよいでしょう。

キャッシュフロー＝－減価償却費（借方）－建物・機械（借方）の増減額

$$= -125 - 13 = \triangle 138$$

《解答》

当期のキャッシュフロー計算書

（単位：百万円）

1．営業活動 CF		2．投資活動 CF	
税引前当期純利益	（　　75）	建物・機械の取得による支出（＊）	（　△ 138）
減価償却費（＊）	（　125）	有価証券の取得による支出	（　　△ 3）
退職給付費用	3	投資活動 CF	（　△ 141）
営業外収益	（　△ 10）	3．財務活動 CF	
営業外費用	（　　60）	短期借入金の増減額	（　△ 65）
売上債権の増減額	（　△ 26）	長期借入金の増減額	（　　52）
棚卸資産の増減額	（　　13）	配当金の支払額	△ 6
仕入債務の増減額	（　　13）	財務活動 CF	（　△ 19）
小計	（　253）		
利息の受取額	（　　10）		
利息の支払額（＊）	（　△ 57）		
法人税等の支払額	△ 30		
営業活動 CF	（　176）		

計算過程

科目	計算過程
減価償却費	売上原価内の減価償却費 75＋販売費・一般管理費内の減価償却費 50
利息の支払額	－前期の未払利息 13－支払利息 60＋当期の未払利息 16
建物・機械の取得による支出	前期の建物・機械 650－減価償却費 125－当期の建物・機械 663

注：利息の支払額の計算過程は「未払利息の増減 3－支払利息 60」でも可。建物・機械の取得による支出の計算過程は，「－建物・機械の増減 13－減価償却費 125」でも可。

(5) 記述問題への対応

キャッシュフロー分析のテーマでは，記述が求められる場合があります。問われる内容は，「CF の状況分析」です。基本的には，CF 計算書の数値（定量情報）に加えて，与件

338

文（定性情報）も加味しながら，①「営業活動 CF，投資活動 CF，財務活動 CF のバランスの是非」と，②「改善・悪化の原因がどの項目にあるか」に着目していくとよいでしょう。

　問題がある場合，その多くは，「営業活動 CF の悪化」（さらにこれを財務活動 CF で賄っていること）であり，その要因は，①棚卸資産，②売上債権，③仕入債務，④利息の支払額に大別されます。

(6) その他（減価償却費の処理について）

以下の点に留意しましょう。

> ➤ 減価償却費は，「売上原価」と「販売費および一般管理費」の両方に含まれている場合があります。必ず両方を参照するようにしましょう。特に売上原価の詳細が「製造原価報告書」に記されている場合があります。

> ➤ 損益計算書に減価償却費に関する直接的な言及がなく，貸借対照表の「減価償却累計額」から算出する場合があります。

(7) その他（フリーキャッシュフローについて）

　意思決定会計（第3章）などの分野に出てくる「フリーキャッシュフロー」（FCF）の概念について，これまで見てきた CF と関連づけて理解しておきましょう。

　FCF とは，企業が経営判断により自由に使うことができる CF のことで，具体的には，CF 全体から，財務活動 CF を除いた CF です。FCF の定義は，一般にアカウンティング（会計）とファイナンス（財務）との分野で異なります（表2）。

●表2　FCF の定義

分野	FCF の定義
アカウンティング（会計）	営業活動 CF ＋投資活動 CF
ファイナンス（財務）	営業利益×(1－税率)＋非現金支出費用－運転資本増加額－投資額

　アカウンティングでの定義は CF 計算書をベースにしたものです。ファイナンスでの定義は無借金で経営すること（※）を想定して計算したものです。

（※）正味現在価値法において現在価値を計算するにあたっては「まず資産から得るキャッシュを FCF として表現し，次に負債の要素を資本コストとして表現し，FCF を資本コストで割り引くことにより現在価値を求める」という考え方を取ります。この考え方のもとでは，FCF には負債の要素である金利関連の費用は含めないのが適切であり，無借金での経営を仮定することになります。

　2次試験では，どちらの定義を用いるべきかを判断しづらいことがほとんどです。次のような場合には，基本的にアカウンティングの定義（営業活動 CF ＋投資活動 CF）で計算

すると考えるとよいでしょう。

・後の設問で，FCF÷資本コストという計算が現れない場合

・損益計算書や貸借対照表を使って FCF を求める場合

・金利関連の費用が設問に明示されている場合

　参考として，アカウンティングでの定義とファイナンスでの定義を詳細に比較したものを図2に示します。本図により，ファイナンスでの定義においては，以下のような前提で計算していることがわかります。

➤　利息・配当金などを反映しない。

➤　法人税を，当期純利益ベースではなく営業利益ベースで計算する。あるいは，法人税を，営業外収益・営業外費用・特別利益・特別損失がゼロであるものとして計算する。

➤　一般的には非現金支出の費用を，「減価償却費」のみとしている。すなわち非現金支出の費用として，固定資産除却損・固定資産売却損や，貸倒引当金繰入額・貸倒損失などを含めない。

➤　貸借対照表の変動は，運転資本および投資額に関するもののみとする。

●図2　FCF の定義の比較（アカウンティングとファイナンス）

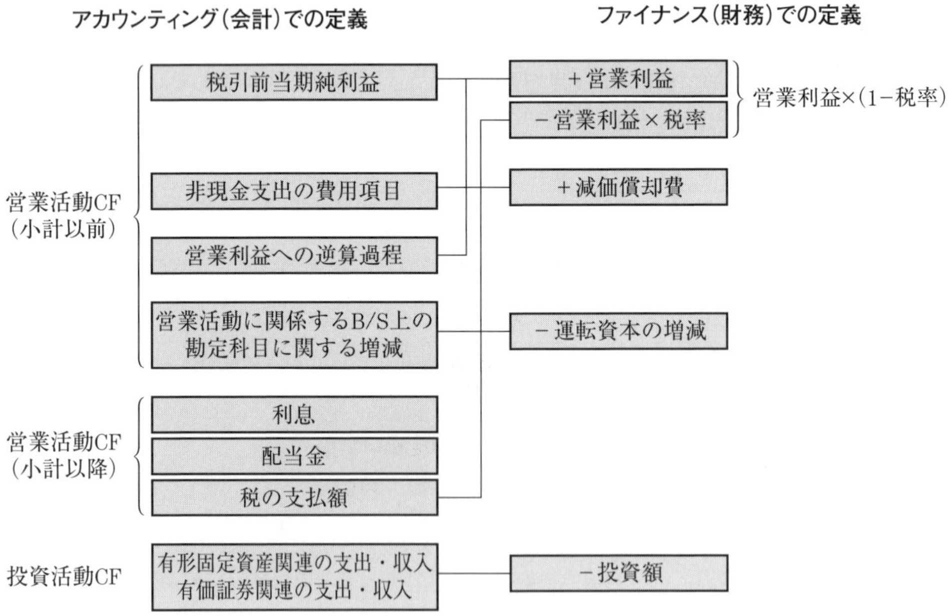

アカウンティング（会計）での定義　　　　　　　　ファイナンス（財務）での定義

340

Ⅱ　キャッシュフロー分析の過去問

注：平成18年度以前の設問については，平成18年5月1日施行の新会社法における計算規定に
　　関する改正事項に則り，貸借対照表の表記を修正し掲載しています。

(1) 平成13年度　第2問 (配点30点)

CF計算書の作成・CFの状況の分析	重要度	1回目	2回目	3回目
	A	／	／	／

　D社は商社である。D社のキャッシュフローについて，以下の設問に答えよ。なお，解答するにあたり，後述の〈資料〉に記載のD社の貸借対照表および損益計算書を用いよ。

（※）下線部改題

（設問1）

　両年度の貸借対照表および損益計算書から平成12年度の営業活動キャッシュフロー，投資活動キャッシュフローおよび財務活動キャッシュフローを計算し，解答用紙の解答欄に記入せよ。

　なお，キャッシュインフローはプラス（＋），キャッシュアウトフローはマイナス（−）の金額で示すこと。（単位：百万円）

A　営業活動キャッシュフロー

(a) 項　目	(b) 金　額
税引前当期利益	＋200
小　計	
合　計	

B　投資活動キャッシュフロー

(a) 項　目	(b) 金　額
合　計	

C　財務活動キャッシュフロー

(a) 項　目	(b) 金　額
合　計	

（設問 2）

　（設問 1）の計算結果に基づいて，D 社のキャッシュフローの状況を 100 字以内で説明せよ。

〈資料 1〉D 社の貸借対照表

貸 借 対 照 表　　　　　　　　　　（単位：百万円）

	平成11年度	平成12年度	増減		平成11年度	平成12年度	増減
資 産 の 部				負 債 の 部			
流 動 資 産	2,544	4,140	1,596	流 動 負 債	2,295	3,748	1,453
現 　金 　等	280	260	−20	支払手形・買掛金	740	788	48
受取手形・売掛金	1,654	3,150	1,496	短 期 借 入 金	1,255	2,660	1,405
商 　　　 品	600	720	120	その他流動負債	300	300	0
その他流動資産	10	10	0	固 定 負 債	454	537	83
固 定 資 産	790	830	40	長 期 借 入 金	424	507	83
土 地・建 物	100	95	−5	その他固定負債	30	30	0
投 資 有 価 証 券	660	672	12	負 債 合 計	2,749	4,285	1,536
その他固定資産	30	63	33	純資産の部			
				資 　　本 　　金	20	20	0
				利 益 準 備 金	10	10	0
				別 途 積 立 金	402	402	0
				繰 越 利 益 剰 余 金	153	253	100
				純 資 産 合 計	585	685	100
資 　産 　合 　計	3,334	4,970	1,636	負債・純資産合計	3,334	4,970	1,636

〈資料 2〉 D 社の損益計算書

損益計算書　　　　　　　（単位：百万円）

	平成 11 年度	平成 12 年度	増　減
売　　上　　高	6,200	7,440	1,240
売　上　原　価	4,950	6,089	1,139
売　上　総　利　益	1,250	1,351	101
販売費・一般管理費	910	1,010	100
（うち，減価償却費）	(5)	(5)	(0)
営　業　利　益	340	341	1
営　業　外　収　益	24	49	25
営　業　外　費　用	166	216	50
経　常　利　益	198	174	− 24
特　別　利　益	2	26	24
特　別　損　失	0	0	0
税 引 前 当 期 利 益	200	200	0
法　人　税　等	100	100	0
当　期　利　益	100	100	0

● 【解説】

　本章 I の「(2) キャッシュフロー分析の設問の解き方」で示した手順に従って解いていきます。なお，CF 上の扱いが不明確な項目については，下記のとおりの前提をおいて解答を作成します。

　・「営業外収益」はそのすべてが受取利息である。
　・「営業外費用」はそのすべてが支払利息である。
　・「その他固定資産」は投資活動によるものである。
　・「特別利益」は「その他固定資産」に関するものである。

手順 1．2 期の貸借対照表を参照し，各勘定科目における「増減値」を計算する

　貸借対照表の増減欄に記載があるため，本手順は実施不要です。

手順 2．手順 1 で作成した「貸借対照表の各勘定科目の増減値」と，損益計算書の情報に基づいて，営業活動 CF，投資活動 CF，財務活動 CF を計算し，明細を記す

　結果は次のとおりです（表中左に CF 計算書を，右にその計算根拠を記載）。

CF 計算書		計算根拠となる財務諸表上の数値			
		貸借対照表 (H11 → H12 の増減)		損益計算書 (H12)	
		(a) 資産	(b) 負債・純資産	(c) 費用	(d) 収益
1. 営業活動 CF					
税引前当期利益	200	損益計算書の「税引前当期利益」200			
減価償却費	5	損益計算書の「減価償却費」5			
営業外収益	△49	営業利益から税引前当期利益までの計算過程を符号を逆にして記入			
営業外費用	216				
特別利益	△26				
		注：ここまでの合計 346（税引前当期利益 200 +…+ 特別利益△26）は営業利益（341）+減価償却費（5）と一致する。これ以降の行は「(b) の値 +(d) の値 -(a) の値 -(c) の値」を計算して CF を求める。			
売上債権の増加額	△1,496	受取手形・売掛金 1,496			
棚卸資産の増加額	△120	商品 120			
仕入債務の増加額	48		支払手形・買掛金 48		
小計	△1,222	税引前当期利益 200 +…+ 仕入債務の増加額 48			
利息の受取額	49				営業外収益 49
利息の支払額	△216			営業外費用 216	
法人税等の支払額	△100			法人税等 100	
営業活動 CF	△1,489	小計△1,222 +利息の受取額 49 +…+法人税等の支払額△100			
2. 投資活動 CF					
投資有価証券の増加額	△12	投資有価証券 12			
その他固定資産の増加額	△7	その他固定資産 33			特別利益 26
投資活動 CF	△19	投資有価証券の増加額△12 +その他固有資産の増加額△7			
3. 財務活動 CF					
短期借入金の増加額	1,405		短期借入金 1,405		
長期借入金の増加額	83		長期借入金 83		
財務活動 CF	1,488	短期借入金の増加額 1,405 +長期借入金の増加額 83			
4. 現金及び現金同等物の増減額	△20	貸借対照表の「現金等」（増減）△20。注：この値は，営業活動 CF △1,489 +投資活動 CF △19 +財務活動 CF △1,488 と一致する。			
5. 現金及び現金同等物の期首残高	280	貸借対照表の「現金等」（平成 11 年度）280			
6. 現金及び現金同等物の期末残高	260	貸借対照表の「現金等」（平成 12 年度）260			

<u>手順 3.　手順 2 の結果として得られた，営業活動 CF，投資活動 CF，財務活動 CF および</u>
　　　　<u>それら合計値を比較し，CF の状況を分析する</u>

　まず CF の合計額（現金および現金同等物の増減額）を確認すると，マイナスの値（△20）です。各 CF を見ると，まずは営業活動 CF が△1,489 とマイナスであることがわかります。また，営業活動 CF のマイナス分と投資活動 CF 分を，借入金による財務活動 CF で賄おうとしているものの，完全に賄いきれていないことがわかります。

　これをまとめて解答とします。

【模範解答】

（設問 1）

A　営業活動キャッシュフロー

(a)　項　目	(b)　金　額
税引前当期利益	+200
減価償却費	+5
営業外収益	−49
営業外費用	+216
特別利益	−26
売上債権の増加額	−1,496
棚卸資産の増加額	−120
仕入債務の増加額	+48
小　計	−1,222
利息の受取額	49
利息の支払額	−216
法人税等の支払額	−100
合　計	−1,489

B　投資活動キャッシュフロー

(a)　項　目	(b)　金　額
投資有価証券の増加額	−12
その他固定資産の増加額	−7
合　計	−19

C　財務活動キャッシュフロー

(a)　項　目	(b)　金　額
短期借入金の増加額	+1,405
長期借入金の増加額	+83
合　計	+1,488

（設問 2）

状	況	は	△	20	百	万	円	で	あ	り	悪	い	。	原	因	は	，	①	売
上	債	権	の	増	加	等	に	よ	り	営	業	活	動	キ	ャ	ッ	シ	ュ	フ
ロ	ー	が	マ	イ	ナ	ス	で	あ	り	，	②	そ	れ	と	投	資	活	動	キ
ャ	ッ	シ	ュ	フ	ロ	ー	を	短	期	借	入	金	等	の	財	務	活	動	キ
ャ	ッ	シ	ュ	フ	ロ	ー	で	賄	え	て	い	な	い	こ	と	で	あ	る	。

【補足】

・本問では，「営業外収益」，「営業外費用」，「特別利益」，「その他固定資産」について，
　解説冒頭に示したとおりの前提をおいて模範解答を作成しました。そのため，本試験
　では上記の模範解答以外の別解が考えられます。

CF 計算書の作成・ CF の状況の分析	重要度	1 回目	2 回目	3 回目
	A	／	／	／

　D 社は書店である。D 社のキャッシュフローについて，次の設問に答えよ。なお，解答するにあたり，後述の〈資料〉に記載の D 社の貸借対照表および損益計算書を用いよ。

（※）下線部改題

（設問 1）

　平成 13 年度の貸借対照表および損益計算書，さらに平成 13 年度の貸借対照表の対前年度増減額を用いて，D 社の平成 13 年度営業キャッシュフローを計算せよ。

　解答用紙の（a）欄に営業キャッシュフローの計算にかかわる項目を示し，（b）欄にその金額（単位：百万円）を記入せよ。なお，（c）欄は営業キャッシュフロー額（単位：百万円）である。

（a）項目	（b）金額（単位：百万円）
（c）営業キャッシュフロー額	

（設問 2）

　D 社の営業キャッシュフローはどのような状態か，50 字以内で説明せよ。

〈資料1〉 D社の貸借対照表

平成13年度貸借対照表　　　　　　　　　（単位：百万円）

	X社金額	D社金額	D社対前年度増減額		X社金額	D社金額	D社対前年度増減額
資 産 の 部				負 債 の 部			
流 動 資 産	598	558	171	流 動 負 債	470	454	167
現 金 等	140	74	6	支払手形・買掛金	230	293	148
受取手形・売掛金	32	34	−3	短 期 借 入 金	176	130	19
商 品	355	425	170	その他流動負債	64	31	0
その他流動資産	71	25	−2	固 定 負 債	146	204	−15
固 定 資 産	226	275	−13	長 期 借 入 金	139	195	−15
土 地・建 物	27	151	−8	その他固定負債	7	9	0
設 備・備 品 等	48	85	−5	負 債 合 計	616	658	152
保 証 金 等	117	0	0	純 資 産 の 部			
その他固定資産	34	39	0	資 本 金	58	46	0
				利 益 準 備 金	10	8	0
				別 途 積 立 金	16	6	0
				繰 越 利 益 剰 余 金	124	115	6
				純 資 産 合 計	208	175	6
資 産 合 計	824	833	158	負債・純資産合計	824	833	158

(注)　表中の「D社対前年度増減額」は，平成13年度額から平成12年度額を差し引いた額である。

〈資料2〉 D社の損益計算書

平成13年度損益計算書

（単位：百万円）

	X社金額	D社金額
売 上 高	1,856	1,626
売 上 原 価	1,386	1,208
売 上 総 利 益	470	418
販売費・一般管理費	391	386
人 件 費	158	195
販 売 費	66	44
設 備 管 理 費	130	89
減 価 償 却 費	2	13
そ の 他 管 理 費	35	45
営 業 利 益	79	32
営 業 外 収 益	3	1
営 業 外 費 用	19	24
経 常 利 益	63	9
特 別 利 益	1	1
特 別 損 失	15	2
税 引 前 当 期 利 益	49	8
法 人 税 等	14	2
当 期 利 益	35	6

● 【解説】

　本章Ⅰの「(2) キャッシュフロー分析の設問の解き方」で示した手順に従って解いていきます。なお，CF 上の扱いが不明確な項目については，下記のとおりの前提をおいて解答を作成します。

- ・「営業外収益」はそのすべてが受取利息である。
- ・「営業外費用」はそのすべてが支払利息である。
- ・「特別利益」および「特別損失」は投資活動によるものである。
- ・「その他流動資産」の増減は営業活動によるものである。

手順1．2期の貸借対照表を参照し，各勘定科目における「増減値」を計算する

　貸借対照表の「D 社対前年度増減額」欄に記載があるため，本手順は実施不要です。

手順2．手順1で作成した「貸借対照表の各勘定科目の増減値」と，損益計算書の情報に基づいて，営業活動 CF，投資活動 CF，財務活動 CF を計算し，明細を記す

　結果は次のとおりです（表中左に CF 計算書を，右にその計算根拠を記載）。

CF 計算書		計算根拠となる財務諸表上の数値			
		貸借対照表 （H12 → H13 の増減）		損益計算書 （H13）	
		(a) 資産	(b) 負債・純資産	(c) 費用	(d) 収益
1．営業活動 CF					
税引前当期利益	8	損益計算書の「税引前当期利益」8			
減価償却費	13	損益計算書の「減価償却費」13			
営業外収益	△ 1	営業利益から税引前当期利益までの計算過程を符号を逆にして記入			
営業外費用	24				
特別利益	△ 1				
特別損失	2				
		注：ここまでの合計 45（税引前当期利益 8＋…＋特別損失 2）は営業利益（32）＋減価償却費（13）と一致する。これ以降の行は「(b) の値＋(d) の値－(a) の値－(c) の値」を計算して CF を求める。			
売上債権の減少額	3	受取手形・売掛金△ 3			
棚卸資産の増加額	△ 170	商品 170			
仕入債務の増加額	148		支払手形・買掛金 148		
その他流動資産の減少額	2	その他流動資産△ 2			
小計	28	税引前当期利益 8＋…＋その他流動資産の減少額 2			
利息の受取額	1				営業外収益 1

CF 計算書		計算根拠となる財務諸表上の数値			
		貸借対照表 (H12 → H13 の増減)		損益計算書 (H13)	
		(a) 資産	(b) 負債・純資産	(c) 費用	(d) 収益
利息の支払額	△24			営業外費用 24	
法人税等の支払額	△2			法人税等 2	
営業活動 CF	3	小計 28 ＋利息の受取額 1 ＋…＋法人税等の支払額 △2			
2.　投資活動 CF					
固定資産の増加額	△1	土地・建物 △8, 設備・備品等△5		減価償却費 13, 特別損失 2	特別利益 1
投資活動 CF	△1	固定資産の増加額△1			
3.　財務活動 CF					
短期借入金の増加額	19		短期借入金 19		
長期借入金の減少額	△15		長期借入金 △15		
財務活動 CF	4	短期借入金の増加額 19 ＋長期借入金の減少額△15			
4.　現金及び現金同等物の増減額	6	貸借対照表の「現金等」（D 社対前年度増減額）6 注：この値は，営業活動 CF 3 ＋投資活動 CF △1 ＋財務活動 CF 4 と一致する。			
5.　現金及び現金同等物の期首残高	68	項 6（74）－項 4（6）			
6.　現金及び現金同等物の期末残高	74	貸借対照表の「現金等」（D 社金額）74			

手順 3.　手順 2 の結果として得られた，営業活動 CF, 投資活動 CF, 財務活動 CF および
　　　　それら合計値を比較し，CF の状況を分析する

　現金の期末残高 74 に対して，CF の合計額（現金及び現金同等物の増減額）が 6（うち営業活動 CF が 3, 投資活動 CF が△1, 財務活動 CF が 4）であることから，現金の残高全体に対する営業活動・投資活動・財務活動の各 CF の規模は小さく，それ自体には問題がないと考えられます。一方で，営業活動 CF の内訳から，棚卸資産の増加△170 を，仕入債務の増加 148 などで賄っていることがわかり，好ましくない状態であると考えられます。

　以上をまとめて解答とします。

【模範解答】

（設問1）

(a) 項　　目	(b) 金　　額（単位：百万円）
税引前当期利益	8
減価償却費	13
営業外収益	△1
営業外費用	24
特別利益	△1
特別損失	2
売上債権の減少額	3
棚卸資産の増加額	△170
仕入債務の増加額	148
その他流動資産の減少額	2
小計	28
利息の受取額	1
利息の支払額	△24
法人税等の支払額	△2
(c) 営業キャッシュフロー額	3

（設問2）

営	業	キ	ャ	ッ	シ	ュ	フ	ロ	ー	は	均	衡	し	て	い	る	も	の	の
棚	卸	資	産	の	増	加	を	仕	入	債	務	の	増	加	で	賄	っ	て	い
る	た	め	，	状	況	は	悪	い	。										

【補足】

➤ 　本問のポイントは，固定資産の増加額（△1）を正しく計算することです。

　貸借対照表の「土地・建物」および「設備・備品等」の科目に変化（−8，−5）があり，このほかに損益計算書に減価償却費（13）があります。加えて，設問指示から，特別利益（1）および特別損失（2）も投資活動に関係するものである旨がわかります。これらは次図の関係にあり，当期の取得は，②減価償却費13＋③特別利益・特別損失1＋④当期の土地・建物および設備・備品等236−①前期の土地・建物および設備・備品等249＝1となります。これは支出額を表すので，計算書に記すべきキャッシュフローは，負数である△1となります。

②減価償却費 13	①前期の土地・建物および設備・備品等（※） $151 + 85 - (\triangle 8 + \triangle 5) = 249$
③特別利益・特別損失 　$2 - 1 = 1$	
④当期の土地・建物および設備・備品等 　$151 + 85 = 236$	当期の取得

※当期の値（151, 85）に，対前年度増減額（△8, △5）を調整して算出

この図は次のように理解するとよいでしょう。

・前期の簿価は 249 であった（①）。

・当期に減価償却費 13 が発生し，その分だけ簿価が減る（②）。

・さらに当期に特別利益・特別損失（正味 1）が発生し，その分だけ簿価が減る（③）。

・ここまでから，（取得による効果を除けば）簿価は 235（＝① 249 － ② 13 － ③ 1）となるはずである。

・しかしながら，当期の簿価は 236 であり（④），差異が 1（＝④ 236 － 235）だけある。この差異は取得によるものである。

・したがって，当期の取得は 1 となり，キャッシュフローは△1である。

　なお，試験中はこのように考えずに，テクニック3に示した「貸方・借方と CF 増減の法則」を活用し，次のように機械的に計算するとよいでしょう。

　　－資産の差異＋負債・純資産の差異－費用＋収益

　　＝ －$(\triangle 8 + \triangle 5)$＋0－$(13 + 2)$＋1＝△1

➤　本問では，「営業外収益」，「営業外費用」，「特別利益」，「特別損失」，「その他流動資産」について，解説冒頭に示したとおりの前提をおいて模範解答を作成しました。そのため，本試験では上記の模範解答以外の別解が考えられます。

(3) 平成 23 年度　第 1 問（設問 2）（設問 1 と合わせて配点 35 点）

CF 計算書の作成・ 経営上の課題の考察	重要度	1 回目	2 回目	3 回目
	A	／	／	／

　D 社は地方都市にある水産加工メーカーである。

　D 社の営業キャッシュフローの計算過程を（a）欄に示し，今後の経営上の課題について（b）欄に 100 字以内で述べよ。なお，解答にあたり，後述の〈資料〉に記載の D 社の状況および貸借対照表・損益計算書を用いよ。

（※）下線部改題

〈資料 1〉 D 社の状況

　D 社は日本海側の地方都市にある創業 25 年の水産加工メーカーである。資本金 1,300 万円，総資産約 13 億円，売上高約 24 億 5 千万円，従業員数は 35 名（アルバイト・パート除く）で，地元漁港から揚がる魚介類を中心に，水産物の加工品を主に地元スーパーおよび外食産業に卸す他，年に数回，飛び込みの需要にも応じている。

　近年の販売実績は，食の安全に対する消費者意識，生活習慣病を予防する食生活への関心を反映して，地元で揚がる魚介類に対するニーズが高まったこともあり，おおむね好調である。さらに，数年前より全国に展開する大手スーパーとの取引が始まり，売上の 15 ％を占めるなど販売も順調に伸びている。

　しかしながら，3 つの工場設備は生産能力に余剰があるものの老朽化がみられ，大手スーパーから増産の要請も見込まれるため，HACCP（Hazard Analysis and Critical Control Point）導入を前提とした新規工場建設を検討している。工場用地についてはすでに取得済みである。工場新設にあたっては，製品ラインの見直しが求められている。

　また，D 社では上記の状況とは別に，単身世帯の増加，個食への対応として，電子レンジや真空パック用個別包装の製品開発，生産，販売という新規事業案が提案されている。

〈資料 2〉 Ｄ 社の貸借対照表

貸　借　対　照　表

（単位：百万円）

	Ｄ 社 平成 21 年度末	Ｄ 社 平成 22 年度末	同業他社 平成 22 年度末
資　産　の　部			
流　動　資　産	851	900	469
現　金　・　預　金	126	163	68
受取手形・売掛金	339	360	200
貸　倒　引　当　金	△ 3	△ 3	△ 2
有　価　証　券	10	10	20
棚　卸　資　産	377	368	182
その他流動資産	2	2	1
固　定　資　産	425	402	377
土　　　　　地	162	162	117
建物・機械装置	689	689	341
減価償却累計額	△ 468	△ 490	△ 147
投　資　有　価　証　券	42	41	66
資　産　合　計	1,276	1,302	846
負　債　の　部			
流　動　負　債	578	579	340
支払手形・買掛金	298	285	118
短　期　借　入　金	198	210	145
未払法人税等	2	4	3
その他流動負債	80	80	74
固　定　負　債	374	390	256
長　期　借　入　金	350	368	234
その他固定負債	24	22	22
負　債　合　計	952	969	596
純　資　産　の　部			
資　　本　　金	13	13	11
利　益　準　備　金	3	3	1
別　途　積　立　金	300	300	226
繰越利益剰余金	8	17	12
純　資　産　合　計	324	333	250
負債・純資産合計	1,276	1,302	846

<資料 3〉 D 社の損益計算書

損 益 計 算 書

(単位：百万円)

	D 社 平成 22 年度	同業他社 平成 22 年度
売 上 高	2,450	1,935
売 上 原 価	1,972	1,539
売 上 総 利 益	478	396
販売費・一般管理費	428	362
営 業 利 益	50	34
営 業 外 収 益 （うち受取利息）	5 (5)	11 (10)
営 業 外 費 用 （うち支払利息）	40 (40)	21 (21)
経 常 利 益	15	24
特 別 利 益 特 別 損 失	— —	1 2
税引前当期純利益	15	23
法 人 税 等	6	9
当 期 純 利 益	9	14

●【解説】

　本章Ⅰの「(2) キャッシュフロー分析の設問の解き方」で示した手順に従って解いていきます。なお，CF 上の扱いが不明確な項目については，下記のとおりの前提をおいて解答を作成します。

　・「その他固定負債」の変化は営業活動によるものである。

手順 1. 2 期の貸借対照表を参照し，各勘定科目における「増減値」を計算する
　結果を次の手順 2 の表に記します。

手順 2. 手順 1 で作成した「貸借対照表の各勘定科目の増減値」と，損益計算書の情報に基づいて，営業活動 CF，投資活動 CF，財務活動 CF を計算し，明細を記す
　結果は次のとおりです（表中左に CF 計算書を，右にその計算根拠を記載）。

CF 計算書		計算根拠となる財務諸表上の数値			
		貸借対照表 (H21 → H22 の増減)		損益計算書 (H22)	
		(a) 資産	(b) 負債・ 純資産	(c) 費用	(d) 収益
1.　営業活動 CF					
税引前当期純利益	15	損益計算書の「税引前当期純利益」15			
減価償却費	22	貸借対照表の「減価償却累計額」の項目の変化△22 (△490 − △468)			
営業外収益	△5	営業利益から税引前当期純利益までの計算過程を符号を逆にして記入			
営業外費用	40				
		注：ここまでの合計72（税引前当期純利益15＋…＋営業外費用40) は営業利益（50）＋減価償却費（22）と一致する。これ以降の行は「(b) の値＋(d) の値−(a) の値−(c) の値」を計算して CF を求める。			
売上債権の増加額	△21	受取手形・ 売掛金21			
棚卸資産の減少額	9	棚卸資産 △9			
仕入債務の減少額	△13		支払手形・ 買掛金△13		
その他固定負債の減少額	△2		その他固定 負債△2		
小計	45	税引前当期純利益15＋…＋その他固定負債の減少額△2			
利息の受取額	5				営業外収益 5
利息の支払額	△40			営業外費用 40	
法人税等の支払額	△4		未払法人税 等2	法人税等6	
営業活動 CF	6	小計45＋利息の受取額5＋…＋法人税等の支払額△4			
2.　投資活動 CF					
投資有価証券の売却による収入	1	投資有価証 券△1			
投資活動 CF	1	投資有価証券の売却による収入1			
3.　財務活動 CF					
短期借入金の増加額	12		短期借入金 12		
長期借入金の増加額	18		長期借入金 18		
財務活動 CF	30	短期借入金の増加額12＋長期借入金の増加額18			
4.　現金及び現金同等物の増減額	37	現金・預金（D 社平成22年度末）163−現金・預金（D 社平成21年度末）126 注：この値は，営業活動 CF 6＋投資活動 CF 1＋財務活動 CF 30 と一致する。			
5.　現金及び現金同等物の期首残高	126	貸借対照表の「現金・預金」(D 社平成21年度末) 126			
6.　現金及び現金同等物の期末残高	163	貸借対照表の「現金・預金」(D 社平成22年度末) 163			

手順3. 手順2の結果として得られた，営業活動CF，投資活動CF，財務活動CFおよび
それら合計値を比較し，CFの状況を分析する

　CFの合計額（現金及び現金同等物の増減額）が37であり，そのうち営業活動CFが6，
財務活動CFが30であることから，本業からではなく借入によってキャッシュを得ていることがわかります。このままの状態が続いた場合には，負債体質が進み，経営が圧迫されることが推測できます。さらに設備投資を行うためのキャッシュもありません。そのため，CFをプラスに維持するためには，営業活動CFの改善が必要であることがわかります。

　また営業活動CFの詳細を確認すると，営業活動CFが少ない要因が，「利息の支払額（△40）」，「売上債権の増加額（△21）」および「仕入債務の減少額（△13）」にあることもわかります。

　続いて，資料からは，D社の今後の方向性として次の事項を読み取ることができます。
・「全国展開する大手スーパーから増産の要請も見込まれる（HACCP導入の新規工場建設を検討）」
・「単身世帯の増加，個食への対応として，新規事業案が提案されている」

　これらの情報に基づき，解答の骨子を組み立てます。
・今後の経営上の課題は，大手スーパーとの取引増加や新規事業案への対応を図ることである。
・対応策は，回収条件の見直しによる売上債権の削減と，支払債務の計画的な運用により，借入金を返済し，営業活動CFを増大することである。
　以上をまとめて解答とします。

【模範解答】

(a)	税引前当期純利益	15	利息の受取額　5
	減価償却費	22	利息の支払額　△40
	営業外収益	△5	法人税等の支払額　△4
	営業外費用	40	営業キャッシュフロー　6
	売上債権の増加額	△21	
	棚卸資産の減少額	9	（単位：百万円）
	仕入債務の減少額	△13	
	その他固定負債の減少額	△2	
	小計	45	

(b)	今後の大手スーパーとの取引の増加や新規事業への進出を見据え，①回収条件の見直しと計画的な仕入債務の運用により運転資金管理を強化し，②借入金返済により支払利息を軽減し，営業キャッシュフローを増加させる。

356

【補足】

➤ 本問のポイントは，「法人税等の支払額」において，「未払法人税等」を考慮して正しく計算することです。

損益計算書に「法人税等」(6) が計上されており，このほかに貸借対照表に「未払法人税等」の科目があります（前期2，当期4）。これらは次図の関係にあり，当期に支払った法人税は，①前期の未払法人税等2＋②法人税等6－③当期の未払法人税等4＝4となり，これは支出額を表すので，計算書に記すべきキャッシュフローは，負数である△4となります。

①前期の未払法人税等2	当期に支払った法人税
②法人税等6	③当期の未払法人税等4

この図は次のように読むとよいでしょう。

・当期に支払おうと思っている法人税は，前期に発生したが支払わなかった法人税（①2）と，当期に発生した法人税（②6）である。

・しかしながら，当期に支払わなかった法人税がある（③4）。

・したがって，当期に支払った法人税は4（＝①2＋②6－③4）であり，キャッシュフローは△4となる。

なお，試験中はこのように考えずに，テクニック3に示した「貸方・借方とCF増減の法則」を活用し，次のように機械的に計算するとよいでしょう。

CF＝＋未払法人税等の増減2（貸方）－法人税等（借方）6＝△4

➤ 本問では，解説冒頭で示したとおり「『その他固定負債』の変化は営業活動によるものとする」とする前提をおいて模範解答を作成しました。そのため本試験では「その他固定負債の減少額（△2）」を営業キャッシュフローに含めない解答も正答となります。この場合は，小計が47，営業キャッシュフローが8となります。

CF の計算・CF の状況の分析	重要度	1 回目		2 回目		3 回目	
	A	／		／		／	

　D 社は独立系コンビニエンスストアチェーンである。

　D 社のキャッシュフローについて，以下の設問に答えよ。なお，解答するにあたり，後述の〈資料〉に記載の貸借対照表，損益計算書等を用いよ。

（※）下線部改題

（設問 1）

　平成 16 年度および 17 年度の貸借対照表および損益計算書を用いて，平成 17 年度の（a）営業活動によるキャッシュフロー，（b）投資活動によるキャッシュフローおよび（c）財務活動によるキャッシュフローを計算せよ。

（設問 2）

　（設問 1）の計算結果に基づいて，D 社のキャッシュフローの状況を 60 字以内で説明せよ。

〈資料〉D 社の貸借対照表，損益計算書，販売費・一般管理費の内訳，従業者構成

貸 借 対 照 表

（単位：百万円）

	平成 16 年度	平成 17 年度		平成 16 年度	平成 17 年度
資 産 の 部			負 債 の 部		
流 動 資 産	74	87	流 動 負 債	43	47
現 金 預 金	30	29	支払手形・買掛金	25	28
商　　　品	42	56	短 期 借 入 金	17	18
その他流動資産	2	2	その他流動負債	1	1
固 定 資 産	147	138	固 定 負 債	76	76
土 地 ・ 建 物	121	117	長 期 借 入 金	75	75
備　　　品	23	18	その他固定負債	1	1
その他固定資産	3	3	負 債 合 計	119	123
			純 資 産 の 部		
			資 本 金	50	50
			利 益 準 備 金	3	3
			別 途 積 立 金	4	4
			繰 越 利 益 剰 余 金	45	45
			純 資 産 合 計	102	102
資 産 合 計	221	225	負債・純資産合計	221	225

注：土地・建物の取得・売却はない。また，備品の取得はない。

損 益 計 算 書

（単位：百万円）

	平成 16 年度	平成 17 年度
売 　 上 　 高	985	965
売 　 上 　 原 　 価	709	694
売 　 上 　 総 　 利 　 益	276	271
販売費・一般管理費	243	273
営 　 業 　 利 　 益	33	−2
営 業 外 収 益	2	2
営 業 外 費 用	5	5
経 　 常 　 利 　 益	30	−5
特 　 別 　 利 　 益	1	5
特 　 別 　 損 　 失	1	0
税引前当期純利益	30	0
法 　 人 　 税 　 等	12	0
当 　 期 　 純 　 利 　 益	18	0

販売費・一般管理費の内訳

（単位：百万円）

	平成 16 年度	平成 17 年度
給 　 料 　 手 　 当	106	116
商 　 品 　 廃 　 棄 　 損	56	74
広 　 告 　 宣 　 伝 　 費	7	9
水 　 道 　 光 　 熱 　 費	33	34
減 　 価 　 償 　 却 　 費	5	5
そ 　 の 　 他	36	35
合 　 　 　 計	243	273

従 業 者 構 成

（単位：人）

	平成 16 年度	平成 17 年度
従 　 業 　 者 （アルバイトを除く）	12	12
ア ル バ イ ト	20	22

注：アルバイト人数は 1 日 8 時間勤務に換算した人数。

●【解説】

　本章Ⅰの「(2) キャッシュフロー分析の設問の解き方」で示した手順に従って解いていきます。なお，CF上の扱いが不明確な項目については，下記のとおりの前提をおいて解答を作成します。

　・「営業外収益」はそのすべてが受取利息である。

　・「営業外費用」はそのすべてが支払利息である。

　・「特別利益」は備品の売却によるものである。

<u>手順1．2期の貸借対照表を参照し，各勘定科目における「増減値」を計算する</u>

　結果を次の手順2の表に記します。

<u>手順2．手順1で作成した「貸借対照表の各勘定科目の増減値」と，損益計算書の情報に</u>
　　　　<u>基づいて，営業活動CF，投資活動CF，財務活動CFを計算し，明細を記す</u>

　結果は次のとおりです（表中左にCF計算書を，右にその計算根拠を記載）。

CF 計算書	計算根拠となる財務諸表上の数値			
	貸借対照表 (H16 → H17 の増減)		損益計算書 (H17)	
	(a) 資産	(b) 負債・ 純資産	(c) 費用	(d) 収益
1．営業活動CF				
税引前当期純利益	0	損益計算書の「税引前当期純利益」0		
減価償却費	5	販売費・一般管理費の内訳の「減価償却費」5		
商品廃棄損	74	販売費・一般管理費の内訳の「商品廃棄損」74		
営業外収益	△2	営業利益から税引前当期純利益までの計算過程を符号を逆にして記入		
営業外費用	5			
特別利益	△5			
		注：ここまでの合計77（税引前当期純利益0+…+特別利益△5）は営業利益（△2）+減価償却費（5）+商品廃棄損（74）と一致する。これ以降の行は「(b) の値+(d) の値−(a) の値−(c) の値」を計算してCFを求める。		
棚卸資産の増加額	△88	商品14		商品廃棄損 74
仕入債務の増加額	3		支払手形・ 買掛金3	
小計	△8	税引前当期純利益0+…+仕入債務の増加額3		
利息の受取額	2			営業外収益 2
利息の支払額	△5		営業外費用 5	
法人税等の支払額	0		法人税等0	
営業活動CF	△11	小計△8+利息の受取額2+…+法人税等の支払額0		

CF 計算書	計算根拠となる財務諸表上の数値			
	貸借対照表 （H16 → H17 の増減）		損益計算書 （H17）	
	(a) 資産	(b) 負債・ 純資産	(c) 費用	(d) 収益
2. 投資活動 CF				
備品の売却による収入　9	土地・建物 △ 4,　備品 △ 5		減価償却費 5	特別利益 5
投資活動 CF　9	備品の売却による収入 9			
3. 財務活動 CF				
短期借入金の増加額　1		短期借入金 1		
財務活動 CF　1	短期借入金の増加額 1			
4. 現金及び現金同等物の増減額　△ 1	現金預金（平成17年度）29 − 現金預金（平成16年度）30 注：この値は営業活動 CF △ 11 ＋投資活動 CF 9 ＋財務活 動 CF 1 と一致する。			
5. 現金及び現金同等物の期首残高　30	貸借対照表の「現金預金」（平成 16 年度）30			
6. 現金及び現金同等物の期末残高　29	貸借対照表の「現金預金」（平成 17 年度）29			

手順3.　手順2の結果として得られた，営業活動 CF，投資活動 CF，財務活動 CF および
　　　　それら合計値を比較し，CF の状況を分析する

　CF の合計額（現金及び現金同等物の増減額）が△ 1 であり，うち営業活動 CF が△ 11，
投資活動 CF が 9 であることから，本業からではなく備品の売却によってキャッシュを得
ていることがわかります。また営業活動 CF がマイナスとなる要因は，「棚卸資産の増加
額（△ 14）」であることがわかります。これらから，総じて CF の状況が悪いことがわか
ります。

　以上をまとめて解答とします。

【模範解答】

（設問 1）

(a) 営業活動によるキャッシュフロー
△ 11 百万円
(b) 投資活動によるキャッシュフロー
9 百万円
(c) 財務活動によるキャッシュフロー
1 百万円

（設問 2）

商	品	の	増	加	に	よ	り	営	業	活	動	キ	ャ	ッ	シ	ュ	フ	ロ	ー
が	マ	イ	ナ	ス	で	あ	り	，	そ	れ	を	備	品	の	売	却	で	賄	え
な	い	た	め	，	キ	ャ	ッ	シ	ュ	フ	ロ	ー	の	状	況	は	悪	い	。

【補足】

➤ 本問のポイントは，「備品の売却による収入（9）」を正しく計算することです。

貸借対照表の「土地・建物」および「備品」の科目に変化（それぞれ121 → 117，23 → 18）があり，このほかに損益計算書（販売費・一般管理費の内訳）に減価償却費（5）があります。加えて，設問指示から，特別利益（5）が備品の売却に係るものであることがわかります。これらは次図の関係にあります。土地・建物について，貸借対照表の注記に「土地・建物の取得・売却はない」との記載があることから，前期と当期の差異（① 121 － ③ 117 ＝ 4）は減価償却費（②）であることがわかります。これにより，備品の減価償却費は，D 社全体の 5 から土地・建物に係るもの 4 を引いた 1（＝5 − 4）であることがわかります。したがって，売却した備品の簿価は，⑤減価償却費 1 ＋ ⑥当期の備品 18 － ④前期の備品 23 ＝ 4 となります。

〈土地・建物〉

②減価償却費 (4 ＝ ① 121 − ③ 117)	①前期の土地・建物 121
③当期の土地・建物 117	

〈備品〉

⑤減価償却費（1 ＝ 5 − ② 4）	④前期の備品 23
売却した備品の簿価	
⑥当期の備品 18	

なお，土地・建物と備品を分けて考えましたが，両者を一体として下記のように捉えても問題ありません。

〈土地・建物および備品〉

減価償却費 5	前期の土地・建物および備品 121 ＋ 23
売却した備品の簿価	
当期の土地・建物および備品 117 ＋ 18	

さらに，売却した備品に係る特別利益（備品売却益）が 5 だけあるため，当期のキャッシュフローは，売却した備品の簿価 4 ＋ 備品売却益 5 ＝ 9 となります。参考までに，この仕訳は次のとおりです。

362

〈備品の売却に係る仕訳〉

　　（貸方）現金　9　　　　（借方）　備品　　　　　4

　　　　　　　　　　　　　　　　　　備品売却益　　5

　なお，試験中はこのように考えずに，テクニック3に示した「貸方・借方とCF増減の法則」を活用し，次のように機械的に計算するとよいでしょう。

　　－資産の差異＋負債・純資産の差異－費用＋収益＝－（△4＋△5）＋0－5＋5＝9

➤　本問では，「営業外収益」，「営業外費用」，「特別利益」について，解説冒頭に示したとおりの前提をおいて模範解答を作成しました。そのため，本試験では上記の模範解答以外の別解が考えられます。

(5) 平成 16 年度　第 3 問（設問 1）（設問 2，設問 3 と合わせて配点 30 点）

CF の計算	重要度	1 回目	2 回目	3 回目
	A	／	／	／

D 社は水道蛇口を製造販売する企業である。

　資料の決算書等を用いて，平成 16 年度見込みの営業キャッシュフローを (a) 欄に，平成 16 年度見込みのフリーキャッシュフローを (b) 欄に算出せよ（単位：百万円）。

（※）下線部改題

貸 借 対 照 表

（単位：百万円）

	平成15年度からの増減見込み	平成16年度見込み	平成21年度予想		平成15年度からの増減見込み	平成16年度見込み	平成21年度予想
資 産 の 部				負 債 の 部			
流 動 資 産	16	2,290	3,180	流 動 負 債	−32	1,688	2,377
現 金 等	2	102	123	支払手形・買掛金	7	571	690
受取手形・売掛金	23	1,745	2,108	短 期 借 入 金	−39	1,111	1,674
棚 卸 資 産	−9	431	934	その他流動負債	0	6	13
その他流動資産	0	12	15	固 定 負 債	−39	753	1,446
固 定 資 産	−76	1,440	1,955	長 期 借 入 金	−39	648	1,274
土 地・建 物	−34	749	1,049	その他固定負債	0	105	172
機 械 装 置	−50	400	600	負 債 合 計	−71	2,441	3,823
その他有形固定資産	0	0	0	純 資 産 の 部			
投 資 有 価 証 券	8	291	306	資 本 金	0	175	175
				利 益 準 備 金	1	84	87
				別 途 積 立 金	0	776	776
				繰 越 利 益 剰 余 金	10	254	274
				純 資 産 合 計	11	1,289	1,312
資 産 合 計	−60	3,730	5,135	負債・純資産合計	−60	3,730	5,135

（注）平成 15 年度からの増減見込み＝平成 16 年度見込み−平成 15 年度実績

損 益 計 算 書

（単位：百万円）

	平成16年度 見込み	平成21年度 予　想
売　　　上　　　高	3,426	4.139
売　　上　　原　　価	2,569	3,180
売　上　総　利　益	857	959
販売費・一般管理費	789	839
（うち，減価償却費）	(32)	(36)
営　業　利　益	68	120
営　業　外　収　益	40	49
営　業　外　費　用	82	164
経　常　利　益	26	5
特　別　利　益	0	0
特　別　損　失	0	0
税　引　前　当　期　利　益	26	5
法　人　税　等	10	2
当　期　利　益	16	3

製造原価報告書

（単位：百万円）

	平成16年度 見込み	平成21年度 予　想
材　　　料　　　費	1,078	1,303
労　　　務　　　費	592	715
経　　　　　　費	899	1,162
（うち，減価償却費）	(102)	(199)
（うち，外注加工費）	(380)	(458)
当　期　製　造　費　用	2.569	3,180
期首仕掛品棚卸高	257	322
期末仕掛品棚卸高	257	322
当　期　製　品　製　造　原　価	2,569	3,180

● 【解説】

　本章Ⅰの「(2) キャッシュフロー分析の設問の解き方」で示した手順に従って解いていきます。なお，CF 上の扱いが不明確な項目については，下記のとおりの前提をおいて解答を作成します。

　・「営業外収益」はそのすべてが受取利息である。

　・「営業外費用」はそのすべてが支払利息である。

　また，フリーキャッシュフロー（(b) 欄）は営業活動 CF と投資活動 CF の合計として算出します。

手順1．2期の貸借対照表を参照し，各勘定科目における「増減値」を計算する

　貸借対照表の「平成 15 年度からの増減見込み」欄に記載があるため，本手順は実施不要です。

手順2．手順1で作成した「貸借対照表の各勘定科目の増減値」と，損益計算書の情報に基づいて，営業活動 CF，投資活動 CF，財務活動 CF を計算し，明細を記す

　結果は次のとおりです（表中左に CF 計算書を，右にその計算根拠を記載）。

CF 計算書		計算根拠となる財務諸表上の数値			
		貸借対照表 (H15 → H16 の増減)		損益計算書 (H16)	
		(a) 資産	(b) 負債・純資産	(c) 費用	(d) 収益
1．営業活動 CF					
税引前当期利益	26	損益計算書の「税引前当期利益」26			
減価償却費	134	損益計算書の「減価償却費」32 および製造原価報告書の「減価償却費」102 を合算。			
営業外収益	△ 40	営業利益から税引前当期純利益までの計算過程を符号を逆にして記入			
営業外費用	82				
		注：ここまでの合計 202（税引前当期利益 26 ＋…＋営業外費用 82）は営業利益（68）＋減価償却費（134）と一致する。これ以降の行は「(b) の値＋ (d) の値－ (a) の値－ (c) の値」を計算して CF を求める。			
売上債権の増加額	△ 23	受取手形・売掛金 23			
棚卸資産の減少額	9	棚卸資産 △ 9			
仕入債務の増加額	7		支払手形・買掛金 7		
小計	195	税引前当期利益 26 ＋…＋仕入債務の増加額 7			
利息の受取額	40				営業外収益 40

CF 計算書	計算根拠となる財務諸表上の数値			
	貸借対照表 (H15 → H16 の増減)		損益計算書 (H16)	
	(a) 資産	(b) 負債・純資産	(c) 費用	(d) 収益
利息の支払額　　　　△ 82			営業外費用 82	
法人税等の支払額　　△ 10			法人税等 10	
営業活動 CF　　　　143	小計 195 ＋利息の受取額 40 ＋…＋法人税等の支払額 △ 10			
2. 投資活動 CF				
土地・建物・機械装置の取得による支出　　△ 50	土地・建物 △ 34, 機械 装置△ 50		減価償却費 (販管費) 32 (製造原価 経費) 102	
投資有価証券の取得による支出　　△ 8	投資有価証 券 8			
投資活動 CF　　　　△ 58	土地・建物・機械装置の取得による支出△ 50 ＋投資 有価証券の取得による支出△ 8			
3. 財務活動 CF				
短期借入金の減少額　　△ 39		短期借入金 △ 39		
長期借入金の減少額　　△ 39		長期借入金 △ 39		
配当金の支払額　　　　△ 5		利益準備金1, 繰越利益剰 余金 10	当期利益 16	
財務活動 CF　　　　△ 83	短期借入金の減少額△39 ＋…＋配当金の支払額△5			
4. 現金及び現金同等物の増減額　2	貸借対照表の「現金等」(平成 15 年度からの増減見 込み) 2 注：この値は営業活動 CF 143 ＋投資活動 CF △ 58 ＋財務 活動 CF △ 83 と一致する			
5. 現金及び現金同等物の期首残高　100	項 6 (102) － 項 4 (2)			
6. 現金及び現金同等物の期末残高　102	貸借対照表の「現金等」(平成 16 年度見込み) 102			

　これより，(a) の解答は営業活動 CF の 143 百万円，(b) の解答は営業活動 CF の 143 百万円に投資活動 CF の△ 58 百万円を加算した 85 百万円となります。なお，手順 3（CF の状況分析）は，本設問で求められていないため実施不要です。

【模範解答】

(a)	143 百万円	(b)	85 百万円

【補足】

➤ 本問のポイントは，「土地・建物・機械装置の取得による支出（△50）」および「配当金の支払額（△5)」を正しく計算することです。

〈土地・建物および機械装置の取得による支出〉

貸借対照表の「土地・建物」および「機械装置」の科目に変化（△34, △50）があり，このほかに損益計算書に減価償却費（販売費・一般管理費32＋製造原価中の経費102）があります。これらは次図の関係にあり，当期の取得は，②減価償却費134＋③当期の土地・建物および機械装置1,149−①前期の土地・建物および機械装置（※）1,233＝50となります。これは支出額を表すので，計算書に記すべきキャッシュフローは，負数である△50となります。

②減価償却費 32＋102＝134	①前期の土地・建物および機械装置（※） 749＋400−（△34＋△50） ＝1,233
③当期の土地・建物および設備・備品等 749＋400＝1,149	
	当期の取得

※当期の値（749，400）に，対前年度増減額（△34，△50）を調整して算出

〈配当金の支払額〉

貸借対照表の「純資産」に変化（＋11）があり，そして損益計算書の当期利益が16です。これらは次図の関係にあり，当期の配当金は，①前期の純資産1,278＋②当期利益16−③当期の純資産1,289＝5となります。これは支出額を表すので，計算書に記すべきキャッシュフローは，負数である△5となります。

①前期の純資産（※） 1,289−11＝1,278	配当金
②当期利益 16	③当期の純資産 1,289

※当期の値（1,289）に，平成15年度からの増減見込み（＋11）を調整して算出

➤ 本問では，「営業外収益」，「営業外費用」について，解説冒頭に示したとおりの前提をおいて模範解答を作成しました。そのため，本試験では上記の模範解答以外の別解が考えられます。

(6) 平成 28 年度　第 2 問（設問 1）（設問 2 と合わせて配点 28 点）

CF の計算	重要度	1 回目		2 回目		3 回目	
	B	／		／		／	

　D 社はレストランである。D 社の前期と当期の財務諸表（後述の〈資料〉に記載）を用い，空欄に金額を記入して当期の営業活動によるキャッシュフローに関する下記の表を完成させよ。

（※）下線部改題

（単位：百万円）

税引前当期純利益	39
減価償却費	（　　）
減損損失	56
営業外収益	（　　）
営業外費用	（　　）
売上債権の増減額	（　　）
棚卸資産の増減額	（　　）
仕入債務の増減額	（　　）
その他	13
小計	（　　）
利息及び配当金の受取額	―
利息の支払額	△ 4
法人税等の支払額	△ 35
営業活動によるキャッシュフロー	（　　）

貸借対照表

（単位：百万円）

	前期	当期		前期	当期
〈資産の部〉			〈負債の部〉		
流動資産	225	259	流動負債	138	465
現金及び預金	164	195	仕入債務	17	20
売上債権	13	14	短期借入金	—	318
たな卸資産	7	10	一年内返済予定の長期借入金	43	47
その他の流動資産	41	40	一年内償還予定の社債	10	—
固定資産	371	641	その他の流動負債	68	80
有形固定資産	287	531	固定負債	112	66
建物	267	191	長期借入金	67	20
土地	—	320	その他の固定負債	45	46
その他の有形固定資産	20	20	負債合計	250	531
無形固定資産	1	2	〈純資産の部〉		
投資その他の資産	83	108	資本金	50	50
			資本剰余金	23	23
			利益剰余金	273	296
			純資産合計	346	369
資産合計	596	900	負債・純資産合計	596	90

損益計算書

（単位：百万円）

	前期	当期
売上高	831	940
売上原価	410	483
売上総利益	421	457
販売費及び一般管理費	322	350
営業利益	99	107
営業外収益	3	8
営業外費用	8	20
経常利益	94	95
特別損失	—	56
税引前当期純利益	94	39
法人税等	27	12
当期純利益	67	27

損益計算書に関する付記事項

（単位：百万円）

	前期	当期
減価償却費	28	36
受取利息・配当金	—	—
支払利息	1	4

● 【解説】

本章Ⅰの「(2) キャッシュフロー分析の設問の解き方」で示した手順に従って解いていきます。なお，手順3（CFの状況分析）は，本設問で求められていないため実施不要です。

<u>手順1.　2期の貸借対照表を参照し，各勘定科目における「増減値」を計算する</u>

結果を次の手順2の表（「計算根拠となる財務諸表上の数値」の欄）に記します。

<u>手順2.　手順1で作成した「貸借対照表の各勘定科目の増減値」と，損益計算書の情報に基づいて，営業活動CF，投資活動CF，財務活動CFを計算し，明細を記す</u>

結果は次のとおりです（表中左にCF計算書を，右にその計算根拠を記載）。なお，本設問で求められている営業CFのみを掲載します。

CF計算書 （営業活動CF） （＊は設問にて提示されている表に記載済の値を示す）	計算根拠となる財務諸表上の数値			
	貸借対照表 （前期→当期の増減）		損益計算書 （付記事項含む） （当期）	
	(a) 資産	(b) 負債・ 純資産	(c) 費用	(d) 収益
1. 営業活動CF				
税引前当期純利益　　＊　39	（損益計算書の「税引前当期純利益39」と一致）			
減価償却費　　　　　　　36	損益計算書に関する付記事項の「減価償却費36」を転記。			
減損損失　　　　　＊　56	税引前当期純利益から営業利益までの逆算過程を記入。			
営業外収益　　　　　△8	（注1）			
営業外費用　　　　　　20				
	注：ここまでの合計143は営業利益（107）＋減価償却費（36）と一致する。これ以降の行は「(b) の値＋(d) の値－(a) の値－(c) の値」を計算してCFを求める。			
売上債権の増減額　　△1	売上債権1			
棚卸資産の増減額　　△3	たな卸資産 3			
仕入債務の増減額　　3		仕入債務3		

CF計算書 （営業活動CF） （*は設問にて提示されている表に記載済の値を示す）	計算根拠となる財務諸表上の数値			
	貸借対照表 （前期→当期の増減）		損益計算書 （付記事項含む） （当期）	
	(a) 資産	(b) 負債・純資産	(c) 費用	(d) 収益
その他　　　　　　　＊　13	その他の流動資産△1 （注2）	その他の流動負債12 （注2）		
小計　　　　　　　　155	税引前当期純利益39＋…＋その他13			
利息及び配当金の受取額　＊　―				受取利息・配当金 － （注3）
利息の支払額　　　＊　△4			支払利息 △4（注3）	
法人税等の支払額　＊　△35			法人税等 12（注3）	
営業活動CF　　　　116	小計155＋利息及び配当金の受取額0＋利息の支払額△4＋法人税等の支払額△35（注4）			

(注1) 解答欄に記載済の「減損損失」の額（56百万円）が，損益計算書の「特別損失」の額（56百万円）と一致することから，特別損失のすべてが減損損失であることを推測できます。

(注2) 解答欄に記載済の「その他」の額（13百万円）が，貸借対照表の「その他の流動資産」の増減（△1百万円）に伴うCF増減額（1百万円）と「その他の流動負債」の増減（12百万円）に伴うCF増減額（12百万円）の合計と一致することから，「その他」の内訳は「その他の流動資産」および「その他の流動負債」であることを推測できます。

(注3) (注4) 後述の「補足」の1点めに記載

【模範解答】

（単位：百万円）

税引前当期純利益	39
減価償却費	（　　36）
減損損失	56
営業外収益	（　△8）
営業外費用	（　20）
売上債権の増減額	（　△1）
棚卸資産の増減額	（　△3）
仕入債務の増減額	（　3）
その他	13
小計	（　155）
利息及び配当金の受取額	―
利息の支払額	△4
法人税等の支払額	△35
営業活動によるキャッシュフロー	（　116）

【補足】

・本問の重要度をBとしている理由は，下記2点の不明性があり，解答にあたり戸惑う可能性があるためです。なお，空欄箇所を埋めるだけであれば容易であるため，本試験においては確実に得点したい設問です。

① 営業外収益と営業外費用の内訳の不明性（前記の注3）

  ➤ 損益計算書（付記事項含む）における「営業外収益」（8百万円）と「受取利息・配当金」（0百万円）とに差異があるが，設問等の情報からはその理由を特定できない。

  ➤ 「営業外費用」（20百万円）と「支払利息」（4百万円）についても同様。

② 法人税等の支払額の算出根拠の不明性（前記の注4）

  ➤ 損益計算書に記載されている「法人税等」（12百万円）と，解答欄に記載済の「法人税等の支払額」（△35百万円）とが整合しないが，設問等の情報からは不整合の原因を特定できない。

・投資活動CFと財務活動CFを計算すると次のとおりになります。（なお簡易的に記載していますのでご注意ください。）

CF計算書 （投資活動CF・財務活動CF）	計算根拠となる財務諸表上の数値			
	貸借対照表 （前期→当期の増減）		損益計算書 （付記事項含む） （当期）	
	(a) 資産	(b) 負債・純資産	(c) 費用	(d) 収益
2. 投資活動CF				
固定資産の増減額　　　　△362	固定資産270		減価償却費36 特別損失56	
投資活動CF　　　　　　△362	上1行（△362）			
3. 財務活動CF				
負債（仕入債務およびその他の流動負債を除く）の増減額　　266		短期借入金318，1年内返済予定の長期借入金4，1年内償還予定の社債△10，固定負債△46		
配当金の支払額　　　　　△4		利益剰余金23	当期純利益27	
財務活動CF　　　　　　262	上2行の合計（266＋△4）			

・前述の①および②の要因により，模範解答における各CF（営業活動CF 116百万円，投

資活動 CF△362 百万円，財務活動 CF 262 百万円）と，「現金及び現金同等物の増減額」
（31 百万円）との間には，「営業活動 CF＋投資活動 CF＋財務活動 CF＝現金及び預金の
増減」は成り立ちません。このため，この性質を利用し検算する（本章 I（3）のテク
ニック 5 に記載）ためには，①および②の影響を考慮する必要があります（下記）。

A）営業活動 CF，投資活動 CF，財務活動 CF の合計：16（＝116＋△362＋262）

B）①および②による調整額：15（詳細下表）

原因	原因の詳細	額	算出方法
①営業外収益と営業外費用の内訳の不明性	受取利息・配当金以外の営業外収益による CF 増（CF に未算入）	8	営業外収益 8 －受取利息・配当金 0
	支払利息以外の営業外費用による CF 減（CF に未算入）	△16	営業外費用に伴う CF △20－支払利息に伴う CF △4
②法人税等の支払額の算出根拠の不明性	損益計算書の「法人税等」（12）と，営業活動 CF の「法人税等の支払額」（35）の差異（CF に過剰にマイナス算入）	23	CF 計算書上の「法人税等の支払額」35 －損益計算書の「法人税等」12
調整額合計		15	

➢ 検算においては，A）〈営業活動 CF・投資活動 CF・財務活動 CF の合計 16〉に，B）
〈①・②による調整額 15〉を足したものが，現金及び預金の増減 31（貸借対照表に
おける当期 195－前期 164）と一致することを確認する。

【不明瞭な点を補正した設問と解答例】

前述の①，②の不明瞭な点を含め，補正した設問と解答を示します。演習の際にお使い
ください。

平成 28 年度　第 2 問（設問 1）【過去問における不明瞭な点を補正】（重要度 A）

　D 社はレストランである。D 社の前期と当期の財務諸表（オリジナルの設問を参
照）を用い，営業活動キャッシュフロー，投資活動キャッシュフロー，財務活動キ
ャッシュフローの各々を算出せよ。なお，解答にあたり以下の条件を考慮すること。

・損益計算書に関する付記事項の記載内容は考慮せず，「営業外収益」のすべてが
　「受取利息及び配当金」であるものとし，「営業外費用」のすべてが「支払利息」
　であるものとする。

・「減価償却費」の内訳は，「建物」に係るものが 34 百万円，「その他の有形固定資産」
　に係るものが 1 百万円，「無形固定資産」に係るものが 1 百万円である。

・固定資産について，取得は行ったが，売却は行っていない。

・「特別損失」はそのすべてが「建物」に係る減損損失である。

（※）下線部改題

（導出方法と解答）

CF 計算書 （下線部は営業 CF における 当初の解答からの変更点を示す）		計算根拠となる財務諸表上の数値			
		貸借対照表 （前期→当期の増減）		損益計算書 （付記事項含む） （当期）	
		(a) 資産	(b) 負債・ 純資産	(c) 費用	(d) 収益
1. 営業活動 CF					
税引前当期純利益	39	損益計算書の「税引前当期純利益39」を転記			
減価償却費	36	損益計算書に関する付記事項の「減価償却費36」を転記。			
<u>特別損失</u>	56	税引前当期純利益から営業利益までの逆算過程を記入。 （注1）			
営業外収益	△8				
営業外費用	20				
		注：ここまでの合計143は営業利益（107）＋減価償却費（36）と一致する。これ以降の行は「(b) の値＋(d) の値－(a) の値－(c) の値」を計算してCFを求める。			
売上債権の増加額	△1	売上債権1			
棚卸資産の増加額	△3	たな卸資産3			
仕入債務の増加額	3		仕入債務3		
<u>その他の流動資産の減少額</u>	<u>1</u>	その他の流動資産△1			
<u>その他の流動負債の増加額</u>	<u>12</u>		その他の流動負債12		
小計	155	税引前当期純利益39＋…＋その他の流動負債の増加額12			
利息及び配当金の受取額	<u>8</u>				受取利息・配当金8
利息の支払額	△20			支払利息20	
法人税等の支払額	△12			法人税等12	
営業活動 CF	<u>131</u>	小計155＋…＋法人税等の支払額△12			
2. 投資活動 CF					
建物の取得による支出	△14	建物△76		減価償却費34 特別損失56	
土地の取得による支出	△320	土地320			
その他の有形固定資産の取得による支出	△1			減価償却費1	
無形固定資産の取得による支出	△2	無形固定資産1		減価償却費1	

CF 計算書 （下線部は営業 CF における 当初の解答からの変更点を示す）	計算根拠となる財務諸表上の数値			
	貸借対照表 （前期→当期の増減）		損益計算書 （付記事項含む） （当期）	
	(a) 資産	(b) 負債・ 純資産	(c) 費用	(d) 収益
投資その他の資産の取得による 支出　　　　　　　　　△25	投資その他 の資産25			
投資活動 CF　　　　　　△362	建物の取得による支出△14＋…＋投資その他の資産 の取得による支出△25			
3.　財務活動 CF				
短期借入金の増加額　　　　318		短期借入金 318		
一年内返済予定の長期借入金の 　増加額　　　　　　　　　　4		一年内返済 予定の長期 借入金4		
一年内償還予定の社債の減少額　△10		一年内償還 予定の社債 △10		
長期借入金の減少額　　　△47		長期借入金 △47		
その他固定負債の増加額　　　1		その他の固 定負債1		
配当金の支払額　　　　　△4		利益剰余金 23	当期純利益 27	
財務活動 CF　　　　　　262	上6行の合計　（318＋4＋△10＋△47＋1＋△4）			
4.　現金および現金同等物の増減額　31	項6（195）－項5（164）			
5.　現金および現金同等物の期首残高 164	貸借対照表の「現金及び預金」（前期）164			
6.　現金および現金同等物の期末残高 195	貸借対照表の「現金及び預金」（当期）195			

（注1）「特別損失」は「減損損失」でも可

（解答）

（単位：百万円）

営業活動によるキャッシュフロー	131
投資活動によるキャッシュフロー	△362
財務活動によるキャッシュフロー	262

第 **6** 章

その他計算問題

I その他計算問題の知識・ノウハウ

傾向と対策

　本試験では，第1章から第5章までのテーマには分類できない問題も出題されています。このような問題は大半の受験生にとって初見の問題です。難易度もさまざまですので，解ける問題かどうかを瞬時に見極めることが重要になってきます。

◆傾向

【出題頻度】ほぼ毎年何らかのテーマで出題

【主な要求事項】予想財務諸表の作成や差額収益分析などさまざま

【難易度】問題によりまちまち

◆初学者向けのポイント

・まずは第1章から第5章までのテーマをマスターすることを優先してください。重要度Aの問題を解けるようになり，重要度B，Cに進む段階で，第6章に取り組むとよいでしょう。

・その他計算問題として出題される問題の難易度はさまざまです。初見のテーマであっても容易に解けるものもありますし，大半の受験生にとって歯が立たない問題であることもあります。馴染みのないテーマが出題された場合には，解くべき問題か否かを判断することが重要となりますので，演習をするときには問題文から難易度を推定するように心がけてください。

・難易度の高い問題が出題された場合には，他のテーマと同様に正答することよりも，できるだけ部分点を積み上げることに注力するとよいでしょう。

・計算問題ではなく知識が問われる問題も出題されることがあります。コラム5〈知識系設問の出題例〉を載せましたので，一度確認しておくとよいでしょう。

Ⅱ　その他計算問題の過去問

(1) 令和4年度　第3問（設問1）（設問2，3を含めて35点）

業務的意思決定 （内外製の判断）	重要度	1回目	2回目	3回目
	A	／	／	／

　D社は，1990年代半ばに中古タイヤ・アルミホイールの販売によって創業した会社であり，現在は廃車・事故車の引取り・買取りのほか中古自動車パーツの販売や再生資源の回収など総合自動車リサイクル業者として幅広く事業活動を行っている。

（中略）

　D社は，これまで行ってきた廃車・事故車からのパーツ回収のほかに，より良質な中古車の買取りと再整備を通じた中古車販売事業も新たな事業として検討している。

　D社は新規事業として，中古車の現金買取りを行い，それらに点検整備を施したうえで海外向けに販売する中古車販売事業について検討している。この事業では，取引先である現地販売店が中古車販売業務を行うため，当該事業のための追加的な販売スタッフなどは必要としない。

　D社が現地で需要の高い車種についてわが国での中古車買取価格の相場を調査したところ，諸経費を含めたそれらの取得原価は1台あたり平均50万円であった。それらの中古車は，現地販売店に聞き取り調査をしたところ，輸送コスト等を含めてD社の追加的なコスト負担なしに1台あたり60万円（4,800ドル，想定レート：1ドル＝125円）で現地販売店が買い取ると予測される。また，同業他社等の状況から中古車販売事業においては期首に中古車販売台数1か月分の在庫投資が必要であることもわかった。

　D社はこの事業において，初年度については月間30台の販売を計画している。

　以下の設問に答えよ。

（設問1）

　D社は買い取った中古車の点検整備について，既存の廃車・事故車解体用工場に余裕があるため月間30台までは臨時整備工を雇い，自社で行うことができると考えている。こうした中，D社の近隣で営業している自動車整備会社から，D社による中古車買取価格の2％の料金で点検整備業務を請け負う旨の提案があった。点検整備を自社で行う場合の費用データは以下のとおりである。

〈点検整備のための費用データ（1台あたり）〉

直接労務費	6,000 円
間接費	7,500 円

＊なお，間接費のうち，30 ％は変動費，70 ％は固定費の配賦額である。

　このとき D 社は，中古車の買取価格がいくらまでなら点検整備を他社に業務委託すべきか計算し（a）欄に答えよ（単位：円）。また，（b）欄には計算過程を示すこと。なお，本設問では在庫に関連する費用は考慮しないものとする。

●【解説】

　（設問1）では，点検整備を他社に業務委託するかどうかの基準となる中古車の買取価格を問われています。そこで，「他社に業務委託する場合（外製）」と「自社で行う場合（内製）」で発生する費用を比較する方針で解いていきます。

　まず，提示されている費用データが「1台あたり」であること（想定取扱台数のデータがないこと）から，総額ではなく「1台あたりの費用」で比較する必要があることに着目します。そして変動費のみを対象にします（※1）。

　他社に委託する場合（外製），1台あたりの費用（変動費）は，点検整備費用である中古車買取価格の2％となります。

　点検整備を自社で行う場合（内製），1台あたり 直接労務費 6,000 円，間接費 7,500 円がかかり，間接費のうち変動費は 7,500×30 ％＝2,250 円です。直接労務費は変動費と考えられ，したがって，1台あたりの費用（変動費）の合計は，6,000 円＋2,250 円＝8,250 円となります。

　両者を比較すると，他社に委託したほうが経済的となるのは，「中古車買取価格の2％」が 8,250 円より安価である場合，すなわち，中古車買取価格が 8,250 円÷2 ％＝412,500 円より安価である場合となります。

（※1）外製時の固定費（配賦額）の情報が示されておらず，また外製時の固定費がゼロとは考えにくいことからも，固定費を除外して議論するのが適切といえます。なお，設問に示されている「固定費の配賦額（7,500×70 ％＝5,250 円）」は「点検整備を自社で行う場合の費用データ」であり，外製時に同額が発生することは意味しません。

【模範解答】

(a)	412,500（円）
(b)	・中古車買取価格を x 円とおき，点検整備を他社に委託する場合と自社で行う場合の1台あたり変動費を比較する。 ・他社に委託する場合：$x \times 2\%$ ・自社で行う場合：直接労務費 6,000 円＋変動間接費 7,500 円×30 ％＝8,250 円 ・他社に委託する場合が経済的となるのは，$x \times 2\% \leqq 8,250$ 円， 　すなわち $x \leqq 412,500$ 円のときである。

【補足】

・本問冒頭に示した前文について，第1段落は与件文第1段落の一部抜粋，第2段落は与件文第3段落の一部抜粋，以降は，第3問前文，（設問1）の記載どおりです。

(2)　令和2年度　第4問（配点25点）

ROI （投下資本営業利益率）	重要度	1回目		2回目		3回目	
	C	／		／		／	

　D社は，約40年前に個人事業として創業され，現在は資本金3,000万円，従業員数106名の企業である。連結対象となる子会社はない。

　同社の主な事業は戸建住宅事業であり，注文住宅の企画，設計，販売を手掛けている。顧客志向を徹底しており，他社の一般的な条件よりも，多頻度，長期間にわたって引き渡し後のアフターケアを提供している。さらに，販売した物件において引き渡し後に問題が生じた際，迅速に駆け付けたいという経営者の思いから，商圏を本社のある県とその周辺の3県に限定している。このような経営方針を持つ同社は，顧客を大切にする，地域に根差した企業として評判が高く，これまでに約2,000棟の販売実績がある。一方，丁寧な顧客対応のための費用負担が重いことも事実であり，顧客対応の適正水準について模索を続けている。

　地元に恩義を感じる経営者は，「住」だけではなく「食」の面からも地域を支えたいと考え，約6年前から飲食事業を営んでいる。

（中略）

　戸建住宅事業および飲食事業については，それぞれ担当取締役がおり，取締役の業績は各事業セグメントの当期ROI（投下資本営業利益率）によって評価されている。なお，ROIの算定に用いる各事業セグメントの投下資本として，各セグメントに帰属する期末資産の金額を用いている。

　以上の戸建住宅事業および飲食事業のほか，将来の飲食店出店のために購入した土地のうち現時点では具体的な出店計画のない土地を駐車場として賃貸している。また，同社が販売した戸建住宅の購入者を対象にしたリフォーム事業も手掛けている。

（以下略）

　D社の報告セグメントに関する当期の情報（一部）は以下のとおりである。

（単位：百万円）

	戸建住宅事業	飲食事業	その他事業	合計
売上高	4,330	182	43	4,555
セグメント利益	146	△23	△25	98
セグメント資産	3,385	394	65	3,844

※内部売上高および振替高はない。
※セグメント利益は営業利益ベースで計算されている。

　D社では，戸建住宅事業における顧客満足度の向上に向けて，VR（仮想現実）を用い，設計した図面を基に，完成予定の様子を顧客が確認できる仕組みを次期期首に導入することが検討されている。ソフトウェアは400百万円で外部から購入し，5年間の定額法で減価償却する。必要な資金400百万円は銀行借り入れ（年利4％，期間5年）によって調達する予定である。このソフトウェア導入により，戸建住宅事業の売上高が毎年92百万円上昇することが見込まれている。以下の設問に答えよ。

（設問1）

　(a)戸建住宅事業および(b)D社全体について，当期のROIをそれぞれ計算せよ。解答は，％で表示し，小数点第3位を四捨五入すること。

（設問2）

　各事業セグメントの売上高，セグメント利益およびセグメント資産のうち，このソフトウェア導入に関係しない部分の値が次期においても一定であると仮定する。このソフトウェアを導入した場合の次期における戸建住宅事業のROIを計算せよ。解答は，％で表示し，小数点第3位を四捨五入すること。

（設問3）

　取締役に対する業績評価の方法について，中小企業診断士として助言を求められた。現在の業績評価の方法における問題点を(a)欄に，その改善案を(b)欄に，それぞれ20字以内で述べよ。

●【解説（設問1）】

　本問はROI（投下資本営業利益率）について，（設問1）で当期ROI，（設問2）で次期ROIを計算し，（設問3）でROIを用いた取締役に対する業績評価の方法の問題点と改善案を問われています。まずはすべての設問に共通するROIについて，本問での取り扱い

を確認しておきましょう。

本問では ROI を投下資本営業利益率として定義しています。したがって，次式により計算されます。

$$ROI = \frac{営業利益}{投下資本}$$

ここで，投下資本は（各セグメントに帰属する）期末資産の金額を用いているとされています。以上をもとに，（設問1）を見ていきます。

（設問1）では，(a)戸建住宅事業および(b)D 社全体の当期 ROI を問われています。解答は，％表示，小数点第3位四捨五入です。それぞれの営業利益，投下資本（＝期末資産の金額）は表中に示されています。営業利益との表現はありませんが，「※セグメント利益は営業利益ベースで計算されている。」とあることから，営業利益＝セグメント利益と解釈します。また，セグメント資産が期末資産の金額となります。

(a) 戸建住宅事業

$$ROI = \frac{146}{3,385} = 0.04313 \quad \rightarrow \quad 4.31 \%$$

(b) D 社全体

$$ROI = \frac{98}{3,844} = 0.02549 \quad \rightarrow \quad 2.55 \%$$

【模範解答（設問1）】

(a)	4.31 %
(b)	2.55 %

●【解説（設問2）】

（設問2）では，ソフトウェアを導入した場合の次期における戸建住宅事業の ROI を問われています。解答は，％表示，小数点第3位四捨五入です。「各事業セグメントの売上高，セグメント利益およびセグメント資産のうち，このソフトウェア導入に関係しない部分の値が次期においても一定であると仮定する」とあるので，ソフトウェア導入により営業利益と投下資本（＝期末資産の金額）がどのように変化するかを検討します。

まず，ソフトウェア導入に関連する情報を整理すると以下のとおりです。
①ソフトウェアは400百万円で外部から購入する

②ソフトウェアは5年間の定額法で減価償却する

③必要な資金400百万円は銀行借り入れ（年利4％，期間5年）によって調達する予定

④このソフトウェア導入により，戸建住宅事業の売上高が毎年92百万円上昇することが見込まれている

　ソフトウェアの導入は次期期首ですが，ROIの計算は次期期末に行います。これをもとに①から④の営業利益や投下資本（＝期末資産の金額）への影響について検討します。

①ソフトウェアは400百万円で外部から購入する

　ソフトウェアは無形固定資産として計上されるため，期末資産の金額が増加します。なお，購入のための資金は銀行借り入れによるため，支払額と借入額が相殺され，購入による現金預金等の減少はありません。また，売上や費用とも関連しないため，営業利益にも影響はありません。

	営業利益	期末資産
外部購入	±0	+400

②ソフトウェアは5年間の定額法で減価償却する

　ソフトウェアはゼロ円まで償却できますので，毎年の減価償却費は80百万円となります。減価償却を行うことで，営業利益と期末資産の双方が減少します。

	営業利益	期末資産
減価償却	−80	−80

③必要な資金400百万円は銀行借り入れ（年利4％，期間5年）によって調達する予定

　返済期間5年とありますが，返済条件は不明です。したがって，返済については考慮せず，支払利息16百万円（400百万円×4％）のみ発生するとします。利息を支払うことで，期末資産は減少しますが，支払利息は営業外費用であるため営業利益には影響がありません。

	営業利益	期末資産
借り入れ	±0	−16

④このソフトウェア導入により，戸建住宅事業の売上高が毎年92百万円上昇することが見込まれている

　売上高の増加により営業利益が増加します。また，現金預金や売上債権のかたちで期末資産も増加します。

	営業利益	期末資産
売上	+92	+92

　以上をまとめると以下のとおりとなります。

（単位：百万円）

	当期	①	②	③	④	次期
営業利益	146	±0	−80	±0	+92	158
投下資本	3,385	+400	−80	−16	+92	3,781

したがって，次期 ROI は次のようになります。

$$\text{ROI} = \frac{158}{3,781} = 0.04178 \quad \rightarrow \quad 4.18\,\%$$

【模範解答（設問 2）】

4.18 ％

●【解説（設問 3）】

（設問 3）では，取締役に対する現在の業績評価の方法の(a)問題点と(b)その改善案を問われています。いずれも 20 字以内でまとめます。取締役に対する現在の業績評価の方法は各事業セグメントの当期 ROI（投下資本営業利益率）によって行うとされています。本問は（設問 1）（設問 2）を前提としての（設問 3）であることを意識するとよいでしょう。

本問では戸建住宅事業でソフトウェア導入を行うことが検討されています。そしてこの結果，戸建住宅事業の ROI は当期の 4.31 ％から次期には 4.18 ％へ低下する見込みです。一方，D 社全体としてみると，ROI が今期の 2.55 ％から次期には 2.59 ％へと上昇します（営業利益 = 158 − 23 − 25 = 110，投下資本 = 3,781 + 394 + 65 = 4,240，ROI = 110/4,240 = 2.59 ％）。D 社全体の ROI で評価をすると，ソフトウェア導入は有効な投資であるにもかかわらず，戸建住宅事業単独では費用対効果の低い投資と判断される可能性があります。その結果，戸建住宅事業の担当取締役は評価が下がることを恐れて有効な投資を実行しないかもしれません。あるいは，ソフトウェア導入を断行して業績評価がマイナスとなることも考えられます。このような事態は D 社全体として妥当ではないため，各事業セグメントの当期 ROI を用いた業績評価の方法は不適当と考えられます。

では，どのような業績評価の方法がよいのでしょうか。目的は戸建住宅事業および飲食事業の担当取締役の業績評価です。したがって，セグメントごとの業績評価の方法を用いることがよいと考えられ，これが改善案となります。セグメントごとの業績評価では一般的に貢献利益を用いるところ，本問では営業利益を用いており，ここが問題点になると考えられます。具体的には，セグメントの業績評価から除くべき共通固定費や管理不能固定

費が，営業利益を基準とする方法では除外されていないことを挙げるとよいでしょう。

【模範解答（設問3）】

(a)

| 管 | 理 | 不 | 能 | 固 | 定 | 費 | 等 | が | 業 | 績 | に | 混 | 在 | し | て | い | る | 。 | |

(b)

| 貢 | 献 | 利 | 益 | を | 基 | 準 | と | し | た | セ | グ | メ | ン | ト | 評 | 価 | と | す | る 。 |

【補足】

(1)（設問3）の別の視点

　解説および模範解答は（設問1）（設問2）を前提に現在の業績評価の方法の具体的な問題点を検討しました。しかし，時間がない中で記述問題に多くの検討時間を割くことは難しいこともあるでしょう。そこで与件文や設問文の記載，事例Ⅰの業績評価の知識をもとに一般論の記載にとどめることも現実的な対応になると思われます。

　D社は，「顧客志向を徹底しており，他社の一般的な条件よりも，多頻度，長期間にわたって引き渡し後のアフターケアを提供している」とあり，これが「顧客を大切にする，地域に根差した企業として評判が高」いことにつながっています。このようなD社の強みは長期的・将来的に表れるものと考えられます。本問のソフトウェア導入は「戸建住宅事業における顧客満足度の向上に向けたもので，VR（仮想現実）を用い，設計した図面を基に，完成予定の様子を顧客が確認できる仕組み」をつくるものです。これもD社の強みの強化に資するものと考えられますが，戸建住宅事業ということもあり投資の効果がすぐに出るとは限りません。ROIは単年度の営業利益と期末資産の金額のみで計算されるため，長期的な視点が欠落しています。D社の事業の特徴を考えると，長期的な視点での評価も重視されるべきであるにもかかわらず，現在の業績評価の方法は短期的となっていることが問題点といえます。

　以上の状況に事例Ⅰの一般的な知識を適用すれば，問題点は短期的な成果での評価であり，長期的な成果を考慮できないこととなり，改善案は長期的な成果も考慮するよう別の指標で評価することや，ROIを含めた複数の指標で評価するよう変更することと考えられます。

(2) 本問の重要度

　本問の重要度をCとしている理由は，ROI自体の重要度が相対的に低いためです。（設問1）は確実に正答が求められますが，表から容易に導くことができます。（設問2）もできれば正答したい問題ですが，設問文の記載から財務状況の変化を数字に表すことは損益分岐点分析や意思決定会計でも扱うため，本問で特別に対策をとる必要はありません。

(3) 平成29年度　第2問（配点18点）

予想営業利益	重要度	1回目		2回目		3回目	
	A	／		／		／	

　D社は，染色関連事業を主力事業としている。

　D社は新規事業として発電事業に着手している。D社の所在地域は森林が多く，間伐等で伐採されながら利用されずに森林内に放置されてきた小径木や根元材などの未利用木材が存在しており，D社はこれを燃料にして発電を行う木質バイオマス発電事業を来年度より開始する予定である。この事業については，木質バイオマス燃料の製造とこれを利用した発電事業，さらに電力販売業務を行う。なお，来年度上半期にはプラント建設，試運転が終了し，下半期において商業運転を開始する予定である。

　以下は，当年度のD社と同業他社の実績損益計算書である。D社は連結財務諸表である一方，同業他社は子会社を有していないため個別財務諸表であるが，同社の事業内容はD社と類似している。

（※）下線部改題

損益計算書
（単位：百万円）

	D社	同業他社
売上高	3,810	2,670
売上原価	3,326	2,130
売上総利益	484	540
販売費及び一般管理費	270	340
営業利益	214	200
営業外収益	32	33
営業外費用	70	27
経常利益	176	206
特別損失	120	—
税金等調整前当期純利益	56	206
法人税等	13	75
非支配株主損益	16	—
当期純利益	27	131

注　営業外収益は受取利息・配当金，営業外費用は支払利息，
　　特別損失は減損損失および工場閉鎖関連損失である。
　　また，法人税等には法人税等調整額が含まれている。

（設問1）

　以下の来年度の予測資料にもとづいて，染色関連事業の予測損益計算書を完成させよ。なお，端数が生じる場合には，最終的な解答の単位未満を四捨五入すること。

＜予測資料＞

　当年度の損益計算書における売上原価のうち1,650百万円，販売費及び一般管理費のうち120百万円が固定費である。当年度に一部の工場を閉鎖したため，来期には売上原価に

含まれる固定費が100百万円削減されると予測される。また，当年度の売上高の60％を占める大口取引先との取引については，交渉によって納入価格が3％引き上げられること，さらに，材料価格の高騰によって変動製造費用が5％上昇することが見込まれる。なお，その他の事項に関しては，当年度と同様であるとする。

予測損益計算書

（単位：百万円）

売上高	（　　　　　　　）
売上原価	（　　　　　　　）
売上総利益	（　　　　　　　）
販売費及び一般管理費	（　　　　　　　）
営業利益	（　　　　　　　）

（設問2）

　発電事業における来年度の損益は以下のように予測される。発電事業における予想営業利益（損失の場合には△を付すこと）を計算せよ。

＜来年度の発電事業に関する予測資料＞

　試運転から商業運転に切り替えた後の売電単価は1kWhあたり33円，売電量は12百万kWhである。試運転および商業運転に関する費用は以下のとおりである。

（単位：百万円）

	試運転	商業運転
年間変動費	60	210
年間固定費	370	

（設問3）

　再来年度以降，発電事業の年間売電量が40百万kWhであった場合の発電事業における年間予想営業利益を計算せよ。また，売電単価が1kWhあたり何円を下回ると損失に陥るか。設問2の予測資料にもとづいて計算せよ。なお，売電単価は1円単位で設定されるものとする。

●【解説（設問1）】

　本問は（設問1）で予測損益計算書の作成，（設問2）で予想営業利益，（設問3）で年間予想営業利益と最低売電単価を問われています。すべての設問で，「営業利益＝売上高－費用」の計算式をもとに，費用を変動費と固定費に分けて把握することが求められます。

　以下，（設問1）について解説します。

　（設問1）では予測資料をもとに当年度の損益計算書を修正し，来年度の損益計算書を作成していきます。予測資料に記載されている情報をもとに当年度の損益計算書の数値を適切に分解していくことが必要です。

（単位：百万円）

	当年度	修正	来年度
売上高	3,810		3,878.58
（大口取引先）	2,286（※1）	3％増（※3）	2,354.58
（その他取引先）	1,524（※1）		1,524
売上原価	3,326		3,309.8
（固定費）	1,650（※2）	100減（※4）	1,550
（変動費）	1,676（※2）	5％増（※5）	1,759.8
売上総利益	484		568.78
販売費及び一般管理費	270		270
（固定費）	120（※2）		120
（変動費）	150（※2）		150
営業利益	214		298.78

＜上表の根拠＞

（※1）予測資料に「当年度の売上高の60％を占める大口取引先との取引」との記載があるため，大口取引先は売上高3,810×60％＝2,286，その他の取引先は残りの3,810－2,286＝1,524となります。

（※2）予測資料に「当年度の損益計算書における売上原価のうち1,650百万円，販売費及び一般管理費のうち120百万円が固定費である。」との記載があります。変動費は差額により求め，売上現価は3,326－1,650＝1,676，販売費及び一般管理費は270－120＝150となります。

（※3）予測資料に「大口取引先との取引については，交渉によって納入価格が3％引き上げられる」との記載があります。納入数量の記載はないため，当年度と同様とすると，売上高が3％増加します。

（※4）予測資料に「来期には売上原価に含まれる固定費が100百万円削減されると予測される」と記載があります。

（※5）予測資料に「材料価格の高騰によって変動製造費用が5％上昇する」と記載があります。仕掛品・製品の棚卸高について記載がないため「その他の事項に関しては，当年度と同様である」として，「売上原価＝製造費用」とみなします。なお，変動製造費用の上昇については取引全体についてのものか，大口取引先だけに限るものか不明瞭ですが，ここでは前者と解しています。

　四捨五入に関する条件（「端数が生じる場合には，最終的な解答の単位未満を四捨五入すること」）を確認して解答をまとめます。

【模範解答（設問 1）】

（単位：百万円）

売上高	（ 3,879 ）
売上原価	（ 3,310 ）
売上総利益	（ 569 ）
販売費及び一般管理費	（ 270 ）
営業利益	（ 299 ）

●**【解説（設問 2）】**

基本的な考え方は（設問 1）と同様です。やはり、「営業利益＝売上高－費用」の計算式をもとに、費用を変動費と固定費に分けて把握します。

① 売上高

予測資料に「試運転から商業運転に切り替えた後の売電単価は1kWh あたり 33 円、売電量は 12 百万 kWh」と記載があります。商業運転の開始は来年度下半期の予定ですが、「切り替えた後の」と記載されていることから 6 か月分の予測と判断できます。

売上高＝売電単価×売電量＝33 円/kWh×12 百万 kWh＝396 百万円

② 変動費

予測資料によると年間変動費は試運転で 60 百万円、商業運転で 210 百万円です。この資料は「年間を通して試運転（商業運転）を行った場合の年間変動費は 60 百万円（210百万円）」と読むこともできますが、切り替えの時期が明確ですので、それぞれ半期分と解釈すればよいでしょう。

③ 固定費

予測資料によると年間固定費は 370 百万円です。

④ 予想営業利益

予想営業利益＝売上高－費用＝売上高－（変動費＋固定費）

$$=396 \text{ 百万円} - (60 \text{ 百万円} + 210 \text{ 百万円} + 370 \text{ 百万円})$$

$$=\triangle 244 \text{ 百万円}$$

【模範解答（設問 2）】

△ 244 百万円

●【解説（設問3）】

＜年間営業利益＞

　基本的な考え方は（設問1），（設問2）と同様です。やはり，「営業利益＝売上高－費用」の計算式をもとに，費用を変動費と固定費に分けて把握します。

① 年間売上高

　年間売電量は40百万kWhであり，売電単価は記載がないので（設問2）と同じく1kWhあたり33円です。

　　年間売上高＝売電単価×年間売電量＝33円/kWh×40百万kWh＝1,320百万円

② 年間変動費

　変動費は売電量に比例します。（設問2）より売電量12百万kWhで変動費210百万円とわかります。したがって年間売電量40百万kWhのときの年間変動費は次のとおりです。

　　年間変動費＝210百万円÷12百万kWh×40百万kWh＝700百万円

③ 年間固定費

　年間固定費は記載がないので（設問2）と同じく370百万円です。

④ 年間予想営業利益

　　年間予想営業利益＝年間売上高－年間費用＝年間売上高－（年間変動費＋年間固定費）
　　　　　　　　　　＝1,320百万円－（700百万円＋370百万円）
　　　　　　　　　　＝250百万円

＜最低売電単価＞

　年間営業利益がゼロになるときの売電単価を基準に考えます。売電単価がこれを上回れば利益，下回れば損失となります。年間営業利益がゼロとなるのは，年間売上高が年間費用と等しいときです。年間費用は1,070百万円（700百万円＋370百万円）ですから，これを年間売電量40百万kWhで割ることで，売電単価の下限を求めることができます。

　　売電単価＝1,070百万円÷40百万kWh＝26.75円/kWh

　「売電単価は1円単位で設定される」とあるため，1kWhあたり27円を下回ると（26円以下になると）損失に陥ります。

【模範解答（設問3）】

再来年度以降の予想営業利益	250百万円
最低売電単価	27円/kWh

(4) 平成27年度　第2問（設問1）（設問2）（設問3と合わせて配点34点）

予測損益計算書	重要度	1回目		2回目		3回目	
	A	／		／		／	

　D社は，地方主要都市の郊外に本社および工場を有する1950年創業の金属加工業を営む企業（現在の資本金は1億円，従業員60名）である。

　現時点におけるD社は，X社向けの部品製造を事業の中核としており，同社からの受注がD社の売上高全体の7割程度を占めている。しかし，最近では，自社開発のz鋼板を使用した精密部品が主力製品の1つになりつつあり，その効果によってX社向け以外の精密部品の受注が増加傾向にある。

　来期において，主要取引先のX社は部品調達の一部を海外企業に求めることを決定しており，そのため，来期の受注数量が減少すると予想している。このように，同社は環境の不透明性だけでなく，目先の受注減少という状況に直面しており，その経営が不安定になってきている。

　このような環境下で，経営陣はD社の安定的な成長・発展をどのようにして達成していくかを日頃より議論している。

　以下は，今期（第X2期）のD社および同業他社の実績損益計算書である。

損益計算書

（単位：百万円）

	D社	同業他社
売上高	2,150	2,800
売上原価	1,770	2,320
売上総利益	380	480
販売費及び一般管理費	320	410
営業利益	60	70
営業外収益	13	7
営業外費用	24	13
経常利益	49	64
特別損失	7	8
税引前当期純利益	42	56
法人税等	12	13
当期純利益	30	43

（注）営業外収益はその全額が受取利息であり，営業外費用はその全額が支払利息である。

（※）下線部改題

392

（設問 1）

　以下の損益予測に基づいて，第 X3 期の予測損益計算書を完成させよ。なお，利益に対する税率は 30 ％とし，損失の場合には税金は発生しないものとする。

＜損益予測＞

　第 X3 期の売上高は，X 社からの受注減少によって第 X2 期と比較して 10 ％減少すると見込まれる。また，第 X2 期の損益計算書の費用項目を分析したところ，売上原価に含まれる固定費は 1,020 百万円，販売費及び一般管理費に含まれる固定費は 120 百万円である。第 X3 期における固定費と変動費率は第 X2 期と同じである。

損益計算書
（単位：百万円）

売上高	
売上原価	
売上総利益	
販売費及び一般管理費	
営業損益	
営業外収益	13
営業外費用	24
経常損益	
特別利益	0
特別損失	0
税引前当期純損益	
法人税等	
当期純損益	

（設問 2）

　設問 1 の予測損益計算書から明らかとなる傾向を（a）欄に 40 字以内で，そのような傾向が生じる原因を（b）欄に 60 字以内で述べよ。

●【解説（設問 1）】

（設問 1）で問われているのは「第 X3 期の予測損益計算書の完成」です。具体的には，表中の売上高から当期純損益のうち，値が未記入の箇所について求めます。利益に関する数値（売上総利益，営業損益，経常損益，税引前当期純損益，当期純損益）は差引計算で求めることができるため，実質検討が必要となるものは，①売上高，②売上原価，③販売費及び一般管理費，④法人税等のみです。順に見ていきましょう。

①売上高

売上高については，設問文に「第 X3 期の売上高は，X 社からの受注減少によって第 X2 期と比較して 10 % 減少する」と記載されています。したがって，第 X3 期の売上高は次のようになります。

$$第 X3 期の売上高 = 第 X2 期の売上高 \times (1 - 10\%) = 2{,}150 \text{百万円} \times (1 - 10\%)$$
$$= 1{,}935 \text{百万円}$$

②売上原価

売上原価については，設問文に「第 X2 期の売上原価に含まれる固定費は 1,020 百万円」「第 X3 期における固定費と変動費率は第 X2 期と同じ」と記載されています。したがって，変動費と固定費に分けて検討します。

変動費については，「第 X3 期における変動費率は第 X2 期と同じ」ですので，まずは第 X2 期の変動費率（売上原価分）を求めます。

$$第 X2 期の変動費率(売上原価分) = \frac{第 X2 期の売上原価に含まれる変動費}{第 X2 期の売上高}$$

$$= \frac{第 X2 期の売上原価 - 第 X2 期の売上原価に含まれる固定費}{第 X2 期の売上高}$$

$$= \frac{1{,}770 \text{百万円} - 1{,}020 \text{百万円}}{2{,}150 \text{百万円}}$$

$$= \frac{750}{2{,}150}$$

したがって，第 X3 期の売上原価に含まれる変動費は，次のようになります。

第 X3 期の売上原価に含まれる変動費

$$= 第 X3 期の売上高 \times 第 X3 期の変動費率（売上原価分）$$

$$= 1{,}935 \text{百万円} \times \frac{750}{2{,}150} = 675 \text{百万円}（※他の求め方について【補足】(1) 参照）$$

固定費については，第 X3 期も第 X2 期と同じく 1,020 百万円となります。

以上から第 X3 期の売上原価は，次のようになります。

第 X3 期の売上原価

＝第 X3 期の売上原価に含まれる変動費＋第 X3 期の売上原価に含まれる固定費

＝675 百万円＋1,020 百万円

＝1,695 百万円

③販売費及び一般管理費

販売費及び一般管理費（以下，「販管費」と略すことがある。）については，設問文に「第 X2 期の……販売費及び一般管理費に含まれる固定費は 120 百万円」「第 X3 期における固定費と変動費率は第 X2 期と同じ」と記載されています。したがって，売上原価と同様にして求めます。

変動費については，「第 X3 期における変動費率は第 X2 期と同じ」ですので，まずは第 X2 期の変動費率（販管費分）を求めます。

$$第 X2 期の変動費率（販管費分）＝\frac{第 X2 期の販管費に含まれる変動費}{第 X2 期の売上高}$$

$$＝\frac{第 X2 期の販管費－第 X2 期の販管費に含まれる固定費}{第 X2 期の売上高}$$

$$＝\frac{320 百万円－120 百万円}{2,150 百万円}$$

$$＝\frac{200}{2,150}$$

したがって，第 X3 期の販管費に含まれる変動費は，次のようになります。

第 X3 期の販管費に含まれる変動費

＝第 X3 期の売上高×第 X3 期の変動費率（販管費分）

$$＝1,935 百万円×\frac{200}{2,150}＝180 百万円（※他の求め方について【補足】（2）参照）$$

固定費については，第 X3 期も第 X2 期と同じく 120 百万円となります。

以上から第 X3 期の販管費は，次のようになります。

第 X3 期の販管費

＝第 X3 期の販管費に含まれる変動費＋第 X3 期の販管費に含まれる固定費

＝180 百万円＋120 百万円

＝300 百万円

④法人税等

法人税等については，設問文に「利益に対する税率は 30 ％とし，損失の場合には税金は発生しない」と記載されています。税引前当期純損益がプラスであれば税率 30 ％とし，マイナスであればゼロとなります。本問では差引計算をすると税引前当期純損益は△ 71 百万円と求まるので，法人税等はゼロとなります。

以上をまとめ，利益に関する数値を差引計算で求めることで，第 X3 期の予測損益計算

書は模範解答のようになります。

【模範解答 (設問1)】

損益計算書
(単位：百万円)

売上高	1,935
売上原価	1,695
売上総利益	240
販売費及び一般管理費	300
営業損益	△60
営業外収益	13
営業外費用	24
経常損益	△71
特別利益	0
特別損失	0
税引前当期純損益	△71
法人税等	0
当期純損益	△71

【補足】

(1) 第 X3 期の売上原価に含まれる変動費の求め方 (別法)

売上原価に含まれる変動費は以下のように求めることもできます。第 X2 期と第 X3 期の変動費率が同じとき，第 X3 期の売上原価に含まれる変動費は第 X3 期の売上高の変動 (10％減少) と同様に変動します。したがって，第 X3 期の売上原価に含まれる変動費は次のとおりです。

第 X3 期の売上原価に含まれる変動費

＝第 X2 期の売上原価に含まれる変動費×第 X3 期の売上高の変動

＝(第 X2 期の売上原価−第 X2 期の売上原価に含まれる固定費)×(1−10％)

＝(1,770 百万円−1,020 百万円)×0.9

＝675 百万円

(2) 第 X3 期の販管費に含まれる変動費の求め方 (別法)

販管費に含まれる変動費は以下のように求めることもできます。第 X2 期と第 X3 期の変動費率が同じとき，第 X3 期の販管費に含まれる変動費は第 X3 の売上高の変動 (10％減少) と同様に変動します。したがって，第 X3 期の販管費に含まれる変動費は次のとおりです。

第 X3 期の販管費に含まれる変動費

　　＝第 X2 期の販管費に含まれる変動費×第 X3 期の売上高の変動

　　＝（第 X2 期の販管費－第 X2 期の販管費に含まれる固定費）×（1－10％）

　　＝（320 百万円－120 百万円）×0.9

　　＝180 百万円

(3)「第 X3 期における固定費と変動費率は第 X2 期と同じ」の解釈について

　本問では,「第 X3 期における固定費と変動費率は第 X2 期と同じ」という条件が付されています。しかし, この条件の意味するところは必ずしも明確ではありません。上記解説ではこの条件を以下のように解釈しています。

　　・第 X3 期における「売上原価に含まれる」固定費と変動費率は第 X2 期と同じ

　　・第 X3 期における「販管費に含まれる」固定費と変動費率は第 X2 期と同じ

　本問ではこのように解釈をしなければ解答が定まりませんが, この条件は次のようにも解釈できることに留意しておくとよいでしょう。

　　・第 X3 期における「トータルの」固定費と変動費率は第 X2 期と同じ

　　　　※売上原価, 販管費それぞれに分けて考えたときに, 固定費や変動費率は異なる可能性がある。

　また, このように解釈した場合, 営業外収益や営業外費用も含めるのかどうかが不明確な点にも注意が必要となります。付帯条件次第ではこのような解釈で設問を解く可能性もありますので, 条件の検討には細心の注意が必要です。

●【解説（設問 2）】

　（設問 2）で問われているのは, 傾向とその原因です。設問文の中で気をつけたい点が 2 つあります。1 つ目は,「設問 1 の予測損益計算書から明らかとなる」という制約です。これが, 予測損益計算書の結果のみを用いるのか,（設問 1）で検討した導出過程を含めるのかにより, 明らかとなる事象は異なります。後者の解釈であれば, 変動費や固定費, 第 X2 期の損益計算書を含めた分析が可能ですが, 前者であればこれらについて触れることができません。

　2 つ目は,「傾向」という言葉です。「特徴」ではなく「傾向」ですので, 何らかの方向性や傾きを示す解答が望ましいでしょう。たとえば, 単に「営業利益率が低い」といった特徴を述べるだけでは不十分で,「少しの売上高の減少で赤字に陥りやすい」といった費用構造の方向性などを含めた解答が求められます。ただし, 原因は（b）で問われているので,（a）ではあくまでも,「事実＋方向性」といった記述に留めることに留意しましょう。

　これを踏まえて第 X3 期の予測損益計算書について検討します。予測損益計算書の結果のみを用いた場合, 傾向を読み解くことは困難ですので,（設問 1）の内容を含めて考えます。すると, 第 X3 期は売上高が減少したことにより, 営業赤字に転落していることが

わかります。このことから，売上高の増減（特に減少）が利益にどのような影響を及ぼすのかを傾向として示すことが考えられます。定量的にみると，売上高が10％減少（2,150百万円→1,935百万円）した結果，営業利益が200％減少（60百万円→△60百万円）しています。したがって，傾向は次のようにいえます。

「10％の売上高減少で赤字に転落し，売上高の変動が営業利益の増減に与える影響が大きい。」

次にこの傾向の原因を探ります。売上高の変動と利益の変動の関係を説明する指標として，営業レバレッジがありますので，これを計算しておきましょう。

営業レバレッジは，以下の式により求められます。

営業レバレッジ＝営業利益の増加率÷売上高の増加率
　　　　　　　＝（営業利益の増加額÷営業利益）÷（売上高の増加額÷売上高）
　　　　　　　＝｛（△60百万円－60百万円）÷60百万円｝÷｛（1,935百万円－2,150百万円）÷2,150百万円｝
　　　　　　　＝20倍

売上高10％の減少により，営業利益が200％も減少しているので，20倍の営業レバレッジは高いと評価できるでしょう。(a)の傾向の原因は営業レバレッジが高くなる原因と同義です。営業レバレッジは上記の式以外に次の式によっても表されます。

営業レバレッジ＝限界利益÷営業利益
　　　　　　　＝（固定費＋営業利益）÷営業利益
　　　　　　　＝固定費／営業利益＋1

したがって，固定費が高いと営業レバレッジが高くなるとわかります。つまり，(a)の傾向の原因は，固定費の高さにあるといえます。このことから，傾向の原因は次のようにいえます。

「費用に占める固定費の割合が大きく，営業レバレッジが20倍と高い水準にあり，限界利益の大半が固定費として流出するためである。」

【模範解答（設問2）】

(a)

10	％	の	売	上	高	減	少	で	赤	字	に	転	落	し	，	売	上	高	の
変	動	が	営	業	利	益	の	増	減	に	与	え	る	影	響	が	大	き	い。

(b)

費	用	に	占	め	る	固	定	費	の	割	合	が	大	き	く	，	営	業	レ
バ	レ	ッ	ジ	が	20	倍	と	高	い	水	準	に	あ	り	，	限	界	利	益
の	大	半	が	固	定	費	と	し	て	流	出	す	る	た	め	で	あ	る	。

(5) 平成 24 年度　第 1 問 (設問 1) (設問 2, 設問 3 と合わせて配点 40 点)

予想財務諸表	重要度	1 回目		2 回目		3 回目	
	A	/		/		/	

　D 旅館は大都市圏からのお客も多い温泉地に立つ，創業 85 年の小〜中規模旅館である。D 旅館は木造の旧館と 20 年前に新築した新館の 2 棟からなり，客室数は 25 室 (旧館 8 室，新館 17 室)，収容人数 125 名 (旧館 30 名，新館 95 名) である。

　宿泊客の大半が旅行代理店またはインターネットからの予約である。年間宿泊者数は毎年 18,000 名を超える水準で推移してきたが，近年，周辺旅館では施設のリニューアルがみられ，その影響もあり，稼働率は低下し，昨年度は年間宿泊者数が 17,000 名，今年度は 16,500 名と減少し，2 年連続で赤字を記録した。

　宿泊者数減少の原因については様々な理由が考えられるが，最大の理由としては，老朽化した旧館に問題がある，とオーナー夫妻は分析している。旧館は収容人数も少なく，設備も古いため，新館に比べて稼働率が低い。そこで，旧館での営業を取りやめ，新館のみでの営業に切り替えるか，旧館を改修することが検討されている。

　D 旅館の今年度の財務諸表は次のとおりである。

損益計算書

(単位：千円)

売上高	330,000
売上原価	92,400
売上総利益	237,600
販売費・一般管理費	251,090
営業損失	△ 13,490
営業外収益	500
(うち受取利息)	(500)
営業外費用	19,160
(うち支払利息)	(17,960)
経常損失	△ 32,150
当期純損失	△ 32,150

固定費・変動費の内訳

(単位：千円)

変動売上原価	92,400
食材費他	92,400
変動販売費・一般管理費	43,890
販売手数料	34,815
リネン・消耗品費	9,075
固定費	207,200
水道光熱費	40,000
事務通信費	6,000
広告宣伝費	6,500
設備保守点検・修繕費	10,000
人件費	119,300
減価償却費（定額法）	25,400

その他補足情報

平均客単価	20,000 円
借入金の金利	平均 4 ％

　オーナー夫妻から，旧館の改修後の財務内容の変化について意見を求められた。老朽化した旧館の改修は，大浴場の改修，客室専用の露天風呂を新たに設置することを含めた客室の改修などが中心であり，これにより，周辺旅館との競争力が回復できると考えられている。この改修には 180,000 千円の支出が見積もられている。このうち，50,000 千円は手持ちの預金でまかない，残額は金融機関から現在と同じ金利で借り入れることとする。減価償却については定額法により 10 年（10 年後の残存価額はゼロとする）で償却する予定である。

　改修工事の結果として，客単価は 23,000 円となり，年間宿泊者数が初年度は 17,000 名，2 年目以降は 18,000 名まで回復するとオーナー夫妻は予想している。ただし，上記の改修に伴い，年間の設備保守点検・修繕費は今年度より 20 ％増加，水道光熱費，広告宣伝費はそれぞれ今年度より 10 ％増加することが見込まれている。

　改修工事の結果として，初年度（a），2 年目（b）の年間宿泊者数がオーナー夫妻の予想通りに回復した場合の予想損益計算書を作成せよ（単位：千円）。なお，この期間，営業外収益は発生しないものとする。

●【解説】

初年度と2年目のそれぞれについて，設問文の条件を考慮して予想損益計算書の各項目を計算していきます。

〈初年度〉

① 売上高

売上高は客単価と客数を掛けることにより算出します。初年度の客単価および客数については，次のように設問文に記載があります。

・「客単価は 23,000 円となり」

・「年間宿泊者数が初年度は 17,000 名」

したがって，売上高は次のようになります。

売上高＝客単価×客数

　　　＝23,000 円／名×17,000 名

　　　＝391,000 千円

② 売上原価

D旅館の今年度の損益計算書において，売上原価の金額（92,400 千円）が，固定費・変動費の内訳の変動売上原価の金額（92,400 千円）と一致しています。したがって，売上原価はすべて変動費から構成されることがわかります。そして，変動費は，営業量に比例して変動する原価要素であり，D旅館における営業量は「年間宿泊者数」と考えられるため，変動費は年間宿泊者数に比例します。この年間宿泊者数は，与件文より次のとおりとわかります。

・今年度の年間宿泊者数：16,500 名

・初年度の年間宿泊者数：17,000 名

したがって，初年度の売上原価は次のようになります。

$$売上原価＝今年度の変動売上原価×\frac{初年度の年間宿泊者数}{今年度の年間宿泊者数}$$

$$＝92,400 千円×\frac{17,000 名}{16,500 名}$$

$$＝95,200 千円$$

③ 売上総利益

売上総利益は売上高から売上原価を控除することにより，次のように算出します。

売上総利益＝売上高－売上原価

　　　　　＝391,000 千円－95,200 千円

　　　　　＝295,800 千円

④ 販売費・一般管理費

　D旅館の今年度の損益計算書において，販売費・一般管理費の金額（251,090千円）が，変動販売費・一般管理費（43,890千円）と固定費（207,200千円）の合計額と一致しています。したがって，販売費・一般管理費は，変動費（変動販売費・一般管理費）と固定費とから構成されていることがわかります。

　変動販売費・一般管理費の初年度分については，売上原価と同様に年間宿泊者数に基づいて計算します。

$$変動販売費・一般管理費 = 今年度の変動販売費・一般管理費 \times \frac{初年度の年間宿泊者数}{今年度の年間宿泊者数}$$

$$= 43,890 千円 \times \frac{17,000 名}{16,500 名}$$

$$= 45,220 千円$$

　次に固定費については，旧館の改修により生じる増減を費目別に整理して算出します。設問文には次の情報があります。

・「この改修には180,000千円の支出が見積もられている。」

・「減価償却については定額法により10年（10年後の残存価額はゼロとする）で償却する予定である。」

・「改修に伴い，年間の設備保守点検・修繕費は今年度より20%増加，水道光熱費，広告宣伝費はそれぞれ今年度より10%増加することが見込まれている。」

　これらに基づいて，各費目の増分は次のようになります。

$$減価償却費の増分 = (改修費用 - 残存価額) \div 耐用年数$$

$$= (180,000 千円 - 0 千円) \div 10 年$$

$$= 18,000 千円／年$$

$$設備保守点検・修繕費の増分 = 今年度の費用 \times 増加率$$

$$= 10,000 千円 \times 20\%$$

$$= 2,000 千円$$

$$水道光熱費の増分 = 今年度の費用 \times 増加率$$

$$= 40,000 千円 \times 10\%$$

$$= 4,000 千円$$

$$広告宣伝費の増分 = 今年度の費用 \times 増加率$$

$$= 6,500 千円 \times 10\%$$

$$= 650 千円$$

　以上から，初年度の販売費・一般管理費は次のようになります。

$$販売費・一般管理費 = 初年度の変動販売費・一般管理費 + 今年度の固定費$$

$$+ 固定費の増分$$

$$= 45,220 千円 + 207,200 千円 + （18,000 千円 + 2,000 千円$$

$$+4{,}000 \text{ 千円} + 650 \text{ 千円})$$
$$=277{,}070 \text{ 千円}$$

⑤　営業利益（損失）

　営業利益（損失）は売上総利益から販売費・一般管理費を控除することで，次のように算出します。

$$\text{営業利益（損失）} = \text{売上総利益} - \text{販売費・一般管理費}$$
$$=295{,}800 \text{ 千円} - 277{,}070 \text{ 千円}$$
$$=18{,}730 \text{ 千円}$$

⑥　営業外費用

　初年度の営業外費用は，改修費用をまかなうために金融機関から借り入れた新規借入金の利息分だけ増加します。新規借入金の金額は，設問文に次のように記載されています。

・「この改修には 180,000 千円の支出が見積もられている。このうち，50,000 千円は手持ちの預金でまかない，残額は金融機関から現在と同じ金利で借り入れることとする。」

　また，借入金の金利は，与件のその他補足情報より 4 ％とわかります。したがって，営業外費用の増分は次のようになります。

$$\text{営業外費用の増分} = \text{新規借入金} \times \text{金利}$$
$$=(180{,}000 \text{ 千円} - 50{,}000 \text{ 千円}) \times 4\%$$
$$=5{,}200 \text{ 千円}$$

　以上から，初年度の営業外費用は次のようになります。

$$\text{営業外費用} = \text{今年度の営業外費用} + \text{初年度の営業外費用の増減分}$$
$$=19{,}160 \text{ 千円} + 5{,}200 \text{ 千円}$$
$$=24{,}360 \text{ 千円}$$

⑦　経常利益（損失）

　経常利益（損失）は営業利益（損失）から営業外費用を控除することにより，次のように算出します。

$$\text{経常利益（損失）} = \text{営業利益（損失）} - \text{営業外費用}$$
$$=18{,}730 \text{ 千円} - 24{,}360 \text{ 千円}$$
$$=\triangle 5{,}630 \text{ 千円}$$

〈2 年目〉

①　売上高

　売上高は，初年度と同様に客単価および客数から算出します。2 年目の客単価および客数についても，設問文に次の情報が記されています。

・「客単価は 23,000 円となり」（初年度と同じ）

・「（年間宿泊者数が）2 年目以降は 18,000 名」

したがって，売上高は次のようになります。

売上高＝客単価×客数

$$= 23,000 \text{円／名} \times 18,000 \text{名}$$

$$= 414,000 \text{千円}$$

② 売上原価

初年度と同様に計算します。なお，2年目の年間宿泊者数は18,000名であることに注意します。

$$\text{売上原価} = \text{今年度の変動売上原価} \times \frac{2\text{年目の年間宿泊者数}}{\text{今年度の年間宿泊者数}}$$

$$= 92,400 \text{千円} \times \frac{18,000 \text{名}}{16,500 \text{名}}$$

$$= 100,800 \text{千円}$$

③ 売上総利益

初年度と同様に計算します。

売上総利益＝売上高－売上原価

$$= 414,000 \text{千円} - 100,800 \text{千円}$$

$$= 313,200 \text{千円}$$

④ 販売費・一般管理費

初年度と同様に，変動販売費・一般管理費と固定費のそれぞれについて計算します。変動販売費・一般管理費は次のとおりです。

$$\text{変動販売費・一般管理費} = \text{今年度の変動販売費・一般管理費} \times \frac{2\text{年目の年間宿泊者数}}{\text{今年度の年間宿泊者数}}$$

$$= 43,890 \text{千円} \times \frac{18,000 \text{名}}{16,500 \text{名}}$$

$$= 47,880 \text{千円}$$

また固定費は初年度と同額が発生します。これらより，2年目の販売費・一般管理費は次のようになります。

販売費・一般管理費＝2年目の変動販売費・一般管理費＋今年度の固定費

＋固定費の増減分

$$= 47,880 \text{千円} + 207,200 \text{千円} + (18,000 \text{千円} + 2,000 \text{千円}$$

$$+ 4,000 \text{千円} + 650 \text{千円})$$

$$= 279,730 \text{千円}$$

⑤ 営業利益（損失）

初年度と同様に計算します。

営業利益（損失）＝売上総利益－販売費・一般管理費

$$= 313,200 \text{千円} - 279,730 \text{千円}$$

　　　　　　　　　　　　＝33,470 千円

⑥　営業外費用

　　初年度と同額が発生します。

　　　営業外費用＝24,360 千円

⑦　経常利益（損失）

　　初年度と同様に計算します。

　　　経常利益（損失）＝営業利益（損失）－営業外費用

　　　　　　　　　　　＝33,470 千円－24,360 千円

　　　　　　　　　　　＝9,110 千円

　以上の計算結果をまとめると，損益計算書は以下のようになります。これを，解答欄に合わせて集計して解答します。

（単位：千円）

	内訳	今年度	初年度	2 年目
売上高	—	330,000	391,000	414,000
売上原価	変動売上原価	92,400	95,200	100,800
販売費・一般管理費	変動販売費・一般管理費	43,890	45,220	47,880
	販売手数料	34,815	35,870	37,980
	リネン・消耗品費	9,075	9,350	9,900
	固定費	207,220	231,850	231,850
	水道光熱費	40,000	44,000	44,000
	事務通信費	6,000	6,000	6,000
	広告宣伝費	6,500	7,150	7,150
	設備保守点検・修繕費	10,000	12,000	12,000
	人件費	119,300	119,300	119,300
	減価償却費（定額法）	25,400	43,400	43,400
営業外費用	—	19,160	24,360	24,360

【模範解答】

	(a) 初年度	(b) 2 年目
売上高	391,000	414,000
売上原価	95,200	100,800
売上総利益	295,800	313,200
販売費・一般管理費	277,070	279,730
営業利益（損失）	18,730	33,470
営業外費用	24,360	24,360
経常利益（損失）	△5,630	9,110

(6) 平成 23 年度　第 2 問（配点 15 点）

差額収益分析	重要度	1 回目	2 回目	3 回目
	A	／	／	／

　D 社は地方都市にある水産加工メーカーである。

　D 社は人気製品の 1 つである製品 W について，月産 20,000 単位の生産能力をもっており，来月の予定生産量を得意先からの予想受注量である 18,000 単位に定めている。販売価格は単位当たり 1,000 円である。製造原価は，単位当たり変動費 500 円，月間固定費は 8,000,000 円である。販売費・一般管理費はすべて固定費である。

　そこへ，アジア地域の新規顧客から 1 単位 800 円の価格ならば 2,000 単位購入したい旨のオファーがあった（発送諸掛は先方負担）。社内で検討したところ，海外取引でこのような値引きを行っても，国内需要と国内販売価格には影響を与えないと予想されている。この特別注文を受諾すべきかどうかについて根拠となる数値を示しながら 40 字以内で述べよ。

（※）下線部改題

●【解説】

差額収益分析の基本的な設問です。差額収益分析とは，追加的に発生する収益や費用を認識し，差額利益を検討することで意思決定に資する情報を得る分析のことです。本問で問われているのは，「この特別注文を受諾すべきかどうか」という判断と，この判断の「根拠となる数値」です。これらについて40字以内でまとめます。

特別注文の受諾を検討する前に，通常の受注に関わる条件を確認しておきましょう。

・「D社は人気製品の1つである製品Wについて，月産20,000単位の生産能力をもって（いる）」「来月の予定生産量を得意先からの予想受注量である18,000単位に定めている。」
→生産能力には2,000単位（20,000単位−18,000単位）の余力がある。

・「販売価格は単位当たり1,000円である。製造原価は，単位当たり変動費500円，月間固定費は8,000,000円である。販売費・一般管理費はすべて固定費である。」

・「海外取引でこのような値引きを行っても，国内需要と国内販売価格には影響を与えないと予想されている」
→（特別注文の諾否に関わらず）国内の売上高（国内需要×国内販売価格）は変化しないため，特別注文は国内での利益に影響を与えない。

以上から，特別注文を受諾するかどうかは，特別注文それ自体で利益を生むかどうかにより判断すればよいとわかります。

続いて，特別注文に関する条件を確認します。「アジア地域の新規顧客から1単位800円の価格ならば2,000単位購入したい旨のオファーがあった（発送諸掛は先方負担）」とあり，上掲で見たとおり，生産能力には2,000単位の余力があるため，特別注文の全量を生産することは可能です。特別注文を受注した場合に固定費が増えるとの記載はありませんので，月間固定費は特別注文受諾の判断には影響を与えません。したがって，特別注文の受諾により限界利益相当の利益が得られることになります。

特別注文の受諾により得られる限界利益は次のようになります。

特別注文の限界利益＝（特別注文の販売単価−単位当たり変動費）×特別注文の販売数量
＝（800円−500円）×2,000単位
＝600,000円

よって，特別注文により60万円の追加利益が得られるため，特別注文を受諾すべきと判断できます。

【模範解答】

| 余 | 剰 | 生 | 産 | 能 | 力 | を | 活 | 用 | で | き | ， | 追 | 加 | 利 | 益 | が | 60 | 万 | 円 |
| 得 | ら | れ | る | た | め | ， | 特 | 別 | 注 | 文 | を | 受 | 諾 | す | べ | き | で | あ | る。 |

(7) 平成 21 年度　第 4 問（配点 20 点）

為替による差損と オプション	重要度	1 回目		2 回目		3 回目	
	B	/		/		/	

D 社は，ファッション性の高いスポーツウエアの製造及び販売を行っている。

D 社は，海外に輸出する自社製品の支払いは上期末と下期末の 2 回に分けて米ドルで受け取っている。この為替リスクをヘッジするため，D 社は，通常，各半期の期首に予想売上高分の為替予約を行っている。平成 21 年度の上期分は 1 ドル 100 円で 500 万ドルの為替予約（ドルの売り建て）を行った。

（設問 1）

平成 21 年度の上期の売上高は，予想を下回り 430 万ドルであった。上期末の為替のスポットレートは 102 円であった。この場合の為替による損益を求めよ（単位：万円）。

（設問 2）

D 社では，オプションを用いて為替リスクをヘッジすることも検討している。1 ドル100 円で決済するためには，どのようなオプションを用いるべきか，50 字以内で (a) 欄に説明せよ。

また，オプションを用いた場合の長所と短所を 100 字以内で (b) 欄に説明せよ。

（※）下線部改題

●【解説（設問1）】

　"為替による損益"の意味をどう捉えるかがカギになります。条件の解釈によって答えが違ってきてしまうという悩ましい問題ですが，配点が半分の10点であることを想定すると，正答できなくても影響が少ないと思われます。

　デリバティブに関する基礎的な知識と応用計算力が問われています。為替損益計算は何に対する損益を問われているかがわからないため，非常に難問であり，あまり時間をかけることは得策ではないと思われます。

〈解答の構築〉

　まず，設問の条件を整理します。

・上期分は1ドル100円で500万ドルの為替予約（ドルの売り建て）を行った

・上期の売上高は，予想を下回り430万ドルであった

・上期末の為替のスポットレートは102円

　次に，この結果から，為替による損益を求めます（単位：万円）。次のように推論していきます。

　　1ドル＝100円で500万ドルの予約分を決済する。

　→決済日には500万ドルを支払わなくてはならない。

　→上期の売上は430万ドルなので，70万ドルの不足金が発生している。

　→70万ドルを新たに購入するには，スポットレートである102円で購入し，不足分に
　　充てなければならない。

　→つまり，70万ドル分については，7,140万円で購入（70万ドル×102円／ドル）し，
　　予約した7,000万円（70万ドル×100円／ドル）を受け取ることになる。

　これより，為替上の差損益は，△140万円（＝7,000万円－7,140万円）と計算できます。

【模範解答（設問1）】

　△140万円

●【解説（設問2）】

記述するべき解答について，(a) 欄で選択したオプションに対するものなのか，それともオプション全般に対するものなのかがポイントです。確実に点を稼ぎたい設問です。

(a) 欄

1ドル100円で決済するためのオプション選択を問われています。オプションは，あらかじめ決めた価格で買うか（売るか），買わないか（売らないか），を選択できる権利です。この知識を解答に落とし込みます。

(b) 欄

為替予約に対するオプション全般の長所，短所を解答すべきと考えて解答を作成します。文脈上，プットオプションの長所・短所とも捉えられますが，設問上からは，(a) 欄で選択したオプションについて記述するといった明確な指定がないため，オプション全般に対する解答を記述するほうがリスクの少ない解答となります。

なお，(設問1) で問われている為替予約は，契約の解除が認められていないためリスクを包含することになりますが，オプションは手数料の支払いによって行使・放棄の意思決定ができるという特徴があります。

【模範解答】（設問2)

(a)

行	使	価	格	を	1	ド	ル	10	0	円	と	す	る	ド	ル	売	り	の	プ
ッ	ト	オ	プ	シ	ョ	ン	を	用	い	,	為	替	リ	ス	ク	を	ヘ	ッ	ジ
す	る	べ	き	で	あ	る	。												

(b)

オ	プ	シ	ョ	ン	を	用	い	た	場	合	の	長	所	は	,	為	替	状	況
に	合	わ	せ	て	行	使	・	放	棄	の	意	思	決	定	が	行	え	,	放
棄	す	る	場	合	で	も	手	数	料	の	支	払	い	の	み	で	済	む	こ
と	で	あ	る	。	短	所	は	,	行	使	・	放	棄	を	問	わ	ず	,	オ
プ	シ	ョ	ン	料	が	発	生	す	る	こ	と	で	あ	る	。				

【補足】

本問の重要度をBとしている理由は，本テーマの2次試験での出題実績がほとんどないこと，1次試験での知識で解答が可能であることから，特別な対策を要しないことによります。

【コラム6】　知識系設問の出題例

　事例Ⅳで出題される設問には，知識が問われる場合があります。知識の内容は，財務・会計の分野に直接的に関係しないものも含まれ，たとえば，経営法務，経営情報システム，経済学・経済政策に関連するものもあります。

　過去（平成18年度以後）に問われた内容は以下のとおりです。

年度	設問	問われた内容	字数	配点
R5	第4問(設問1)	OEM生産の財務的利点	50字	第4問全体で20点
	第4問(設問2)	D社の新たな製品分野について財務的にどのような利点があるか	50字	
R4	第4問	ある新事業を実行する際に考えられるリスク（財務的観点から2点）とそれらのマネジメント	100字	20点
R3	第4問(設問1)	不採算事業を他の事業に一本化することによる短期的なメリット	40字	第4問全体で20点
	第4問(設問2)	不採算事業の継続が必ずしも企業価値を低下させるとは限らない理由	40字	
R2	第3問(設問1)	買収時における純資産額と買収価格の差異に関する会計処理	40字	第3問全体で20点
	第3問(設問2)	買収のリスク	60字	
R1	第4問(設問1)	連結子会社化のメリットとデメリット	各30字	第4問全体で20点
	第4問(設問2)	EDIを導入することによる財務的効果	60字	
H30	第4問	業務委託に際し，事業展開・業績への悪影響の可能性，それを防ぐための方策	70字	15点
H29	第4問(設問3)	子会社化における影響（財務面以外）	60字	第4問全体で28点
H27	第4問(設問1)	大口取引先の存在のデメリット	30字	12点
	第4問(設問2)	（設問1）のデメリット解消策（1案）の意義	30字	
H26	第4問	為替リスク軽減策および円安・円高時の影響	フリー	16点
H25	第4問	品質基準不適合リスクに関連するコスト4つ	90字	30点
H24	第3問(設問2)	事業承継において考えられる承継先と留意点	200字	第3問全体で30点
H22	第4問(設問1)	金利上昇時の保有債権の市場価値への影響	20字	15点
	第4問(設問2)	（設問1）の影響軽減策	30字	
H21	第4問(設問2)	為替リスクヘッジのために利用すべきオプションの種類	50字	第4問全体で20点
		前記オプションの長所・短所	100字	

H20	第4問(設問1)	資金調達を全額負債に依存した場合の問題点	60字	20点
	第4問(設問2)	過半数超の出資を受け入れつつも経営権を維持する方法	40字	
H19	第4問(設問1)	インターネット販売進出時の留意点（個人情報の観点から）	60字	第4問全体で25点
H18	第5問(設問1)	POSシステム活用方法（仕入・在庫管理改善の観点）	60字	15点
	第5問(設問2)	POSシステム活用方法（効果的な商品の入れ替えの観点）	60字	

参考文献

『MBA ファイナンス』（グロービス・マネジメント・インスティテュート著／ダイヤモンド社）

『入門ベンチャーファイナンス　会社設立・公開・売却の実践知識』（水永政志著／ダイヤモンド 社）

『中小企業白書』各年版（中小企業庁編集）

『中小企業診断士2次試験　ふぞろいな合格答案』（ふぞろいな合格答案プロジェクトチーム編／ 同友館）

『中小企業診断士試験　2次試験過去問題集』（同友館）

『会計学大辞典』（安藤英義・新田忠誓・伊藤邦雄・廣本敏郎編／中央経済社）

■監修者

関山　春紀（せきやま　はるき）

2006年4月中小企業診断士登録。専門分野は，国際分野で，特に中国への中小企業の進出，パートナーシップ構築など。一介のサラリーマンとして会社で働く一方，飲食店，商店街などを中心に無償コンサルティング活動を行い，研究会活動，執筆活動，さらに企業経営者育成の独自研修資料制作を行う。2007年4月よりアメリカ・ニューヨークに転勤となり，中小企業診断士登録は07年5月をもって休止している。現在は，オンラインを中心に中小企業診断士試験を中心とした研究活動とアメリカ企業の研究を行っている。

川口　紀裕（かわぐち　のりひろ）

2006年中小企業診断士登録。食品商社にて人事・総務・経理の課長職として人事制度策定，人的資源管理，経営企画，財務会計等に従事。2009年川口経営コンサルティング事務所を開業。現在は，経営コンサルティング，人事制度設計コンサルティング，講演・研修講師，執筆などで活動。講演・研修テーマとしては，マネジメント研修，考課者研修，階層別研修，ハラスメント対策，メンタルヘルス対策，コンプライアンス研修など。メーカー，金融，商社，自治体，マスコミ，建設，サービス業，ITなど各業種で実績多数。

■著者

岩間　隆寿（いわま　たかひさ）

1982年生まれ。中小企業診断士，修士（工学）。東京工業大学大学院修了後，大手SIベンダーに入社。情報サービスの研究開発・設計・運営等を経て，事業企画・業務改革に従事。企業内診断士として財務・IT・労務の領域での経営支援に携わるほか，「経営分析力強化」をテーマに中小企業診断士試験受験生の支援を行う。二児の父であり，仕事と家事・子育ての相乗効果を追求している。

霜田　亮（しもだ　りょう）

中小企業診断士，弁理士。化学メーカーで開発・知財を担当したのち，国立大学法人の知的財産管理に従事。その後，都内の特許事務所にて主に外国での商標の権利化に携わる。独立後は，製造業の現場改善，業務フロー改善，（品質）管理体制構築等の社内体制の改善や，補助金の申請支援などの支援を行っている。また，弁理士として新ブランド立ち上げに関わる商標の権利化や，防衛的な権利取得など多面的なアドバイスと権利化を行っている。

香川　大輔（かがわ　だいすけ）

2015年5月中小企業診断士登録。1974年大阪生まれ。大学卒業後，製薬会社からITベンチャー企業や大手事務機器メーカーのシステム営業をへて2018年中小企業診断士として独立。地域に根差した経営支援や執筆活動，セミナー活動，補助金申請など活動範囲を広げている。

音喜多　健（おときた　たけし）

2015年4月中小企業診断士登録。専門商社にて経営戦略の立案や取引先・投資案件などの審査を担当。専門は定量分析。「経営相談をもっと身近に」をコンセプトとした経営支援活動を通じ，多くの経営者に対して企業参謀としての役割を担っている。

2024 年 4 月 10 日　第 1 刷発行

中小企業診断士 2 次試験
事例IV（財務・会計）の全知識&全ノウハウ〈2024 年改訂版〉

著　者　　岩　間　隆　寿
　　　　　霜　田　　　亮
　　　　　香　川　大　輔
　　　　　音　喜　多　健
発行者　　脇　坂　康　弘

発行所　株式会社　同友館

東京都文京区本郷 2-29-1
郵便番号　113-0033
電話　03（3813）3966
FAX　03（3818）2774
https : // www.doyukan.co.jp

落丁・乱丁本はお取替え致します。　　　美研プリンティング／東京美術紙工

ISBN 978-4-496-05697-0　　　　　　　　　　Printed in Japan